DE OVERNAME

SABIN WILLETT **DE OVERNAME**

Uitgeverij Luitingh ~ Sijthoff

© 1996 Sabin Willett
All rights reserved
First published by Random House, Inc., New York, U.S.A.
© 1996 Nederlandse vertaling
Uitgeverij Luitingh ~ Sijthoff B.V., Amsterdam
Alle rechten voorbehouden
Oorspronkelijke titel: *The Deal*
Vertaling: Marjolein van Velzen
Omslagontwerp: Nico Richter
Omslagdia (portret): Bettina Rheims
CIP/ISBN 90 245 2442 3
NUGI 331

Qui dono lepidum novum libellum
arido modo pumice expolitum?
Léonie, carissimi, tibi.

WOORD VAN DANK

Ik ben veel mensen dank verschuldigd: mijn vrouw Leonie, die mij tijdenlang ontzien heeft en zonder wie ik het niet gered had; Bill Haney en Alex Beam voor opmerkingen die me ertoe aangezet hebben om te gaan denken over dit boek; Mike Flood, voor zijn minutieuze redactie; mijn weergaloze agent Stephanie Cabot, wier brio losmaakte wat volgt uit het fotokopieerapparaat; en de energieke legioenen bij Random die me geholpen hebben het manuscript in vorm te gieten.

Mijn speciale dank gaat uit naar mijn medevennoten bij Bingham, Dana & Gould. Hoewel ze maandenlang het ergste gevreesd hebben, zullen ze zichzelf niet terugvinden op deze pagina's. (Wel zullen ze zien dat ik de wet hier en daar niet helemaal op de letter volg, maar dat hebben ze al eerder van me door de vingers gezien.)

En tot slot Hugh Mullens, van wie ik heel veel geleerd heb over boeken. Hij zei altijd dat niemand tijd moest steken in het lezen van een boek alvorens dat de honderd jaar-proef doorstaan had. Ik hoop dat hij hiervoor een uitzondering maakt.

PROLOOG

Het lijkt wel alsof het nieuws een levend wezen is, dat langs de oude commies wil dringen die de deur opendoet en dan hals over kop vanuit de jurykamer door de hallen en de liften van de annex de trappen op en af wil razen, de kantoren en rechtszalen in, door de gang op de derde verdieping van het oude gebouw, tot het in alle hoeken van de rechtbank van Suffolk geweest is. De jury is tot een uitspraak gekomen.

De commiezen stromen naar buiten om de advocaten te halen. Eerst vinden ze Edward Mulcahy, die op een bank buiten de rechtszaal zit. Maar het nieuws is hen voor geweest en plotseling weet iedereen het. In het kantoor op de hoek van de zesde verdieping onderbreekt een secretaresse een vergadering om het de officier van justitie te vertellen. Beneden legt een hoofdcommies de telefoon neer en loopt vanuit zijn kantoor de typekamer in om het een klerk te vertellen, die het op zijn beurt weer aan iemand anders doorvertelt. Twee minder succesvolle juristen houden op met ruziën als een derde hen het nieuws komt brengen. Achter in de zaal bij een hoorzitting in Boston fluistert een agent het tegen de advocaat van de verdediging. En in de lobby op de eerste verdieping glimlacht de blinde man achter de kassa van de kleine koffieshop, terwijl zijn vingers de rinkelende vibraties voelen die door het oude gebouw heen gaan.

Op de achtste verdieping van de annex gaan liften en deuren van trappenhuizen en kantoren open, en komen er juristen naar buiten, officiersassistenten, verslaggevers, rechtbankmedewerkers en toeschouwers; de mensen golven en spoelen naar zaal 8b. Ze dringen door de deur van de zaal en gaan op de publieke tribune zitten, wringen zich erbij, achterin, en vullen de ruimte rond de vrouw met het witte haar die op de voorste rij zit met een bijbel in haar handen geklemd, terwijl haar lippen een zwijgend gebed prevelen. Niet ver daar vandaan, achter de muur van de zaal, is een commies op zoek naar zijn sleutels zodat hij de gevangenkamer kan openmaken en tegen de man achter de tralies zeggen wat die allang heeft aangevoeld.

Het is tijd.

'De rechtbank!'

De deur naast de stoel van de commies gaat open en de juryleden komen een voor een naar binnen. Alle ogen op de overvolle publieke tribune zijn op hen gericht en zelf houden ze hun blik strak gevestigd op de vloer of een vaag punt in de ruimte. Hun gezichten zijn maskers terwijl ze op enkele tientallen centimeters van de tafel van de verdediging voorbij lopen.

'Gaat u zitten. Willen de juryleden en de verdachte blijven staan, alstublieft.'

Geritsel, geschuif en men gaat zitten. Nog steeds komt er uit de jurybank waarheen Ed Mulcahy niet durft te kijken, geen glimlach en geen frons die iets zou kunnen verraden. De aanwezigen gaan weer zitten en het wordt stil. Mulcahy blijft staan aan de zijde van de verdachte, zijn cliënt, maar alleen, en samen wachten ze op het oordeel. Op de wandklok verspringt de minutenwijzer. Het is twee minuten voor twee 's middags, 28 september 1992.

'Mevrouw de voorzitter, heeft de jury tot een uitspraak kunnen komen?'

'Jawel, edelachtbare.'

'Wilt u het briefje met uw uitspraak aan de commies geven, alstublieft?'

Het ritueel gaat verder. Alle ogen in de zaal volgen het stukje wit papier op zijn tergend lange tocht. Het wordt aan de gerechtsdienaar overhandigd, doorgegeven aan de commies, even geïnspecteerd en dan over de bank heen aan de rechter gegeven. Nu zit het in de handen van de rechter, en ieders ogen kleven er aan vast. Geen spiertje vertrekt in het gezicht van de rechter als hij door zijn bril tuurt. Geen reactie. Mulcahy voelt iets trekken in zijn keel en een opkomende misselijkheid in zijn maag. Het briefje met de uitspraak keert terug naar de commies, die zich tegenover de juryleden opstelt.

De zaak, de verdediging, de cliënt, zijn eigen toekomst: niets heeft hij meer in eigen hand, alles ligt in handen van die twaalf lekepriesters. Misschien zal hun zegening, als het een zegening wordt, hem verlichting brengen: maar voor Ed Mulcahy valt er niets te vieren. Als hij al ergens aan kan denken, dan is het dat geen cliënt, geen vak, geen inlossing van een oude schuld, dit moment waard is.

Het voorlezen van de uitspraak begint. 'De rechtbank voor strafzaken van de staat Massachusetts, strafzaak tweeënnegentig streep twintig-zeven-vijftig...'

In de stem van de commies zijn de klanken van zuidelijk Boston en Blackstone te horen, zijn accent knerst langs de oude subtiliteiten van het juridisch taalgebruik. Hoe snel de zaak nu ook wordt afgehandeld, het is niet snel genoeg want er wordt nu alleen nog geluisterd naar klanken; ieder oor in de zaal is gespitst om een van de twee geluiden te horen van de vrouw die aan het einde van de jurybank staat: een sisklank of een nasale medeklinker, een s of een N.

'Mevrouw de voorzitter, hoe luidt uw uitspraak betreffende aanklacht nummer vier-zeven-zes-zes-één, waarbij de beklaagde beschuldigd wordt van moord?'

Een s of een N, meer zal het oor niet registreren.

'Is de verdachte schuldig of niet-schuldig?'

De commies moet de vraag stellen, de voorzitter moet haar beantwoorden. Maar in bredere zin was de vraag of de verdachte schuldig was, lange tijd de kwestie geweest voor Ed Mulcahy.

DEEL EEN

I

Op de laatste dag van maart brak ten oosten van Boston de dageraad door. De zon gluurde over Spectacle Island en een bleek
licht kietelde de loodgrijze wolken die boven het water van de
Atlantische Oceaan hingen. Een vissersboot was op weg naar de
haven, nog zo ver weg en zo grijs in het schemer dat hij stil leek
te liggen, alsof hij op het spiegelgladde water was vastgeprikt.
De ochtendzon scheen op de vlaggen van de schepen die rond
het World Trade Center gemeerd lagen. Daarachter stonden roerloos de containerkranen.

Op het moment dat de eerste lichtstralen de kantoorflats in het
financiële hart van Boston binnendrongen, zat John Shepard helemaal alleen in de Freer Room, de vergaderzaal die, zoals de
naam al deed vermoeden, de grootste was in het kantoor van
Freer, Motley & Stone. Hij zat met zijn rug naar het raam aan
de gigantische vergadertafel, waarop stapels documenten lagen
en bakjes met koud geworden Chinees eten.

Shepard leunde met gesloten ogen achterover in zijn stoel, maar
sliep niet. Zijn vingers streelden zijn baard. Voor hem op de tafel lag een document met het opschrift CLOSING AGENDA.

John Shepard was ruim één meter vijfentachtig lang, had brede
schouders en smalle heupen. Zijn taille was nog net zo smal als
toen hij twintig was. Zelfs in pak, en zelfs met de eerste grijze
haren in de krullen aan zijn slapen, zag hij eruit als een atleet.
Zijn gezicht was, net als zijn tors, lang en smal, en toonde geen
greintje vet, geen spoortje zelfgenoegzaamheid. Zijn mond stond
meestal in een cynische grijns, en kon ieder ogenblik uitbreken
in een brede lach te midden van het bruine stro van zijn baard.
Maar het was een cynische lach, onvriendelijk.

Zijn ogen waren het opvallendst. Niet omdat ze diep lagen, of
vurig, of vrolijk stonden, of dat ze recht door je heen konden
kijken en alles zien wat zich in je hoofd afspeelde; en het kwam
niet alleen door zijn gewoonte om naar je over te leunen terwijl
zijn ogen dat deden; het was de combinatie van die dingen. Als
John Shepard je aankeek, vroeg je je af of je veters wel gestrikt
waren. Zijn ogen konden iemand midden in een zin doen stokken omdat hij plotseling aan mondwater moest denken. Hij had
een lijf om mee te werken, een mond om mee te lachen, en een

blik om mensen nerveus mee te maken.

Rond halfzeven kwamen de anderen de Freer Room binnen. Er vormden zich her en der aan de tafel groepjes juristen. De meesten zagen er afgetobd uit, met rode ogen, de mannen ongeschoren. Onder hen bevonden zich Timothy Ogle, een eerstejaars medewerker, en Mike Mitts, een juridisch assistent. Dit waren de twee jongste leden van het team van Freer Motley: de proeflezers, de voetknechten, de jongens die nachtenlang zaten over te schrijven. Shepard knikte en glimlachte toen ze binnenkwamen en aan het verste eind van de tafel gingen zitten.

Timothy Ogle, met zijn dikke brilleglazen, nam het vertrek in zich op. Hij had een smal gezicht, dunne, strakke lippen, en die lippen vormden een dunne, strakke glimlach. God, wat een geld, denk je eens in! In de hele wereld was er niet genoeg geld te vinden wat Timothy Ogle betreft, maar die dag zou er toch in ieder geval een lief bedrag het vertrek in, en weer uit flitsen. Hij was zo opgewonden, dat hij zijn koffie niet weg kreeg. Zijn adamsappel sprong op en neer.

Ogle was misschien wel de magerste man van Boston. Het uiteinde van zijn riem kronkelde bijna obsceen om zijn taille heen. Zijn bril, schildpadmontuur met jampotglazen, hing op zijn neus en overheerste zijn gezicht. De krachtige bolling van de glazen vervormde zijn lange, smalle gezicht tot een karikatuur met te veel voorhoofd aan de ene en twee dunne lippen aan de andere kant. De afgelopen acht dagen was hij de ontvanger geweest van wat wel duizend opdrachten geleken had. 'Ogle, heb je die eerste versie? Voer de wijzigingen door in dat convenant! Waar is dat schema? Nee, dat andere schema, verdomme!' Enzovoort. Nu was het bijna voorbij.

Met enige opluchting keek Ogle naar Mitts. Hij zei tegen zichzelf dat er nu tenminste iemand bij was die lager op de ladder stond dan hijzelf.

Even later stootte Ogle Mike Mitts aan. 'Mevrouw Zeven-Vijftig,' fluisterde hij terwijl hij in de richting knikte van de vrouw die zojuist was binnengekomen, geflankeerd door twee assistenten. Ogle slaakte een zucht. Zeven-vijftig, en wat een stuk. Elizabeth Russell, onlangs bevorderd tot partner bij Fletcher, Daye & Symmes, vertegenwoordigde de koper. Ze was de enige in het vertrek die er als altijd uitgeslapen uitzag. Een opvallende vrouw, lang en slank, met dik donker haar in een staart met een lint en een iets gebruinde huid. Deze ochtend was ze perfect gekapt en droeg ze een wollen pakje. Rond haar hals droeg ze een Hermes-sjaaltje. Haar ogen waren schitterend lichtblauw, groot en doordringend.

'Goedemorgen, John, fijn je te zien... mèt je avondeten,' zei ze, wijzend op de bakjes koude Chinees. Ze keek naar de andere aanwezigen en glimlachte ook naar hen, om duidelijk te maken dat het maar een goedmoedig plagerijtje was.

Shepard knikte. Zijn hoofdknik was vaak theatraal. Met lachende ogen antwoordde hij terug: 'En hier is dan Elizabeth "Women's Libby" Russell die me een hoop stront komt bezorgen in mijn eigen vergaderzaal, bij mijn eigen closing. Altijd leuk iets te horen van de weledelgeleerde raadsvrouwe van de koper,' zei hij met een hoofdbuiging.

Mitts keek nieuwsgierig naar Ogle. 'Zeven-vijftig?' mimede hij.

'Haar honorarium,' fluisterde Ogle. 'Zevenhonderdvijftigduizend voor deze overeenkomst.'

Mitts wenkbrauwen schoten de lucht in. 'Voor acht dagen?' Maar Ogle, die nerveus werd, maande hem tot stilte.

'Heb je de revisies van gisteravond?' vroeg ze.

'De revisies van gisteravond,' zuchtte hij. Toen keek hij op, met flonkerende ogen. 'Momentje, Libby. Ben zo terug,' zei hij.

Rond zeven uur arriveerde er een jonge vrouw van de kopieerafdeling met een wagentje vol contracten. Ze maakte twintig stapels en legde een van de stapels voor Shepard neer, maar hij reageerde niet en keek er niet eens naar. Hij leunde achterover in zijn stoel en woelde met een hand in zijn baard, op en neer over zijn kaak.

Al gauw waren Russell en de juristen verdiept in de nieuwe contracten.

Buiten werd het lichter. Het zou een heldere dag worden. De ringweg rond het district zat al verstopt met ochtendforensen. Voor het kantoor in Congress Street stond een eindeloze file. Bij Freer Motley begon de rest binnen te stromen. Vandaag was de dag waarop de grootste closing in de geschiedenis van de Depositors' Fidelity Bank, ook wel DeFi genoemd, zou plaatsvinden. Of niet. En dat zou gebeuren – of niet – in deze ruimte, de Freer Room.

Een consortium onder leiding van Sidney Weiner, de financier uit New York, wilde Idlewild Industries kopen, een grote holding in Boston. De wortels van Idlewild lagen in de katoen- en leerfabrieken van de familie Bassett aan de oever van de Merrimack, maar tegenwoordig maakten schoenen en textiel, in de negentiende eeuw de voornaamste bronnen van inkomsten, nog maar een klein deel uit van de zaken. Tegenwoordig omvatten de holdings elektronica, biotechnologie en onroerend goed overal in het land. En het kroonjuweel was de Idlewild Tower, een glanzende obsceniteit aan Fifth Avenue in Manhattan: drieënvijftig verdiepingen nieuw, commercieel onroerend goed.

Tegen het eind van de dag zou, als alles goed ging, een vennootschap onder leiding van Weiner de eigenaar zijn van Idlewild, en zou DeFi ten behoeve van de transactie een lening verstrekt hebben van achthonderdveertig miljoen dollar.

De DeFi-bankiers, onder leiding van Mark Barbieri, het agressieve jonge afdelingshoofd van Activa en Financieringen, arriveerden met in hun kielzog een paar assistenten. Ogle en Mitts zaten nog steeds in hun buitenpost aan het verste eind van de tafel. Ogle gaf Mitts een knipoogje. 'Als dit lukt, krijgt Barbie een bonus van vijftig mille!' fluisterde hij. Hij sperde zijn ogen open achter zijn brilleglazen.

En daar kwam een hele stoet: accountants van de hypotheekgever, de financieel directeur van Idlewild met een aantal andere directeuren, en een aantal hulpjes en assistenten. Onder hen bevond zich Phil Owens van Bunker House, de participatiemaatschappij die de achtergestelde lening verschafte, met zijn team van assistenten en juristen. Owens, een mannetje dat deed denken aan een uil, had niet geslapen en keek alsof hij last van zijn spijsvertering had.

Mitts keek vragend naar Ogle.

'Twee-vijftig,' fluisterde die.

Er kwamen nog meer partners van Idlewild binnen. Advocaten van de bond, twee mensen uit Tennessee van de Knoxville Redevelopment Authority, en een team van Chemical, een van de deelnemers van de bankgroep. De Freer Room begon ondanks zijn enorme afmetingen vol te raken met lichamen, weekendtassen, attachékoffertjes en geklets. En natuurlijk kwam er ook algauw een contingent investeringsbankiers binnen, kwijlend bij de gedachte aan de bedragen die zij tegen het eind van de dag hoopten te hebben verdiend.

Toen de eerste golfbretels de drempel over kwamen, gleed er een brede glimlach over Ogles gezicht. Hij keek naar zijn mede-samenzweerder Mitts. 'Kijk, meneer Twintig Miljoen,' fluisterde hij.

Twintig miljoen! Het idee alleen al! Platts firma zou twintig miljoen krijgen! Vandaag! Ogle koesterde deze gedachte. Er gleed een triomfantelijke glimlach over zijn gelaat toen hij dacht aan al dat geld. Hij glimlachte nog steeds toen hij opkeek en John Shepards blik ontmoette, over de tafel heen. Hij zag Shepards ogen zich vasthaken in de zijne, hij zag de wijsvinger, zag hoe deze zich kromde, zag hoe hij geroepen werd. Ogles adamsappel bewoog heftig op en neer. Hij was als de dood voor Shepard.

Hij sprong overeind. Toen hij bij Shepard stond draaide deze zich iets om en zei zachtjes: 'Oggles?'

Ogle had een hekel aan die naam. Hij had tot de beste tien procent van zijn jaar behoord toen hij afstudeerde aan de universiteit van Columbia! 'Ja?' fluisterde hij.

'Gaan jullie vandaag nog iets doen, of houden jullie het bij persberichtjes over de honoraria?'

Ogle voelde hoe hij bloosde. 'Sorry,' zei hij.

Shepard wendde zich af. 'Hou je liever met die kredietovereenkomst bezig. En de achtergestelde lening. Daar zaten gisteren al die wijzigingen in.'

Toen hij weer op zijn stoel zat begroef Ogle zich in de documenten. Mitts boog zich naar hem toen. 'Wat moest die...'

'Hou je kop!' fluisterde Ogle, terwijl zijn ogen schichtig naar het andere eind van de tafel schoten.

Er arriveerden meer zakenlieden. Ogle, Mitts en de juristen van de koper zaten met gefronste wenkbrauwen de herziene stukken door te nemen. Toen ze opkeek zag Libby Russell dat Shepard zijn stapel niet had aangeraakt.

'Moet jij niks doornemen?' vroeg ze.

'Volgens mij heb ik ze al vaak genoeg gezien,' zei hij.

Haar glimlach, als het een glimlach was, was ondoorgrondelijk. Ze keerde terug naar haar eigen stapel.

Het werd kwart voor acht. Het geluid van pratende mensen was toegenomen. Er arriveerde een juridisch assistent van Freer Motley met een aantal closing-ordners.

Ook toen er steeds meer mensen binnenkwamen, bleef John Shepard zitten, zijn rug naar het raam gekeerd, met niets voor zich dan een kop zwarte koffie, zijn closing agenda, en de onaangeraakte stapel herziene documenten. Hij knikte naar iedereen die binnenkwam, en woelde door zijn baard. Om kwart over acht waren er ongeveer vijfentwintig mensen binnen van de vijfenveertig die de closing uiteindelijk zouden bijwonen. Nu leek Shepard plotseling wakker te worden. Hij wierp een blik op zijn horloge en keek het vertrek rond.

'Oké, mensen,' zei hij. Het geroezemoes verstomde. Hij sprak luid, met steeds dezelfde stembuigingen, laconiek, maar met gezag. Het werd stil.

'We hebben nog zeven uur om de telefonische overboeking te effectueren en er is nog een hoop te doen. Een hele hoop. We zijn hier nu al met een grote groep en er komen nog meer mensen, dus een goede coördinatie is noodzakelijk. Haal dus een kop koffie, en luister naar de regels.

Ten eerste: we handelen de agenda punt voor punt af. Wacht tot je eigen punt aan de beurt is.

Ten tweede: geen gelummel met telefoons hier. Als je iemand moet bellen, ga je naar de receptie. Mijn telefoons worden niet gebruikt voor gesprekken met New York. Ik heb hier drie telefoons en die heb ik alle drie nodig.

Ten derde: in dit vertrek wordt gewerkt, mensen. Wie wil praten over restaurants, golf, wie het met wie gedaan heeft of de uitslagen van het honkbal gaat maar naar de gang. Een investeringsbankier die praat over zijn huis in Hilton Head raakt zijn commissie kwijt.

Oké, daar gaan we. Oliver, lees de agenda voor, te beginnen bij wat al klaar is. Het is een lange lijst, mensen. Doe je mond open als je denkt dat iets nog níet klaar is. Wie zwijgt, stemt toe. Mary?'

Mary Oliver, die al wat langer medewerker bij Freer Motley was, begon de closing agenda op te lezen, de lijst van 296 punten die ondertekend en overhandigd moesten worden voordat deze transactie afgesloten was. Ze las alleen die punten op die al afgehandeld leken.

Toen later rechercheurs probeerden dit deel van de closing te reconstrueren, vroegen ze of iemand zich kon herinneren of er over de Idlewild-hypotheek was gepraat. Dat was ook een van de meer dan tweehonderd punten die Oliver in de loop van het daaropvolgende uur had opgelezen. Maar als iemand al iets gegromd had, of geknikt boven zijn kop koffie, of op dat moment iets gezegd had, dan wist niemand dat meer. Terwijl Oliver de documenten opsomde, legde een juridisch assistent ze op een stapel in de closing-ordner.

Er ontstond weer enig rumoer. Mensen begonnen te kletsen, onderbroken door Mary Olivers opsomming: 'Overeenkomst van commanditaire vennootschap van Idlewild Partner, C.V., zei ze. 'Overeenkomst van commanditaire vennootschap van Idlewild Associates, C.V., certificaat van commanditaire vennootschap van Delaware Limited Partnership, akte van oprichting van Idlewild Associates, Inc., gevestigd in Delaware, certificaat van geen bezwaar van de secretaris van de staat Delaware...'

Shepard keek op en zag een man met zilvergrijs haar in de deuropening staan, geflankeerd door medewerkers. Hij zag hoe Russell opstond om de man te begroeten. Er ontspon zich een vriendelijk gesprek. De koper was er, dacht hij. Dit moet een closing zijn.

Oliver las verder. 'Onroerend-goeddocumenten. Hypotheek Texas Place 1. Hypotheek Volunteer Drive 7078, Lexington, Kentucky. Cessies van huurovereenkomsten in Kentucky, punten *a* tot en met *l*. Uitsluitingscertificaten. Geautoriseerde kopie van overdracht Texas Place. Geautoriseerde kopie van overdracht Kentucky. Hypotheek Idlewild...'

'John Shepard. Welkom bij mijn closing, meneer Weiner,' zei Shepard, toen hij bij Russell en haar klant aankwam. 'Ik hoop dat u uw Cross-pen bij u hebt. Laten we maar meteen beginnen met tekenen.'

'Uw closing?' zei Sidney Weiner. 'Ik dacht dat ik die bedrijven aan het kopen was.'

'Met het geld van mijn cliënt,' zei Shepard glimlachend. 'Totdat het overgemaakt is, is dit míjn closing. Doe wat ik zeg, dan bent u tegen de avond eigenaar van de bedrijven, en na het avondeten het grootste nieuws sinds de koningin van Engeland gekroond werd.

Oggles!' blafte Shepard, 'haal eens een kop koffie voor meneer. En een koffiebroodje. Twee koffiebroodjes. Hij is helemaal uit New York hierheen gekomen om een paar zaken over te nemen.'

Ogle stond even als aan de grond genageld. Een koffiebroodje halen, dacht hij. Mitts is juridisch assistent, ik behoorde bij de besten van mijn jaar, en ik moet de koffiebroodjes halen...?

'Oggles?' informeerde Shepard.

Ogle ging op pad, duistere maar zwijgende verwensingen mompelend. *Oggles*, welja! Een van de besten aan Columbia! Nog bijna geslaagd als beste van zijn jaar!

John Shepard had zich omgedraaid en zijn positie aan het midden van de tafel weer ingenomen. Oliver las verder: 'Resoluties van de commissie van Bassett. Resoluties van aangesloten dochterondernemingen.'

Een voor een werden de documenten doorgegeven naar links, naar de closing-ordner en de handtekeningen-galerij. Oliver las door tot halftien.

Toen werd er alom gekletst.

'... onmogelijk daarvoor te reserveren. Ik was laatst in de Back Bay...'

'Magertjes, hoor. In het tweede kwartaal zou dit niet haalbaar zijn. Ik wil niet weer bij zoiets betrokken raken, met dit soort dekkingen.'

'Mark, ik heb een probleem met die...'

'Je taal...'

'Waar is die uitsluiting van Coopers, is die gefaxt?'

'Jim, heb jij de papieren van die zekerheidsovereenkomst?'

'Shit, is de koffie nu al op? Kan iemand naar de kantine bellen?'

'Waar is Dick Lewis?'

'Judy zei dat hij vanmorgen zou komen.'

'Mensen!' Daar was Shepard weer. Het werd stil. 'Er moet getekend worden. De heren Weiner, Fallon en Heckster en mevrouw Cohen wordt verzocht hiermee te beginnen. Oggles, help ze. Goed, Mary, hoeveel open documenten?'

'Negenentwintig.'

'Jezus. Oké, kom maar op met het rapport van de vergelijkende scatologie. Mensen, wacht op jullie punten. We gaan ze afvinken. Geen discussies voorlopig. Als we alles doorgenomen hebben, gaan we er dieper op in.'

Aan de andere kant van de tafel fluisterde Mitts tegen Ogle: 'Scatologie? Wat is dat, zoiets als jazz?'

'Nee,' fluisterde Ogle terug. 'Dat is *stront*. Veel stront, groot probleem. Weinig stront, klein probleem.' Hij haalde zijn schouders op. 'Typisch Shepard.'

Verderop begon Oliver. 'Oké, nummer één,' zei ze. 'De uitsluiting van Cooper. Die hebben we nog niet.'

'Mierestront,' zei Shepard. Hij keek de tafel langs naar de onroerend-goedpartner, technisch gesproken zijn meerdere bij Freer Motley. 'Waar is dat stuk, Tom, verdorie nog aan toe?'

'Ze zeiden dat ze het per nachtkoerier zouden sturen...'

'Ik dacht dat we nu alleen de punten zouden doornemen,' zei iemand aan de andere kant van het vertrek.

'Ja, behalve als Shepard anders beslist,' zei Shepard en wendde zich weer tot Tom Ruggerio. 'Dan moeten ze het maar faxen. Bel die sukkel op.'

'Ik heb hem gisteravond gebeld.'

'Dan bel je hem nu weer. Spreek vriendelijk tot die heiden. Laat hem dat stuk faxen. Oké!'

'Twee,' ging Mary verder. 'Het onroerend goed-advies van Paducah. De raadslieden willen geen advies geven over een oude spoorwegerfdienstbaarheid.'

Barbieri keek naar Shepard. 'Muizestront,' zei Shepard. 'Mike, daar mag je niet mee zitten. Volgende.'

'Drie,' zei Mary. 'Kredietovereenkomst. Zijn er nog problemen met de convenanten?'

'Wat voor problemen?'

'Vergelijkende boedelconvenanten?'

'Wurmestront. Jezus Heilige Roosevelt Christus, is dat nou nog steeds niet rond? Mark, Gary, houen jullie je daarmee bezig en zorg dat het voor elkaar komt.' Shepard blafte tegen de jonge bankier, zijn eigen cliënt. 'We hebben ook pas zevenhonderd revisies achter de rug. Volgende punt.'

Een jonge bankier liep naar het eind van de tafel met de financieel directeur van het bedrijf, terwijl Mary verder las. 'Vier... vijf... zes...' De punten werden voorgelezen en Shepard wees ieder punt een grotere of kleinere hoop stront toe, afhankelijk van de mate van belangrijkheid van het punt.

'Elf, advies van raadsvrouwe van hypotheekgever.'

'Wat?'

'Ja, we hebben nog een punt met...'

'Libby,' zei Shepard, haar onderbrekend. 'Serieus. Voor achthonderdveertig miljoen horen jullie voor alles een advies te hebben, wat dan ook. Ik weet zeker dat Sid het ook zo ziet. Kippestront.'

'O, John, kan ik niet tenminste een zoogdier zijn, alsjeblieft?' zei ze mokkend, terwijl ze hem een knipoog gaf.

Mary Oliver ging verder. Mannen en vrouwen liepen nu met vlugge passen de vergaderzaal in en uit, en al snel zag het tafereel eruit als een soek in het Midden-Oosten, met overal papieren en overal gekrakeel.

'Ik moet een telefoon hebben, ik moet een telefoon hebben,' zei iemand.

'Kunnen we hier een secretaresse krijgen?'

'Zeventien,' zei Mary. 'De achtergestelde leningen...'

'Waar zit Lewis toch?' onderbrak Shepard haar. 'Libby, ben je van plan deze transactie rond te maken?'

'Hij komt echt wel,' zei ze.

'Sinterklaas komt ook echt wel,' zei Shepard. 'Er wordt niets gefinancierd zonder de handtekening van die halve gare. Ja, oké,' sprak hij verder terwijl hij zijn aandacht weer richtte op de lijst van Mary Oliver. 'We weten dus van de achtergestelde leningen. Mastodontestront.'

'Laten we terzake komen, John,' zei Phil Owens, de prikkelbare participant die al sinds acht uur op dat moment had zitten wachten. Zijn harige wenkbrauwen gaven zijn misprijzende uitdrukking extra kracht. Het was nu bijna kwart voor tien. 'Momenteel hebben jullie geen aankoop omdat jullie geen achtergestelde lening hebben. Op die documenten vàlt de transactie, jongens,' zei Owens. Hij had een nasaal Newyorks accent. 'Dick,' zei hij tegen de bankier, 'de financiering gaat niet door.'

'Mogelijk walvissestront. Wacht op je beurt, Phil, potverdomme,' zei Shepard. 'O, Phil?'

'Ja?'

'Mooi gezegd. Niet fantastisch, maar mooi. Volgende!'

Toen ze klaar waren met de lijst en de kleinere zaken uitgezocht hadden, was het bijna lunchtijd. Nog drie uur.

Nu kwam het deel dat de mensen zich later het best herinnerden, toen het onderzoek begon: de onderhandelingen over de achtergestelde lening. Het was een ondoorzichtige kwestie, en de specialisten in het vertrek vonden dat Shepard zich bijzonder agressief opstelde. Niemand verwachtte dat Bunker House dit onderdeel zou aanvallen. Waarom speelde Shepard het zo hard? Depositors' Fidelity Bank zou achthonderdveertig miljoen dollar lenen tegen een rente die twee procent hoger lag dan de laagste rentevoet. Bunker House zou nog eens veertig miljoen dollar bijdragen, als lening met een lagere prioriteit dan die van de bank. Als compensatie voor het hogere risico zou Bunker House een veel hogere rente heffen, zo'n vijftien procent. Maar volgens de overeenkomst met DeFi zou die bank als eerste terugbetaald worden.

Tot zover geen probleem. Maar er zit altijd een addertje onder het gras: wat zou er bijvoorbeeld gebeuren als de holding failliet ging? Onder de faillissementsregels kan een achtergestelde lening samenspannen met de aandeelhouders en de bank volkomen ruïneren. Shepard wilde dat voorkomen, hij wilde een provisie die de bank in staat zou stellen de stemrechten van Bunker House uit te oefenen in geval van faillissement.

Op dat punt waren de onderhandelingen twee dagen eerder vastgelopen. Owens hield vol dat ze onder die voorwaarden de lening eenvoudigweg niet zouden verstrekken. Veertig miljoen dollar zou de grootste achtergestelde lening zijn die ze tot dan toe verschaft hadden. Dat risico wilden ze niet nemen in verband met een mogelijk faillissement.

'Phil,' zei John, 'jij steekt dan misschien veertig miljoen in deze zaak, maar ik heb er achthonderdveertig in zitten. Als de zaak ondergaat en er geliquideerd moet worden, dan wordt er ook geliquideerd. Waarom denk je dat je die vijftien procent krijgt!'

'Waar maak je je zorgen over?' wilde Owens weten. 'Je hebt een eerste hypotheek op de Idlewild Tower, nondeju!' Hij keek naar de bankier. 'Mike,' zei hij, 'we doen het niet. We doen het níet.'

'Nou, ik ben een beetje bezorgd dat als de bank zo laat nog op zoek moet...' begon Sid Weiner.

'We hebben geen enkele toezegging gedaan, behalve op documenten die aanvaardbaar waren, dus je hoeft er niet eens aan te denken,' sneed Shepard hem af.

'Redelijkerwijs aanvaardbaar,' zei Libby Russell. 'John, waarom sta je zo op je strepen? We moeten een transactie afsluiten, en wel nú. Genoeg gepraat.' En voor het eerst zag Russell er nerveus uit.

'Ja, Libby. Maar zelfs redelijke mensen moeten voorzichtig zijn met achthonderdveertig miljoen, nietwaar?' zei Shepard.

Ze trok een lang gezicht naar hem en wilde hem onderbreken toen hij haar de pas afsneed. 'Mike, je kunt niet tekenen zonder deze provisie. Dan zou je een volslagen idioot zijn. Dat kun je niet doen.'

Nu schoot de blik van bankier Barbieri heen en weer tussen Shepard, Russell en Owens.

'Noem eens één transactie in deze orde van grootte waarbij de verstrekker van de lening dat opgaf!' zei de kleine man, die wat weg had van een vogeltje. Hij had een hoge stem en zijn wenkbrauwen gingen op en neer. Nu zwaaide hij met een vinger. 'Naar beneden, pak die map en breng hem hier!'

Voordat hij kon antwoorden, keek Shepard op. Ook een aantal anderen keek op, want in de deuropening stond Samuel Boylston Whitaker, de hoogste Freer Motley-partner op bedrijfsjuridisch gebied, voorheen directielid, en in naam het hoofd van het DeFi-team. Zijn gemillimeterde haar en zijn koele blauwe blik hadden een generatie lang angst gezaaid bij Freer Motley. Hij droeg een antracietgrijs pak met een sierlijke strik van wit met blauwe zijde en stond kaarsrecht in de deuropening. Hij keek naar de aanwezigen, over de rand van zijn dubbelfocusbril. Hij knikte naar Shepard.

'Ik wil hierover overleggen met mijn mensen,' zei Mark Barbieri tegen Owens. Hij had Whitaker ook gezien. 'Sam, kun je even komen?'

'Sam, alsjeblieft,' zei Russell. 'Johns testosteron veroorzaakt hier bijna de mislukking van een overname van een miljard dollar.' Ze glimlachte, maar haar ogen stonden wat bezorgd. Het werd tijd om de transactie af te sluiten.

Op dat moment, daar waren ze het later allemaal over eens, kwam het telefoontje binnen. De Heer had voor afleiding gezorgd. Of voor licht amusement. Of beide. Terwijl Shepard de deur uit liep, zei iemand: 'Het is Lewis.'

Hij bleef staan en draaide zich om. 'Daar komt stront,' zei Shepard zachtjes tegen zichzelf. 'Groot zoogdier, waarschijnlijk.' En toen, hardop, 'Ik hoop dat hij op Logan staat.'

De man aan de telefoon schudde ontkennend zijn hoofd. 'Pittsburgh,' zei hij.

'Jezus, hier met die telefoon,' zei Shepard. 'Lewis? Verdomme, man, waar zit je in...'

Stilte. Iedereen zag hoe Shepard met zijn ogen rolde terwijl hij luisterde. 'Zijn vliegtuig gemist... wij allen als makke schapen hebben ons vliegtuig gemist, dat is toch niet te geloven...' zei hij tegen niemand in het bijzonder. Hij sprak weer in de hoorn.

'Ik heb hier een closing van negenhonderd miljoen dollar en jij kunt het vliegveld niet vinden? Wat? John Shepard van Freer. Kijk, je had natuurlijk ook gisteravond al kunnen aankomen, vent. Het is alleen maar jouw negenhonderd miljoen dollar-aankoop. DeFi geeft geen financiering zonder jouw handtekening. Ja. Nou, kijk, er zitten hier momenteel zo'n zevenenveertig mensen die bereid zijn je aan stukken te scheuren. Ja. Wacht even. Blijf aan de lijn.'

'Mensen,' zei hij, ditmaal tegen de aanwezigen, 'kunnen jullie even luisteren?!'

Het werd stil.

'Mensen, we hebben hier een halve gare in Pittsburgh. Hij heeft een advocatenkantoor nodig. Wie kent er een?'

'Janson Kohl,' zei iemand.

'Prima,' zei Shepard. 'Bel. Zorg dat er iemand heen gaat. Dit uilskuiken staat daar over twintig minuten en heeft dan een fax nodig.' Hij sprak weer in de hoorn en blafte instructies tegen de ongelukkige directeur. 'Oké, oké,' zei hij. 'Neem een taxi en ga naar Janson Kohl... Hemel, dat weet ik niet, zoek ze gewoon op... Wat? Janson, Kohl, iemand en iemand... Ja. Bel dit nummer zodra je bij de receptie staat. Denk je dat je een taxi kunt vinden, of moeten we iemand sturen om dat te regelen? Wat?'

'Heel opbouwend, John,' onderbrak Libby Russell hem.

'Ja... ja.' Shepard was nog aan de telefoon. 'Nou, geen dank, als die deal maar eerst rondkomt. Ga naar dat verdomde kantoor. De Stem des Heren heeft geklonken, klootzak! Jezus!' zei hij terwijl hij de hoorn neersmeet. 'Nou, Sid, daar heb je een heel fijne partner aan. Wat een genie, nietwaar? En dat is de vent die eraan moet denken mijn lening terug te betalen?' Hij schudde zijn hoofd. 'Oggles!'

Alweer Oggles! Waar iedereen bij was! 'Ja?'

'Is een gefaxte handtekening rechtsgeldig in Pennsylvania?'

Ogle haalde zijn schouders op.

'Zoek dat dan uit, vent, en zo niet, kijk dan hoe 't in Ohio zit zodat die taxichauffeur de dag van zijn leven heeft.'

Daarna verliet Shepard de Freer Room en voegde zich bij zijn cliënt, Barbieri, en Samuel Whitaker, die in een verderop gelegen vergaderzaaltje zaten. Ze bleven tamelijk lang weg.

Toen hij terugkwam uit de bibliotheek, bleef Timothy Ogle even hangen buiten de kleinere vergaderzaal. Door het raam zag hij Whitaker met een onbewogen blik zitten. Shepard liep heen en weer, gebaarde, schudde zijn hoofd. Barbieri keek naar zijn handen.

Ogle klopte aarzelend op de deur.

'Wat is er?' zei Shepard.

'Die gefaxte handtekening, daar heb ik naar gekeken, en...'

'Oggles, zorg gewoon dat het probleem wordt opgelost. En dat je zelf verdwijnt.' Shepard keek kritisch naar hem. 'In jezusnaam, Oggles, eet een paar koffiebroodjes. Je bent veel te mager!'

'Sorry.' Terwijl Ogle achterwaarts de kamer uitliep, zag hij Shepard op zijn horloge kijken.

'Kijk, het is jouw miljard, Mike,' hoorde hij hem zeggen, en daarna viel de deur in het slot.

Het was één uur. In de Freer Room hing een gespannen sfeer. Er was nauwelijks tijd om de secretaresses de resterende wijzigingen te laten invoeren in de documenten. Er was geen tijd voor meer van die dwaasheden tussen de bank en de participatiemaatschappij. De kopers en de verkopers, de bankiers en de juristen, de accountants en de adviseurs, zelfs de secretaresses hielden op met hun gedraaf en gingen zitten toen Shepard weer plaatsnam in het midden van de tafel. Het werd stil in het vertrek. Shepard duwde zijn vingertoppen tegen elkaar, keek even verstrooid rond en keek toen Owens weer aan. Er zaten nu meer dan veertig mensen te wachten of de closing zou doorgaan of niet.

Shepard kneep zijn ogen samen en staarde naar Phil Owens, zijn mond in een strakke, cynische glimlach vertrokken. 'Phil,' zei hij, 'je bent een verschrikkelijk goedkope klootzak. En ik durf je wel te zeggen dat ik het heen en weer krijg van die wenkbrauwen van je.' Hij zweeg even. 'Je krijgt 'm van ons,' zei hij. En dat was dat.

Afgezien van een koortsachtige, ademloze stroom van activiteit om de documenten voor de achtergestelde lening te wijzigen, de laatste handtekeningen te krijgen, de telefonische overboeking rond te krijgen, Lewis' handtekeningen uit het advocatenkantoor in Pittsburgh te krijgen, en de hypotheekaktes in te schrijven bij drieënveertig kantoren in het hele land. De zaal werd een wervelstorm van papier, van in en uit rennende secretaresses, faxen die uit de machines gescheurd en naar de vergadering gebracht werden en kluitjes juristen die zich knikkend over documenten bogen en de laatste wijzigingen in de marges krabbelden.

Om zeven minuten voor drie waren ze aan de geldbesprekingen toe. Opnieuw werd het stil in de zaal. Juristen, bankiers, onderhandelaars zaten zij aan zij met accountants en investeringsbankiers. Op de tafel en in en tussen de stapels proefversies van de overeenkomst lagen half-opgegeten sandwiches. Dassen zaten scheef en jasjes waren over stoelleuningen en radiatoren gekwakt. Overal waren rode ogen te zien en onder de oksels van veel mannen waren zweetkringen afgetekend. Sid Weiner ijsbeerde voor het raam. Zelfs Libby Russell zag er verhit uit. Ze had haar jasje uitgetrokken en stond bij Mark Barbieri, een hand op haar heup terwijl ze met de andere het haar uit haar ogen streek. Ze beet op haar lip terwijl ze haar best deed om te horen wat Barbieri zei, die met een telefoon aan zijn oor geklemd stond.

'Ja... ja, inderdaad,' zei hij. 'Ja, we wachten wel even.'
Hij wachtte. Zij wachtten. En toen trok de bankier zijn wenkbrauwen iets op en verscheen er langzaam een glimlach op zijn gezicht. Hij rondde zijn telefoongesprek af. 'Sid,' zei hij, 'de bank heeft zojuist de ontvangst van achthonderdveertig miljoen dollar bevestigd.'
Er klonk een triomfkreet, er werd op ruggen geslagen, en het gelach drong door tot in de gang. Dit was het einde van acht dagen van spanning, slapeloze nachten en twijfels. De overname was een feit.

Het nieuws had zich als een lopend vuurtje door het kantoor verspreid. Shepard had het hem maar weer eens geflikt, hij had de grootste closing in de geschiedenis van het bedrijf afgesloten, en dat in acht dagen. Dat wilde Ed Mulcahy met eigen ogen zien. Even na vijven stapte hij in de lift, op weg naar de vergaderzaal.
De Freer Room was zo goed als verlaten: Mitts en een ietwat bedrukte Ogle waren bezig de documenten te catalogiseren. Wat een hoop geld, dacht Ogle. Maar het was allemaal weg. En hij bleef zitten met die berg papieren. Hij, die nota bene zulke briljante cijfers gehaald had tijdens zijn studie aan Columbia!
Libby Russell pakte haar aktentas in. Shepard leunde achterover in zijn stoel, midden in de zaal. Zijn schuiten van voeten lagen op tafel en toen hij een bekend gezicht in de deuropening zag, riep hij: 'Ed Mul-ca-hee! Mocht je even los, jongen?'
'Iedereen heeft het erover, John. Over jou, en een overname van een miljard dollar. Heb je de zaak voor elkaar?' vroeg Ed.
'Ja, hij heeft het voor elkaar,' zei Libby Russell, terwijl ze zich naar hem toe draaide om hem te begroeten. 'Hallo, Ed Mulcahy, dat is lang geleden.' Ze sprak de naam correct uit, 'Mulkaye', met de nadruk op de laatste lettergreep, en glimlachte hartelijk naar hem. Hij had haar in geen jaren gezien, en weer was hij onder de indruk. Libby was een prachtige vrouw, en hoewel ze een paar kleine rimpeltjes had gekregen, viel het hem nog steeds zwaar zich te concentreren toen ze haar hoofd iets opzij draaide en haar fotomodellenglimlach op hem losliet.
Hij verstomde op slag. 'Hi,' was alles wat hij kon uitbrengen.
'Verdorie, Mul-ca-hee,' zei Shepard. 'Voor een corpulente Kelt ken je toch wel erg veel mooie meisjes. Je bent een veelzijdig man.'

29

'Ed en ik hebben samen als aanklager gewerkt,' zei Libby. 'Ja toch, Ed?'

'Aha,' zei John, voordat Ed kon antwoorden, 'voordat deze geëmancipeerde vrouw hier een echte baan kreeg. Nou, mevrouw is al te vriendelijk. Zíj heeft het voor elkaar gekregen. Ik was de vertegenwoordiger van een bank, meer niet. Haar jongens zijn nu de eigenaars van Idlewild.'

'Dat is echt aan jóu te danken, John,' zei ze, alsof ze vastbesloten was het laatste woord te krijgen bij deze uitwisseling van wederzijdse bewondering. 'Hoe dan ook, ik zie je straks wel.'

Maar hij schudde zijn hoofd. 'Nee,' zei hij, 'ik kom niet.'

'Nee? John Shepard die een closing dinner laat schieten?'

'Ik heb nog wat te doen, Libby.'

'O ja, natuurlijk. John, ik praat wel met de gérant. Je hoeft echt geen vork te gebruiken of zo. Je krijgt gewoon een gigantisch brok vlees en dat mag je dan afkluiven. Oké?'

Shepard had zijn handen achter zijn nek gevouwen en leunde achterover, zijn blik op het plafond gevestigd. 'Mul-ca-hee, neemt dat wijf me wel serieus? Heb je dat gehoord? Mul-ca-hee is mijn advocaat, Lib, en een dezer dagen krijg je hem achter je aan.'

Ze plaagde hem terug, met een knipoog naar Ed, en probeerde hem te verleiden. 'Kroezen schuimend bier, John, jij reus, geserveerd door rondborstige jonge maagden, waarvan er een paar al meerderjarig zijn, misschien, net als jij...'

'Ik hoop dat je nog van gedachten zult veranderen,' zei een scherpe stem achter Eds schouder. Ze voelden zich allemaal betrapt en wisten zonder zich om te draaien of op te kijken dat het de stem van Samuel Whitaker was. Onmiddellijk hielden de plagerijen op en werd het koud in de zaal. Even tevoren was er nog een kussengevecht geweest, nu had een leraar de pret bedorven. Shepard wendde zich af van de blik van de oudere man.

Het eropvolgende gesprek duurde nog geen minuut. Nog heel lang zou Ed Mulcahy zich de kilte herinneren die in het vertrek hing zodra Shepard Whitakers stem hoorde.

'Wat er ook tussen ons is voorgevallen, John,' zei Whitaker, 'vanavond moet je feestvieren. En je moet weten dat ik je bijzonder dankbaar ben. Deze transactie was niet mogelijk geweest zonder jou.'

Libby Russell, die haar evenwicht hervonden had, keek naar Whitaker. Hij maakte een hoffelijke buiging in haar richting. 'Elizabeth,' zei hij, 'gefeliciteerd.'

'Dank je, Sam,' antwoordde ze. 'Jij ook.'

'John,' zei ze terwijl ze zich weer tot hem richtte, 'Sam heeft gelijk. Je hebt het verdiend. Die overeenkomst was een buitengewone prestatie. Het was jouw overeenkomst. Je moet komen, vanavond.'

Maar de kilte in het vertrek liet zich niet verdrijven, en Shepard wachtte tot het voorbij was. Hij keek uit het raam, naar het vliegveld, en wachtte tot ze uitgesproken waren. Toen de diplomatie tot een onbeholpen eind gekomen was, stond Whitaker bij de deur en bleef Shepard roerloos tegenover Libby Russell zitten, onder het oog van de oude Simon Freer die vanuit de omlijsting van zijn portret boven zijn gesteven kraag over de zaal uitkeek. Aan de andere kant van het vertrek waren Mitts en Ogle opgehouden met het verzamelen van de papieren.

Shepard verbrak de stilte. 'Ik heb andere plannen,' zei hij.

Zijn hand gleed naar zijn borstzak en haalde een blauwe envelop te voorschijn. Met een mechanisch gebaar legde hij de brief op tafel en gaf hem een duwtje. De envelop gleed over het gladde tafeloppervlak en bleef liggen voor de vennoot. Op dat moment keken ze elkaar aan. Hun blikken kruisten elkaar en bleven elkaar vasthouden, ook toen Shepard opstond en om de tafel heen naar de deur liep. Toen hij de drempel bereikte, stonden ze oog in oog, en zelfs Whitaker leek zich iets terug te trekken, een fractie, terwijl Mulcahy zich heel even afvroeg of dit een lijfelijke confrontatie zou worden.

'Wat ik verdíend heb,' zei Shepard toen hij een kleine twintig centimeter van Whitakers gezicht verwijderd was, 'is geen kloterig diner. Ik heb een partnerschap verdiend. Ik heb loyaliteit verdiend. Maar die heb ik geen van beide gekregen, of wel soms?'

Er kwam geen antwoord. Shepard keerde zich om. Maar voordat hij afscheid van hen nam, de vennoot van Freer Motley en de rijzende ster van diens rivaal, Fletcher Daye, kneep hij zijn ogen samen en aan die cynische grijns zag Mulcahy dat er nog een laatste schot kwam.

'Ik was maar een hulpje. Deze hele troep,' zei hij, terwijl hij met zijn arm gebaarde naar de stapels closing-documenten aan de andere kant van de tafel, 'was jullie overeenkomst.'

En toen was hij weg en de anderen vroegen zich af wat ze eigenlijk samen in dat vertrek deden. Nog even lag de blauwe envelop op de tafel, voordat Samuel Whitaker hem oppakte. Later, toen het onderzoek begonnen was, lang nadat Whitaker de envelop geopend en de brief gelezen en naar Personeelszaken gestuurd had, zodat die het dossier van de employé konden afsluiten, vond Ed Mulcahy de brief natuurlijk, en las hij John Shepards eenregelige ontslagname.

2

Het was zo'n club waar het tafelzilver, het servies en zelfs het tafellinnen een zeker gewicht hebben. Kelners komen en gaan niet, ze zijn er plotseling en verdwijnen dan weer. Er wordt op gedempte toon geconverseerd en er wordt elegant met het zilver op het porselein getinkeld. Bij de deur staat een elegante dame en aan de muren hangen elegante etsen van New York in vroeger tijden. En naar het noorden is er een uitzonderlijk elegant uitzicht op Central Park.

De dame stapte naar voren om Sid Weiner bij zijn aankomst te begroeten, en hij beantwoordde haar groet met een glimlach. Weiner was onberispelijk gekleed in een pak van Glen Plaid. De gesteven pochet, de zijden choker, de open kraag, de manchetknopen, het zilvergrijze haar, de gebronsde teint (veel te bruin voor april in New York), al die zaken hoorden thuis in Parkview. Hij bleef staan met zijn handen op zijn rug en bewonderde het uitzicht vanaf de bovenste verdieping van de toren. Alles aan de Parkview Club was naar zijn zin: het menu was precies goed, de bloemen waren precies goed en vooral het uitzicht vanaf zijn favoriete tafel was precies goed, langs Fifth Avenue het park in. En een uitzicht dat recentelijk zijn eigendom geworden was. Want Parkview lag op de vierenvijftigste verdieping van wat nu zíjn toren was: de Idlewild Tower.

Hij draaide zich om en begroette zijn gast, die klokslag één uur over de drempel stapte. 'Goed om je te zien,' zei hij. 'Ik had je niet verwacht, en dan nog wel hier.'

Ze zaten aan zijn vaste hoektafeltje, en hij bood zijn gast de stoel met het onbelemmerde uitzicht op het park. Hij adviseerde de vichyssoise, en de kelner bracht voor hen allebei een kom.

'Je telefoontje kwam als een verrassing,' zei hij. 'Een aangename verrassing.' Hij praatte even over het uitzicht, de toren, het weer. Zijn gast glimlachte.

Toen de vis gebracht was, vroeg de gast: 'Blij met je nieuwe toren?'

'Ja, ik ben blij met mijn nieuwe toren.'

De gast peuterde zijn vis uit elkaar en schoof een stukje op zijn vork voordat hij verstrooid vroeg of Sid Weiner er blijer mee zou zijn als er op het eigendom geen schuld meer rustte.

Weiner glimlachte. 'Ik moet je vertellen over mijn laatste reis naar St. Lucia,' zei hij.

Zolang hij volwassen was had Sid Weiner zich in ongebruikelijke onderhandelingen bevonden, en al heel lang geleden had hij geleerd dat het soms het beste is om te doen alsof je een verbazingwekkend aanbod niet gehoord hebt. Hij liet in ieder geval geen verbazing blijken, of zelfs maar belangstelling, in iets verrassends of interessants. Ze praatten dus rustig verder over zijn reis naar de eilanden, alsof hij de opmerking niet gehoord had. Er verscheen een kelner, die met de borden verdween. Een ander verscheen in zijn plaats met de dessertkaart.

'Koffie?'

Zijn gast bedankte. Weiner bestelde een espresso en wuifde de desserts weg.

Weiners gast kwam weer terug op het onderwerp. 'Vrij van schuld zou dit gebouw, wat zou het zijn, zo'n tien miljoen dollar opleveren?'

'Je moet de pro forma's goed bestudeerd hebben,' zei Weiner. De koffie was inmiddels gebracht. Het was tijd om te praten. 'Maar wat heeft een vrije geldstroom van tien miljoen per jaar te maken met de grotemensenwereld?'

'De wereld is wat je ervan maakt, Sid. En de wereld zou er een heel stuk beter uit kunnen zien.'

Hij glimlachte. 'Vriend,' zei hij. 'Mag ik je zo noemen? Gefeliciteerd. Vanaf nu heb je mijn onverdeelde aandacht.'

Maar zijn gast keek naar het park, zo te zien afgeleid.

'Stel dat een goede vriend,' ging de gast verder, 'in staat zou zijn om jouw schuld hier te verminderen, zodat je vier of vijf, of misschien wel tien miljoen cash per jaar zou kunnen besparen op dit gebouw. Een verstandige zakenman zou kunnen besluiten dat het de moeite waard is zo'n vriendschap warm te houden. Die vriend aan zijn kant te weten.'

De gast keek Sid nu recht in het gezicht, en de zakenman voelde zich ontwapend onder die vaste blik. 'Een verstandig zakenman zou zo'n vriend een beloning willen geven. Voor besparingen van meer dan vijf miljoen per jaar in cash flow zou die zakenman met genoegen een beloning van twee miljoen dollar per jaar willen geven. Zeg vijf jaar lang. Dat is de termijn van de hypotheek, nietwaar?'

Weiner fronste. Hij was gewend aan breedsprakigheid, maar niet op dit niveau. 'Twee miljoen dollar is een hoop geld.'

'Inderdaad. En momenteel geniet je het voorrecht dat aan een bank te betalen. Het is ook aanzienlijk minder dan vijf miljoen dollar.' En zijn gast glimlachte weer, die onrustbarende glimlach. 'Ik ben blij dat het je gesmaakt heeft,' zei Sid Weiner. 'Nou, stel dat ik belangstelling had voor enige lastenverlichting. Dat is tenslotte een Amerikaans trekje, nietwaar? Wat zou ik dan moeten doen?'

'Om te beginnen zou ik zeggen: neem een goede advocaat in de arm.'

3

Edward Xavier Mulcahy had de ochtend van de Shanklin-vergadering de balans opgemaakt, in de scheerspiegel. Lengte: nog steeds één meter zeventig. Haar: donker en krullend, iets dunner wordend, met wijkende haarlijn. Tanden: nog allemaal aanwezig, maar steeds geler. ('Bedoelt u dat ik meer moet flossen?' had hij bij de laatste controle aan een bemoeizuchtige tandarts gevraagd. 'Hoe bedoelt u, "meer",' had de tandarts geantwoord.) Ogen: blauw. Middenrif: o, god. Ed Mulcahy had in zijn jeugd iets aan balsporten gedaan, maar hij was nooit een echte atleet geworden. Op zijn zesendertigste wist hij nog hoe het voelde om twintig te zijn. Alleen voelde hij dat niet meer.

Hij keek omlaag. De *Globe* van die ochtend lag opengeslagen bij de sportpagina en er zaten waterspetters op. Mulcahy las graag tijdens het scheren, een oude gewoonte. Door de muur heen hoorde hij een laag gekreun. Het gekreun kreeg een soort basale begrijpelijkheid.

'Eddie!' zei de stem.

'Ja?'

'Heb je mijn artikel al gelezen?'

'Ja.'

'Wat vond je ervan?'

Op zakelijke toon antwoordde Mulcahy: 'Het lijkt me, eh... niet je beste.' Hij verwrong zijn gezicht tot een verongelijkte uitdrukking en haalde het scheermes onder zijn kin door.

'Dank je wel. Dank je voor je steun,' zei de stem.

Ed keek naar de krant en liet zijn ogen glijden over het artikel over de Celtics, dat geschreven was door Victor H. Reggitz. 'Nee, serieus, Gitz,' zei hij behulpzaam. 'Ik heb echt beter gezien van jou. Zeker weten.'

'Dank u, edele heer,' zei de stem door de muur. 'Waarom leer ik het toch nooit?'

'De waarheid moet gezegd worden,' gromde Mulcahy, en trok het scheermes verder door het schuim.

De stem gromde terug. 'Dat zijn mijn zaken, niet de jouwe.' Gitz was nu wakker.

'Nee hoor,' zei Mulcahy, 'nee hoor. Ik geloof heilig in de waarheid. Maakt het leven gemakkelijker.'

'Sterf!' zei Gitz. 'Voor mijn part vandaag al.'

'Waarom moet ik twaalf alinea's lezen voordat ik weet dat het over basketbal gaat?' vroeg Mulcahy terug.

'Omdat je analfabeet bent en niet leeft. Heb je koffie gezet?' Nu kwam er beweging in Gitz' kamer.

'Ja,' zei Mulcahy.

Gitz struikelde de badkamer binnen. Hij was graatmager, had rode krullen en hangende oogleden. 'Waarom,' vroeg hij, 'is het belangrijk voor jou om mij te vertellen dat mijn artikel niet deugt? Kun je niet gewoon een paar uur in rekening brengen? Zo werkt het toch bij jullie?'

Mulcahy staarde in de scheerspiegel en wreef zijn hand over zijn pasgeschoren kin.

'Is dat mijn scheerschuim?'

'Inderdaad,' zei Mulcahy.

'Je staat je te scheren met mijn scheerschuim en intussen kraak je mijn artikel af?'

'Daar zit iets in,' zei Mulcahy. 'Ja, daar zit iets in.'

'Ed, mag ik je iets vragen,' zei Gitz terwijl hij over zijn buik krabde.

Mulcahy keek zijn huisgenoot aan.

'We wonen nu, wat is het, zes jaar, in één huis? Ik heb, hoeveel, drie vrouwen van je zien komen en gaan. Ik heb gezegd dat je degenen moest dumpen die je gehouden hebt, en dat je degenen moest houden die je gedumpt hebt...'

Mulcahy gromde. 'Degene die mij gedumpt heeft, bedoel je...'

'Goed. Hoe dan ook, zes jaar, nietwaar? Dus ken ik je tamelijk goed. Toch heb ik een vraag: wat dóe jij eigenlijk precies?'

Toen hij iets over halfelf in een lift stapte, wist Ed Mulcahy alleen dat hij verwacht werd bij een vergadering tussen Cain en Shanklin in Shanklins kantoor aan het eind van de vierentwintigste verdieping. Shanklin was de directeur, en Cain het hoofd van de afdeling Rechtszaken, en hij wist dus dat er iets ongewoons aan de gang was. Hij vermoedde niet welke opdracht hij zou krijgen. Maar dagen en beslissingen die achteraf heel belangrijk blijken, verlopen vaak heel geleidelijk. Net als een rivier. Als je maar even meedrijft, word je stroomafwaarts gevoerd en met iedere meter neemt de kans af dat je ooit nog kunt terugkeren.

In Shanklins kantoor bleek hij te worden opgewacht door de Bende van Drie: 'Texas Jim' Cain, hoofd van de afdeling Rechtszaken, 'Leibo', oftewel Daniel Leibowitz, een gedistingeerde, chique belastingdeskundige die alle rijke leden van de joodse gemeenschap in de hele stad leek te kennen en de helft van hen had binnengebracht als klant, en 'de Graaf', Albert Shanklin, wiens bijnaam te danken was aan een griezelige gelijkenis met Bela Lugosi. De Graaf had niet veel vrienden, maar de voorzitter van het bestuur van DeFi luisterde naar hem, en van die connectie en een groot talent voor financieel recht had hij gebruik gemaakt om voorzitter van de raad van bestuur te worden.

In gezelschap van zo veel Harvard-mensen voelde Mulcahy zich altijd een beetje ongemakkelijk. De chiquere kantoren zijn nog steeds in handen van Harvard-lieden, en als je van Northeastern University komt, zoals Mulcahy, had je het gevoel dat je je moest bewijzen.

In Shanklins kantoor was het altijd donker. Hij gebruikte alleen een bureaulamp, en het bescheiden licht dat die uitstraalde, was symbolisch voor de gedreven manier waarop de Graaf de kosten wilde beheersen. Die ochtend keek hij even grimmig als zijn naamgenoot. Hij zat moeilijk kijkend achter de stenen plaat waarop zijn telefoon stond en die zijn 'bureau' genoemd werd, hoewel het eerder een altaar leek. Zijn compagnons, die aan de andere kant van dit monsterstuk zaten, zagen er al even chagrijnig uit. Shanklin legde Mulcahy de brief voor die later 'de bom' genoemd werd en liet hem de brief lezen voordat ze begonnen.

Zo te zien was het niets bijzonders. Gewoon een briefje, geadresseerd aan Depositors' Fidelity, gedateerd 1 mei, persoonlijk afgeleverd. Er stond:

Ingesloten onze cheque nr. 1106 ten bedrage van $ 848.500,00,
te weten $ 8.500,00 rente, verschuldigd per 30 april 1992, en
volledige betaling van de hoofdschuld zoals omschreven in de
hypotheekakte zoals ondertekend door Depositors' Fidelity
Bank, en Idlewild Tower Partners II, L.P., gedateerd 31 maart
1992 ('de hypotheek').
Ook ingesloten vindt u een kwijtingsformulier voor de hypo-
theek. Wij verzoeken u, dit formulier ingevuld te retourneren
naar ondergetekende.

Met de meeste hoogachting,

Idlewild Holdings Group II, Inc., algemeen partner
Idlewild Tower Partners II, L.P.

Sidney R. Weiner
Directeur

Terwijl Mulcahy de brief aan het lezen was, greep Leibo naar
het eerste deel. Toen hij opkeek had de advocaat het geopend
bij de eerste tab.
'Dit is de promesse,' zei hij. 'Zoals je ziet is die ondertekend door
verschillende Idlewild-eenheden, ten gunste van Depositors' Fidelity Bank. In de gebruikelijke bewoordingen. De onderteke-
naars zeggen toe een bedrag van achthonderdveertig miljoen dollar te zullen betalen, met alle bijbehorende rentes en overige
kosten als omschreven in de overeenkomst van lening. Zie je
wel?'
Mulcahy knikte en staarde naar de tekst onder Leibo's magere
wijsvinger. Hij moest tweemaal naar het document kijken voordat hij de relevante woorden zag staan te midden van al die dicht
opeengepakte frases.
'Kijk nu hier eens naar,' zei Leibo, en hij sloeg om naar tab
nummer 51 in het derde deel.
Mulcahy nam het grote boek op zijn knieën en ging zitten lezen. Dit was een langer document, met de titel HYPOTHEEK. De-
Fi kreeg volgens dit geschrift een eerste hypotheek voor 'het onderpand', een woord dat omschreven werd in een zoveelste
document. Hij wilde het blad gaan omslaan toen ze hem tegenhielden.
'Het gaat om Idlewild Tower,' zei Leibo. 'Maar let niet op de

37

omschrijving van het onderpand. Het punt waar het om gaat, heb je al over het hoofd gezien. Dat staat in de eerste alinea.'
Mulcahy keerde terug naar het begin en nam de tekst nog eens langzaam door. Op de vierde regel vond hij de zin:

Als borg voor de terugbetaling van de somma van achthonderdveertigduizend dollar ($840.000,00) (de schuld).

De eerste keer had hij daar overheen gelezen zonder de fout op te merken. Nu dacht hij hardop. 'Achthonderdveertigduizend?' vroeg hij. 'Moest dat geen achthonderdveertig miljoen zijn?'
'Dat zouden enkele heel boze bankiers je ook kunnen vertellen,' zei Texas Jim.
Mulcahy keek van het ene document naar het andere, en dan weer naar de bombrief, en dacht hardop. 'En nu zullen ze dus zeggen...'
'Niks "zullen"!' snauwde de Graaf, terwijl hij op de bombrief wees. 'Ze zeggen het al. In deze brief zit een bedrag van achthonderdveertigduizend dollar, nog een paar dollar voor de rente en daarmee is de hele hypotheek afbetaald! Hiermee zijn we eigenaars van de toren. Stuur een ontvangstbewijs!'
Texas Jim onderbrak hem. 'Dat is de manier waarop een bedrijfsjurist je verzoekt in de stront te zakken, Ed.'
Niemand glimlachte. Mulcahy zei dat hij veronderstelde dat Freer Motley de documenten had opgesteld, en toen Shanklin 'uiteraard' zei, keek hij op.
'Wie heeft die overeenkomst verzorgd?' vroeg Mulcahy.
'Whitaker,' siste de Graaf.
Mulcahy wachtte. 'Wat nu?' vroeg hij. 'Wat wil DeFi?'
'DeFi wil onze ballen midden in de roos bij de plaatselijke schietvereniging,' zei Tim.
'Ik weet niet,' zei de Graaf. 'Dat zijn we aan het uitzoeken.'
Mulcahy keek weer naar het document. 'Dit kan nooit,' zei hij. 'Het is gewoon een tikfout. Iemand heeft zich verschreven. Dit valt te verdedigen.' Hij stelde een paar vragen. 'Dit bedrag staat toch zeker nog op veertien andere plaatsen in de documenten? Daaruit valt toch op te maken dat dit een fout is? Ze hebben toch zeker achthonderdveertig miljoen overgemaakt, of niet soms? Dan moet de hypotheek toch ook achthonderdveertig miljoen zijn?'
Hij had de woorden nog niet uitgesproken of hij besefte hoe ab-

38

surd ze moesten klinken. Ze hadden hem niet laten komen voor een juridische analyse van een zaak die de betrekkingen van het kantoor met zijn belangrijkste klant kon schaden. Hij was de jongste partner en bovendien was dit zijn gebied niet.

'Kijk,' zei Texas Jim, 'jij doet geen overnames, Ed. Die lui omschrijven alles, weet je. Dus het bedrag wordt omschreven als "de Schuld" en dan wordt overal elders verwezen naar "de Schuld". Dat werkt dus niet.'

'En het probleem met je andere argument is, dat in dit soort gevallen de verstrekte lening niet overeen hoeft te komen met de hypotheek. De Idlewild Tower was het belangrijkste onderpand, maar er waren, hoeveel ook weer, Al, dertig of veertig andere onderpanden, hè?'

Shanklin knikte. Texas Jim ging verder.

'Ander onroerend goed, aandelen in een stuk of vijf bedrijven, links en rechts activa. Het doet er niet toe dat al die spullen samen geen miljard dollar waard zijn. Waarde is betrekkelijk. Dus Sid Weiner zal zeggen dat dat de afspraak was. Dat Idlewild maar voor een miezerige achthonderdveertig duizend dollar stond, en dat de andere onderpanden voor de rest stonden. Zie je? Natuurlijk is dat gelul. Maar waarschijnlijk is het aannemelijk genoeg voor een rechtbank.'

'Want dat is dan bewijslast, zie je? Als beide partijen op papier tot duidelijke overeenstemming komen, kan er geen bewijs worden aangevoerd dat tegen die schriftelijke overeenkomst ingaat. En wat is er nou duidelijker dan een cijfer?'

Niemand gaf antwoord. Het bleef even stil voordat Texas Jim verder sprak. 'Grappig. Ik weet niet hoe vaak ik van die regel gebruik gemaakt heb bij rechtszaken voor de bank. Vaak genoeg beweert een of andere grappenmaker die z'n schulden niet kan betalen, dat er nog een mondelinge overeenkomst was. Als we hiermee naar de rechtbank gaan, halen ze overal in het land uitspraken te voorschijn die ze me onder de neus kunnen wrijven. Als DeFi verkeerd gokt, is dat een vergissing van achthonderdnegenendertig miljoen dollar. Daar houdt DeFi niet van. En het toezicht op het bankwezen ook niet. Trouwens, Ed, als je de zaak voor de bank wilt aanvechten, moet je aantonen dat je zelf wanprestatie geleverd hebt. En we hebben maar honderd miljoen als dekking.'

Mulcahy knikte.

'Ed,' zei Cain, 'dat is niet de reden waarom we je hebben laten komen. We moeten de zaak onderzoeken. Uitzoeken wat er gebeurd is. Hoe dan ook, het zal blijken dat we een verschrikkelijke wanprestatie geleverd hebben.'

'En hebben jullie al met Whitaker gesproken? Ik neem aan dat niemand zijn document bekeken heeft?'

Er viel een ongemakkelijke stilte bij het horen van Whitakers naam. 'Misschien wel,' zei de Graaf na een tijdje. 'Misschien ook niet. Zoek dat uit. Als het gebeurd is, zoek dan uit wie de fout gemaakt heeft, en hoe, en wie het gelezen heeft, of wie het niet gelezen heeft maar wel had moeten lezen. Hoe is dit door een closing bij Freer Motley heen gekomen? En als het geen fout was, zoek dat dan ook uit.'

Wat was hier werkelijk aan de hand? vroeg Mulcahy zich af terwijl hij het schemerige kantoor rondkeek. Was het wat ze zeiden? Was het een wraakoefening tegen Whitaker? Mulcahy keek van de een naar de ander, maar van de gezichten viel niets af te lezen. Niemand bewoog, behalve Leibowitz, die heen en weer bleef wiegen in zijn stoel.

'Maar dit was toch John Shepards overeenkomst?' vroeg Ed, die zich plotseling de eigenaardige ontmoeting in de vergaderzaal herinnerde, die laatste dag van maart.

'Ja,' zei Shanklin.

Mulcahy zette zijn bril af en wreef in zijn ogen. Dit werd geen mooie opdracht. 'John Shepard is een vriend van me,' zei hij. 'Een goede vriend.'

'Misschien heeft hij het kantoor van zijn vriend verlaten met een schuld van acht cijfers,' onderbrak de Graaf hem op bijtende toon. 'Negen cijfers, misschien. Kijk ernaar. Zie waar je uitkomt. En begin zo snel mogelijk.'

Cain voegde daaraan toe: 'Niemand beschuldigt John ergens van. Waarschijnlijk heeft hij er niets mee te maken.' Hij zweeg even, alsof hij door zijn stilte wilde erkennen dat iedereen waarschijnlijk dacht aan het verbijsterende feit dat Shepard niet tot de maatschap toegelaten was. Dat speelde op 15 maart, slechts een paar dagen voor het begin van de koortsachtige achtdaagse marathon van de onderhandelingen en de overeenkomst voor Idlewild.

'Maar is het wel goed als ik dit doe? John Shepard en ik waren, nou, heel goed bevriend. We hebben ooit, eh...' Mulcahy's stem stierf weg.

Maar de Graaf luisterde niet. 'Dit is jouw zaak,' zei hij, en trok toen zijn wenkbrauwen op als teken dat de vergadering ten einde was.

Mulcahy wilde nog iets zeggen, maar het was duidelijk dat de zaak niet verder bespreekbaar was. Later kon hij zichzelf wel voor het hoofd slaan dat hij er toen niet over doorgegaan was. Maar hij had geen schijn van kans. Ze hadden hem overvallen, hier was hij niet op voorbereid geweest.

Hij stond op, ongemakkelijk, en liep weg. Duizelig wankelde hij van het kantoor de gang in, naar de lift toe. Dus ze wilden de man uit Colorado, de dissident, degene die, hoe goed hij ook was (zelfs zijn vijanden gaven toe dat hij briljant was), nooit in de club zou passen omdat hij grof gebekt was en onbeschofter en botter dan de rest, en slimmer, ja, veel slimmer ook, en zelfs vriendelijker tegen de klanten als dat nodig was, en gehaaider bij onderhandelingen. Maar hij hoorde niet tot 'ons soort mensen'.

Shepard was na zijn rechtenstudie aan Harvard in het begin van de jaren tachtig bij de firma gekomen. Toen Mulcahy daar vijf jaar later aankwam, had Shepard zich al een plaats verworven als een op zichzelf staande regel, een briljante beeldenstormer, en een gewiekste advocaat aan de onderhandelingstafel. Mulcahy had zich al snel aangetrokken gevoeld tot Shepards flamboyante gedrag. Het was zo volslagen anders dan Mulcahy's eigen manier van doen – je zat gewoon te wachten tot hij een keer onderuitging, maar dat gebeurde nooit. De vrijdagmiddagen herinnerde hij zich het best. Als hij dan zijn telefoon opnam, hoorde hij het country & western-gejodel van Shepard, die brulde: 'Kom als de donder hierheen, jongen!' Shepard had nog twee of drie anderen opgetrommeld, het bier uit de koelkast gehaald en dan begonnen de verhalen.

Dat waren de beste momenten: Shepard met zijn voeten op het bureau, overal bierflesjes, de deur wijd open – het maakte hem niet uit wie ervan wist – en dan ratelde hij zijn bijtende kritiek op de machten en potentaten van de firma, terwijl Mulcahy de verhalen gelijk met het bier tot zich nam. Hij trad alle regels en conventies met voeten, en niemand stak een vinger uit. Op een avond, drie jaar geleden, had Shepard tegen Ed Mulcahy gezegd: 'Vakantietijd, klootzakje. Pak die magere plankjes, we gaan naar Colorado!'

Al vroeg in Shepards carrière was er iets eigenaardigs gebeurd, iets wat niemand had kunnen voorspellen. Samuel Whitaker, de rechtschapen, stijve manager, voortbrengsel van drie generaties Yale en twee generaties rechten aan Harvard, was Shepards mentor geworden. En Shepard keek tegen Whitaker op, wat misschien al even merkwaardig was. Misschien zagen ze beiden in de ander iets wat ze zelf niet zijn konden maar wel heimelijk bewonderden. Op een bedrieglijke manier was die relatie, zoals wel vaker voorkomt bij juristenkantoren, een slechte zaak gebleken voor Shepard. Whitakers ster was gedoofd op het moment dat hij in de maatschap gekozen had kunnen worden, en de strijdtrommels eisten een offer. Shepard had zoveel kleinzieliger lieden beledigd dat er voldoende tegenstemmen te vinden waren toen er gestemd werd: gedeeltelijk omdat zijn stijl niet iedereen aanstond, gedeeltelijk uit angst voor zijn capaciteiten, gedeeltelijk omdat het het juiste moment was om Whitaker uit het zadel te lichten. Shepard was het offer, en bij de stemming van 15 maart werd hij gepasseerd.

Die avond werd Ed Mulcahy gekozen.

En op die tweede dag van mei begon Ed Mulcahy dus met zeer ambivalente gevoelens aan zijn taak. Het grootste deel van de middag zat hij in een vergaderzaal met uitzicht op Post Office Square, terwijl de juridisch assistenten uit alle hoeken van het kantoor dossiers aandroegen en de stapels papier op de tafel rondom hem steeds hoger werden: leningovereenkomsten, dossiers met concepten, onderzoeksdossiers, de onderzoeken zelf. Ze wilden de man uit Colorado, en ze hadden Ed Mulcahy afgevaardigd om hem binnen te halen. Welkom nieuwe partner.

Verstrooid bleef hij een paar uur zitten, maar tegen het einde van de dag putte hij troost uit de gedachte dat feiten onweerlegbaar zijn. Hij hoefde de feiten alleen maar te onderzoeken en te melden. Onderzoek, daar was Ed Mulcahy goed in, en misschien school er geen verraad in het verslaan van de feiten. Dus ging hij aan de slag.

Mulcahy keek om zich heen naar de dossiers op tafel. De stapel ontwerpovereenkomsten voor de hypotheek begon bij de eerste versie, gedateerd 24 maart 1992 om 20.59 uur, en liep door tot de tiende, uiteindelijke versie, gedateerd 31 maart 1992, de dag van de ondertekening, om 06.49 uur.

Hij zag dat er in de eerste versies nog tamelijk veel wijzigingen voorkwamen: het was duidelijk dat de juristen over details geruzied hadden. In latere versies kwam steeds minder commentaar voor. Maar geen van de op- en aanmerkingen betrof het belangrijkste punt. In de eerste negen versies vertoonde de alinea waar het bedrag van de schuld moest staan, een lege plek. Pas in de tiende versie, die hoogstens drie uur voor de ondertekening kon zijn uitgedeeld, en in de uiteindelijke, ondertekende versie, identiek aan de tiende, stond de fout.

Hij maakte snel een aantal berekeningen. De deadline voor de telefonische overboeking was 31 maart geweest, om drie uur 's middags. Alles moest op 31 maart in orde zijn, zodat de lening in het eerste kwartaal geboekt kon worden. Waar moest hij beginnen? Hij zou beginnen met de mensen. Hij pakte een willekeurig dossier, bladerde het door, vond een lijst met namen en had even later een telefoonnummer gedraaid.

'Mary,' zei hij, 'met Ed Mulcahy.'

'O, hallo, Ed,' zei Mary Oliver.

'Mary, heb jij weleens gehoord van Idlewild?'

'De Bom? Ja. Jemig.'

'Ze hebben mij gevraagd de zaak uit te zoeken. Ik vroeg me af of je even tijd voor me hebt.'

Ze zweeg even. 'Tuurlijk,' zei ze.

Toen ze even later in de vergaderzaal naar hem toe kwam, had hij de adressenlijst voor zich liggen. 'Dit was de overeenkomst die Libby Russell geleid heeft, nietwaar?'

Ze rolde met haar ogen; die speciale blik die een vrouw kan werpen wanneer het over een andere vrouw gaat, die speciale veelzeggende gelaatsuitdrukking die zegt: 'Vraag wat je maar wilt.'

'Mag je haar niet zo?'

'Libby "Ik-kom-te-laat-op-een-receptie" Russell? Libby "Willen-de-heren-hun-tong-binnenhalen" Russell? Díe Libby Russell? Ja hoor, Sneeuwwitje en ik zitten samen op een breikransje,' zei Mary.

Ze kruiste haar armen voor haar borst en plooide haar ronde gezicht in een frons, zodat haar bril van haar brede neus af gleed en haar krullen te plat op haar hoofd lagen.

Mulcahy schudde zijn hoofd. 'Sneeuwwitje?' zei hij.

'Ja. Die donkerharige schone met die zeven dwergen die haar tassen voor haar dragen. En alle prinsen der financiën willen die ene kus.'

Mary Oliver had zich de afgelopen zes jaar bij Freer Motley de benen uit haar volumineuze lijf gedraafd voor iedere kans die ze krijgen kon, en dat bijna dagelijks. Ze was ietwat mollig, een beetje gedrongen, en lag er een beetje buiten wanneer de bankiers met hun maten een borrel gingen drinken na een onderhandeling. Ze was een beetje eenzaam, en een beetje wrokkig. En een van haar ergste grieven gold vrouwen die ergens via een sluiproute arriveerden. Mary had dag en nacht gewerkt, telefoontjes beantwoord, documenten proefgelezen. Ze had haar bijdrage geleverd.

'Weet je, Ed,' zei ze. 'Dat heeft ze toch maar mooi voor elkaar gekregen, die overeenkomst, dat moet ik toegeven.'

'Wat?'

'Ze weet geen snars van bedrijfsrecht. Een overname van een miljard dollar als je niks weet over bedrijfsrecht... Als zoveel mensen bereid zijn je te dekken, moet je wel heel mooi zijn...'

'Slim?' vroeg hij.

'Nee, alleen maar... mooi.'

'We maken van ons hart geen moordkuil,' zei hij.

'Ik in ieder geval niet. Maar luister. Ik ben heel goed in Sneeuwwitje als ik eenmaal op dreef ben. Ed, ik ben altijd blij als een vrouw het goed doet, maar een vrouw die het maakt omdat ze bij een bepaalde groep hoort en een aantal derderangs bankiers natte dromen bezorgt, daar hebben we niets aan. Maar we hebben haar één keer betrapt. Ze wist niet wat een Deprizio was.'

'Een wat?'

'Een Deprizio.'

'Mary, het spijt me dat ik het moet zeggen, maar de wereld is vol mensen die niet weten wat een Deprizio is. Een van die mensen zit hier.'

'Ja, maar jij bent advocaat. Dan is het niet erg. Maar als je een overname leidt, dan weet je wat Deprizio is. In grote lijnen betekent het dat in geval van faillissement een hypotheeknemende bank voorkeursrisico kan krijgen wanneer er interne garanties zijn voor een overeenkomst. Zoals hier het geval was.'

Ze zag de vragende uitdrukking in zijn ogen en sprak verder. 'Het komt hierop neer, Ed. Jij bent de bank, je hebt het onderpand, alles ziet er prima uit. Maar, zelfde bank, zelfde onderpand, als je garanties hebt van de eigenaars, dan moet je de betalingen die je voorafgaand aan een faillissement ontvangen hebt, misschien terugbetalen. Een vreemd geval, de zaak-Deprizio. Je omzeilt de zaak dus. En dat was hier ook het geval. Op een ochtend zaten we in de Freer Room, Shepard, ik, een stel bankiers en Sneeuwwitje. En ze zegt nee tegen mijn Deprizio-bepaling.

"Afzien van subrogatie-rechten," zegt ze tegen mij, "je begrijpt wel dat wij daarmee niet akkoord kunnen gaan." Nou vráág ik je! Shepard trekt aan zijn baard en kijkt naar mij en ik kijk naar een van Sneeuwwitjes lakeien en die kijkt naar Shepard, en dan kijken we allemaal naar onze cliënten en ik hoop dat John me een knikje geeft zodat ik haar poten onder haar lijf vandaan kan zagen. Ik zal er niet om liegen. Dat zou ik heerlijk gevonden hebben. Maar Shepard doet dat niet. Hij buigt zich naar haar toe en zegt, heel zachtjes: "Libby, dacht je nou echt dat een nationale bank Deprizio zal riskeren in een LBO van een miljard dollar?"

Nou, ze kijkt hem aan en wat kan ze doen, behalve de beproefde middelen? Lief lachen, die Sneeuwwitje! Ze wist niet wat Deprizio in godsnaam was! En ze wist dat wij dat doorhadden. Ze besefte dat verder alle aanwezigen wisten wat het was: de cliënt wist wat het was, de receptioniste aan de balie wist waarschijnlijk wat het was, iedereen, behalve zij. En ze wist niet eens hoe het gespeld werd! Dus ze strooit een blik van minstens een megawatt de kamer in en zegt: "We laten de zaak nu even rusten, maar we komen er nog op terug." We komen er nog op terug zodra een van mijn liefdesslaafjes heeft uitgelegd wat het is. Kun je nagaan!' zei Mary Oliver terwijl ze haar armen weer kruiste.

'Goed, goed,' zei Mulcahy. 'Genoeg over Libby Russell. Ik moet...'

'Waarschijnlijk is ze nog frigide ook,' onderbrak ze hem.

Mulcahy glimlachte. Dàt zou zonde zijn, dacht hij. 'Ik wil je een paar vragen stellen over de hypotheek,' zei hij.

Nu betrok Mary's gezicht. 'Ed,' zei ze, 'ik heb het onroerend goed niet gedaan, dat weet je toch?'

'Mary,' zei hij, 'er is een tikfout gemaakt, een grote tikfout. De moeder van alle tikfouten. En het is mijn taak om uit te zoeken hoe dat gebeurd is. Meer niet.'

Tot laat in de middag zaten ze te praten. Ze vertelde hem dat het voor DeFi's toezegging van essentieel belang geweest was dat de overeenkomst in het eerste kwartaal tot stand kwam. De laatste ontwerpversies werden pas tegen zeven uur 's ochtends uitgedeeld. Toen moesten ze nog goedgekeurd worden door Fletcher Daye, Ellenberg, Shipley, de advocaten van de garantieverstrekkers en de opdrachtgevers. De uiteindelijke versie was pas tegen twaalf uur klaar. Het ging snel, tè snel: zo snel dat er amper tijd geweest was om de laatste wijzigingen te kunnen invoeren.

'Dit soort overeenkomsten,' zei ze, 'wordt bijna nooit in één dag getekend. Meestal gaat daar een hele dag van voorbereidingen aan vooraf. De juristen nemen alles door, organiseren de zaak, zorgen ervoor dat er geen onbeantwoorde vragen meer zijn, en zelf kun je de laatste details afstemmen, de aanpassingen invoeren enzovoort. De jurist van de hypotheeknemer neemt de hele agenda voor de ondertekening door. Hebben we dit, hebben we dat, hebben we de rest. En meestal is er wel iets dat nog gedaan moet worden. Een of twee regels in de adviezen. Dat soort dingen.'

Mulcahy knikte.

Ze sprak verder. 'De cliënt zit in de ene kamer onzin uit te kramen. De juristen zitten in een andere kamer te onderhandelen. Na een tijdje breng je de cliënt binnen. Iemand geeft toe op de laatste twee punten, zodat iedereen weg kan. De volgende dag, wanneer er echt getekend wordt, gaat alles vanzelf. Dan heb je alleen nog maar overboekingsinstructies en overleg met de jongens die in de diverse kantoren de zaken regelen, enzovoort. Ik bedoel, er moeten 296 clausules in tweevoud ondertekend worden. Dat is gewoon een hele hoop werk.

Maar Idlewild, Idlewild, jezus, daar zijn geen voorbereidingen geweest. Erger nog: er werd nog onderhandeld over een aantal punten, tot op het moment dat de overboeking plaatsvond. Snap je wat ik bedoel? Het was volslagen krankzinnig. Bij de lunch zaten we nog te onderhandelen over de documenten van de achtergestelde lening!'

'Waarom?' vroeg hij. 'Waarom ging dat zo raar?'

'Ed,' zei ze, 'het was een deal van negenhonderd miljoen dollar. Afgesloten in acht dagen.'

'Aha!' zei hij.

'Dus jij bent de beul,' zei ze, even later.

'Nee,' zei hij. 'Nee. Ik moet het alleen begrijpen.'

Maar ze geloofde hem niet, en hij wist niet of hij het zelf wel geloofde. 'Kijk,' zei ze. 'Was ik ter plekke, op 31 maart? Ja. Had ik de hypotheekakte kunnen lezen? Ja. Maar er waren een heleboel mensen aanwezig, een heleboel. En het is niet mijn taak om op vastgoed te letten. Dat is mijn werk niet, Ed!'

'Mary,' zei hij na een stilte, 'echt, ik probeer de zaak alleen te begrijpen. Ik ben geen contractjurist.'

Een tijdje zwegen ze, totdat ze gekalmeerd was. Na verloop van tijd zei hij: 'Mary, de hypotheekakte begint, ik bedoel in de eerste versies, met een oningevuld bedrag.'

'Ja,' zei ze, 'dat is niet ongebruikelijk. Want het bedrag staat niet ter discussie, snap je. Al die verschillende versies, al die onderhandelingen, al dat gekras diep in de nacht, dat gaat over details, het soort dingen waar mensen ruzie over maken. Maar het is een lening van achthonderdveertig miljoen dollar, nietwaar? Je krijgt een hypotheek van achthonderdveertig miljoen dollar. Daar ging het niet om.'

'Die lege plek wordt pas op de laatste dag ingevuld.'

'Nou, dat is wel aan de late kant. Maar we hadden maar acht dagen. Niets ging helemaal precies volgens de regels.'

Daarna namen ze dat deel door. Toen Sid Weiner in januari zaken deed met het bestuur van Idlewild, bouwde hij de aankoop op als een lening van achthonderdzestig miljoen dollar van een hoofdbank, met een kleinere lening van twintig miljoen. Maar hij kreeg toestemming voor niet meer dan achthonderdveertig, en alleen als er in het eerste kwartaal getekend werd. In februari zag het er dus naar uit dat de zaak niet doorging. Op het laatste moment haalde Weiner Bunker House erbij, dat besloot een groot deel van de lening te financieren, en op 23 maart konden de onderhandelingen opnieuw beginnen.

Mary Oliver legde uit hoe Sam Whitaker het team van acht juristen laat in de middag van 22 maart bijeengeroepen had, en hoe er een reeks vergaderruimten in beslag genomen was.

'Het was nogal ongelooflijk,' zei ze. 'We moesten naar huis om koffers met kleren op te halen en Whitaker nam kamers in het Faulkner.' Het Faulkner was een elegant hotel aan de overkant van Post Office Square. 'We kregen te horen dat we vierentwintig uur per dag op kantoor zouden doorbrengen, en we konden naar het hotel als we moesten slapen. En die jongens van Fletcher Daye hadden kantoorpasjes gekregen en leefden zo'n beetje op de zesentwintigste verdieping, in die vergaderzalen daar.'

'Ze hadden kantoorpasjes?'

'Ja,' zei ze, 'een heel stel.'

Dat had hij niet geweten. Daarna vroeg Mulcahy hoe de verantwoordelijkheden verdeeld waren. Ruggerio was aangesteld voor onroerend goed. Mary was de leidinggevende bedrijfsjurist geweest en had zich beziggehouden met de kredietovereenkomst. Ene Eilford had de onderhandelingen geleid. En Shepard?

'Die zat overal,' zei ze.

Mulcahy bewoonde een deel van een appartement op de vierde verdieping vlak bij een metrostation aan de groene lijn naar Boston College. Die avond zat hij in de keuken en sloeg een kopie van de hypotheekakte open. Hij hield zichzelf voor dat het een gewoon geval was van een fout in een tekstregel, één regel tussen honderdduizenden regels. Maar toen hij het document nogmaals doornam, begonnen de letters te dansen. Hij kon zich niet concentreren. Zijn geest begon zich los te rukken en te dwalen. 's Avonds was het nog kil, toen hij bij het open keukenraam zat met een beker koffie. Gitz was uit. Er kronkelde stoom om Mulcahy's gezicht. Op de cd-speler in de woonkamer zong een tenor, zachtjes. De melodie drong door in zijn bewustzijn en vervaagde toen weer. Mulcahy's gedachten dobberden en dwaalden af naar de verhalen, de verhalen van John Shepard. Shepard en Whitaker waren de twee grootste persoonlijkheden binnen de hele firma, misschien wel de grootste die hij ooit gekend had.

Mulcahy's gedachten kwamen weer terug bij het heden. Hij had zijn koffie op en het was koud geworden in de keuken. Het was ver na middernacht. Toen hij om zich heen keek, besefte hij dat er nog iets anders was, een gedachte die probeerde zich een weg te banen naar zijn bewustzijn. Ergens in zijn onderbewustzijn glimmerde hij zwakjes, en het had iets te maken met deze zaak. Hij ging weer aan tafel zitten en probeerde de gedachte boven te krijgen. Maar het lukte niet.

En toen kwam er een andere gedachte, een gedachte die hem maar al te bekend was. Hij liep de gang door naar zijn slaapkamer, opende de kast en schoof de pakken aan de kant om er nog eens naar te kijken. De Karhu Telemark-ski's stonden tegen de achterwand van de muurkast geleund, waar ze al drie jaar stonden. Op de linkerski zaten nog krassen van de takken die er die laatste wanhopige kilometers aan vastgebonden gezeten hadden. Je kon zien waar de verf van de driepinsbindingen was afgebladderd, en de randen waren oranje van de roest.

Hij deed de kast dicht voordat hij zich overgaf aan de herinnering, en ging op zijn bed zitten. Verdomme, dacht hij, het was gewoon een tikfout.

4

Drie dagen lang was een middelgrote vergaderruimte met uitzicht over Post Office Square het terrein van Ed Mulcahy. Hij arriveerde voor zonsopgang, en bleef tot diep in de nacht. Hij verwaarloosde de rest van zijn zaken schromelijk en het stapeltje telefoonmemo's werd steeds dikker. Hij kwam de kamer uit om naar de wc te gaan en koffie te halen, verder niet. Het project begon hem boven het hoofd te groeien, naarmate zijn speurtocht naar de simpele verklaring voor een typefout hem onverbiddelijk steeds verder binnen de structuur van een overeenkomst van een miljard dollar voerde. Hij sprak alleen met degenen die hij opriep om hem inlichtingen te verstrekken, en verzocht eindeloos om meer dossiers, meer leveringen vanuit het magazijn, meer kranteartikelen, meer gesprekken. Tegen het eind van de week waren de vensterbanken van de vergaderruimte volgestapeld met dossierdozen en was het vertrek een soort juridisch museum van de levens van Whitaker en Shepard geworden.

Aanvankelijk leken al zijn pogingen op niets uit te lopen: er waren negen ontwerpversies van de hypotheekakte. Alleen in de laatste versie, gedateerd op de ochtend waarop de bescheiden ondertekend waren, was het bedrag ingevuld. In de laatste versie verscheen het foutieve bedrag. Kennelijk was het niemand opgevallen. De stapels ontwerpversies, aantekeningen, brieven; nergens was een aanknopingspunt te vinden.

Nogal logisch. Er wordt niet onderhandeld over typefouten.

Hij zuchtte. Tijd voor een wandeling. Hij keek op zijn horloge, bijna vier uur, en hij was zo goed als klaar met de dossiers. Misschien kon hij gewoon een snel verslagje schrijven, concluderen dat het een typefout was die iedereen over het hoofd gezien had, en verder gaan. Maar hij was verbijsterd. Hij had dat gevoel dat hij nog kende uit zijn begindagen, wanneer hij op onderzoek uitgestuurd werd en tot de conclusie moest komen dat er geen zaak inzat. Dat had hem altijd dwarsgezeten; het gevoel dat er iets wàs, maar dat hij het niet kon vinden.

Op moeilijke momenten tijdens zijn korte loopbaan bij het openbaar ministerie was hij vaak gaan wandelen; soms lang, door de smalle straten van het North End, soms langs het water.

Het was een heldere voorjaarsmiddag in Boston, maar frisjes. Het gras begon groen te worden, en een paar dappere zielen zaten op terrasjes in het park van Post Office Square, in regenjassen gehuld, huiverend te wachten op een glimpje zon. April is de maand die je hart breekt in Boston, maar mei kan ook verraderlijk zijn.

Mulcahy sloeg Milk Street in en liep verder. Hij was van plan onder het viaduct door te lopen en naar de zeehonden in het buitenbad van het Aquarium te gaan kijken. Op de hoek van Broad Street en Milk Street stak hij verstrooid over en struikelde bijna over een man in een elektrische rolstoel, die dicht bij het gebouw over de stoep zoemde.

'Sorry,' zei Mulcahy.

'Klootzak,' zei de man, die met grote snelheid verder over het trottoir rolde.

Mulcahy bleef op de hoek staan, met één voet op de trottoirband en de andere op Broad Street, en er verscheen een glimlach op zijn gezicht. Het was duidelijk wie hij moest opzoeken; hij had er alleen niet eerder aan gedacht.

Achter een computer in een uithoek van de afdeling tekstverwerking, waar de mainframes waren opgesteld, zat een man in een rolstoel. Zijn blonde haar werd al dunner, en het was tevergeefs over zijn schedeldak gekamd. Hij had een bleek gezicht en keek de wereld in door een rond brilletje. Zijn handicap was zo duidelijk, zijn gezicht zo onopvallend, dat je aanvankelijk niet zag hoe breed de schouders van de man waren, en hoe de dikke biceps door zijn overhemd heen te zien waren. Doordat hij zich al jarenlang in een rolstoel verplaatste, waren zijn schouders en borstkas stevig ontwikkeld en vertoonden zijn onderarmen dikke kabels van spieren.

George Creel was zijn benen verloren in Vietnam, net als zijn sociale vaardigheden, als hij die ooit bezeten had. Hij was nooit een aantrekkelijke man geweest, had zich altijd ongemakkelijk gevoeld in de omgang met andere mensen, en door zijn verlies kwam hij terecht in een eenzaamheid die alleen door computers doorbroken werd. Hij leefde alleen, in een appartement in het oosten van Boston, dat voornamelijk met computers gemeubileerd was.

Creel, een man van vaste gewoonten, verliet zijn appartement op de derde verdieping, ging met de lift naar beneden en rolde zijn stoel zes blokken verder naar Maverick Square, waar hij lijn 30 zou nemen naar South Station. Vanuit South Station rolde hij naar kantoor, waar hij iedere ochtend rond negen uur arriveerde en tot laat in de avond bleef. Op dinsdag en donderdag ging hij zwemmen bij de YMCA. Op zaterdagavond deed hij boodschappen. Zijn leven verliep grotendeels zonder persoonlijk contact.

De jeugd van Maverick Square had een bijnaam voor de figuur in de rolstoel die uit lijn 30 kwam. Ze noemden hem 'Stompie'. 'Hé, Stompie!' riepen ze, en dan barstten ze uit in gegrinnik en gegiechel. 'Hé, Stomp, doe toch eens rustig aan, man!' En dan werd er weer gelachen.

Op een zomeravond, een aantal jaren geleden, was Creel in zijn stoel blijven staan. Hij luisterde naar het gejoel en het gelach terwijl hij op weg was naar huis. Misschien kwam het doordat het die dag zo erg warm was, of misschien doordat hij de programmeerfout niet had kunnen vinden in tweeduizend regels computercode. Maar die dag had hij zijn stoel omgedraaid en was hij op de groep tieners afgereden die rondhing onder de lantaarn aan het einde van het blok.

Toen hij dichterbij kwam, schrokken ze van zijn ogen, van de kilte van die ogen achter de ronde brilleglazen, het ene oog dat je aankeek, het andere dat ronddwaalde. Ze vielen stil. Toen hij de halve kring tot op twee meter genaderd was, bleef hij staan. Ze waren met hun zessen. Zwijgend nam hij hen op.

'Is er iets, Stomp?' vroeg de grootste jongen, die in het midden stond. Hij had zijn ogen tot spleetjes geknepen. Alle vrolijkheid was verdwenen uit de gezichten van de jongens. Er hing een broeierige sfeer.

Creel gebaarde naar de jongen. 'Kom eens mee,' zei hij.

Hij zwenkte zijn rolstoel om en reed naar de achterkant van T Station, richting LaFobbia-park. De banden van zijn rolstoel knersten over het afval en langs de graffiti naar een picknicktafel, waar Creel zich handig uit de rolstoel op een bank slingerde. Ze kwamen achter hem aan.

'Ga zitten,' zei Creel tegen de leider, en wees op de bank aan de andere kant van de tafel.

'Krijg de klere, man, wou je gaan picknicken?'

De jongens huiverden.

Creel maakte zijn das los. Toen knoopte hij de rechtermouw van zijn overhemd los.

'Kun jij het winnen van een invalide?' vroeg hij de jongen. Zijn stem klonk vlak, en hij zette zijn rechterarm op tafel, klaar voor een partij armworstelen. Zijn elleboog rustte op het gegroefde oppervlak.

'Jezus,' zei de jongen, en het leek alsof hij wilde opstappen. Maar zijn vrienden zagen in dat dit wel eens leuk kon worden.

'Kom op, Jamal,' zei iemand. 'Kom op, hij daagt je uit. Hij daagt je uit! Ben je bang?'

Er werd gegrinnikt. Jamal vond het niet leuk meer.

'Oké, klootzak,' zei hij. Hij kneep zijn ogen samen en zette zijn arm in positie.

Het was voorbij zodra de blanke hand de zwarte gegrepen had. Creels arm boog die van Jamal even snel naar de tafel als een ponsmachine die een gat in een plaat metaal ponst. Jamal, bepaald geen slappeling, was verbaasd over de kracht van de man. Zijn bende ook. Hoewel zwarte jongens niet aan armworstelen doen, namen ze allemaal aan dat Jamal de sterkste was.

'Jamal,' zei Creel, terwijl de jongen over zijn biceps wreef, 'weet je hoe het komt dat ik een stompie ben? Ik zal het je vertellen. Op een dag liep ik door een rijstveld, op zoek naar een paar Vietcong-leden om nog voor het ontbijt af te schieten, en toen, knal, daar ging een landmijn. De man voor me was dood, mijn benen lagen eraf.'

De jongens zwegen. 'En voordat ze een helikopter bij George konden krijgen zodat hij niet zou doodbloeden, werden we door de vijand onder vuur genomen. Overal kogels. Zo'n Vietcong vlakbij ziet de stompen en denkt dat ik weinig meer kan uitrichten. Dus zette ik mijn M-16 precies op zijn solar plexus, en toen hij over me heen viel, nou, weet je wat ik toen moest doen?'

De jongens staarden hem aan.

'Ik moest hem afmaken, met mijn handen. Ik heb altijd sterke handen gehad.'

Hij ging weer in zijn rolstoel zitten. 'Welterusten, jongens,' zei hij, en hij ging op weg naar huis.

Sinds die tijd waren de jongens in Maverick Square beleefder tegen Stompie. 'Hé, Stompie,' riep Jamal hem zo nu en dan op een zomeravond toe, 'heb je nog wat klootzakken afgemaakt, vandaag?' En dan glimlachte hij. Een glimlach die 'Grapje. Gràpje!' zei. 'Hé, Stompie,' zei hij een keer. 'Lach toch eens, man, daar ga je niet dood van!'

Maar de dingen veranderden er niet echt door. George Creel wist dat de mensen op straat keken naar zijn stompen, niet naar zijn ogen.

Op Internet keek niemand naar Creel. Ook niet wanneer hij, zoals hij zelf zei, een beetje door de privé-bestanden van de firma flaneerde. Op Creels computer kwamen geen trappen voor.

Op Creels computer lagen de handicaps juist op een heel ander terrein. Misschien was dat de geheimzinnige aantrekkingskracht. Wachtwoorden, beveiligde bestanden, verborgen referentienummers, allemaal barrières die andere mensen tegenhielden. Maar Creel niet. Hij deed waar hij zin in had: hij bladerde door de notulen van de directievergaderingen, de financiële overzichten van de firma, de strijdverslagen over de verkiezing van de nieuwe vennoot, en af en toe een romance via E-mail.

Naarmate de tijd verstreek en de wereld belangstelling begon te krijgen voor digitale informatie en communicatiesystemen, werd Creel zelfs jaloers wanneer er dingen gebeurden op wat hij steeds meer beschouwde als zíjn systeem. Hij wilde weten wie er berichten stuurde naar wie, welke cliënt het langst wachtte met het betalen van zijn rekeningen, hoeveel de vennoten verdienden, wanneer ze dat geld binnenkregen, wie telefoneerde met wie en hoe lang. Ieder brokje informatie voedde zijn honger naar meer. Het werd een obsessie om de netwerkgebruikers te volgen door elektronische gangen die ze zelf als strikt persoonlijk beschouwden.

Het systeem was een betere vriend voor Creel dan de meeste mensen. Het was door en door betrouwbaar. En logisch. Het liet je nooit in de steek. Het huichelde niet. Het deed nooit alsof het iets om je gaf.

Toen die toestand rond Idlewild begon, was Creel op de hoogte. De hele maand mei had hij e-mail tussen de leden van het bestuur gevolgd. Hij haalde de overeenkomst op zijn scherm, verwerkte al het in de computer opgeslagen materiaal uit de persoonlijke dossiers van de juristen die aan de deal gewerkt hadden en zocht naar lijsten met interne telefoondata en -tijden. 'Ik lijk wel een mol,' dacht hij. Alleen liet hij geen molshopen achter, geen elektromagnetisch spoor waar hij had zitten graven.

Het was 6 mei, iets over vieren, toen Mulcahy naast Creels beeldscherm kwam staan. Creel klikte met de muis door een reeks menu's heen. Mulcahy had hem al een tijdje niet gezien.

'Ik vroeg me al af wanneer je zou komen,' zei Creel, bijna zonder te laten merken dat hij zijn bezoeker gezien had. Hij bleef naar het scherm turen. Razendsnel typte hij een aantal commando's in.

'Hoezo?'

53

'Jij bent toch als privé-detective ingehuurd voor Idlewild?'
'Hoe weet jij dat?'
'Dat zal ik wel ergens gehoord hebben.' Creel draaide zich om en plooide zijn lippen in een halve glimlach. 'Ik blijf graag op de hoogte,' zei hij. En toen keerden zijn ogen meteen weer terug naar het computerscherm.
Toen hij had uitgelegd wat hij wilde, zweeg Mulcahy en wachtte terwijl Creel zijn programma afmaakte. Toen keek Creel naar Mulcahy. Het ene oog doolde rond terwijl het andere zich recht in Mulcahy's netvlies leek te boren. Mulcahy voelde zich ongemakkelijk onder die kille blik.
'Moest je onderzoek doen naar John Vincent Shepard? Of naar Samuel Boylston Whitaker? Of beiden? Wat denk je ervan?'
Mulcahy wist niet wat hij moest antwoorden. Shepard? Whitaker? Ik dacht dat het een typefout was, stond hij te denken. En dus zei hij niets.
'Nou ja,' zei Creel, 'het doet er ook niet toe. Maar als je Shepard wilt vangen, moet je leren om de juiste vragen te stellen.'
'Wat zijn de juiste vragen, George?'
'O, weet ik veel. Je moet vragen. Vragen en kijken. Vragen en kijken. En weer vragen. De truc is om te weten wat je moet vragen, snap je. Je moet weten wat je moet vragen.' Creel schommelde heen en weer in zijn stoel en glimlachte.
'En je moet natuurlijk weten dat je hem gezien hebt als je hem gezien hebt.'
'Ik heb hem gezien. Hij is... eh... nogal makkelijk te herkennen.'
'O ja?' Creel keek weer langs Mulcahy heen met dat dwalende oog. 'Laten we eens een test doen.' Zijn vingers vlogen over de toetsen. Hij klikte met de muis door een reeks pictogrammen en op het scherm verscheen een korte memo. Creel drukte op de printfunctie en even later had Mulcahy een exemplaar in zijn hand.
'Hoeveel aanwijzingen zie je hierin?' vroeg Creel.
'Aanwijzingen?'
'Kijk naar het document, meneer Mulcahy. Zeg me hoeveel aanwijzingen erin staan. Bel me later maar. Ik moet aan het werk.'
En hij keek weer naar zijn scherm. Met één hand veegde hij een pluk haar terug over zijn kogelronde hoofd.

5

Toen hij weer in zijn vergaderruimte zat, staarde Mulcahy naar het blad papier dat Creel hem gegeven had. Het was een kopie van een memo die gebruikt was bij de Idlewild-transactie, gedateerd 31 maart en gericht aan een heel stel bankiers, financiers en juristen. Boven aan de lijst stond Samuel Whitakers naam. Daarna volgden nog een stuk of vijftien namen. De memo vermeldde veertien documenten die hun definitieve vorm bereikt hadden en naar verwachting die middag getekend zouden worden.

Het leek een volslagen normale memo, zoals er zoveel geproduceerd worden. Mulcahy keek er aandachtig naar. Er kwam niets in hem op. Dus richtte hij zich op weer de dossiers, haalde er enkele oudere memo's uit en vergeleek die met de nieuwe. Na een paar minuten pakte hij de telefoon en belde nogmaals Mary Oliver.

Hij was verdiept in een stapel correspondentie en schrok op toen ze binnenkwam.

'Jezus,' zei hij. 'Mary, kijk hier eens naar. Heb je dit ooit eerder gezien?'

'Vast wel.'

'Zie je er iets vreemds aan?'

Ze las de memo. 'Nee,' zei ze. 'Nee, niet echt.'

'Niet ècht?'

'Nee-nee, het is niets.'

Maar de andere memo's hadden hem op een idee gebracht, en dus zei hij: 'Mag ik je eens vragen waarom Whitaker op de lijst staat? Ik heb naar een paar andere memo's gekeken, en het ziet er niet naar uit dat hij kopieën van alle interne post kreeg.'

'Nee. Hij heeft niet alle versies onder ogen gekregen. Ik bedoel: dit was in theorie zijn deal, maar wàs hij er om middernacht, onderhandelde hij over concept-documenten, las hij ze zelfs maar? Nee. Kreeg hij bericht van alles wat er gebeurde? Nee, ik weet zeker dat dat niet zo was.'

'Waarom kreeg hij hier dan bericht van?'

'Dat weet ik niet,' zei ze. 'Zou ik hem in zo'n geval een kopie gestuurd hebben? Wie weet. Stuurden andere mensen die aan de deal werkten hem kopieën? Nee. Maar hij is wèl de hoogste jurist op deze deal en lid van het bestuur en degene die dertig jaar lang de jurist van DeFi geweest is. En nou ben jij John Shepard en dit is de grootste deal in de geschiedenis van de firma en we zijn bijna aan ondertekening toe, niets kan meer misgaan, en je wilt dat Whitaker weet dat jij daarvoor gezorgd hebt. Dan stuur je hem een kopie. Denk ik.' Ze tuitte haar lippen, fronste haar wenkbrauwen en keek hem aan. 'Waarom is dit belangrijk?' vroeg ze.

'Weet ik niet,' zei hij. 'Waarschijnlijk is het niet belangrijk. Ik heb vooral hoofdpijn en ik vraag maar wat.' Hij bleef zwijgend zitten.

'Ik ga maar weer,' zei ze.

Toen ze wegliep, zei hij: 'Mary, wil je hier met niemand over praten?'

'Nee hoor,' antwoordde ze. Maar toen ze bijna weg was bleef ze staan en liep terug naar de tafel om nogmaals naar de memo te kijken. 'Ja,' zei ze. 'Er is nog iets.'

'Wat dan?'

'Geen doorgehaalde tekst.'

'Wat bedoel je?'

'Nou,' zei ze, 'meestal worden de concept-versies van correcties en doorhalingen voorzien, je weet wel, met van die vreemde tekentjes en strepen door de oude tekst heen, zodat de lezer kan zien wat er sinds de vorige versie veranderd is. Zo kun je de wijzigingen snel bekijken, zonder dat je de hele tekst hoeft door te nemen. Hoe dan ook, meestal staat in de memo dat de lezer hierbij de concepten aantreft van blabla, met wijzigingen ten opzichte van versie blabla gemarkeerd. Maar hier staat dat niet. Kijk eens naar de concepten van die ochtend.'

Ze bekeken een aantal versies van de ochtend van 31 maart.

'Zie,' zei ze. 'Geen doorgehaalde tekst. Grappig, dat heb ik toen helemaal niet gezien. Te moe, waarschijnlijk. Met doorgehaalde tekst, had je een fraaie streep gekregen...'

'... onder het cijfer van het hypotheekbedrag,' maakte hij de zin voor haar af. 'En zonder doorhalingen bleef dat onopgemerkt.'

Daar dachten ze even over na.

'Hoe abnormaal is dat?' vroeg hij.

'Een beetje,' zei ze. 'John zou uiteraard zeggen: "Ja, we hadden dat kloteding moeten doorhalen, maar er was zo verdòmd weinig tijd." Je weet toch hoe hij altijd praat? "We móesten die dag tekenen,"' ging ze verder, zijn accent imiterend. En dat deed ze niet eens zo slecht.

'Aannemelijk?' vroeg hij.

Ze knikte. 'Dat wel. Maar overtuigend? Dat weet ik niet.'
Toen ze weg was bleef hij een tijd zo zitten. De gedachte die zich naar boven vocht kreeg vorm. Had waarschijnlijk een paar zenuwknopen gevonden. Maar nog niet voldoende. Hij zat met zijn ogen dicht en probeerde tevergeefs de gedachte naar boven te halen. Hij keerde terug naar zijn bureau om in te loggen in de computer. Langzaam tikte hij een E-mailbericht.

GCC *Over die aanwijzingen: bedankt. Je hoort nog van me.*
EXM

Terwijl hij keek naar de stapel correspondentie die hij de afgelopen drie dagen genegeerd had, vroeg hij zich af hoe veel langer hij zijn praktijk kon verwaarlozen terwijl dit onderzoek gaande was. Waar moest hij de tijd vandaan halen voor gesprekken? Of om verslagen te dicteren? Hij werd even later uit die sombere gedachten gehaald toen zijn computer begon te piepen. Hij keek naar het scherm.
Moeizaam startte hij zijn E-mailprogramma op.

EXM *Hoeveel aanwijzingen?*
GCC

Hij schreef terug:

GCC *Twee.*
EXM

Dit was idioot, dacht hij. Waarom bel ik die vent niet gewoon? Maar Creel was waarschijnlijk spraakzamer per computer. Mulcahy kreeg alweer post.

EXM *Ik tel er drie.*
GCC

Hij typte een antwoord.

GCC *Help! Dit heb ik: Whitaker krijgt een versie zonder doorgehaalde tekst.*
EXM

Hij ontving een bericht.

EXM *Heel goed. In welke bibliotheek stond het document?*
GCC

In welke bibliotheek stond het document? Hij ging weer aan het puzzelen. Onder welk computerbestand was het document geopend? Bedoelde hij dat? Het was een door de computer gegenereerd document, en dus had het een identificatienummer in de linker benedenhoek. Het was documentnummer Corp 57664.1. En wat dan nog? Het waren toch allemaal Corp-documenten? Hij stuurde een bericht terug.

GCC *Corp. Nou en?*
EXM

Bijna onmiddellijk kreeg hij antwoord.

EXM *Moet ik alles voorkauwen? In welke bibliotheek stond het níet? En waarom niet?*
GCC

Waar was het níet geopend? Het was geen strafzaak, geen testament, geen... Hij stopte. Geen afval. Het was geen afval. Hij keek nogmaals door de stapels op de tafel, op zoek naar het chronologische dossier. Negen begeleidende memo's op de namenlijst. Allemaal geopend in het 'afvalbestand', het bestand dat de computer automatisch eens per week opschoont. Allemaal, behalve deze memo.

Mulcahy keek naar de stapels archiefdozen op de tafel en even was het alsof Shepard ook in het vertrek was, het ene moment onzichtbaar achter een stapel dozen, dan weer achterover leunend met zijn voeten op tafel terwijl hij hem openlijk uitlachte. Zijn geest dwaalde af van de computerteksten waarmee hij zich had beziggehouden, en terwijl hij zwijgend zat te dagdromen, herinnerde hij zich een avond, een paar jaar geleden, toen Shepard een hoek om gelopen was en Mulcahy in de bibliotheek had aangetroffen.

'Hallo,' zei Mulcahy.

'Hoor je dat?' vroeg Shepard, met een brede grijns op zijn baardige gezicht.

Maar Mulcahy hoorde niets, en schudde zijn hoofd.

'Dat gegons, hoor je dat?'

Mulcahy luisterde, en werd even later het geluid gewaar van het gezoem van de airconditioning op de achtergrond, het soort geluid dat je alleen hoort als je er echt op let.

Toen Mulcahy bevestigend knikte, zei Shepard: 'Dat is het geluid van een geldmachine, die daar staat te gonzen. Dat is verdomme niet niks, hè? Zo gaat dat hier. Je kunt de grootste zaak van de afgelopen tien jaar winnen, of overvallen worden als je de straat oversteekt. Ik kan een deal afsluiten voor een miljard dollar of onder een vrachtauto komen. Het maakt geen zak uit. Geen zak. Dat gegons zou er nog steeds zijn.'

Mulcahy glimlachte en schudde zijn hoofd.

'Ik sluit een deal af, en wat gebeurt er? Computers: stukjes informatie op lichtgevende dioden, meer niet. Er wordt een contract getekend, een of andere computer vertelt een andere computer dat er iets gebeurd is, en iedereen gaat uit eten. Fantastisch, toch? Chips van luciet en stapels documenten in ordners. Je werkt drie jaar aan een zaak en wat krijg je? Papier. Het is allemaal niet ècht, man. Het maakt allemaal geen zak uit voor de almachtige gons,' zei hij op die half-oprechte, half-spottende filosofische manier van hem.

Mulcahy schudde zijn hoofd weer. 'Een fijne avond nog,' zei hij. Shepard had teruggelachen. 'Onthou het, niets van dit alles is echt. Het enige wat echt is, is de gons. De gons is de weg, de waarheid en het leven, man! Geen sterveling zal toetreden tot Freer Motley dan wie geroepen is door de gons!' En weg was hij.

Mulcahy's gedachten keerden terug naar het heden. Hij stond op en keek naar de voorbijgangers op de stoep, ver beneden hem. Aan de overkant van het park was het vale grijs van de rechtbank te zien. Hij staarde naar de kleine ramen met de stenen kozijnen en dacht aan de elegantie van zijn kantoor daar, de roes na een veroordeling, de genoeglijke samenzweringen 's avonds laat te midden van zakken vol hamburgers en stapels FBI-documenten. Beslissingen hadden toen eenvoudiger geleken. De FBI had bewijzen dat iemand drugs gedeald had, of een bank beroofd. Jij vertegenwoordigde de Verenigde Staten van Amerika. Dus ging je achter hem aan. Nu was niets zo eenvoudig meer.

Mulcahy stond met zijn rug naar de deur en hoorde hem niet binnenkomen. Maar plotseling voelde hij dat er iemand achter hem stond.

'Meneer Whitaker,' stamelde hij.

Whitaker boog zijn hoofd even. Hij had zijn dubbelfocusbril op. Zijn smalle vlinderdas was strak geknoopt, de bleekgele uiteinden hingen elegant af. Zijn donkerblauwe pak zag er zo gesteven uit als een parade-uniform. Zijn haar was in militaire stijl kort geknipt, en met een lichte weerzin keek hij het vertrek rond, als een officier die zeker weet dat zijn inspectie teleurstellende resultaten zal opleveren. 'Jij bent gevraagd om de Idlewild-transactie te bekijken,' zei hij toonloos.

'Prima, meneer,' zei Mulcahy.

De oudere man keek naar hem. 'Ik zou graag op de hoogte gesteld willen worden van je vorderingen,' zei hij. 'Kom je over een paar dagen bij me langs? Wat denk je van volgende week dinsdag?'

'Prima, meneer,' bracht Mulcahy weer uit.

'Uitstekend,' zei de oudere man, en toen was hij verdwenen.

Mulcahy voelde zich ongemakkelijk. Hij had even de neiging gehad te salueren. Maar hij keerde terug naar de papieren. Toen hij zich even later weer kon concentreren, belde hij Mary Oliver. 'Mary,' zei hij toen ze de telefoon opnam, 'ik heb een vraag. Weet je nog toen we het hadden over die memo van Shepard die bij de laatste versie zat, de versie met de fout?'

'Ja.'

'Die memo,' zei hij, 'is geopend in Corp, niet in Afval. Stop je zo'n begeleidende memo normaal gesproken in Afval, je weet wel, dat opschoningsbestand?'

'Natuurlijk,' zei ze.

'En waarom zou je dat niet doen?'

'Waarom zou je dat niet doen?' herhaalde ze. 'Ik zou het niet weten. Misschien als je niet wilt dat hij verwijderd wordt.'

'En waarom zou je niet willen dat een begeleidende memo verwijderd wordt?'

Maar hij dacht dat hij het antwoord op die vraag wel raden kon. 'Mary,' ging hij verder, 'betekent dit iets?'

'Misschien,' zei ze. 'Hoe zit het met de andere begeleidende memo's? Soms haal je gewoon de laatste versie op en verander je de datum. Heb je daar al naar gekeken?'

'Die staan allemaal in Afval. Ik heb gekeken. Ze hebben allemaal hetzelfde nummer.'

'Dat is logisch. Er werd iedere dag een nieuwe versie aangemaakt, soms meerdere op een dag. Dan opende iemand dus de eerste memo in Afval, en dan kun je het gewoon oproepen en de datum veranderen. En het bestand is nooit opgeschoond omdat de cyclus van zeven dagen telkens wanneer je het document activeert, opnieuw begint.'

'Waarom,' vroeg hij nogmaals, 'staat de laatste versie dan in Corp?'

'Geen idee. Wie weet? Maar,' zei ze, haar woorden zorgvuldig kiezend, 'als je zeker wilt weten dat er ergens een elektronisch bewijs is dat de ontvangers van de memo koppelt aan de fout, zelfs als die persoon alle papieren bewijzen heeft weggegooid, zou je het op die manier kunnen doen.'

'En dat zou dan inhouden dat de wijziging geen typefout was.'

'Daar zeg ik liever niets op. Maar één ding lijkt zeker: het is geen toeval dat deze memo in Corp staat.'

'Waarom zeg je dat?'

'Nou,' zei ze, 'een begeleidende memo kun je op twee manieren maken. Ten eerste kun je de laatste memo ophalen en de datum veranderen. Alleen zei jij dat alle oude memo's in Afval stonden. Als je het op die manier gedaan had, zou de nieuwe memo ook in Afval staan. En ten tweede kun je een nieuwe memo openen.'

'Stel dat je een nieuwe memo opent.'

'Dan kom je automatisch in Afval terecht.'

'Bedoel je dat iemand voor een computer heeft gezeten en dat ding bewust in een permanente documentenbibliotheek heeft gezet?'

'Dat denk ik wel,' zei ze.

Hij hing op. Ze had gelijk. Zo'n kleinigheid, kon je nagaan. Maar toch, soms zijn het juist die kleine dingen die je niet met rust laten. En de sardonische ondervraging door George Creel maakte dat hij al die kleine dingen nog eens naging.

Iets voor vijven had hij nog een gesprek met George Creel. Creel bevestigde dat hij uiteráárd de records op de vaste schijf kon nagaan om te kijken op welke terminals er hypotheekdocumenten waren opgehaald en bewerkt. In plaats van 'uiteraard' had Creel net zo goed kunnen zeggen: 'Waarom vraag je dat nou pas?'

Opnieuw kreeg de gedachte vorm, heel ver weg in zijn onderbewustzijn, iets, een vage glimp die probeerde zich een synaptische weg te banen naar Mulcahy's bewustzijn. Hij voelde dat de gedachte er was, als een kind dat ergens in de verte in een groot negentiende-eeuws huis zit te huilen. Hij wist alleen niet in welke kamer. Mulcahy keek weer om zich heen, naar de stapels archiefdozen, de papieren jacht die hij moest maken.

Hij pakte het personeelsdossier en begon erin te bladeren. Het was verbijsterend wat ze allemaal bewaarden. Hier waren Shepards cijferlijsten van Harvard, vastgeniet aan zijn CV. Hij bladerde de stapel door. John was een heleboel dingen, maar niet geschikt voor de advocatuur. Hij grinnikte toen hij de enige '10' zag: Onderhandelen. Dat had iemand goed gezien.

De telefoon ging.

'Estella,' zei hij, 'even geen telefoontjes, alsjeblieft, ik heb...'

'Hij is aan de lijn,' zei ze.

'Wie?'

'Hij. John Shepard.'

Hij haalde diep adem. 'Verdomme,' zei hij zachtjes. 'Goed, verbind maar door.'

De stem denderde door de luidspreker van de telefoon en was tot in de gang te horen. 'Klootzakje!'

Dat kon niemand anders zijn. 'Hallo, John,' zei Mulcahy weinig enthousiast terwijl hij de telefoon opnam.

'Luister, man,' zei hij. Die stem weer, na dit alles! 'Sorry dat ik je niet gebeld heb. Het ging allemaal nogal snel en het kwam er gewoon niet van. Maar ik wilde afscheid nemen voordat ik de stad uitga, en zeggen dat je moet langskomen als je ooit nog eens naar het westen komt...'

'John, eh, bedankt. Ik snap het best.' Mulcahy keek op en zag Ogle rondhangen bij de deur. Hij had hem gevraagd, langs te komen. Hij nam de telefoon op en wuifde hem weg. Het jampotgezicht verdween uit de deuropening.

'Luister, John, ik zou graag met je praten, echt waar, maar jij wilt niet met mij praten.'

'Waarom niet?'

'Omdat mij de eer te beurt gevallen is om de Bom te onderzoeken.'

'De Bom?'

'Heb je daar niets over gehoord?'

'Shit, ik heb niemand gesproken.'

En dus vertelde Mulcahy hem het verhaal.

Toen hij klaar was, bleef het lang stil aan de andere kant van de lijn. Mulcahy keek op en zag dat Ogle de deur niet achter zich dichtgedaan had. Uiteindelijk hoorde hij Shepards stem weer

door de telefoon. 'Ed,' zei Shepard, 'zie je niet waar het om draait? Ze willen me naaien. Waarom werk je daaraan mee, man?'
'Ik heb geprobeerd eronderuit te komen.'
'Nou, dat heb je dan niet hard genoeg geprobeerd! Jij bent toch partner geworden? Godallemachtig,' zuchtte Shepard. 'Je zult wel gelijk hebben. Ik kan maar beter niet meer met je praten. Of met wie dan ook. Godverdomme. Succes, man.'
De verbinding werd verbroken.
Mulcahy voelde zich beschaamd. Hij staarde naar zijn handen, en naar de stapels dossiers om hem heen. Verbaasd keek hij op toen hij Ogle ontwaarde, die nog steeds bij de deuropening rond-hing.
Mulcahy blafte hem af. 'Wat doe jij hier?'
'U, ik dacht, u had toch...'
'Ga weg. Ik bel wel als ik je nodig heb.'
Mulcahy bleef zwijgend zitten, zijn gedachten weer mijlenver. Hij krabbelde een briefje aan Shanklin, verfrommelde het en gooide het in de prullenbak. Hij schreef een nieuw briefje. Hij staarde naar de eenvoudige woorden op het papier. Dit briefje leefde nog een paar minuten, maar eindigde op dezelfde manier.
Hij zuchtte en stak zijn hand uit naar het dossier met jaarover-zichten. Hij had het niet in zich om op te geven.

6

Dinsdagochtend zat Ed Mulcahy ongemakkelijk op de punt van een van de crèmekleurige Queen Anne-stoeltjes in Samuel Whi-takers hoekkantoor, dat uitzicht bood op de haven. Whitaker had zich afgewend en leunde achterover in zijn bureaustoel. Hij had zijn vingertoppen tegen elkaar gedrukt en hield zijn blik over het water heen op de luchthaven gevestigd. Terwijl Mulcahy ver-slag uitbracht van zijn bevindingen zei hij weinig, behalve af en toe 'Ga verder'.
Maar Mulcahy voelde zich als een schooljongen die in de zitka-mer moet zitten converseren met de vader van een vriendinne-tje. Zijn stem klonk als die van een puber; stamelend, ver weg. Het viel hem niet mee om zich te concentreren met dat getik van die ouderwetse klok in de hoek en die muren vol foto's, pla-quettes, eerbewijzen en diploma's. Terwijl hij door een verhaal over computerbestanden heen stommelde, viel hij stil toen zijn

blik op een zwart-witfoto van Whitaker viel met openbaar aan-klager Kennedy. Zijn blik dwaalde af naar de foto van Whita-kers oorlogsschip in de Stille Oceaan, de foto van zijn raceboot, en zijn bul van Jesus College in Oxford.

Maar er was nog een reden. Creels analyse was binnen.

Mulcahy begon uit te leggen dat hij wist in welke versie de fout voor het eerst was voorgekomen en hoe laat precies die versie op de ochtend van de closing in omloop gekomen was. Hij zei dat hij met de computerafdeling gesproken had en dat die uit-gevist hadden dat het document maar drie keer geopend was in de twaalf uur voordat het geprint werd op 31 maart. Twee van die drie keren was dat op de computer van John Shepard ge-beurd.

'Bedoel je de machine van zijn secretaresse?' vroeg Whitaker.

'Nee, meneer, op zijn eigen machine. De terminal op zijn bu-reau.' Hij keek in zijn aantekeningen. 'Het document is geopend op de computer van Vicky Ippolito, dat is Ruggerio's secreta-resse, op 30 maart om 16.10 uur. Om 16.45 uur is het geprint. Dat was de achtste versie, de versie die rond 18.00 uur is uitge-deeld, en daarin stond nog een lege plek voor de schuld. Daar-na is het document twee maal geopend op Shepards terminal voordat het de volgende ochtend geprint werd. Een maal onge-veer een halfuur lang om 21.00 uur, en een paar minuten lang rond middernacht.'

'Je zei dat er nog een derde keer was?'

'Jawel, meneer. Op 31 maart rond 03.30 uur is het document voor het laatst bewerkt. Dat duurde een paar minuten.'

'Op welke terminal?'

'Die van u, meneer.'

Whitaker draaide zijn stoel om, zodat hij de jonge vennoot kon aankijken. 'Deze terminal?' vroeg hij terwijl hij op de computer op zijn schrijftafel wees.

'Jawel, meneer.'

'Aha,' zei Whitaker en keerde zich weer om naar de haven. Hij zweeg een tijdje, waarna hij zich weer naar het bureau omdraaide en Mulcahy aankeek.

'Wat maak jij op uit die gegevens?' vroeg hij.

'Ik weet het niet zeker,' zei hij, 'maar ik heb een scenario, ge-baseerd op wat extra gegevens. Kijk, Shepard opende acht do-cumenten tussen ongeveer 19.00 en 22.00 uur, elk een minuut of twintig, dertig. Dan gaat hij terug en opent er nog eens vijf, elk maar een paar minuten lang, tussen 23.30 en 01.00 uur. Ik heb de volgende hypothese. Rond etenstijd krijgt hij een aantal laatste revisies van de belangrijkste documenten. Hij zit ze ongeveer een uur lang door te nemen. Dan opent hij ieder document en brengt de laatste wijzigingen aan. Een daarvan is de hypotheekakte. Hij is moe en maakt een fout. Hij gaat verder met de andere documenten. Rond 23.00 uur is hij klaar, en hij is moe. Hij neemt een pauze. Hij belt twee mensen op. O, dat was ik vergeten te zeggen: hij heeft twee telefoontjes naar Colorado gepleegd tussen 23.00 uur en 23.40 uur. Een uur lang gebeurt er niets. Dan beslist hij dat hij de documenten nog één maal zal doornemen. In vier documenten vindt hij nog een paar kleinigheden, waaronder de hypotheek. Hij loopt alles na, herstelt de fouten en stopt. Hij schrijft een begeleidende memo.'

Op dat punt zweeg Mulcahy. Whitaker trok een wenkbrauw op, alsof hij wilde zeggen 'Ga verder'. Mulcahy zei: 'Vanaf dat punt ben ik niet zeker.'

Whitaker knikte. 'Meneer Mulcahy, denkt u dat ik die fout aangebracht heb?'

Mulcahy stamelde een antwoord. 'Over zulke dingen denk ik zelfs niet na, meneer. Ik moet de zaak alleen maar uitzoeken.'

'Nou, ik gebruik dat ding niet eens,' zei Whitaker met een minachtend gebaar naar zijn computer. 'Waarom mijn geleerde vrienden in de directie het een goede besteding van het firmakapitaal vonden om ons allemaal te voorzien van spullen die bij de secretaresses thuishoren, is mij niet duidelijk.'

Mulcahy maakte een aantekening terwijl Whitaker verder praatte. 'Acht documenten werden na het eten door Shepard bewerkt, en een van die acht is de hypotheekakte, klopt dat?' vroeg Whitaker.

'Jawel, meneer,' antwoordde Mulcahy.

'En daarna werkte hij aan nog eens vier documenten, ditmaal heel kort, en ook toen was de hypotheekakte erbij?'

'Ja.'

'En hoeveel documenten werden er om 03.00 uur geopend op mijn terminal?'

'Eén maar. De hypotheekakte.'

'Juist,' zei Whitaker. 'Heb je een kopie van Ruggerio's versie van de hypotheekakte, die van 30 maart?'

Die had hij niet, maar al snel werd er een binnengebracht. Whitaker keek ernaar. 'Ja,' zei hij na een tijdje, 'in dit stadium waren er nog maar heel weinig wijzigingen. Wat,' hij wendde zich weer tot Mulcahy, 'denk jij dat de drie wijzigingen waren die John heeft aangebracht?'

Mulcahy bekende dat er volgens hem niet veel meer te doen was aan het document. Er viel slechts naar te raden.

'Inderdaad. Maar ik kan een andere hypothese bedenken om deze gebeurtenissen te verklaren, jij niet? Laat ik het zo zeggen,' zei hij nadat hij de opmerking even had laten bezinken. 'Zou je aan de hand van deze gebeurtenissen kunnen zeggen dat de wijziging weloverwogen was? Dat de verandering misschien is aangebracht om 03.30 uur, toen de rest van de documenten klaar was?'

Het was een voor de hand liggende conclusie, en een conclusie die Mulcahy wilde vermijden. Hij zweeg.

'En als dat het geval was, als de fout opzettelijk is aangebracht, denk je dan dat John slim genoeg geweest was om daarvoor een andere terminal te gebruiken?'

Daarover kon geen twijfel bestaan. 'Ik vind het moeilijk,' zei Mulcahy, 'om te geloven dat John zoiets zou doen.'

'Aha,' zei Whitaker, en hij vestigde zijn blik weer op het vliegveld, aan de overkant van de haven. 'Vind je het moeilijk te geloven dat ik zoiets zou doen?'

Mulcahy keek naar zijn handen en stamelde: 'Ja, ook.'

Whitaker sprak verder. 'Denk je dat je mening beïnvloed wordt door je respect voor John Shepard?' De vraag werd op heel normale toon gesteld, alsof Whitaker informeerde naar de vertrektijd van de volgende trein naar Wellesley. Mulcahy reageerde niet. Whitaker ging door. 'Je moet geweten hebben dat hij bijzonder teleurgesteld was dat hij geen vennoot geworden was.' Hij schudde zijn hoofd en ademde langzaam uit.

Het directielid vouwde zijn handen en legde ze op zijn bureau en zei dat Mulcahy kon gaan. 'Hou me op de hoogte,' zei hij toen Mulcahy wegliep.

7

De menigte die bijeenkwam in de barok ingerichte Fitzgerald Room in het Faulkner bestond overwegend uit grijze pakken en grijze hoofden. De stemming was al even somber als de pakken. Mulcahy arriveerde op het moment dat iedereen plaats nam en zelf koos hij een stoel achterin. Midden in de zaal zag hij Sam Whitaker, met naast hem twee lege stoelen.

'Ik hou het kort,' zei de Graaf toen hij de aanwezigen tot de orde geroepen had. 'Jullie hebben allemaal gehoord over Idlewild. Voor diegenen onder jullie die op een andere planeet gezeten hebben, vat ik de zaken even samen. In de hypotheekakte voor de Idlewild Tower staat een fout, een fout van achthonderdnegenendertig miljoen en honderdzestigduizend dollar. De hypotheekakte,' zei hij, en daarna zweeg hij terwijl alle ogen waren gericht op de man die onbewogen midden in de zaal zat, 'is door ons kantoor opgesteld. En nu beweert Idlewild het recht te hebben de hypotheek te voldoen. Beide partijen hebben gedreigd met rechtszaken en DeFi klaagt aan wegens wanprestatie.'

'Wanprestatie?' sputterde een van de oudere partners.

'Zoals ik al zei, Myron, wij hebben de akte opgesteld.'

'Ik heb niets opgesteld!'

'We zijn een vennootschap, Myron. Jij bent je broeders hoeder.'

Iemand vroeg: 'Maar Idlewild ontkent de schuld toch zeker niet?'

'Nee,' zei de Graaf. 'Ze ontkennen de schuld niet. Ik zal het uitleggen. De totale bankschuld is achthonderdveertig miljoen. Er is een aantal onderpanden, en het belangrijkste, en waardevolste, is de Idlewild Tower. Die toren wordt geacht onderpand voor de hele som te zijn. Maar de hypotheek op die toren is maar achthonderdveertigdúizend dollar. Idlewild heeft dat bedrag betaald op de eerste van deze maand en beweert het gebouw nu vrij van schuld in eigendom te hebben. Wanneer dit gebouw geen onderpand is, loopt DeFi het risico dat de schuld niet terugbetaald zal worden vanuit de overige onderpanden. En dat risico, als ik Tims analyse goed interpreteer, kan worden uitgedrukt in een vervolging wegens wanprestatie.'

Tim knikte. In de hele zaal werden wenkbrauwen gefronst.

Een onderbreking van achter uit de zaal. 'Hebben we een formele eis gekregen?'

'Maandag hebben we gehoord van de juristen van DeFi,' antwoordde de Graaf.

Voor in de zaal zei een zacht verdrietig stemmetje: 'Ik dacht dat wíj de juristen van DeFi waren.'

'Dat wáren we, Fritz. Een van de vragen die we ons vanavond moeten stellen is of we dat ooit weer worden.'

De stemming in de Fitzgerald Room werd grimmiger naarmate de Graaf meer details van de onderhandelingen opsomde. De antracietgrijze kudde vertoonde steeds minder rechte ruggen en trok zich steeds verder terug in de grijze pakken. In de hele zaal werd gemompeld.

De Graaf sprak verder. 'Tim en ik,' zei hij, 'hebben de hele week zitten vergaderen met de vijfendertigste verdieping en met Fletcher Daye. Er ligt een voorstel voor een globale schikking. Dat ziet er niet best uit. Maar het bestuur wil hier toch mee doorgaan, om redenen die ik nu zal toelichten.

Idlewild,' ging hij verder, 'zal een hypotheek van zeshonderd miljoen dollar op de toren bedingen. De bank laat de claim tegen ons vallen. Onze verzekeraar zal een invorderingsgarantie van honderd miljoen dollar geven voor het geval de overige middelen van de bank uitgewonnen zijn. En iedereen ondertekent een geheimhoudingsovereenkomst. Geen rechtszaken. Geen publiciteit.'

'En wat gebeurt er met ons?' vroeg iemand.

'Wij garanderen de invordering van de laatste honderdveertig miljoen, nogmaals, wanneer de overige middelen van DeFi uitgeput zijn, met een call-optie op de...'

Maar de Graaf kreeg geen kans verder uit te leggen op welke complexe wijze Freer Motley uiteindelijk de bevoegdheid kreeg om te intercederen. Er brak een hels kabaal uit in de zaal. De firma zou een garantie geven van honderdveertig miljoen? Hij leek wel gek!! Overal werd geroepen. Alleen de man in het midden bleef onbewogen zitten.

'Heren, heren!' De Graaf hief zijn handen. 'Even opletten, alstublieft.' Het geroep zwakte af tot gemompel, en hij ging verder. 'Het is uitsluitend een invorderingsgarantie voor de laatste honderdveertig miljoen, en dat slechts nadat onderpand en verzekering uitgewonnen zijn. We hebben hier heel goed over nagedacht. Als we dit voorstel niet accepteren, dient DeFi maandag een aanklacht in wegens wanprestatie. Volgens de procedures van rechtsvordering die in Massachusetts gelden,' ging hij verder terwijl hij Tim aankeek, die knikte, 'worden jullie allemaal persoonlijk als algemeen partner aangesproken. Verder zijn we met ingang van maandag DeFi kwijt als klant. Dat betekent tweeëntwintig, bijna drieëntwintig procent van de bruto winst, uitgaande van het afgelopen jaar.'

Het werd stil. Getallen begrepen ze, getallen en aanklachten. 'Er is meer. De adviseurs van de bank raden onmiddellijk conservatoir beslag aan op al jullie eigendommen: huizen, auto's, bankrekeningen. Tim denkt dat we voor de rechter protest kunnen aantekenen tegen dit conservatoire beslag, maar er is geen enkele garantie. Verder is dit een globale schikking. Als wij niet schikken, doet Idlewild dat ook niet.'

Nu werd hij door niemand meer onderbroken. 'En in dat geval kunnen we een veroordeling tegemoet zien voor het leveren van onvoldoende onderpand, en de boete die daarop staat, schijnt meer dan tweehonderd miljoen dollar te kunnen bedragen. Ik vrees dat we geen keus hebben,' concludeerde hij.

'Wat gebeurt er als we tegen stemmen?' Nog een stem van achter uit de zaal.

'Daar hebben we aan gedacht. Het is mijn plicht jullie erop te wijzen dat als het voorstel niet geaccepteerd wordt door tachtig procent van de partners met stemrecht, zoals in de overeenkomst staat, alle partners in de raad van bestuur aanstaande maandag een faillissementsaanvraag indienen.'

Weer brak er kabaal uit. 'Chantage!' riep iemand. 'Klootzakken, klootzakken!' zei een ander. Francis Spencer, een makelaar, kwam overeind.

'Jullie van het bestuur zijn... Jullie zorgen alleen maar dat jullie eigen inkomen veiliggesteld wordt. Verder niets! Ik heb een dochter die studeert, en een zoon die volgend jaar gaat studeren!'

'Francis...'

'Nee, ik hou m'n mond niet, Albert. Jullie hebben ons allemaal verkocht. Jullie hebben ons verkocht! De mensen in het bestuur werken allemaal voor DeFi, en jullie hebben ons verkocht om je eigen praktijk te redden. Nou, ik red het wel zonder DeFi, en ik red het ook prima zonder garantie van honderdveertig miljoen dollar!'

'Wacht nou even, Francis.' Dat was Leibo. Hij zat voor in de zaal heen en weer te wiegen. 'Albert heeft helemaal niemand verkocht. Hij heeft niet meer gedaan dan de best mogelijke regeling treffen onder de gegeven omstandigheden. Wat gebeurt er met jouw praktijk, Francis, als dit allemaal bekend wordt? Als we maandag allemaal een proces aan onze broek krijgen? Als DeFi ons laat zitten, wat denk je dat de andere klanten dan doen? Denk je eens in hoe de *Globe* hiervan zal genieten!'

Er werd geknikt. De meeste collega's van Leibo deelden zijn minachting voor de pers.

'Francis,' zei de Graaf op ijzige toon, 'ik begrijp je frustratie,

69

maar ik heb bezwaar tegen je opmerking. De leden van deze commissie zagen zich gesteld voor een crisis zoals onze firma nog nooit heeft meegemaakt. En we hebben het beste gedaan wat we doen konden. Als je dit voorstel accepteert, wordt er geen beslag gelegd, althans voorlopig niet. Als je het verwerpt, denk ik dat je problemen krijgt met je collegegeld.'

Nu begon het besef te dagen. Honderdveertig miljoen dollar – hún geld – en alles lag al vast. Het was zo uitgesproken als een oordeel, zo onomkeerbaar als een executie. Instinctief begon de kudde te zoeken naar zijn leiders, en de antracietgrijze lichamen schoven en draaiden op de stoelen terwijl de mannen en vrouwen op zoek gingen naar de zeven of acht partners wier ster rijzende was. De gezichten, de uitdrukkingen van die partners werden bestudeerd, en men zag dat alles inderdaad vastlag. Het was besloten en op papier gezet en deze vergadering was even symbolisch als een bijeenkomst van het Cubaanse parlement. Het was een rituele zegening. Het geroep, de woede en de hysterie kwamen van de oudere partners, de bijrijders, degenen die ooit, lang geleden, de macht gegrepen hadden maar die nu kwijt waren. Het ging gebeuren. En toen begon de angst door de kudde te waren, de angst om tegen de leiders in opstand te komen, de angst om alleen te staan.

In het midden van het vertrek was Samuel Whitaker opgestaan. De groep viel stil.

'Deze transactie,' zei hij, 'was mijn transactie en heeft onder mijn toezicht plaatsgevonden. Ik ben volledig verbijsterd. Ik ben even geïnteresseerd in de uitkomst van Ed Mulcahy's onderzoek als jullie allemaal. Maar wat de conclusie ook moge zijn, ik heb hier veel verdriet van. Ik bied jullie allemaal mijn excuses aan.

Ik zit niet meer in het bestuur, maar ik wil jullie nog één ding zeggen. Er is veel woede in deze zaal, veel opgejaagdheid, veel angst. En ik denk dat jullie vergeten zijn, voor zover jullie dat ooit geweten hebben, wat het betekent om partners te zijn. Het betekent dat je samen tegenspoed tegemoet treedt. Samen staan partners sterk. Maar als er onderlinge strijd woedt, vormen partners een zwak, zielig ploegje.

Diegenen onder jullie die ons land onder de wapenen gediend hebben, zoals ikzelf,' zei hij, 'hebben werkelijke tegenspoed gekend, en hebben geleerd dat intelligentie alleen niet genoeg is in zo'n situatie. Daar is ook moed voor nodig.'

Zijn zachte stem werkte kalmerend. Hij ging verder. 'In 1954, voor mijn tijd, voor de tijd van ons allemaal, nam Daniel Stone een bange, onbekende medewerker van MIT als klant aan, ene Harold Kripsky, iemand zonder geld en zonder vooruitzichten, die zich de woede van de senaatscommissie voor on-Amerikaanse activiteiten op de hals gehaald had. Degenen die die tijd nog hebben meegemaakt, weten dat er een angstepidemie door het land waarde. Vandaag de dag weet iedereen van Stones epische ontmoeting met senator Epps. Zo worden legenden geboren. En iedereen hier weet dat Kripsky sindsdien onder andere voorzitter van Synsemics geworden is.

Maar jullie weten niet wat voor stemming er heerste toen Stone die klant aannam. Alle partners zijn persoonlijk gescreend door de belastingdienst. Wisten jullie dat? Zelfs de eenvoudigste zaken liepen mis. Wisten jullie dat? Directies, banken, onze eigen klanten gooiden de deur voor ons dicht. Dat was uiteraard voor Stones schitterende overwinning. Waar het om draait is dat wij als firma achter hem stonden. In tegenspoed hadden we achter hem gestaan, en daar voeren we allemaal wel bij. Als Daniel Stone en zijn partners minder hadden stilgestaan bij hun beslissing, als ze hadden gedaan wat de algemene opinie op dat moment vereiste, zouden ze Kripsky nooit hebben aangenomen en waren ze niet achter hem blijven staan.

Nu is er opnieuw een probleem. Volgens mij is Alberts voorstel aan jullie te haastig. Het getuigt niet van morele kracht. Het getuigt niet van moed. De eerste de beste goede rechter zal het spel van Idlewild en zijn adviseurs doorzien. Ik erken dat het een intelligent voorstel is, maar volgens mij is het niet voldoende doordacht. We moeten deze uitdaging het hoofd bieden. En dat moeten we sámen doen.'

'Jij hebt makkelijk praten over moed, Sam,' riep iemand achter in de zaal. 'Jij hebt je gouden handdruk geregeld! Jouw huis is afbetaald! Jouw kinderen zijn al afgestudeerd!'

Er klonk instemmend gemompel. Samuel Whitaker zuchtte en keek om zich heen. Ook hij kon de beslissing van de gezichten van de leiders aflezen. 'Zo zinloos, zo zinloos,' zei hij zachtjes. En toen, iets luider: 'Misschien is het probleem dat we met te veel zijn. Mijn oordeel betekent, vrees ik, al enige tijd niets meer voor jullie. Misschien kan ik niets meer betekenen voor deze groep.' Hij keek om zich heen, pakte zijn jas en zei, terwijl hij de zaal uit liep: 'Ik wens jullie het beste.'

Nadat de deur dichtgeklapt was, hing er een tijdlang een verbijsterde stilte, waarna het rumoer weer toenam. Shanklin nam het woord. 'Gezien zijn rol bij dit fiasco,' zei hij, 'is het nauwelijks verbazingwekkend dat Sam de werkelijkheid van een rechtszaak niet onder ogen wil zien. Maar Sam heeft vandaag niet op de vijfendertigste gezeten, met de voorzitter. Het toezicht op het bankwezen is overal. Ze dreigen naar de rechter te stappen om af te dwingen dat wij onze activiteiten staken. Als deze deal niet doorgaat, komen we voor de tuchtkamer. De aandelen van De-Fi zullen vreselijk kelderen en de firma hoeft nooit meer enige financiering van die klant te verwachten. Sam heeft gelijk. Een rechter zou waarschijnlijk wel kans zien om de juiste beslissing te nemen. Maar is er hier iemand die bereid is om achthonderd negenendertig miljoen dollar in te zetten op een beslissing van het hoogste gerechtshof?'

Niemand deed een bod.

'Het is onvoorstelbaar,' zei de Graaf, 'dat we een veroordeling tot betaling van honderdveertig miljoen dollar overleven, als het ooit zover komt. Maar wat ons betreft kan dat er vandáág al van komen, als we niet instemmen met dit voorstel. En dat zou een verschrikkelijke klap betekenen voor de omzet van de hele firma. Dat kun je op je vingers uittellen. We moeten proberen het een en ander voor te zijn. Vergeet niet, ze kunnen pas aan onze spullen komen als het hele onderpand en de hele verzekering uitgeput zijn. Een veroordeling wegens wanprestatie kent die beperking niet, zegt men. En als Idlewild zijn schulden aan de bank betaalt, waait alles misschien vanzelf over.'

De zaal kwam tot rust. De schaamte die ze even gevoeld hadden bij Whitakers opmerkingen maakte al snel plaats voor de sterkere en meer vertrouwde instincten van een kudde die bij gevaar samendromt.

'De voorzitter heeft me verzekerd,' zei Shanklin, 'dat als we meewerken, we deze Idlewild-zaak alsnog tot een goed einde kunnen brengen en onze praktijk normaal kunnen voortzetten. Vanochtend krijgen jullie de stembriefjes. De bus gaat om 17.00 uur dicht.'

De vergadering werd verdaagd. De voorzitter was briljant geweest en het doel was bereikt. De grijze massa verhief zich plichtsgetrouw en schuifelde de zaal uit.

De volgende dag werd het ritueel voltooid toen de stemmen geteld werden. Maar de beslissing was al genomen. De schikking was goedgekeurd.

Hij hoorde de deur opengaan, en hij hoorde voetstappen. Toen kwam Mary Oliver de vergaderzaal binnen. Haar haar zat verward en ze droeg platte schoenen, een spijkerbroek en een regenjas. Achter haar dikke bril waren haar ogen opgezwollen. 'Wat moet dit allemaal, Ed?' vroeg ze.

Hij haalde zijn schouders op. 'Je kent me. Hopeloos met computers.'

'Dus nu heb je midden in de nacht een lesje nodig? Wat is er aan de hand?'

'Ja, het is wel erg laat. Sorry. Ik wilde gewoon doorwerken. Was de auto op tijd?'

Ze snoof.

Tegen de tijd dat ze de liften op de achttiende verdieping bereikt hadden, wist zij wat haar te doen stond.

'Dat meen je niet,' zei ze.

'Kun je dat aan?'

'Ed! Nee, dat kan ik niet aan! Wat doen we hier in het holst van de nacht, met zo'n rotgeintje tegenover iemand...'

'Geen zorgen, Mary, Shanklin is het ermee eens,' loog hij. 'En hij wil het zo gauw mogelijk hebben. Klaar?'

Ze zweeg.

'Wacht op mijn teken,' sprak hij verder, terwijl hij wachtte totdat de secondenwijzer van zijn horloge naar de twaalf klom.

'Ja,' zei hij.

Met haar pasje maakte ze het slot open en samen duwden ze hem open. Op dit uur van de nacht was de gang donker. Ze zagen en hoorden niemand. Ze sloegen linksaf en liepen langs de verduisterde secretaressenkamers naar het hoekkantoor. 'Neem er de tijd voor,' zei Mulcahy, en hij dacht bij zichzelf: Dat moet hij ook gedaan hebben.

'Ben je hier zeker van?' fluisterde ze terwijl ze de deur voorzichtig openduwde.

'Maak je niet druk.'

'Jezus.'

Mulcahy had van te voren al besloten dat het licht in het kantoor uit moest blijven, dus Oliver liep struikelend door het donker en liep tegen een prullebak naast Samuel Whitakers bureau aan. Toen ze de terminal aanzette, werd het verduisterde vertrek gehuld in een spookachtig schijnsel. Mulcahy keek om zich heen in het vage grijze licht dat weerspiegelde in de glazen platen voor de reproducties aan de wand, en naar de donkere vormen in het kantoor. Er voer een huivering door hem heen.

'Wat is het wachtwoord?'

'Heeft hij niet. Gebruik het standaard wachtwoord maar.' De volgende paar minuten was het enige geluid het getik van haar vingers op de kunststof toetsen en het tik, tik, tik in het donker van de slinger in de zware slingerkast. Hij keek over haar schouder mee hoe de cursor zich een weg begon te banen door de bibliotheken en menu's. Uiteindelijk stond op het scherm de tekst die Estella die middag voor hem gemaakt had. Bovenaan stond het woord HYPOTHEEK.

'God, wat ben ik moe,' zei ze.

Hij had acht dagen lang amper geslapen.

Over haar schouder staarde Mulcahy ingespannen naar het scherm terwijl zij de cursor verplaatste door alinea's vol juridisch proza en uiteindelijk bleef stilstaan bij één enkele regel:

Als borg voor de terugbetaling van de somma van achthonderdveertig miljoen dollar ($ 840.000.000), hierna te noemen de 'schuld'.

De cursor vond het woord 'miljoen'. Met één klik was het verdwenen en verscheen op de lege plek het woord 'duizend', als eerste keer dat het verkeerd gespeld werd. Daarna corrigeerde ze zichzelf. Muis en cursor gingen weer op pad en arriveerden tussen de haakjes. Met een klik veranderde de laatste punt in een komma en werden de zeven nullen zes nullen. Nu stond er:

Als borg voor de terugbetaling van de somma van achthonderdveertigduizend dollar ($ 840.000,00), hierna te noemen de 'schuld'.

Ze tuurde naar de tekst.

'Denk na. Neem er de tijd voor,' zei hij. 'Zorg ervoor dat het er goed staat. Lees de zaken nog eens door.' Net als hij gedaan zou hebben. Doe het niet gewoon, maar geniet ervan.

Ze las de regel nogmaals door.

'Nee, dat is het,' fluisterde ze. 'Als het jou verder niet uitmaakt, Ed, mag ik dan voorstellen dat we maken dat we wegkomen?'

'Geen probleem.'

Er verschenen meer schermen, meer instructies om bestanden op te slaan. De muis klikte verder en Oliver trok zich terug uit de doolhof van de computer.

'Krijg allemaal wat, die partners van Freer Motley,' fluisterde ze nogmaals.

'Het is bijna klaar,' zei hij.

Ze was klaar. Het scherm werd donker, ze trokken zich terug uit het kantoor en deden de deur achter zich dicht. Het was maar een paar passen de gang door naar de liften toe.

Mulcahy en Oliver stonden waar ze begonnen waren, en hij keek op zijn horloge. 'Negen minuten,' zei hij.

'Nou?' vroeg ze. 'Mag ik nu naar huis?'

Mulcahy bleef bij de de donkere liften staan toen de deuren dichtgezoefd waren achter Mary Oliver. Zo lang duurde het dus om een lening van een miljard in minuten om zeep te helpen, dacht hij. Negen minuten.

Er volgde nog één gesprek met Samuel Whitaker. Volgens Mulcahy's urenadministratie vond dat plaats op 12 mei. Mulcahy was bijna klaar met zijn reconstructie van de gebeurtenissen. Dit gesprek had hij tot bijna het laatst bewaard, en toen hij Whitakers kantoor binnenliep, sprak hij zichzelf opnieuw moed in. Voorzichtig nam hij plaats voor het bureau van het bestuurslid en keek weg van het computerscherm. Had die oude iets in de gaten? Zijn onderzoekende blik gaf Mulcahy een ongemakkelijk gevoel.

'Meneer Whitaker, als onderdeel van dit onderzoek moet ik u ook een paar vragen stellen.'

Whitakers gezicht betrok even, maar dat was snel onder controle.

'Vragen?'

'Ja, meneer.'

Hij keerde zich weer naar het raam. 'Hoort dat misschien ook bij Alberts elegante afvloeiingsregeling?'

'Meneer, ik zou liever zien dat ik u gewoon een paar vragen kon stellen.'

'Uitstekend, jongeman,' antwoordde Whitaker, 'vraag maar op.'

En zo begon het vreemdste gesprek uit Mulcahy's hele loopbaan. Hij had geen mens tegenover zich, geen partner, maar een overblijfsel uit het verleden. Hij praatte niet tegen een gezicht maar tegen een profiel. De koningsblauwzijden strik was even elegant gestrikt als altijd, de Egyptische katoen van zijn hemd was als altijd kraakhelder en gesteven. Maar ditmaal hield Whitaker zijn vingertoppen niet beschouwend tegen elkaar gedrukt. Ditmaal wreef hij tijdens het hele gesprek met zijn ene hand over de andere, als iemand die probeert een bevroren gewricht op te warmen.

'Ik zou willen beginnen,' zei Mulcahy ongemakkelijk, 'met de hypotheekgever.'

'Met de gever?'

'Ja, inderdaad, de gever. Deze zaak heeft een economisch motief, daar zult u het mee eens zijn.'

'Maar hoe kon de gever die fout nou maken? Wij hebben de akte opgesteld.'

'Voor zover ik begrepen heb, was een van de ongebruikelijke zaken bij deze transactie dat de juristen van de hypotheekgever letterlijk vierentwintig uur per etmaal in het kantoor waren. Ze hadden pasjes.'

'Wil je zeggen dat een van hun juristen de fout aangebracht heeft?'

'Alstublieft, meneer Whitaker,' onderbrak Mulcahy, 'laten we dit soort uitspraken voor later bewaren. De vraag is heel eenvoudig: wat voor feiten kent u die dit waarschijnlijk of onwaarschijnlijk maken?'

Whitaker fronste en knikte. 'Goed. De juristen van Fletcher Daye, de juristen van de hypotheekgever, waren niet zo flexibele lui, en sommigen gedroegen zich niet echt aardig, maar het leken me eerlijke mensen. Wat jij daar suggereert, door het kantoor sluipen om zo'n fout aan te brengen, zou uiteraard, als het uitkwam, betekenen dat de jurist in kwestie geroyeerd zou worden, en vervolgd. En de jurist zou er zelf niet direct beter van worden. Ik moet zeggen dat ik het derhalve bijzonder onwaarschijnlijk vind.'

Mulcahy zuchtte. Whitaker was aan het pleiten. Maar ja, als de getuigen zelf juristen waren, wat kon je dan verwachten?

Misschien voelde Whitaker Mulcahy's reactie aan, want hij vervolgde: 'Maar wat betreft de feiten: zou zo iemand geen toegang moeten hebben tot mijn wachtwoord voordat hij op mijn computer kon werken? Shepard kon gemakkelijk achterhalen wat mijn wachtwoord was, lijkt me, vooral omdat ik nooit moeite gedaan heb om met het apparaat te leren werken en een wachtwoord te programmeren. De persoon zou naar deze verdieping moeten komen. Als hij dat overdag probeerde, zou het zeker ontdekt worden. Zelfs 's nachts waren er heel veel mensen op kantoor die bij de transactie betrokken waren.' Hij schudde zijn hoofd. 'Ik herinner me in ieder geval niet dat ik ooit iets gehoord heb over verdacht gedrag van die zijde.'

Dit waren belangrijke punten tegen de stelling, en Mulcahy had hier al over nagedacht. Hij stelde nog een vraag: 'Kunt u iets zeggen over de hypothese van een weloverwogen handeling van John Shepard?'

Sam Whitaker draaide zich om en keek hem aan. 'John voelde zich verraden toen hij niet in de maatschap gekozen werd. Hij stelde mij persoonlijk verantwoordelijk. En toen de transactie afgesloten werd, op 31 maart, was die wond nog rauw: het was nog geen twee weken geleden. Shepards woede kon nog niet bekoeld zijn. Zoals ik al zei stelde hij mij persoonlijk verantwoordelijk. De ochtend nadat de beslissing bekendgemaakt was, zat hij in dit kantoor. Hij was boos, hij schreeuwde, je kent John. Het was een zeer ongewoon halfuur. Dat was 15 maart, geloof ik.'

'Wat zei hij?'

'Hij noemde me geloof ik "slap" en nog een paar minder elegante dingen. Hij daagde me uit om de beslissing te rechtvaardigen. Ik zei dat ik geen commentaar wilde leveren op de beslissing. Hij zei dat hij loyaliteit verwacht had van mij: dat hij loyaal geweest was tegenover mij en dat hij zich nu verraden voelde. Ik kan je wel zeggen, aangezien jij wel partner geworden bent, dat het een bijzonder moeizaam proces was. Ik steunde hem en vond de beslissing verkeerd, maar ik kreeg niet voldoende steun. Ik geloofde dat Shepard was opgeofferd aan een grotere politieke strijd tussen mijzelf en enkele andere partners. Maar dat is natuurlijk slechts speculatie, en ik heb dat niet tegen John gezegd. Hij begon te schelden en liep razend weg, sloeg met de deur, vloekte tegen mevrouw DeSantis. Erg ongebruikelijk.'

Mulcahy knikte, maar bleef zwijgen.

Na een tijdje zei Whitaker vriendelijk: 'Idlewild was natuurlijk mijn transactie.'

Mulcahy knikte nogmaals. Whitaker leek zich iets te ontspannen. Hij zweeg toen hij weer naar rechts keek en met zijn blik de vlucht volgde van een vliegtuig dat laag kwam aanvliegen over het zuidelijk deel van Boston en landde op het asfalt van Logan, aan de overkant van de haven. Maar Ed merkte op dat zijn rechterhand de knokkels van zijn linkerhand begon te wrijven. 'Er zijn een heleboel verwarrende bijkomstigheden. Ten eerste lijkt jouw verhaal erop aan te sturen dat de fout op mijn computer gemaakt zou zijn. Dat lijkt me al tamelijk veelzeggend. Ik ken niet veel mensen die dat zouden durven. Ten tweede, als iemand de fout zo onopvallend mogelijk had willen maken, zou hij precies daar ingevoegd zijn waar dat gebeurd is. Shepard was uiteraard op de hoogte van de extreme tijdsdruk. Ten derde, de onderhandelingen op de ochtend van de closing met de advocaten voor de achtergestelde schuldeisers kan geïnterpreteerd worden als een welbewuste afleiding. Voor zover ik weet, strookte dat niet met Shepards stijl van onderhandelen. Ten vierde heb ik Shepard nooit een fout zien maken in deze orde van grootte. Zijn flamboyante stijl was binnen de hele firma bekend, maar hoe bont hij het soms ook maakte, hij was een fantastisch jurist als het ging om precisie in het opstellen van aktes. Zo'n fout is niets voor hem.

Maar, belangrijker dan dat alles is het duidelijke motief. Het was natuurlijk mijn transactie en dit zou bijzonder pijnlijk voor mij zijn. Shepard diende zijn ontslag in op de dag van de closing, als ik me goed herinner, op de dag dat de fout gemaakt en de overeenkomst getekend was. In mijn ogen handelde John impulsief. Dat had hij natuurlijk wel vaker gedaan, briljant als hij was, maar hier dreef hij het te ver door.

Zo zie ik het, in elk geval,' zei hij. Hij leunde achterover en keek bedachtzaam voor zich uit, de toppen van zijn vingers tegen zijn lippen aan. In het vertrek was alleen het onverbiddelijke getik te horen van de ouderwetse klok, waarvan zo'n hypnotiserende werking uitging dat Mulcahy instemde met Whitakers volkomen overtuigende, logische redenering. Hij was gekomen om feiten te vergaren, maar niet voor niets was Samuel Whitaker bijna twintig jaar lang de ayatolla van Freer Motley geweest.

'Mag ik u dan vragen, meneer,' zei Mulcahy, 'waarom u hem hebt laten werken aan zo'n grote transactie, zo kort nadat u ruzie met hem gehad had?'

'Een gerechtvaardigde vraag, uiteraard,' begon Whitaker, en ook nu leek het antwoord, al besefte Mulcahy dat later pas, te vlotjes te komen. 'John onderhield uiteraard al maandenlang de relaties met de bankmensen in kwestie, terwijl deze transactie allerlei stadia doorliep, soms helemaal in het water leek te vallen.' Dit was allemaal waar, en viel na te zoeken. 'Doordat Mark Barbieri werd aangesteld als hoofd van de nieuwe bankdivisie, werden de poorten ontsloten, op voorwaarde dat de closing nog dat-

78

zelfde kwartaal zou plaatsvinden. Het ging allemaal razendsnel. Eerlijk gezegd had de transactie niet kunnen plaatsvinden zonder hem. Zowel vanwege zijn ervaring met die transactie, als vanwege zijn capaciteiten.'

'Hebt u het nog met hem gehad over de verkiezing?'

'We hebben één gesprek gevoerd,' zei de partner. 'Aan het begin. Ik zei dat ik hem beschouwde als een professional, dat de klant een bijzondere behoefte had en dat volgens mij niemand anders in die behoefte kon voorzien. Hij zei: "Ik maak het af."'

'Alleen maar: "Ik maak het af"?'

'Verder niets. Dat was zijn enige antwoord.'

Ze praatten nog een paar minuten over het onderzoek. 'Er is,' zei Mulcahy terwijl hij het gesprek afrondde, 'nog één ding dat de computerexpert aan het uitzoeken is...'

'Wat voor computerexpert?'

'Hij heet George Creel, werkt op MIS. Die man in de rolstoel.'

'O, die...'

'Hij spreekt graag in raadsels. Een vreemde vogel. Ik moet zeggen dat ik niet echt weet waar hij mee bezig is. Maar hij suggereerde dat er een andere manier was om te achterhalen wie toegang gehad had tot de computers. Hij zei "We gaan eens kijken of we het gastenboek kunnen vinden."'

'Het gastenboek?' vroeg Whitaker.

'Dat zei hij.'

'Het gastenboek,' herhaalde Whitaker bij zichzelf. 'Denk je dat hij het boek bedoelt dat beneden bij de balie bijgehouden wordt, door de beveiligingsmensen?'

Mulcahy schudde ontkennend zijn hoofd. 'Ik weet zeker van niet. Daar heb ik al naar gekeken, en er staat niets interessants in. De meeste mensen die tijdens kantooruren binnenkomen, hebben een pasje en er staat dus niet veel in het boek. En verder...'

Whitaker wendde zich van het raam af en keek Mulcahy aan. Zijn vaalblauwe ogen waren nu waterig, maar stonden strak. 'Ja?' vroeg hij.

'Tja, Creel is een hacker, een computergenie. Die vent heeft geen enkele belangstelling voor dingen die met de hand genoteerd zijn. Ik weet zeker dat hij het over een of andere computertruc heeft. Hij zei dat hij dacht dat hij het "gastenboek" zeer binnenkort zou hebben.'

'Aha,' zei Whitaker.

Ze zaten nog een paar minuten te praten. Maar voordat Mulcahy vertrok, zei hij: 'Meneer, ik moet u nog één vraag stellen.' Hakkelend vroeg hij, zo snel hij kon, of Samuel Whitaker rond 03.30 uur op 31 maart 1992 op kantoor geweest was. 'Ik doe dit ook niet voor mijn plezier,' zei hij verontschuldigend.

'Uiteraard,' zei de oudere man. 'Die vraag moet u stellen, dat is uw werk. Meneer Mulcahy,' zei Whitaker met strenge blik, 'maakt u alstublieft de volgende aantekening. Ik ben niet het kantoor binnengeslopen in de ochtend van 31 maart 1992. Zo goed?'

Mulcahy stamelde nog een verontschuldiging en vertrok. Whitaker bleef even zwijgend zitten en pakte toen de telefoon. 'Mevrouw DeSantis,' zei hij, 'kunt u het nummer opzoeken van...'

Dat was de laatste keer dat Ed Mulcahy Samuel Whitaker sprak. Pas veel later drong tot hem door dat de man zijn vraag niet beantwoord had.

8

Op zaterdagavond deed Creel boodschappen bij de supermarkt op Maverick Square. Dan was het er het rustigst. Hij werd thuis opgehaald door een taxi, reed naar de supermarkt en werd om negen uur weer naar huis gebracht.

Voordat hij die zaterdag zijn appartement verliet, keek Creel nogmaals uit het raam aan de voorkant van zijn appartement. De man in de Taurus, waarover Jamal hem verteld had toen hij vrijdag uit de bus stapte, had gisteravond tegenover zijn huis geparkeerd gestaan. Jamal zei dat hij in de buurt naar hem gevraagd had. Vandaag had hij de hele dag een straat verder gestaan.

Hij was er nog toen rond kwart over acht de taxi arriveerde om Creel naar de winkel te brengen.

Om kwart over negen, toen hij stond te wachten op de taxi die hem weer naar huis zou voeren, zag Creel de auto op de parkeerplaats staan. Door de achterruit van de taxi zag Creel dat de Taurus achter hen aan reed. Hij volgde hen weer naar het flatgebouw waar Creel woonde.

'Blijf rijden,' zei Creel toen de taxichauffeur voor het gebouw wilde stoppen.

De taxi trok op. Even later zag Creel dat ook de Ford de rijbaan opreed.

'Verdomme,' zei hij. 'Goed, terug naar Maverick Square.'
'Is er iets?'
'Niets belangrijks. Breng me nou maar gewoon naar Maverick Square.' De koplampen doemden levensgroot in de achteruitkijkspiegel op. De chauffeur zag het ook.
'Wat is hier in godsnaam aan de hand, als ik vragen mag...?'
'Ga nou maar zo snel mogelijk naar Maverick Square.'
De chauffeur deed wat hem gevraagd werd.
Toen ze met piepende banden tot stilstand kwamen voor het metrostation T Station, zag Creel tot zijn opluchting dat de jongens er waren. En een politieagent. 'Agent,' schreeuwde hij naar de politieman, die bij de ingang stond. 'Agent!'
De agent slenterde naar de taxi toe. Toen hij dichterbij kwam, zag Creel de Ford passeren en de hoek om slaan.
Na een gesprekje met de agent zat Creel weer in zijn stoel op het trottoir.
'Hé, Stomp!' joelde een van de jongens.
'Hé, wat doe ik nou met je boodschappen?' vroeg de chauffeur.
'Die zul je moeten bezorgen,' zei Creel. Hij reed terug over de stoep en gaf de chauffeur twintig dollar. Creel wendde zijn stoel en reed naar het metrostation. Hij duwde zijn stoel uit het licht en keek om zich heen. Hij zag de Ford niet. Misschien had zijn demonstratieve praatje met de politieman zijn achtervolger bang gemaakt. De agent was teruggegaan naar zijn patrouillewagen. Wat nu?
'Stomp, wat is er aan de hand?' riep een van de jongens.
Creel keek achterom. Het was Jamal.
'Jamal, je moet iets voor me doen.'
'Ik weet niet, Stomp. Het is vanavond nogal druk.'
Jamal leunde tegen de bakstenen gevel van het metrostation. Hij had zijn walkman op en zijn bovenlichaam bewoog heen en weer. Drie of vier vrienden hingen om hem heen. Ze glimlachten.
'Ik moet naar een vriend toe,' zei Creel, 'maar ik ben een beetje moe. Denken jullie dat je mijn stoel kunt duwen tot aan Chelsea Street? Dan krijg je tien dollar.'
Gelach van de jongens. 'Jemig, Stomp, wat denk je dat ik ben, een verpleger?' vroeg Jamal. Hij rolde met zijn ogen en wijdde zich weer aan zijn muziek.
'Goed, ik zal zeggen wat er echt is. Die vent waarover je me vertelde is er nog steeds. Hij heeft de hele dag voor mijn huis gestaan en vanavond heeft hij me gevolgd. Ik vertrouw het niet.

81

Ik kan wel wat hulp gebruiken. Ik dacht, als ik jou bij me heb, laten ze me wel met rust. Je ziet er nogal indrukwekkend uit.'

Tio, een van de jongens, vond dat wel goed klinken. Met een zwaar aangezet blank accent zei hij: 'Nee maar, Jamal, je ziet er nogal indrukwekkend uit!'

Homerisch gelach. De jongens sloegen zich op de knieën.

'Hé Stomp, als je hulp nodig hebt moet je het gewoon vragen, man. Niet dat gezeik met tien dollar!' Jamal slenterde langzaam op de rolstoel af.

'Reuze bedankt,' zei Creel.

'Don't worry, man,' zei Jamal. Hij pakte de handvatten en duwde de stoel over de kruising naar South Street, de kant van het water uit.

Acht straten van Maverick Square verwijderd woonde een oude vriend van Creel. Het was een zatlap die altijd blut was, maar misschien had hij een bank waarop Creel kon slapen. Hij moest eerst uitvissen wat er aan de hand was.

Zover kwamen ze niet. Twee straten voordat ze bij het water waren, hoorde Creel ze: rennende voetstappen om de hoek van het laatste huizenblok. Hij greep de wielen, draaide de stoel razendsnel om en keek in de richting van waar hij gekomen was. Een donkerharige man kwam op hem af rennen. Hij had iets in zijn hand.

'Shit,' riep Jamal. 'Is dat 'm? Wat gebeurt er, Stomp?'

'Niet nu!' Creel zwenkte de stoel weer terug. 'Rennen, Jamal, naar links, de Prince in, zo hard als je kunt.'

'Wat doe jij dan?' vroeg Jamal geschrokken.

'Doet er niet toe, Jamal, rennen!'

De stoel racete de straat af en Creel hoorde de voetstappen toen Jamal linksaf sloeg op het laatste kruispunt. Creel vloog zonder stilstaan de kruising over. Nog steeds kwamen de voetstappen achter hem aan. Vóór hem was het laatste huizenblok. Daar liep de straat dood in een metershoge betonnen muur die de afscheiding met de havenmuur vormde.

Creels hart bonkte in zijn keel. Hij racete het laatste blok van South Street af.

Toen de stoel tegen de muur aan vloog, reed hij bijna vijfentwintig kilometer per uur. Door de botsing smakte Creels lichaam plat op het beton. Zijn armen grepen de bovenkant van de muur en hij tilde zichzelf eroverheen.

Toen hij over de rand tuimelde, hoorde hij een pistoolschot, en een tweede toen hij de vette duisternis van de haven van Boston in dook, vijf meter lager.

9

De krant stond rechtop op de wasbak, vol waterspatten, en Ed Mulcahy stond te lezen terwijl hij zich schoor. Het was vroeg, maandagochtend, 16 mei 1992. De gevreesde dag was aangebroken: vanochtend moest hij beginnen met het schrijven van zijn rapport voor de Graaf. Dat betekende dat hij het telefoontje moest plegen dat hij zo lang mogelijk had uitgesteld: het telefoontje waarin hij Shepard om commentaar vroeg. Hoe begon je in godsnaam zo'n gesprek? Hallo, John, goed om je weer eens te spreken!? Ik wilde eens even met je van gedachten wisselen over dat rapport over die fraude dat ik aan het schrijven ben!? Hij staarde naar zijn gezicht in de spiegel en trok het scheermes door het schuim. Het zag eruit als een gladde sneeuwvlakte op een schitterende ochtend in Colorado. Hij keek naar de krant. De Sox hadden verloren van Baltimore. Elko, hun beste man, was met de grond gelijk gemaakt. Mulcahy zuchtte.
'Gitz!' riep hij.
'Uhm?'
'Elko. Wat is er gebeurd?'
Hij hoorde beweging in de kamer naast zich. 'Heeft het helemaal gehad. *Kaputt*. Die arm van hem stelt niets meer voor. Wordt niets meer. Drie innings, en toen was het afgelopen. Die zien we nooit meer terug. Heb je mijn artikel gelezen?'
'Ja. Nogal klote voor die vent.'
'Ik ben net een aasgier, vriend. De oude bok struikelt en ik cirkel erboven. Dit kan ik maandenlang uitmelken.'
'En als hij iedereen nou eens uitgooit?'
'Dan zit ik op de voorste rij te juichen.'
Mulcahy grinnikte terwijl hij in de scheerspiegel keek. 'Gitz, heb jij wel enig moreel besef?'
'Geen enkel, vriend. Maar, Ed?'
'Ja?'
'Dat doet hij niet.'

Op datzelfde moment gebaarde, aan de andere kant van de stad, aan de andere kant van de haven in het oostelijke deel van Boston, een jongen van een jaar of zestien, met een te grote spijkerbroek en hoge laarzen aan, een honkbalpet met het etiket er nog aan achterstevoren op zijn hoofd, naar zijn metgezel terwijl ze South Street af slenterden op weg naar het water.

'Kijk daar eens naar,' zei hij terwijl hij op de rolstoel wees, die op zijn kant naast de havenmuur lag. De andere jongen inspecteerde de stoel. Hun smalle donkere handen gleden over de stoel. Onder de muur sloeg het water tegen de omheining aan. De andere jongen zette de stoel overeind en ging erin zitten. 'Ja, die is van Stompie,' zei hij. De twee jongens hingen over het muurtje heen en keken naar het water.

'Dus die man schoot op Stompie?'

'Mmm-hmm,' zei Jamal.

'Op Stòmpie?'

'Ik lieg toch zeker niet, man.'

'Verdomme. Stompie. Vol verrassingen, die man.'

Ze staarden naar het water. 'Zou hij dood zijn?'

'Mmm-hmm.'

'Hebben ze hem gevonden?'

'Nee. Niks gevonden.'

De andere jongen duwde zich omhoog van het muurtje en terwijl hij dat deed, veranderde zijn gezichtsveld. Bijna drie kilometer verder, aan de overkant van het water, stonden de kantoorflats te glimmen in de ochtendzon, achter het aquarium.

'Denk je dat Stompie zover kon zwemmen?'

'Nee,' zei Jamal.

'Maar die klootzak was wel sterk. Je had geen schijn van kans.' Jamal bewoog zijn hoofd bevestigend. 'Ja, dat is zo. Maar Stompie was invalide, man.' Verdrietig keerde hij zich om en duwde de rolstoel de straat op.

Twee uur later ging Mulcahy in het kantoor van Freer Motley in het centrum van Boston op zoek naar Creel. Maar hij was niet komen opdagen en had geen bericht achtergelaten. Niemand wist waar hij was.

John Shepard nam niet op; Mulcahy zuchtte van opluchting toen hij het antwoordapparaat hoorde.

IO

De volgende avond laat reed John Shepard in zijn roestige Subaru-stationwagon in westelijke richting over de tolweg Massachusetts Turnpike. De oude roestige carrosserie was eraan toe om de zilte staatswegen voorgoed achter zich te laten. Shepard speelde wat met de knop van de radio en vond een country & western-station met muziek die hard genoeg klonk om het geluid van zijn uitlaat te overstemmen, het eerste van een lange reeks die hem door de staten New York, Pennsylvania, Ohio en Indiana zou begeleiden, door Illinois en Missouri naar Kansas en de uitgestrekte vlakten van oostelijk Colorado, door twee overnachtingen in motels en lange dagen en veel koffie achter het stuur, totdat de toppen van de Rocky Mountains ergens in de buurt van Denver aan de horizon zouden verschijnen.

De muziek was niet hard genoeg om zijn gedachten te overstemmen. Zijn geest stond in de hoogste versnelling. Negen jaar, dacht hij, negen jaar verknald. Het nummer ploeterde voort in een eindeloze reeks voorspelbare G- en C-akkoorden, over hoe ze nu voor het laatst bij hem weggegaan was. Hij vulde de laatste woorden van iedere regel in voordat ze blikkerig door de luidspreker klonken. Zijn geest racete verder.

'Tob niet,' zei hij tegen zichzelf, 'over de daden van heilloze kwaaddoeners. Want spoedig zullen zij worden neergemaaid als het gras, verwelken als het groene kruid.'

Maar, in kromme houding over het stuur, hij tobde wel.

Ongeveer een uur later passeerde hij de afslag naar Hartford en New York en keek op zijn horloge. De zender was niet goed meer te ontvangen, en hij zette de radio uit. De woorden 'New York' op het groene verkeersbord bij de afslag herinnerden Shepard aan een van de eerste deals die hij had afgesloten, zijn eerste grote closing buiten de stad voor Samuel Whitaker, de deal waarbij ze nog lang nadat de bankiers verdwenen waren, in de Trader Vic whisky hadden zitten drinken en Shepard gefascineerd had zitten luisteren naar de verhalen over Whitakers tijd bij de marine in de Stille Zuidzee.

'Val dood,' zei Shepard hardop, en hij bande de gedachte uit.

Maar op datzelfde moment was die opmerking al overbodig. Een uur of drie tevoren was Samuel Boylston Whitaker op de vloer van de studeerkamer van zijn boerderij in Sheringham gevallen, overleden aan de gevolgen van een pistoolschot dat van dichtbij was afgevuurd.

De dode was gekleed in een flanellen hemd, een vest, en de dikke katoenen broek die hij altijd aantrok wanneer hij op een voorjaarsavond door de velden achter zijn huis ging wandelen. Niet ver van zijn lichaam lag zijn bril op het tapijt. Op het tafeltje voor hem had kennelijk een bord met crackers met kaas gestaan, en dat was door zijn val gebroken. Een half-leeggedronken glas bier stond op een tafeltje aan de andere kant van de tafel. Het dodelijke schot was binnengedrongen in de rechterkant van Samuel Whitakers schedel en was via het linker wandbeen uitgetreden, waarbij een schedelfragment van meer dan vijftig vierkante centimeter weggeblazen was, en een grote hoeveelheid hersenen. Door de klap waren Whitakers hoofd en schouders naar voren gesmakt en als gevolg van die voorwaartse beweging was het lichaam op de grond gevallen.

De volgende ochtend zou de politie in Whitakers rechterhand het vuurwapen aantreffen dat hem als jonge marineofficier verstrekt was. Het magazijn was leeg en de ballistisch expert zou later concluderen dat met dit wapen het projectiel was afgevuurd dat de eigenaar van het pistool gedood had. Naast hem op het tapijt werd de lege patroonhuls gevonden. Op het bureau in de studeerkamer stond Whitakers oude schrijfmachine, een Smith-Corona, en daarin troffen de rechercheurs een brief aan.

Rond tien uur die ochtend waren de politieauto's rond het huis niet meer te tellen en werd het huis onder de loep genomen door een heel team speurders. Intussen reed de Subaru de staat Indiana binnen.

I I

Niet alleen de kleine gemeenschap van Sheringham reageerde verbijsterd op de dood van Samuel Whitaker, maar ook de hele zakelijke gemeenschap van Boston. Hij was dagenlang voorpaginanieuws in de *Globe* en ook in de kranten van New York en Washington werd over zijn dood geschreven. Uit de hele financiële en juridische wereld stroomden betuigingen van leedwezen binnen. Verslaggevers probeerden van de politie iets meer informatie los te krijgen dan de eerste, oppervlakkige details van wat een zelfmoord leek, maar er was maar weinig bekend.

Op donderdag 19 mei werd Whitaker begraven bij de episcopale St.-Janskerk in Sheringham, waar lelies gedrapeerd waren over de vensterbanken onder aan de donkere glas-in-loodramen en vijfhonderd rouwenden de gewijde plek verlieten en de heldere voorjaarsochtend in stroomden. Het was een bijeenkomst van het chique Boston, Harvard en Old Beacon Hill zoals je nog maar zelden meemaakte. De deken van de faculteit der letteren van Harvard las voor uit de profeet Jesaja. De voorzitter van de orde van advocaten in Boston las voor uit het Nieuwe Testament. Anna Whitaker wiegde zwijgend heen en weer op de voorste kerkbank, geflankeerd door haar dochters, zonder de zegening te horen, vermorzeld door schaamte en verdriet. Slechts twee weken voor haar zevenendertigste trouwdag was ze weduwe geworden. Haar dochter Beth staarde naar de kist, die bijna op dezelfde plek stond waar ze zelf gestaan had toen ze haar belijdenis deed, en niet ver van de plek waar ze had gestaan toen haar vader haar huwelijk inzegende.

Mulcahy had niet zeker geweten wat hij moest doen. Hij was geschokt toen hij het nieuws las in de *Globe* van die woensdag. Hij was het kantoor binnengekomen en had een groot aantal partners en personeelsleden volslagen ontreddderd aangetroffen. De gangen waren gevuld met tranen. Niemand had enig idee wat er gedaan moest worden toen de telefoons begonnen te rinkelen. Mulcahy's 'crisiscentrum' lag er nog bij zoals hij het die dinsdagmiddag verlaten had, met stapels dossiers en blocnotes, agenda's, memoranda, allemaal onaf, allemaal nietig en onbeduidend. En waar Ed Mulcahy in deze zaak zo beroerd van werd, waarvan zijn maag in opstand kwam, was het gevoel dat hij op een of andere manier gebruikt was om het zover te laten komen. Als een brave soldaat had hij de bevelen van de Graaf opgevolgd en de oude man overdonderd met zijn vragen. En hij had Creel als computerdetective ingezet en uitgevonden dat er aan de hypotheekakte gesleuteld was op Whitakers computer.

Mulcahy liet zijn werk onaangeroerd en besloot dat hij donderdag naar de begrafenis zou gaan. Hij had het gevoel dat hij deel uitmaakte van de gebeurtenissen. En dus reed hij naar het westen, naar Sheringham.

Toen de kerkdienst voorbij was, klonk het klokgelui door de stille voorjaarslucht. De menigte schuifelde langzaam de begraafplaats af. Sommigen bleven staan om de hand van de weduwe te grijpen, haar te omhelzen of gewoon hulpeloos voor haar te staan. In het gedrang bespeurde Mulcahy bijna alle partners van

Freer Motley, en een aantal assistenten en personeelsleden. Hij zag Kate Maher, een medewerker die vaak met hem samenwerkte. Hij had niet geweten dat zij Whitaker kende, en ze glimlachten triest en hulpeloos naar elkaar, over de hoofden van de menigte heen. Hij had Kate niet meer gesproken sinds het begin van het onderzoek.

Toen Mulcahy voorbijliep, stond Frannie Dillard, verslaggever van een tv-journaal voor de kerk een reportage op te nemen voor het TV-journaal. Hij verliet de kerk en volgde de stoet langs de gemeentelijke tennisbaan naar het kerkhof op de heuvel. Boven het kerkhof stond een appelboomgaard in bloei. Het kerkhof zag er prachtig uit, afgezien van het verse gat in de aarde, en de baar die daarnaast tot stilstand kwam. Mulcahy bleef achteraan staan.

Na afloop van de plechtigheid, waarbij de kist in de aarde was neergelaten, en die een halfuur had geduurd, zette Mulcahy in Dover Street zijn auto aan de kant en keek naar de overkant van de straat.

Ongeveer vijftig meter van de weg af lag een grote boerderij, met twee vleugels, een aan de zijkant en een aan de achterkant. De witgeverfde muren en de zwartgeschilderde luiken glansden in de middagzon. Voor het huis, achter het stenen muurtje dat het terrein van de weg afscheidde, lag een appelboomgaard. Er liep een kleine kudde schapen te grazen. Naast en achter het huis, en achter de grote witte schuur, lagen weilanden. Achter in het verste veld was een kudde koeien te zien, samengedromd rond een voersilo. Ze loeiden zachtjes, heel in de verte, en behalve dat zachte geloei en het gezang van vogels was alleen heel af en toe een passerende auto te horen.

Mulcahy stak de weg over naar het grindpad. Een van de schapen keek verbaasd op, bleef met een onbewogen snuit en heen en weer bewegende kaken gras kauwen, maar hield er tenslotte toch mee op. Het beest draaide zich om en draafde naar de andere kant van het weiland. De rest van de kudde volgde. Twee of drie schapen blaatten en draafden, tegen elkaar op botsend, naar de verste muur toe. Daar dromden ze samen en bleven ze naar hem staan kijken.

Hij stond bij het roze plastic lint met het opschrift PLAATS DELICT. Het liep van de hoek van de stenen muur naar een esdoorn aan de overkant van het grindpad. Hij rook de geur van mest vanuit de schuur. Even keek hij naar het tafereel. Afgezien van de politiewagen op de oprit zag alles er zo vredig uit dat het nog steeds bijna onmogelijk leek. Het was alsof iemand een politie-afzetting over een schilderij gehangen had. De gordijnen waren dicht. De rouwenden moesten ergens anders heen zijn gegaan na de begrafenis. Mulcahy voelde even aan het plastic lint. Hij keek op en zag dat de schapen weer aan het grazen geslagen waren, achter in de weide.

Hij keek nog eens naar het stille huis, en naar het lint dat hij vasthield. Plaats delict, verbaasde hij zich. Nooit geweten dat zelfmoord een misdaad was.

De rit terug naar Boston duurde bijna een uur. Mulcahy probeerde zijn gedachten af te leiden door op de knoppen van de radio te drukken en van het ene idiote praatprogramma in het andere te vallen. Die mensen die opbellen, werken die eigenlijk? vroeg hij zich af. Hebben ze een leven? Weten ze dat Samuel Whitaker dood is?

Freer Motley was al gesloten toen hij in Boston aankwam. Maar een of ander instinct dreef Mulcahy terug naar zijn vergaderzaal. Misschien dacht hij dat hij daar een antwoord kon vinden. Of dat hij er tenminste naar moest zoeken.

Het team van de officier van justitie zat rond de elegante tafel in het grote hoekkantoor en luisterde rustig naar het verhaal van de rechercheurs. Twee van hen maakten aantekeningen. Een grote man met een smetteloos blauw jasje aan – hij was de enige in het vertrek met een jasje aan – en dik, grijzend, achterovergekamd haar, zat roerloos aan het hoofdeinde van de tafel, zijn handen voor zich gevouwen. Openbaar aanklager Mike Connell stond op van de andere kant van de tafel, liep naar het raam en keek uit over Pemberton Square. Hij bleef met zijn rug naar de groep toe staan. 'Jongens,' zei hij toen ze klaar waren, 'hier moeten we werkelijk alles aan doen.'

Hij draaide zich om en keek de tafel vol politiemensen en juristen aan, met een vonk in zijn helderblauwe ogen, en hoewel hij glimlachte, was het de glimlach van een politicus: hij zag eruit alsof hij op- of afgezet kon worden als een hoed. Mike Connells succes was gedeeltelijk te danken aan het feit dat hij kon doen alsof hij een van de jongens was. En daarbij hoorde wat hij nu toonde, die glimlach die duidelijk maakte dat hij je zonder enig probleem opzij zou zetten, samen met de glimlach.

'Jongens,' zei hij weer, 'ik hoef waarschijnlijk niet te benadrukken hoe belangrijk deze zaak wordt. Ik wil er volgende week mee naar de rechtbank. Dat wil zeggen dat we alles op alles moeten zetten. We weten allemaal welk jaar het is.'

De mannen en vrouwen rond de tafel keken naar hun handen. Hoewel ze allemaal ambtenaar waren en het hen in principe koud liet, wisten ze allemaal welk jaar het was. 'Ditmaal worden de zaken niet verpest, oké?' zei Connell. 'Geen Din Bao's, oké?' Hij glimlachte nog steeds, maar niemand liet zich daardoor beïnvloeden.

'Paul, kun je nog even blijven?' vroeg hij aan de jurist in het elegante jasje toen de anderen wegliepen.

DEEL TWEE

12

Drie weken later stond het bericht over de aanklacht uitgebreid op de voorpagina's van de *Globe* en de *Herald*. Het kreeg bijna evenveel aandacht als het verslag van Whitakers vermoedelijke zelfmoord. Ed Mulcahy zette zijn televisie aan en zag hoe Frannie Dillard het bericht presenteerde voor het avondnieuws. 'De succesvolle bedrijfsjurist John Shepard,' zei Dillard, met Pemberton Square op de achtergrond, 'is beschuldigd van moord op zijn superieur Samuel Whitaker. De aanklacht is vandaag ingediend bij de rechtbank van Suffolk County.'

Het was een schok om te horen en te zien, maar het was eerder iets onvermijdelijks dan iets verbazingwekkends. De geruchten waren door de hele juridische gemeenschap gelekt, al bijna vanaf de begrafenis, geruchten, vragen, suggesties dat de 'zelfmoord' van Samuel Whitaker misschien in scène was gezet. En toen kwamen de dagvaardingen. Het halve kantoor was voor de onderzoeksjury verschenen. De teneur van de ondervragingen werd uitgebreid besproken, ondanks de waarschuwingen over geheimhouding. Voor Shepards weinige vrienden bij Freer Motley leek het alsof het lange wachten tot een eind gekomen was en de wervelstorm eindelijk op de kust beukte. Tegen het einde twijfelde niemand meer aan Paul O'Hanlons bedoelingen.

'Zeg, Eddie,' zei Gitz op een avond toen Mulcahy voor de tv zat. 'Luister. Ken je Timmy Serota? Prima vent. Kan wel wat hulp gebruiken, weet je wel?' Hij stond bij de keukendeur. Hij droeg een grijs joggingpak en had een fles bier in zijn hand.

'Gitz, begrijp ik je goed?' zei Mulcahy. 'Wil je dat ik informatie over deze kwestie doorsluis naar een van jouw collega's bij de krant?'

'Ik mag het toch wel vragen? Onofficieel, weet je wel. Prima vent.'

Mulcahy schudde zijn hoofd.

'Dus hij heeft het gedaan?' vroeg Gitz.

Mulcahy keek op van de televisie. 'Hoe kan ik dat nou weten?' zei hij. Hij staarde weer naar het scherm. 'God,' zei hij zachtjes. Gitz bleef in de kamer hangen. 'Eddie, het is een prima vent. Dit is een verhaal, man, een verhaal...'

Mulcahy staarde naar de tv. 'Gitz?' zei hij.

'Ja?'

'Geen schijn van kans.'

Gitz schudde zijn hoofd. 'Wat heb ik aan jou? Wat heb ik aan jou?' vroeg hij zich af terwijl hij naar zijn slaapkamer liep.

In de weken voor de aanklacht had Mulcahy zijn rapport afgerond. Het was een onsamenhangend stuk: sindsdien waren er belangrijker dingen gebeurd. Natuurlijk moest er in het rapport melding gemaakt worden van Samuel Whitakers overlijden. Plichtsgetrouw had Mulcahy een paar hypotheses opgesomd waarin bewijzen voor en tegen genoemd werden. In het rapport werd de mogelijkheid overwogen dat Sam Whitaker zelf de hypotheekakte gesaboteerd had als ultieme wraak op de firma die hem had laten vallen. Daarentegen werd ook overwogen dat Shepard de fout had aangebracht, uit frustratie dat hij niet als partner gekozen was. Tot slot werd de mogelijkheid besproken dat Whitaker en Shepard op een of andere manier samengewerkt hadden. Maar er werden in het rapport geen echte conclusies getrokken.

Wat Ed Mulcahy dwars bleef zitten, was de verdwijning van George Creel. Toen Creel een paar weken weg was, had Mulcahy Personeelszaken opgebeld. 'Wie staat er als naaste familie in Creels dossier?' vroeg hij.

Mitzie had hem teruggebeld zodra ze het dossier gevonden had. 'De heer L.B. Johnson,' zei ze. 'Maar daar heb ik geen adres van.'

'Laat maar,' zei Mulcahy. 'Dat hoeft ook niet. Lyndon Johnson is niet langer onder ons.'

Ook de huisbaas bood geen uitkomst. Op een dag in juni waren de conciërge van het gebouw en een agent uit de lift gestapt op de derde verdieping van het gebouw waar Creel woonde. Ze troffen niemand thuis aan. Het appartement was geplunderd. Iemand had de computers stukgeslagen. Er waren geen uitdraaien of diskettes te vinden. Afgezien daarvan was het opvallendste wat er te melden was geweest de overweldigende stank van zure melk. In de kast in de slaapkamer stonden twee lege koffers. De politieagent ging op zoek naar een rolstoel die beantwoordde aan de omschrijving die Creels kantoor geleverd had, maar die was er niet. Er stond maar één rolstoel in het appartement en dat was een gewone ziekenhuisrolstoel.

Later die dag arriveerde er een rechercheur die de huisbaas ondervroeg. 'Het ziet er niet naar uit dat hij van plan was om op reis te gaan,' zei deze.

Toen Mulcahy dit van de huisbaas hoorde, belde hij het politiebureau van wijk G. De agent had een rapport van vermissing opgesteld.

'Wat gaat u met dat rapport doen?' vroeg Mulcahy.

'Opbergen,' zei de rechercheur.

'En verder?'

'Bewaren,' zei de agent. 'In het archief.'

'Juist, ja,' zei Mulcahy.

George Creel kwam nooit meer terug bij Freer Motley, en verzocht ook nooit om uitbetaling van de twee weken die hij nog te goed had. Een maand later ruimde Creels huisbaas het appartement uit en zette de woonruimte te huur.

'Mike, als jij die zaak wilt, werk er dan ook aan. Geef hem aan iemand anders. Neem hem zelf.'

De hoogste assistent van de officier van justitie, Paul O'Hanlon, zat stijfjes op de bruine leren stoel die voor het grote bureau geschoven was. Het was die avond donker in het kantoor van de officier van justitie. De mahoniehouten lambrizering werd vaag verlicht door de lampen op de tafel en het bureau. Verder was het rustig in het gebouw. De meeste medewerkers waren al naar huis.

'Nee,' zei de officier. Hij leunde achterover in zijn stoel. Op het bureaublad rustte een paar lakleren schoenen. Hij was gekleed in smoking, hij was net terug van een of ander liefdadigheidsdiner. Hij had zijn jasje over een stoel gegooid en zijn das, in tegenstelling tot die van O'Hanlon, losgeknoopt. 'Het is jouw zaak. Je gaat er geen rotzooi van maken. Je raakt hem niet kwijt. Geen Lon Din Bao, niet vlak voor de verkiezingen.'

Bij het horen van die naam bewoog de assistent onrustig en vroeg: 'Hoe lang moet ik dat nog horen, Lon Din Bao? Hoe lang nog?'

'Zolang ik het nog hoor,' zei Connell.

O'Hanlon wierp een kwade blik op zijn baas. Het was bijzonder onrechtvaardig om hem op te zadelen met het Din Bao-fiasco.

'Mike, in vier jaar heb ik eenentwintig misdrijven behandeld. Daaruit zijn twintig veroordelingen voortgekomen. Ik heb je twintig zwendelaars bezorgd, Mike, twintig boeven, twintig persconferenties.'

'En één Lon Din Bao.'

'Ik ben het spuugzat, die hele Lon Din Bao. En ik ben het spuugzat dat zijn naam hier altijd weer onuitgesproken in de lucht hangt, iedere keer als je de pik op me hebt.'

'Jij bent Lon Din Bao zat?' Connells glimlach was verdwenen; hij sprong op en leunde over het bureau heen. 'Als Reising klaar is, kun je die hele naam niet meer horen! Spuugzat, die is goed. Din Bao kon Reisings partner wel zijn bij de verkiezingen. Dacht je soms dat Reising jou als eerste assistent zou nemen?'

'Geef hem aan Ehlberg, Mike.'

'Paul...'

'Nee, Mike. Ik ben het zat. Geef de zaak aan Ehlberg, of aan Flood. Ik word er ziek van. Als je denkt dat ik jouw kloterige kastanjes niet uit het vuur kan halen, dan geef je de zaak maar aan een van die twee.'

'Paul, luister nou eens...'

'Nee, Mike, jij luistert naar míj.' O'Hanlon schreeuwde nu bijna tegen zijn baas, en Connell wist dat er nu een preek kwam. Hij leunde zwijgend achterover in zijn stoel. 'Ik word om halfdrie 's ochtends gebeld, en twintig minuten later sta ik in Dorchester met een dode agent. Ergens loopt iemand rond die een agent doodgeschoten heeft, ik heb een dode, de hele derde ploeg van bureau D staat klaar om te schieten op alles wat beweegt, het is een hete zomernacht met tientallen illegale buitenlanders op de brandtrappen en ja, ik heb ze eropaf gestuurd. Daar heb je helemaal gelijk in. Verdomme, er was een agent doodgeschoten, Mike!'

'Paul...'

'Je hebt helemaal gelijk, ik heb het hele huis laten doorzoeken. Laat de hoogste rechterlijke instantie in Massachusetts me maar eens recht aankijken en zeggen dat het niet zo is. Laat ze maar eens op straat gaan staan en bellen! De SJC! Geen van die klootzakken is ooit in Dorchester geweest, behalve dan op weg naar het strand. Jij weet, en ik weet, en iedereen die ooit in de buurt van dat gat geweest is, dat ik een rechter wakker heb gebeld voor een huiszoekingsbevel en dat tegen die tijd het bewijsmateriaal verdwenen was. Weg, het valse paspoort, het pistool, de coke, de patroonhulzen, weg. Weg, Mike! En als de SJC dat niet gezien heeft, dan kan ik daar niets aan doen. Als ik ze niet meteen naar binnen stuur, heb jij ook geen veroordeling. En geen aanklacht omdat er geen bekentenis is, je hebt geen getuige zonder motief en vonnis, en je hebt geen wapen!'

'Paul...'

'Nee, Mike, kom me niet met dat gelul aanzetten. Niet hier, niet als we met z'n tweeën zijn. Als jij daar op straat gestaan had, 11 juli 1990, dan had je hetzelfde gedaan.'

'Paul, Ernie Brodsky was ook míjn vriend.'

O'Hanlon hield zich in en zweeg, want hij wist dat daartegen niets in te brengen viel. Iedere aanklager in de wijde omtrek had een zwak gehad voor Ernie Brodsky, de goudeerlijke rechercheur die op die hete zomernacht in 1990 was neergeschoten. O'Hanlon was geen uitzondering. En de conclusie lag voor de hand. Heel even, op een benauwde nacht in 1990, op het asfalt in een achterstandswijk, met agenten en Vietnamezen die tegen hem stonden te schreeuwen, terwijl de walkietalkies kwaakten en de blauwe zwaailichten in zijn ogen schenen en Ernie Brodsky dood op de grond lag, had Paul O'Hanlon zijn kalmte verloren. O'-Hanlon, die tientallen misdadigers veroordeeld had, de eerste assistent, de beste van het hele kantoor, deze Paul O'Hanlon was gestruikeld.

Hij had de zaak voor de rechtbank gebracht en een schitterend requisitoir gehouden, maar zijn handen, en die van de aanklager, waren gebonden door dat ene moment in juli. 'Godverdomme!' had hij geschreeuwd tegen de mannen op straat. 'Eropaf! Afsluiten die handel, en eropaf! Met een luizenkam! Geen stofkorrel mag je over het hoofd zien!'

O'Hanlon had het bevel gegeven. Hij had zijn mannen naar binnen gestuurd zonder huiszoekingsbevel.

Rechercheur Brodsky was gedood toen hij binnenviel bij een drugsdeal in een appartement aan de voorkant van het gebouw, op de tweede verdieping. Hij was op de drempel neergeschoten en doodgebloed nadat hij de woonkamer binnengestrompeld was. De moordenaar greep de lege patroonhuls en vluchtte naar boven, naar een appartement op de vierde verdieping aan de achterkant, waar een aantal illegalen huisde, onder anderen de vriendin van Din Bao. Het was een van de plekken waar Din Bao tot rust kwam tussen zijn misdadige praktijken door. Ook had het appartement een brandtrap, maar dat maakte niet uit voor Sy Belsky, die het feit dat het appartement eigendom was van de vriendin zo belangrijk vond dat hij er bijna twee weken lang hoorzittingen aan wijdde.

Terwijl hij in het donkere kantoor aan Belsky zat te denken, klemde O'Hanlon onwillekeurig zijn kaken op elkaar. Hij haatte die man. Soms kregen de aanklagers de indruk dat rechter Belsky niet zou rusten voordat iedere verkrachter, dief, moordenaar of drugshandelaar vrij rondliep. In een toelichting van vijfentwintig pagina's had hij de politie en het openbaar ministerie afgekraakt en de bewijsvoering nietig verklaard.

Het OM had een wanhopige strijd geleverd om Belsky's vonnis te vernietigen, maar die oude, sluwe liberaal had hen verslagen met vijftien pagina's bevindingen, vol verwijzingen naar het gedrag van de getuigen, geloofwaardigheid en zelfs de zogenaamd aarzelende manier waarop onbelangrijke vragen beantwoord waren; het soort details waarvan Belsky wist dat de SJC er niets tegen in kon brengen.

'Paul, eergisteren telt niet mee in mijn werk,' zei Connell. 'Alleen gisteren telt. Er zitten verkiezingen aan te komen. Je moet me een "nieuw gisteren" bezorgen. Als we deze zaak verliezen, kunnen we zo lang als we willen blijven praten over wat er eerlijk is in het leven en wat niet, maar dan staan we wel op straat. Zo liggen de zaken.'

O'Hanlon wist dat dat waar was. Belsky's nietigverklaring hield stand, en Paul O'Hanlon moest zijn requisitoir tegen Din Bao houden met zo goed als geen bewijs. Hij had het als een bezetene geprobeerd. Als een duivel die maar één ding in zijn hoofd had, had hij achter de politie aangezeten. Hij had ze gedwongen alle getuigen op te sporen, hij had de verdediging op de huid gezeten, hij was overal bovenop gesprongen en had als een wilde om zich heen gemept. In zijn slotpleidooi had hij de jury gesmeekt om Ernie Brodsky te wreken. Hij had zijn hart in hun handen gelegd en het de jury aangeboden in ruil voor een veroordeling. De jury deed bijna twee weken over de beslissing. De laatste week begonnen geruchten de ronde te doen dat het geding nietig zou worden verklaard, en dagelijks kwamen er berichten dat er achter de deur gebruld en gehuild werd. Toen de beslissing gevallen was, kwamen de juryleden met tranen in hun ogen de rechtszaal in zonder op- of omkijken. Ze hadden maar één aanknopingspunt kunnen vinden en dus klampten ze zich vast aan de instructie over gerede twijfel. Ze stonden voor de rechtbank, de uitspraak werd voorgelezen en daarna verlieten ze de zaal op een draf. Ze konden niemand in de ogen zien, de aanklager niet, de familie van het slachtoffer niet, en het minst van allen Lon Din Bao.

De volgende dag stond zijn foto in de krant terwijl hij Pemberton Square op liep, de moordenaar van een agent, op vrije voeten, met een grijns van oor tot oor. En Paul O'Hanlon, die na een slapeloze nacht opstond, keek in de spiegel en zag dat hij in drie weken tijd grijs was geworden.

Mike Connell had in 1988 geen tegenkandidaten gehad. Maar al spoedig nadat Din Bao was vrijgesproken, begon Mel Reising campagne te voeren voor de post van officier van justitie.

Op 10 juni gaf John Shepard in een kleine rechtszaal in Colorado te kennen geen bezwaar aan te tekenen tegen zijn uitlevering en werd hij overhandigd aan twee sheriffs die hem naar Massachusetts zouden brengen. Daar stond hij, op 12 juni, op de voorpagina van de *Herald*, nog steeds volkomen zelfverzekerd, terwijl hij met handboeien om uit een politiebusje gehaald werd. De vette kop boven het artikel luidde: SMERIGE ZAAKJES? Bij het avondnieuws verkneukelde Frannie Dillard zich: de succesvolle jurist had R. Felix Parisi ingehuurd. Felix Parisi! De legendarische strafpleiter. De verslaggevers konden de vertoning haast niet afwachten.

Ed Mulcahy hing in korte broek op de bank, met een fles bier in zijn hand. Daar was Parisi bij het journaal. Hij lachte om de schijnvertoning. Had hij zijn cliënt twee uur geleden gesproken? Hij had zijn speech al klaar. 'Deze zaak is een aanfluiting, een doorzichtige, ijdele, valse poging om de voorpagina's te halen... een poging van een aanklager die berucht is... berucht om zijn sensatiezucht,' zei Parisi.

'Ja, ja,' zei Mulcahy, tegen niemand in het bijzonder.

Parisi probeerde altijd zijn zaken via de pers te spelen. Vroeger waren de meeste van zijn zaken belangrijk genoeg geweest om enige belangstelling te wekken. Hij had een tijdlang niet van zich laten horen met een zaak in deze orde van grootte. Maar de klassieke formule was niet gewijzigd. Evenals andere zaken zou ook de zaak-Shepard een aanklacht tegen de aanklager worden, een opeenstapeling van zeurderige beschuldigingen van Parisi dat de aanklager bezig was met de meest onethische, de meest gewetenloze zaak die hem ooit ter ore gekomen was. In feite zat Felix Parisi nooit meer dan een haarbreed van sancties af. Zijn breedsprakige pleidooien werden zelden gehinderd door feitelijkheden, en als ze al eens een feit bevatten, was dat meestal niet relevant.

In de wereld van de kleine criminaliteit had Parisi zo'n naam verworven, dat hij zijn reputatie voornamelijk te danken had aan het feit dat hij zo goed als niet beschikbaar was. Wanneer er een zaak met Felix Parisi op de rol stond, holde er steevast een assistent de rechtszaal binnen om de rechter te vertellen dat raadsman Parisi aan het pleiten was in Essex of Hampden of Peabody of waar dan ook. Raadsman Parisi was altijd elders aan het pleiten. Hij was meestal goed voor aanhoudingen van een jaar. En in de meeste kleine zaken is een aanhouding van een jaar pure winst. Een jaar langer op vrije voeten. Een jaar waarin getuigen dingen kunnen vergeten, verhuizen, hun interesse verliezen.

De zomer verstreek en de zaak verdween een tijdlang uit de publieke belangstelling. Het leven bij Freer Motley werd weer min of meer normaal. Eind juni kreeg Ed Mulcahy een grote fraudezaak toegewezen, Pressco. Al gauw was hij volledig verdiept in getuigenverklaringen van financiers.

Op een dinsdagavond in augustus stond Mulcahy op de Deltaterminal van de Newyorkse luchthaven La Guardia. Hij had nog twintig minuten voordat hij het vliegtuig naar Boston moest nemen. Hij was moe. Hij was net klaar met een eindeloze, verpletterend saaie getuigenverklaring. Bijna tien uur lang, verdeeld over twee dagen, had hij zitten luisteren naar een beleggingsbankier – een bankier die zes miljoen had verdiend aan de zaak waartegen Mulcahy aan het procederen was – die zwoer dat hij zich de gang van zaken niet herinnerde. Dat hij geen aantekeningen had. Dat hij het niet wist. Wat voerden die lui in godsnaam de hele dag uit, vroeg hij zich af. Ach, nou ja, hij nam een pendelvlucht van Logan naar de Vineyard en dan ging hij de hele woensdag zitten vissen. Grote vissen ging hij vangen, en heel veel.

Als hij die avond niet zo veel tijd over gehad had, had hij misschien niet gekeken naar de rij telefooncellen langs de muur. Dan had hij misschien zijn antwoordapparaat niet afgeluisterd. Dan zou hij naar Logan gevlogen zijn, en vervolgens door naar de Vineyard, en dan zou hij donderdag zijn boodschappen pas gehoord hebben. En dat zou misschien te laat geweest zijn. Misschien was de hele zaak dan overgewaaid.

Maar die avond had hij dat kwartier over. En even later stond hij dus in een cel, één hand over een oor gedrukt, en probeerde het tweede bericht te ontcijferen. De lijn was slecht en de stem klonk van heel ver weg en zacht; een stem die hij nog nooit zachtjes had horen praten. Maar er was geen twijfel mogelijk. Het was John Shepard.

13

Woensdagochtend 24 augustus zat Ed Mulcahy om tien over tien op een doorgezakte stoel in de advocatenkamer van het huis van bewaring in Charles Street en keek door het gaas. Aan zijn kant van het scherm hing een afgebladderde metalen plank. Boven zijn hoofd flikkerde een tl-buis. Er waren geen ramen. Niets doorbrak de monotonie van de mosterdgele bakstenen muren. Mulcahy huiverde. Hij was al in geen tijden op een dergelijke plek geweest.

Aan de andere kant van het scherm klonk een luid geratel van sloten, en de deur ging open. John Shepard kwam binnen, gevolgd door een gevangenbewaker.

'Vijftien minuten, heren,' zei de bewaker toen hij wegliep. Hij zwaaide de deur achter zich dicht, die met een dreun in het slot viel.

De eerste paar ogenblikken van de korte tijd die ze hadden staarden ze elkaar alleen maar aan. Ed Mulcahy had John Shepard al een hele tijd niet meer gezien. Hij herinnerde zich hem, als altijd, zoals hij keurige bochten door de diepe sneeuw maakte en langzaam uit zicht verdween. Maar dat was wel heel lang geleden. Shepard zat in de schaduw. Nu zag hij er heel wat minder elegant uit, maar zijn mond vertoonde nog steeds die cynische grijns.

'Hoe gaat het met je, kerel?' vroeg Shepard.

'Met mij prima. En met jou?'

'Zo'n beetje naar verwachting.'

'Aha.' In de verte dreunde een deur en vaag hoorden ze geluiden van een rumoerige ruzie.

'Welkom in mijn huisje,' zei Shepard.

Mulcahy grinnikte.

'Weet je wat het is met de gevangenis, Ed... de herrie is met geen pen te beschrijven. Nooit gaat er eens iets rustig. De deuren maken herrie, de tv maakt herrie, de mensen maken herrie. Ik heb nog nooit in zo'n herrie geleefd.'

'Dat kan ik me voorstellen.'

'Nou, waarschijnlijk kun je dat niet. Dat is het 'm juist.'

'Tja, misschien niet.'

De mannen praatten een tijdje over onbelangrijke zaken. Dat was gemakkelijker. Het viel Mulcahy zwaar om naar Shepard te kijken, want de tl-balken wierpen een lelijk geel licht op de gevangene, wiens ogen donker stonden en brandden van woede. Maar Mulcahy besefte dat de tijd verstreek. 'John,' zei hij, 'waarom zit ik hier?'

'Je moet me helpen, man.'

'Wat is er? Wat kan ik doen?'

'Wat dacht je van vrijspraak?'

'Ik meen het,' zei Mulcahy.

'Ik ook,' zei Shepard. En tussen samengeknepen oogleden door boorde zijn blik zich in Mulcahy, door de donkere kant van de tralies. Hij was aan het onderhandelen en hij was de beste onderhandelaar die Mulcahy ooit ontmoet had.

De mannen keken elkaar zwijgend aan. Ergens anders was het lawaai weer begonnen. 'Wat doe je nou, tyfuslijer! Wat is dat nou!' gilde iemand. Daarna meer herrie, onduidelijk.

'Je wilt dat ik je verdedig,' zei Mulcahy.

'Ja,' zei Shepard. 'Dat was zo'n beetje het idee.'

'Je hebt al een advocaat.'

'Ja.'

'Felix Parisi.'

'Ja.'

'Ik bedoel, Felix Parisi heeft de meeste ervaring met strafzaken in...'

'Die man is zo goed als dood. En hij is lui.'

'Hoe weet je dat? Jij bent bedrijfsjurist.'

'Dat weet ik gewoon. Die man is verleden tijd.'

'Dat weet je niet,' zei Mulcahy. 'Dat weet je niet. Iedereen die terecht moet staan maakt die fase door. Jullie zitten hier maar en je kunt er de hele dag over nadenken. Dus je denkt: Heb ik wel de juiste man? Moet ik een betere nemen? Je weet niet wat hij voor je doet. En dan raak je in paniek. Het is...'

'Ed, heeft hij jou gebeld?'

'Wie?'

'Die advocaat met al die ervaring in strafzaken. Heeft hij je gebeld?'

'Nee.'

'Het gaat ook maar om moord. Waarom zou je dan de vent bellen die het interne onderzoek naar Idlewild gedaan heeft?'
'Wat heeft Idlewild ermee te maken?' Shepard zweeg. Mulcahy ging verder. 'John, waarom denk je dat ik het beter zou doen?'
'Jij houdt pas op als je doodgaat.'
Daar stond hij even van te kijken, van die opmerking, want het was iets waarover ze nooit gepraat hadden. 'Ik houd niet op,' zei hij, 'ik houd niet op omdat ik geen talent heb. Ik zwoeg gewoon door omdat mijn instincten niet deugen. Ik ben een ploeteraar. Ik worstel me door civielrechtelijke zaken heen. Ik doe ondervragingen. "Edelachtbare," zeg ik, "ik verzoek om nadere toelichting. Dit antwoord is niet eenduidig." Heel zwaar allemaal, moties om verdere antwoorden op vragen te krijgen. Dat is wat ik doe, John. Ik heb al in geen vijf jaar een strafzaak gedaan.'
'Kijk, Ed,' zei Shepard. 'Jij werkt. Je werkt en je bent goed. Die Parisi, die is misschien vroeger goed geweest. Misschien heeft hij iets. Maar het enige wat hij doet is praten. Eén en al mond, die vent. Hij komt hier om me te ondervragen. Hij krijgt een halfuur. Een halfuur om informatie te vergaren, nietwaar? Maar wie praat er van dat halve uur achtentwintig minuten vol? Hij! Achtentwintig minuten! "Zo ga ik het doen," zegt hij. "Dat zal de jury nooit geloven," zegt hij. "Ik ga dit zeggen tegen de jury." Nou, laat ik je één ding zeggen: als ik in die jury zat, stemde ik tegen die Methusalem en tegen de eerste de beste zot die hem in dienst nam.'
Mulcahy fronste zijn voorhoofd.
'Kijk,' zei Shepard. 'Ik heb een fout gemaakt, een ernstige fout...'
Mulcahy voelde zijn keel droog worden. Hij wist niet zeker of hij wilde horen wat er nu kwam. Maar hij had het moment verkeerd ingeschat, want Shepard had het over zijn advocaat.
'Ik heb nog nooit in mijn loopbaan respect getoond voor mijn superieuren, of wel soms?' ging hij verder. 'En al heel snel was ik beter dan zij, beter dan wie dan ook. Nu ik voor de belangrijkste beslissing in mijn leven sta, kan ik niet doen wat iedere andere idioot zou doen en mijn lot in handen geven van een groot kind. Hij kan doodvallen. Wat hij ook ooit had, hij heeft het niet meer en ik weet niet wat het ooit was, afgezien dan van eigendunk.'
En zelfs in die poel van lawaai was het even bijna stil. Het enige geluid was het gezoem van de lampen aan het plafond.
'Dus hoe luidt de verdediging?'

'De verdediging is zelfmoord, nietwaar?'

Er volgde weer een pauze, terwijl Mulcahy de zaken afwoog. Door de tralies heen keek hij naar Shepards gezicht, in het donker, maar het was moeilijk om hem te zien.

'Maar zelfmoord krijg je er niet door zonder dat je uitlegt wat er in zijn hoofd omging,' sprak Shepard verder. 'Iemand moet zich verdiepen in Sam Whitaker. Ik bedoel, ik snap eerlijk gezegd ook niet waarom die ellendige klootzak zich van kant zou maken. Maar er komt niets uit die vent! Ik zie niets! Die oude zot van een Parisi heeft helemaal niets voor elkaar. Je moet me helpen, Ed.'

Er werd op de deur geklopt en die ging met een onbehouwen gekras over het linoleum open. 'Tijd voorbij,' zei de bewaker. In de verte was weer iemand aan het schreeuwen. 'Klootzak,' zei de stem, en daarna klonk er een klap van metaal op metaal.

'Meneer,' zei Mulcahy, 'dit is belangrijk. Nog vijf minuten, alstublieft.'

De bewaker fronste zijn wenkbrauwen. 'Vijf, meneer, en niet meer. Celcontrole over tien minuten.' Hij zwaaide de deur dicht.

'Heeft hij forensische analyses gedaan?' vroeg Mulcahy.

'Forensisch?'

'Vingerafdrukken? Haaranalyse, of bloedanalyse? Heeft hij een psychiater gevraagd of er voldoende bewijzen zijn die op een neiging tot zelfmoord duiden bij Whitaker, dat soort dingen?'

'Als dat zo is, is het een wonder. Nee, ik weet zeker dat hij dat niet gedaan heeft. Niets van dat alles.'

'Als hij het nog niet gedaan heeft, hebben we niet voldoende tijd meer. En het is een dure grap.'

'Ik ben blut. Alles is aan hem opgegaan.'

'Wat krijgt hij van je?' vroeg Mulcahy.

'Een ton.'

'Jezus.'

'Ja, zeg dat wel. En ik zou die klootzak z'n urenadministratie wel eens willen zien. Volgens mij betaal ik hem vijf mille per uur. Misschien wel meer. Ik had zestigduizend beschikbaar. Die heeft hij gehad. Hij heeft veertig mille van mijn moeder. Zij is bijna blut. En dan wil hij nog eens vijfenzeventig mille voor de rechtszaak.'

Het werd weer stil, bijna, alleen het gegons van de tl-balk klonk nog. 'Jezus, John, dat vinden ze op de zaak nooit goed als ik het doe.'

Shepard keek naar hem. 'Ik heb je nodig, man. Nu is het mijn beurt.' Zijn stem werd zacht. Alle bravoure was verdwenen, en hij klonk ver weg. 'Ik kan een heleboel hebben,' zei hij, 'maar hier kan ik niet blijven.'

Mulcahy knikte. Hij wist dat het moment van betalen gekomen was en hij wist al enkele minuten lang dat hij dat zonder enig probleem zou doen. 'Jezus,' zei hij alleen maar.

'Je weet dat ik je niet kan betalen,' zei John.

'Dat heb je net tamelijk duidelijk gemaakt. Heb je nog nuttige ideeën over je voormalige werkgever?'

Shepard glimlachte. 'Nou, als die niet tegen een grapje kunnen...'

Ze stonden tegelijk op. Mulcahy klopte op de deur en de bewaker kwam terug. Shepard stond op de drempel en een bewaker met gemillimeterd haar en een dikke nek duwde hem de gang in, toen Mulcahy vroeg: 'Wanneer komt je zaak voor?'

'Dinsdag over een week.'

'Dat meen je niet.'

'Jawel.'

'Dan hebben we maar dertien dagen!'

De bewaker sleurde John Shepard door de deur. Toen die dichtsloeg, hoorde Mulcahy hem nog zeggen: 'Voor Idlewild had ik acht dagen.' En toen was hij alleen met de kapotte stoel en de tralies en het flikkerende licht.

Op een of andere manier ging er geen troost uit van die gedachte.

Het was bijna twee kilometer van de hoek van Charles Street en Cambridge Street naar het financiële centrum en Freer Motley, maar het was een aangename nazomerdag. Mulcahy moest nadenken. Hij liep Cambridge Street in en probeerde zijn gedachten te ordenen. Ze wilden niet op hun plek vallen. Van alle kanten werd hij bestormd door emoties. Hij voelde zich bevrijd, hij voelde zich wanhopig. Hij wist niet hoe hij toestemming moest lospeuteren voor deze cliënt. Hij had geen idee hoe hij de verdediging moest voeren. Dertien dagen! Maar toch had hij het gevoel dat hij het moest doen, dat hij het wilde doen. Het voelde goed.

Toen Ed Mulcahy op die augustusdag Cambridge Street inliep in de richting van de overheidsgebouwen reisde hij in de geest terug naar het langste gesprek dat hij ooit met Shepard gehouden had. Dat was op 3500 meter hoogte geweest, onder een heldere hemel in Colorado, terwijl de twee mannen languit op de veranda lagen van de Uncle Bud's Hut in de bergen boven Leadville, onder een schitterende sterrenhemel. Toen hadden ze tot diep in de nacht gepraat. Het was een juweel van een dag geweest, zonder één enkele wanklank, vanaf de eerste hap van hun eieren in de Golden Burro in Leadville, tot aan het warme gevoel van de bourbon op zijn tong terwijl hij op de veranda naar de sterren zat te kijken. In die wereld kwam John zover tot rust als zijn aard hem toeliet. In zijn leven waren de enige uitdagingen van enig belang van fysieke aard, en de enige manier waarop hij boven zichzelf uit kon stijgen, was door lichamelijke beproevingen. Hij had een groot aantal vaardigheden en een groot intellect. Maar die werden al geroemd door anderen en gaven hem geen troost.

'Nu heb je dus een dag op telemarkski's gestaan,' had Shepard gezegd. 'Ben je nou dan bereid om al die wachtenden-voor-u, die slaphannesen, die pummels achter te laten?' Zijn stem klonk ontspannen, en zijn ogen glansden.

'Misschien,' had Mulcahy gelachen. 'Maar er zijn twee dingen die ik nog niet helemaal onder de knie heb.'

'En dat zijn...?'

'Heuvel op. En heuvel af.'

Shepard grinnikte. 'Dat komt wel,' zei hij. 'Dat komt wel.' Even later ging hij verder. 'Tijd... ik wou dat ik meer tijd besteed had aan een paar dingen. Zoals dit, hier. Telkens wanneer ik hier kom vraag ik me af waarom ik ooit ben weggegaan.'

Mulcahy staarde naar de hemel. De talloze sterren stonden in ieder kwadrant te stralen. 'Kom je hier vandaan?' vroeg hij.

'Mijn moeder, ja,' zei Shepard.

Ze bleven een tijdje zitten, gaven elkaar de fles aan.

'Wat doet ze?' vroeg Mulcahy.

Shepard lachte. 'Ze is operatiezuster in Denver. Dat doet ze onder andere. Maar ze looft voornamelijk de Here Jezus. Ze is bij de pinkstergemeente.'

'Zo komt het dus,' zei Mulcahy.

'Wat?'

'Dat ik de halve tijd denk dat ik zit te praten met een oudtestamentische profeet.'

'Misschien ben ik dat wel, weet jij veel?' zei Shepard, en hij lachte weer. 'Zo'n klootzak met overal puisten, die over hel en verdoemenis zit te roepen. Ik ben geboren en getogen met de blijde boodschap. Mij zul je niet vangen op een bijbelvers.'

Na een tijdje vroeg Mulcahy: 'Zit je vader ook bij de pinkster-gemeente?'

'Niet echt. Je zou kunnen zeggen dat mij vader zo iemand was die de pinkstergemeente een reden gaf om pinkstergemeente te zijn. Niet echt een matig mens. Hij is dood,' zei hij.

Het leek geen onderwerp waarop Shepard verder wilde door-gaan.

'En jij?' vroeg Mulcahy na een poos.

'Ik?' Shepard schonk zijn kop nog eens vol. 'Ik ben een zon-daar,' zei hij. 'Ik zie niet veel in religie via de kerk, dat kan ik je wel zeggen. Stelletje dikke oude wijven in polyester die hoera roepen en de Heer prijzen, met een stel magere mannetjes die je zijdelings aankijken. Niets voor mij.'

Hij nam nog een slok bourbon en liet die over zijn tong rollen. 'Als er een god is, dan is dit Zijn tempel. En ik denk niet dat Hij het erg vindt als je op een avond als deze een neut neemt.'

Ze keken uit over de sneeuwvelden, die in het licht van de ster-ren lagen te glinsteren. 'Een ding moet je echter bewonderen in het christelijk geloof,' zei Shepard even later.

'Wat dan?'

'Ze nemen zondaars aan. De echte christenen, bedoel ik, niet die namaak-sekten. Ze houden zelfs van ze. Ik hou ook van ze.'

Ze zaten in stilte, twee mensenzielen op de flank van een gigan-tische berg, verbijsterd door het schitterende schijnsel van de ster-ren.

'Waarom ben je naar het oosten verhuisd?' vroeg Mulcahy.

'Dat is een serieuze vraag.' Shepard schudde zijn hoofd en nam een flinke slok uit zijn theekop. 'Jezus, wat stellen jullie aankla-gers een boel vragen.' Hij zweeg een tijdje. 'Mijn probleem is,' ging hij toen verder, zachtjes, 'dat ik altijd de beste wil worden, behalve wanneer ik hier ben. Snap je? Ik kom bij Freer, ik zoek uit hoe ik de beste bedrijfsjurist kan worden en dan wil ik dat ook worden. Ik word er helemaal gek van als dat niet gebeurt. En als ik het dan eenmaal ben, dan...'

'Ja?'

'Dan kan ik weer opstappen, denk ik.'

Shepard sprak verder. Het was niet koud en er stond geen wind. Het geluid van zijn stem was een zacht gemompel in de nacht. 'Maar de bergen, die geven je rust. Misschien wel omdat ik weet dat zij het van mij kunnen winnen zodra dat in ze opkomt. Zon-der dat ik daar iets tegen kan doen. En heel af en toe, zoals vandaag, doen ze niet moeilijk en zeggen ze, kom toch hier, geniet ervan. Dat vind ik mooi.' Hij nam nog een slok en bleef even zitten. Toen stond hij op en rekte zich uit. Mulcahy herinnerde zich, al die jaren later, dat het sterreschijnsel zo helder was dat hij Shepard kon zien grinniken.

'Meneer Mulcahy,' zei Shepard, 'ik vind dat u bijzonder opge- knapt bent van mijn gezelschap.'

Op de hoek van State Street en Congress Street zag Mulcahy plotseling zijn spiegelbeeld in een etalageruit die tot op de grond reikte en daardoor werd hij wakker geschud. Er lag een idiote glimlach rond zijn lippen. 'Ik lijk wel niet wijs,' dacht hij.

Toen hij terugkwam bij het kantoor, kon hij precies twee din- gen doen voordat de woede van de directie over hem neerdaal- de. Hij gaf zijn secretaresse opdracht een dossier te openen. Dat wil zeggen dat de boekhouding moest weten dat er een nieuwe zaak was, en dat hij een factureringsnummer moest krijgen. Nor- maal gesproken zouden die trollen van de boekhouding geen spier vertrekken als iemand een zaak opende voor Jeanne d'Arc. Waarschijnlijk zouden ze de naam verkeerd spellen. Maar John Shepard was een naam waarop zelfs zij reageerden. En zoals Mulcahy al gedacht had werd er niet gewacht op het openings- blad van de zaak voordat de directie op de hoogte gebracht werd. Het tweede wat hij nog kon doen was een tweetal telefoontjes plegen: één naar Steven Carr en één naar Parisi. Geen van bei- den was thuis.

Bij de laatste liet Mulcahy een bericht achter waarvan hij zeker wist dat het Parisi zou opvallen.

'Ik ben net aangenomen door John Shepard' zei hij. 'Wilt u mij onmiddellijk bellen voor de overdracht van het dossier en voor een terugstorting van de resterende aanbetalingssom.' Hij liet zijn nummer achter.

Tien minuten later werd hij gebeld. Een vrouw die zich meldde als 'de assistente van de heer Parisi'.

'De heer Parisi zit op de rechtbank,' zei ze.

'Nou, geeft u hem dan de volgende boodschap,' zei Mulcahy. 'Ik moet hem zo spoedig mogelijk spreken.' Hij gaf zijn num- mer en beëindigde het gesprek.

Even later kwam Estella binnen. Wist Mulcahy nog dat hij ant- woorden moest leveren in de zaak-Pressco? Hij rolde alleen maar met zijn ogen alsof hij wilde zeggen dat dat maar even moest wachten. Ze ging verder. Meneer Shanklin wilde hem spreken. 'Nu meteen. Ik ben bang dat het iets te maken heeft met dat geval van John Shepard. Iemand van de boekhouding zei dat het bestuur toestemming moest geven, en nu hebben ze een bericht achtergelaten.'

Hij glimlachte.

Maar toen Mulcahy de Graaf trof in Shanklins kantoor, werd er niet geglimlacht. Het was allemaal heel snel voorbij. De Graaf decreteerde dat Mulcahy Shepard níet ging verdedigen. Mulcahy antwoordde dat hij Shepard al vertegenwoordigde. Hij moest zich onmiddellijk terugtrekken, zei de Graaf.

'Dat doe ik niet, Al. Ik neem die zaak aan.'

'Dat kan onmogelijk. Dat zijn duidelijk tegenstrijdige belangen.'

'Hoezo? Sam Whitaker is geen partij bij deze aanklacht. Ik heb geen rechtstreekse kennis en kan dus niet worden opgeroepen als getuige...'

'Ed,' onderbrak het directielid hem, 'ga terug naar je bureau, doe de deur dicht en denk na over wat ik nu ga zeggen. Niet één advocaat van Freer Motley gaat John Shepard verdedigen voor de moord op Sam Whitaker.'

'Ik hoef niet terug naar mijn bureau,' zei Mulcahy. 'John Shepard is mijn cliënt.'

'Dan zul je ontslag moeten nemen,' snauwde de Graaf.

De mannen staarden elkaar aan. Het kantoor leek wel een graf: halfduister, de gordijnen dicht, de grimmige plaat graniet die zijn bureau vormde zonder enige versiering, behalve de telefoon en een lamp met een peer van misschien vijfentwintig watt. Om onduidelijke redenen kon Mulcahy alleen maar denken aan hoe lelijk de Graaf was, terwijl de schaduwen over zijn ongelijkmatige trekken vielen. Hij bleef achter zijn altaar zitten staren. Mulcahy draaide zich om en liep weg.

Eén ding was zeker. In dat kantoor gebeurde nooit iets positiefs.

14

Ed Mulcahy had hoofdpijn. Het ging allemaal te snel. Hij liep terug naar zijn verdieping, deed de deur dicht, nam een paar aspirientjes en probeerde na te denken, maar het was te veel, te snel, te verwarrend. Uiteindelijk drukte hij op de knop van de intercom. 'Estella,' zei hij, 'annuleer alles wat ik heb staan.' Hij pakte vervolgens de telefoon om zijn vader te bellen. Even later was hij op weg naar het busstation.

Toen Mulcahy die avond om kwart voor zeven naar Falmouth Quay toe liep, stond de oude man daar, in de *Ethel B*, zijn geliefde Brownell, die zachtjes op en neer deinde aan de steiger. Het was een schitterende zomeravond en Mulcahy sr. zat op de achterplecht met een pijp en de *Oak Bluffs Standard* toen Ed, nog in zijn pak, kwam aanlopen. De oude man keek op van zijn krant en glimlachte. 'Jij hoeft vast geen vis te vangen.'

'Ik dacht van wel.'

'Ik ga ze niet voor je schoonmaken.'

'Heb je dat dan ooit gedaan?'

'*Of* ik dat ooit gedaan heb, verdomme. Hoe gaat het, jongen?'

Ze omhelsden elkaar. Mulcahy trok zijn schoenen en sokken uit, zijn jasje, zijn das. Op blote voeten maakte hij de trossen los en duwde de vissersboot af terwijl zijn vader het schip langzaam uit het Falmouth-kanaal de Vineyard Sound in stuurde. Zodra ze uit de kust waren, gaf hij meer gas, zodat de mannen boven het motorlawaai uit moesten schreeuwen.

'Ze gaan de zoutwatervijvers weer uitbaggeren.'

De zoon knikte.

'De mosselkwekers zijn razend. Maar het is weer het oude liedje. Er valt niet te praten met de overheid.'

'Hoe doen de Blues het?' vroeg Mulcahy.

'Eerst wel goed, maar minder nu.'

'Wat is de stand?'

'Heel goed gespeeld, twee weken geleden. Nu wat rustiger.'

'Wil jij vissen?' vroeg de zoon.

'Waarom niet. Zo vaak zie ik je niet, door de week.'

'Ik weet niet zo goed wat ik moet doen. Ik wilde er eens met jou over praten.'

'Mijn uurtarief is aan de hoge kant,' zei de oude man. 'Kan oplopen tot anderhalve dollar.' Hij zweeg even toen ze voor een groot, zeewaardig schip langsvoeren.

'Ik zal je wat zeggen,' ging de oudere man verder. 'Bij Dog Fish Bar, in de buurt van Menemsha, zat een tijdje geleden tonijn. Laten we daarheen gaan en wat ronddobberen. Ik heb nog een paar werphengels in de kajuit. Tonijn is een vreselijke vechtersbaas aan de hengel.'

'Als je er een te pakken krijgt.'

'Verdorie,' snoof zijn vader. Hij zette koers naar het zuidwesten en een tijdje voeren ze zwijgend verder. Toen ze bij Menemsha kwamen, koos hij een plek iets ten oosten van de andere boten en zette de motor uit. De oude vissersboot met zijn houten romp lag te dobberen op de lichte stroming. De vroege avondzon glinsterde op het water.

De oude man gebruikte graag een eigenaardige nummer 10 met poppenogen en een veer; de ogen sloeg hij ergens in het groot in. De monteurs en de ervaren zeelui in de haven lachten hem uit, totdat hij een baars van meer dan een meter ving tijdens de zoutwater-werphengelwedstrijd drie jaar geleden. Nu waren er heel wat lieden die met poppenogen visten. Ook deze werphengels waren ervan voorzien.

De branding bleef rustig. Er kwam amper wind vanaf het grotere wateroppervlak in het oosten. De mannen begonnen hun hengels uit te werpen. De zoon gooide met meer flair, met zwaaien waardoor de lijn als een ruitenwisser boven hun hoofden zwiepte voordat hij zijn worp maakte. De vader had een eenvoudige en directe worp. Met een scherpe beweging van zijn onderarm mikte hij zijn lijn naar het punt dat hij uitgekozen had. Met samengeknepen ogen tegen de ondergaande zon keek hij naar zijn zoon. 'Hier zit niet veel vliegende vis,' zei hij. 'Je moet proberen hem af en toe in het water te krijgen.'

'Hij moet eerst drogen,' zei Mulcahy lamlendig.

'Mmm-hmm,' zei zijn vader. 'Tonijn heeft een hekel aan nat voer.'

Een tijdlang zaten ze zwijgend te vissen. Geen van beiden kreeg beet. Uiteindelijk zei de zoon: 'Ik kreeg vandaag het verzoek een moordzaak te doen.'

'Mmm-hmm. Ik dacht dat je dat soort dingen niet meer deed.'

'Dat dacht ik ook.'

'En?' De oude man tuurde naar hem.

'Ik heb hem aangenomen.'

'Mmm-hmm.'

'Pa, heb je gelezen over de moord op Sam Whitaker, je weet wel, die bij ons werkte?'

Zijn vader knikte.

'Waarschijnlijk moet ik zeggen, de zèlfmoord van Sam Whitaker. Hoe dan ook, herinner je je ene John Shepard, die daar ook zat en die voor Whitaker gewerkt had?'

'Daar staat me iets van bij.' Zijn vader had de hengel in het rek gezet en was zijn pijp aan het stoppen.

'Ja. Dat was een kennis van me. En hij was degene die toen bij het skiën...'

'O ja, dat weet ik nog. Je moeder en ik hebben hem een keer bij jou op kantoor ontmoet.'

'Ja, dat was ik vergeten.' Mulcahy wierp zijn hengel uit aan de lijzijde. Het was nu bijna vier jaar geleden dat zij de strijd tegen de kanker had verloren, en het was gemakkelijker voor zijn vader om over haar te praten. Ze zwegen een paar minuten. Het poppenoog glinsterde op een lichte golf en werd opgeslokt door de lichtjes die in de vroege avond over het water gleden.

'Dus ze schuiven hem de moord in de schoenen? Wel verdomme.' De oude man rommelde met zijn pijp. 'Het leek me een goed mens. Zo zie je maar weer, je kunt er niets van zeggen. Vreemd.' Hij drukte de tabak aan en nam een trek. 'Is hij je nieuwe cliënt?'

'Ja. Dat is mijn nieuwe cliënt. Maar er zijn een paar probleempjes. De zaak dient over tien dagen. Ik weet niet meer hoe een strafzaak gaat. O, en ik ben ontslagen omdat ik hem aannam.'

'Wat is dat nou?'

'Ja. Toen ze erachter kwamen dat ik de zaak had aangenomen, zeiden ze dat ik hem moest laten vallen. Ik zei dat ik dat niet deed. Dus moest ik bij de directie komen en kreeg ik te horen dat ik ontslag moest nemen.'

'Mmm-hmm.' Zijn vader trok aan de pijp. Hij ging op de voorplecht zitten roken.

Tussen de rookwolken door vroeg hij aan zijn zoon: 'Was dat de juiste beslissing?'

'Dat weet ik niet.'

Mulcahy bleef zijn hengel uitwerpen. Het was rustig; het enige geluid bestond uit het klappen van de golfjes tegen de romp. De zon ging onder, achter Cutty Hunk. Zijn vader zat te roken.

'Die cliënt van jou, heeft die het gedaan?'

'Dat weet ik niet.'

'Waarom vraag je het hem niet?'

'Zo eenvoudig gaat dat niet.'

'Mmm-hmm.'

De oude man zat een tijdje stil. Toen zei hij: 'Kijk, jongen, ik weet niets over jouw zaken.' Hij schudde zijn hoofd. 'Iemand vrijspreken die een moord gepleegd heeft, dat begrijp ik gewoon niet.' Hij trok aan zijn pijp. Zijn lippen bewogen rond de steel.

Hij gebaarde. 'Trek eens wat aan die lijn. Haal hem maar een beetje in.'

Ed gaf de lijn meer speling, maar hij kreeg niet beet. Zijn vader zei: 'Maar aan de andere kant, als hij niet gedaan heeft... Soms moet je je laten ontslaan om je zelfrespect te behouden. Banen komen, en banen gaan.' Hij zweeg weer, en beiden keken ze naar het westen, naar de ondergaande zon. De boot lag zachtjes te deinen, een sussende beweging. 'En er is nog iets,' zei de vader toen het donker begon te worden. 'Misschien heb je het gevoel dat je hem iets schuldig bent. Er zit een soort symmetrie in, lijkt me. En één ding weet ik wel. Je krijgt maar eens in je leven de kans om zo'n soort schuld terug te betalen. Je wilt straks niet zo'n uitgebluste sukkel zijn als ik nu in de wetenschap dat hij als uitgebluste sukkel in de gevangenis zit. Daar heb je niets aan. En als jouw firma dat niet begrijpt, nou, dan ben je beter af zonder die lui.' Hij trok aan zijn pijp, draaide zich om en keek naar de donker wordende kust van Menemsha.

'Dus je denkt dat ik de juiste beslissing genomen heb?'

'Dat weet ik bij god niet.'

Ze bleven tot lang na de schemering vissen. Ben Mulcahy had een paar keer beet, maar die avond vingen ze niets. Toen het donker geworden was, deed hij zijn vaarlichten aan en bracht zijn zoon op tijd terug naar Falmouth om de laatste bus te kunnen halen.

Toen Mulcahy van boord ging bij de openbare steiger van Falmouth en zijn vader wilde losduwen, zei hij: 'En weet je, hij kan me niet eens betalen.'

'Verdomme,' zei zijn vader, 'als ik me daar ooit zorgen over gemaakt had, dan waren er een heleboel boten nooit gerepareerd!'

Mulcahy duwde de boot af en keek hoe de vaarlichten van de *Ethel B* de zomernacht in verdwenen.

15

Terug op kantoor in Boston merkte Mulcahy tot zijn verbazing dat zijn pasje nog werkte. Om middernacht luisterde hij naar het bericht van advocaat Parisi op zijn antwoordapparaat. Hij werd verzocht naar een privé-nummer te bellen. Wie niet waagt... dacht hij.

De telefoon ging een paar maal over voordat een slaperige stem antwoord gaf. Maar de man werd snel wakker.

'Hallo, Ed Mulcahy.'

'En hier,' zei de stem op theatrale toon, 'spreekt Felix Parisi, advocaat.' Het was inderdaad die hoge stem. Geen twijfel mogelijk. Mulcahy stelde zich voor hoe de tanige oude man daar zou zitten, in kamerjas, en tegen zijn vrouw zou zeggen: 'Schat, je gaat nù bemind worden door Felix Parisi, advocaat!' Maar al snel keerde Ed Mulcahy terug naar de realiteit.

'Waarom bel je me in godsnaam op dit uur?' zei Parisi.

'Mijn excuses,' zei Mulcahy, 'maar er is niet veel tijd.'

'Wat heeft dat bericht van je te betekenen?'

'Gisteren heb ik John Shepard gesproken. Hij wil zijn verdediging door mij laten voeren. U moet zich terugtrekken. En u moet mij de...'

'Waarom denk jij dat ik me zal terugtrekken?'

Mulcahy zweeg. 'Waarom ik dat denk? Nou, om te beginnen zijn dat de instructies.'

'Ik heb mijn cliënt niet gesproken.'

'Dan raad ik u aan dat wel te doen. Vat u het niet persoonlijk op. Hij heeft mij aangenomen. Dat is alles. Laten we het professioneel houden. Morgenochtend heb ik uw dossier nodig.'

'Ik zit morgenochtend op de rechtbank.'

'Dan vraag ik uw assistente er wel naar.'

'Ik zal toch eerst met meneer Shepard moeten praten.'

'Nou, doe dat dan, en snel graag.'

'Meneer Mulcahy, heeft u enig idee wat u aan het doen bent?'

Goeie vraag, dacht Mulcahy toen hij opgehangen had. In de verte hoorde hij het geluid van een stofzuiger.

Maar hij had nóg een opdracht die avond. Dus bleef hij in het donkere kantoor zitten en bestudeerde onder het eenzame schijnsel van zijn bureaulamp de maatschaps-overeenkomst van Freer Motley. Hij had die nog nooit erg zorgvuldig doorgenomen. Hij glimlachte toen hij vond wat hij zocht en schreef toen een memo aan Shanklin. 'Ik weiger mijn ontslag te nemen en ik beroep me op mijn rechten als omschreven in artikel 17 van de maatschaps-overeenkomst,' stond er in zijn briefje. Hij vouwde het op, deed het in een van de blauwe envelopjes voor bezorging en ging op weg naar huis.

Met artikel 17 kon Mulcahy wat tijd kopen. Slechts wanneer 67 procent van alle partners voor zijn ontslag stemde, kon zijn overeenkomst beëindigd worden. Een bijeenkomst van alle partners moest vierentwintig uur van tevoren worden aangekondigd. Hij zou nog minstens één dag lang partner zijn. Misschien twee. In ieder geval zou hij zijn pasje nog hebben. Misschien was dat het enige dat er werkelijk toe deed.

De ochtend brak aan, zonnig en helder. Mulcahy was moe en niet echt vol zelfvertrouwen, maar zijn besluit stond vast. Het was een kalmte met een grote angst op de achtergrond: het gevoel dat een advocaat heeft voor een rechtszaak. Estella keek hem met grote ogen aan toen hij uit de lift kwam. Mulcahy glimlachte.
'Heb je iets voor me?'
'Iets voor... Meen je dat nou?' antwoordde ze. 'Je gelooft niet hoe die telefoon...' Maar hij hief zijn hand op om haar tot stilte te manen. 'Kom in mijn kantoor,' zei hij. 'Houd alle telefoontjes tegen, behalve Parisi.' Hij trok zijn jasje uit. Daarna ratelde hij een lijstje af: de tien archiefdozen met Idlewild-documenten, zijn veroordelingen en vrijspraken tot nu toe, drie boeken met geannoteerde jurisprudentie, een boek over bewijsvoering en zijn juridische almanak. Plus twee dozen pennen, vijftig notitieblocs, een tiental ordners en een doos dossiermappen. Een stapel briefpapier zonder briefhoofd. En een laptop. Oh, en een handleiding bij de laptop. En een printer plus een fax. Met drie of vier rollen papier.
Ze keek hem vragend aan.
'Ik ga een paar dagen thuis werken.'
Ze knikte maar leek niet overtuigd.
'Misschien zelfs wel meer dan een paar dagen,' mompelde hij.
'Wat?' vroeg ze.
'Niets. Estella, zorg ervoor dat dat spul onmiddellijk de deur uitgaat. Een grote nieuwe zaak. Zorg ervoor dat hier om twaalf uur een koerier staat, en laat iemand van de postkamer hier onmiddellijk aan beginnen. Die dozen moeten weg zijn om twaalf uur.'
'Ja,' zei ze. 'En waarop moet dat allemaal gefactureerd worden?'
Mulcahy bleef staan. Hij pakte de klantenlijst van de firma uit zijn la. '207826,' zei hij, in zichzelf glimlachend. Als de Graaf hem zijn maatschap wilde afnemen was het minste wat Mulcahy kon doen de rekening van de verhuizing naar een van de zaken van de Graaf sturen.
Estella vertrok.

Om half twaalf keek Mulcahy toe hoe de laatste doos in de lift verdween. Het waarschuwingslichtje op zijn telefoon knipperde en de pin op Estella's bureau zat vol roze briefjes. Estella vertelde dat Shanklin weer gebeld had en erop gestaan had dat Mulcahy onmiddellijk naar zijn kantoor zou komen.

Mulcahy gaf haar de blauwe envelop. 'Geef hem dit maar,' zei hij. Hij gaf haar nog één opdracht en ging op weg naar Parisi's kantoor in Commercial Wharf.

Geen doorsnee kantoordag, dacht Ed Mulcahy toen hij in de lift stapte. Met weemoed dacht hij aan de vijf of zes vrienden met wie hij het niet eens over deze zaak had gehad. En toen drong tot hem door dat ze het vast wel gehoord hadden, maar dat niemand hem gebeld had. Grappig bedrijf, een advocatenkantoor. Het leek alsof de lift op iedere verdieping bleef staan. 'Hoe gaat het?' riep een van zijn partners vrolijk naar hem toen ze op weg waren naar de begane grond. Mulcahy glimlachte. De liftdeuren gingen open.

'O, z'n gangetje, je kent dat wel, ontslagen wegens wangedrag, dat soort dingen.' Mulcahy glimlachte en knipoogde terwijl hij uit de lift stapte.

De man achter hem lachte. Hij had nooit geweten dat Mulcahy gevoel voor humor had.

16

Aan de andere kant van de stad ontving Parisi's assistente Mulcahy in de receptie op de tweede verdieping van zo'n tot kantoor omgebouwd magazijn langs de kade. Zodra hij de receptie binnenliep, kon Mulcahy zien dat het adres meer klasse had dan het bedrijf. Het meubilair was een beetje versleten op de armleuningen, de grijze vloerbedekking was bij de deur smerig geworden. Het was een klein vertrek, en het fineer van de balie was aan de hoeken losgekomen. Toen hij binnenkwam, was er niemand.

Mulcahy keek om zich heen. Het opvallendste onderdeel van de inrichting was een foto van Parisi, ten voeten uit. Hij stond wat zuur te glimlachen voor een Amerikaanse vlag in wat eruitzag als een rechtszaal. Rond die gigantische foto hingen tientallen kleine foto's van Parisi die oplichters de hand schudde, gearmd met mindere goden. De meeste fotolijsten waren stoffig. Mulca-

hy keek om zich heen en vroeg zich af of hij op een advocatenkantoor was of in een Grieks restaurant.

Hij hoorde voetstappen, keek op en zag Parisi's assistente. Ze
had een enorme bos haar; die dag was het rood. Misschien was
het dat de dag daarvoor ook geweest. Misschien ook niet. Hij
zag dat ze strakke kleren droeg. In haar kringen was dat misschien een goede zaak. In Mulcahy's kringen was het niet meer
dan een reden om het gesprek kort te houden. Ze keek hem kil
aan. 'Ik ben Lisa Rubo,' zei ze, 'de assistente van de heer Parisi. Wilt u hier tekenen, alstublieft?' Ze gaf hem een reçu en een
ordner.

Hij keek naar de ordner. 'Is dit alles?' vroeg hij.

'Dit is het dossier, ja.'

De roestkleurige ordner was ruim vijf centimeter dik. Er zaten
geen tabbladen in, op één na, met het opschrift FACTUREN. Alles lag door elkaar heen in de map. Hij bladerde erdoor. 'Is dit
alles? Politieverslagen, getuigenverklaringen, juridisch onderzoek,
moties, gespreksaantekeningen, alles? Dit?'

'Jawel, meneer, dit is het dossier,' antwoordde ze.

Hij zweeg even terwijl hij door het dossier bladerde. Toen zei
hij: 'Even voor alle duidelijkheid: experts, forensische gegevens,
analyses, getuigen, dat zit allemaal hierin?'

'Dit is alles.'

'Hebt u experts in de arm genomen?'

'Hoe meneer Parisi de verdediging van deze zaak voerde, gaat u
niets aan.'

'Juist,' zei hij. 'Nou, dan hebben we de rest van de aanbetaalde
som nodig. Hebt u een eindafrekening en de rest van zijn geld?'

'De aanbetaalde som is volledig besteed,' zei ze. 'Het is zelfs zo
dat de heer Shepard ons kantoor meer dan twintigduizend dollar schuldig is.' Ze zette haar handen op haar heupen.

'Dat meent u niet.'

'Ik verzeker u, meneer wat uw naam ook zijn moge, dat ik dat
meen. De heer Parisi heeft alles op alles gezet voor de verdediging van deze man, en dit is de dank...'

Mulcahy had genoeg gehoord. Normaal werd hij niet snel boos,
maar er was nu op te veel knoppen gedrukt en hij had te weinig geslapen. 'Mevrouw,' onderbrak hij, 'voor een dossier van
vijf centimeter is niet alles op alles gezet. Daar is helemaal niets
waar dan ook op gezet. En het is zeker geen ton waard. En u
kunt de heer Parisi het volgende vertellen: ik wil die eindafre-

kening zien. Een gespecificeerde rekening. En als mijn cliënt nog
één woord hoort over nog eens twintigduizend dollar voor de
heer Parisi, dan laat ik beslag leggen op zijn urenadministratie.
En gezien dit dossier laat ik dat waarschijnlijk sowieso doen.'
Het was een goed moment om een aktentas dicht te klappen en
dat probeerde hij. Maar het slot hing al maanden los en hij moest
het omlaag duwen en met de gesp hannesen. Ze stond erbij met
haar handen op haar heupen en keek hoe hij naar de deur liep.
'Ik weet zeker dat de heer Felix Parisi er een gedetailleerde urenadministratie op na houdt,' zei Mulcahy en vertrok.
Op straat, voor Parisi's kantoor, voelde Ed Mulcahy zich pas
echt alleen. Maar er viel weinig aan te doen. Hij ging naar de
bank en wisselde voor twintig dollar kwartjes. Daarna wandelde hij naar Pemberton Square.
Aan Pemberton Square ligt het gerechtsgebouw van de staat Suffolk. Onder het gigantische mansardedak en in de gewelfde gangen, de hoeken, tussen de massieve muren in, hadden juristen bijna een eeuw lang rechtszaken gevoerd, in sjofele rechtszalen die
tegen duistere kantoortjes aan liggen, verborgen gangen, trappen
op onwaarschijnlijke plekken. In Suffolk zijn de archivarissen erop getraind blikken te vermijden en weigeren ze stelselmatig dingen te weten of inlichtingen te verstrekken. Een oudtestamentische patriarch zou naar de balie kunnen komen op zoek naar een
register, maar ook hij zou uren moeten wachten. Soms werd er
gezocht, maar je moest niet verwachten dat het gezochte ook gevonden zou worden. Generaties vergelende dossiers lagen verspreid over de kasten, die in alle hoeken en gaten van het bijzonder onoverzichtelijke gerechtsgebouw stonden. De buitenkant
van het gebouw is moe, tegenwoordig. Aan alle kanten wordt het
omgeven door beledigingen, omhooggehouden als het wordt door
een bijgebouw uit de jaren van de depressie. In zijn glorietijd keek
het gebouw langs zijn neus uit op Scollay Square, en de aanbouw
torende boven de skyline uit, zichtbaar vanuit de havens. Maar
Scollay Square bestaat niet meer en de gebouwen lijken de laatste jaren van de eeuw tegemoet te wankelen, als een dikke dou-
airière die op een teleurstellend neefje moet leunen. Tegenover het
gerechtsgebouw is een lelijke kantoortoren verrezen, en ervoor lag
een halvemaanvormige kantoorruimte die het perspectief wegnam
en die werd afgeschermd door een slotgracht van wind vangende
baksteen. Het oude gerechtshof verdient uitgestrekte gazons en
perspectief. Nu is het aan alle kanten ingebouwd.

Mulcahy stapte met snelle tred over het plein. Zijn schoenen raakten de tegels die de eerste tien amendementen op de grondwet herdachten. Hij zorgde ervoor, niet op het zesde amendement te stappen. Dat zou hij nog nodig hebben. En misschien het vijfde ook, dacht hij spijtig.

'Meneer?'

Het was de bewaker die Mulcahy ongeduldig aankeek. Als je geen speler bent, word je daar bij de deur wel aan herinnerd. Hij ging op zoek naar zijn pasje.

In de grote hal van het gerechtsgebouw keek hij omhoog naar de bronzen blik van Rufus Choate, terwijl de voetstappen op de stenen vloer rond hem echoden. Choate, wist hij, was een legendarische advocaat uit de vorige eeuw. Hij leek misprijzend te kijken.

Mulcahy ging op weg naar het archief. Nadat hij een formulier had ingevuld, voerde hij de machine kwartjes om zijn kopieën te maken, en borg het origineel weer weg. Daarna liep hij naar de nieuwe vleugel van het gebouw, nam de lift naar de vijfde verdieping en liet een kopie achter bij de secretaresse, ten behoeve van de openbaar aanklager.

'Ik zou graag iemand zien over de zaak-Shepard,' zei hij.

Hij wachtte een tijdje in de hal totdat Gleason, een jonge jurist en een van Paul O'Hanlons knechtjes, hem kwam ophalen. De man keek hem verbaasd aan. Mulcahy zag dat hij kauwgum stond te kauwen.

'Ik voer sinds kort de verdediging,' zei Mulcahy. 'Ik heb het dossier van Felix Parisi. Ik heb zijn materiaal. De laatste partij die jullie gestuurd hebben, dateert van 28 juli. Is er verder nog iets?'

'Trekt Parisi zich terug?' vroeg de jonge man.

'Ja.'

'Wat zonde. Goh.' Klikkende en ploffende kauwgumgeluiden. Mulcahy keek hem aan. 'Het materiaal?' zei hij nogmaals.

'Jemig,' zei Gleason. 'Ik zou eens moeten kijken.'

'Ik wacht er wel op,' zei Mulcahy.

'Nou, ik heb het momenteel nogal druk,' zei de jongen. Hij glimlachte en kauwde verder.

'Deze zaak komt over twaalf dagen voor. Ik ga een motie voor aanhouding indienen. Misschien stel je er prijs op als ik in mijn motie opneem dat het openbaar ministerie het momenteel nogal druk had en niet even kon kijken of al het materiaal overhandigd was? Wat was je naam ook weer...'

De man staarde terug. 'Misschien gaan we Parisi nog missen. Wacht maar, als je daar zin in hebt,' zei hij, en draaide zich om. Mulcahy wachtte. Vanachter het glas keek de receptioniste hem angstig aan. Ze kauwde niet meer op haar kauwgum. Hij glimlachte naar haar. Ze glimlachte voorzichtig terug.

Er verstreken twintig minuten. Dertig. Uiteindelijk kwam de jongeman terug. Hij had een dik pak fotokopieën bij zich. 'Er waren nog wat forensische verslagen,' zei hij, 'en getuigenverklaringen. Ik weet niet of hierom gevraagd is...'

Mulcahy keek hem kwaad aan. 'Daar hoeft niet om gevráágd te worden,' zei hij terwijl hij de map aanpakte.

Als ze niet gegeven worden, moet er wèl om gevraagd worden, dacht hij in de lift op weg naar de begane grond. Misschien had Shepard gelijk.

Toen hij uit de lift stapte zag hij bij zijn appartement de stapel dozen van Freer Motley staan. Hij droeg ze een voor een naar binnen en stapelde ze op naast de koelkast.

'Nou-nou,' zei Gitz, die in joggingpak de keuken in kwam lopen. 'Thuis voor negen uur 's avonds! Overdag thuis! Bel de krant!'

Mulcahy schudde zijn hoofd. 'Wat doe jij hier?'

'Een late wedstrijd,' legde hij uit. 'En jij?'

'Dat is een lang verhaal.'

'Ik heb de tijd voor een lang verhaal.'

'Ik niet,' zei Mulcahy zuur. Hij voelde Gitz' ogen op zich gericht toen hij aan de keukentafel ging zitten. 'Luister, Gitz,' zei hij toen hij eindelijk opkeek, 'kun je dit voor je houden?'

Gitz kon er niet tegen als iemand een geheim had. 'Tuurlijk,' zei hij, en hij knikte enthousiast.

'Dit is vertrouwelijk, Gitz, wat betekent dat je er niet met andere journalisten over mag praten.'

'Ik zwijg als het graf,' zei Gitz.

'Ook niet met de "goeien".'

'Als de tombe van een farao. Een echte ouwe piramide met een kilometer zand eroverheen, die nog niemand ontdekt heeft.'

'Ik heb een nieuwe cliënt.'

'Oja?'

'Een moordzaak.'

'Moord? Cool. Ik dacht dat jullie te chic waren voor dat soort zaken.'

'Het is níet cool. En ik ben niet chic. Niet meer.'

Gitz mimede de woorden. 'Niet chic meer... Dit volg ik niet.'

'Ik heb een cliënt die de goedkeuring van mijn voormalige partners niet kon wegdragen.'

'Voormalige partners?' vroeg Gitz.

'Ja.'

'Ben je...'

'Ja.'

'Sodeju,' zei Gitz. Hij zweeg even om dit nieuws te verwerken. 'En wie is die cliënt?'

'In vertrouwen?'

'Als het dagboek van mijn moeder.'

'Jij zou het dagboek van je moeder verkópen! Voor een spotprijs!'

'Nog vertrouwelijker dan het dagboek van mijn moeder, dan,' zei Gitz. 'Zeg op. Wie is het?'

'John Shepard.'

'Sodeju. Sodeju.' Hij zweeg. 'Heb ik al "sodeju" gezegd?'

'Ja.'

'Sodeju.'

Gitz liep de keuken uit om zijn spullen te pakken voor de wedstrijd van de Sox. 'Ed,' riep hij, 'misschien moet je me van die belofte ontslaan. Dit is groot nieuws.'

'Nee, die belofte staat.'

'Denk aan het algemeen belang, Ed. Het publiek heeft recht op informatie. Denk daar eens aan!'

'Die belofte staat.'

Gitz kwam de keuken weer in met zijn tas. 'Wauw,' zei hij. 'Ik kan alleen maar zeggen: sodeju!'

'Dat taalgevoel van jou is een gave,' zei Mulcahy. Hij hoorde de deur dichtslaan en Gitz' voetstappen op de trap. Hij sloeg een notitieblok open, pakte een blikje bier en het bovenste dossier van de keukentafel, en ging zitten lezen.

Ed Mulcahy sloot zich helemaal af van zijn omgeving, als hij verdiept was in een dossier. Pas uren later kwam hij weer terug in de realiteit. Maar toen het eenmaal zo ver was, voelde hij zich eenzamer dan ooit tevoren. Hij zou hulp nodig hebben, en niet zo weinig.

Nog afgezien van het duidelijke motief zag Shepards situatie er, gezien zijn teleurstelling over het feit dat hij geen medevennoot geworden was er ronduit slecht uit.

De patholoog-anatoom had vastgesteld dat Samuel Whitaker was overleden aan de gevolgen van één schot in de rechterzijde van het hoofd. Aan de verkleuring van het lijk had hij het tijdstip van overlijden geschat op ergens tussen 16.00 uur en 24.00, op 16 mei 1992. De kogel en de patroonhuls waren teruggevonden en de overledene was aangetroffen met zijn door de marine verstrekte handwapen in zijn rechterhand, ineengezakt op de vloer van zijn werkkamer in de oostvleugel van zijn boerderij in Sheringham. Het wapen was eenmaal afgevuurd. Het zag ernaar uit dat de kogel afkomstig was uit het wapen in kwestie, en het zag er zeker naar uit dat het de dood veroorzaakt had. Het lichaam was gevonden door de hulp in de huishouding, die zichzelf de volgende ochtend rond 08.20 uur toegang verschaft had tot de woning en het lichaam in de werkkamer had aangetroffen rond 08.25 uur. Er was een afscheidsbrief gevonden. Het slachtoffer had echter niet in het recente verleden een psychiater of arts geraadpleegd. Niemand had tekenen van acute depressie waargenomen, hoewel diverse getuigen tekenen van vijandige betrekkingen met de nieuwe gezaghebbers bij Freer Motley hadden waargenomen.

Het was een eenvoudig afscheidsbriefje. De tekst luidde:

Het was een verkeerde inschatting. Op mijn leeftijd! Dit is de beste manier. Anna, Beth, Em, ik hou van jullie. Denk aan me zoals ik vroeger was, in beter dagen. Ik zal altijd van jullie houden.

Het was niet getekend.

Op 16 mei om 18.15 uur had een telefoongesprek van 23 minuten plaatsgevonden vanuit een telefooncel op Joy Street naar Whitakers huis in Sheringham. De telefooncel lag een blok van Shepards voordeur vandaan en was vanaf zijn appartement op Beacon Hill de dichtstbijzijnde cel. Op de avond van Whitakers overlijden was er, om 19.32 uur, een kort gesprek gevoerd vanuit Whitakers woning naar die van Shepard. Duur van het gesprek: 1 minuut.

Er waren geen ooggetuigen, niemand die iets gehoord had. Het huis lag afgelegen op bijna 4 hectare grond. Het was een boerderij met vijftig Guernsey-koeien, een tiental schapen, en kippen.

Het huis lag een meter of vijftig van de weg af en de dichtstbijzijnde buren woonden bijna een kilometer verderop. Op het tijdstip van de aanslag was alleen Whitaker thuis. Zijn vrouw, Anna, was op bezoek bij een dochter en kleindochter in Connecticut. De huishoudster was al naar huis. Niemand had een schot gehoord.

Toen Shepard op 8 juni in Estes Park, Colorado, gearresteerd was, had hij een korte verklaring afgelegd. Hij zei dat hij op 16 mei, de avond van de aanslag, rond 20.00 uur Boston verlaten had en in westelijke richting gereden was. Hij had de vroege ochtend van 17 mei doorgebracht in een motel in de staat New York, vlak bij Elmira. De volgende nacht had hij geslapen in een motel buiten Clifton, Missouri, en in de late avond van 18 mei was hij aangekomen bij een vriend in Boulder, Colorado. De namen van de motels kon hij zich niet herinneren en hij had contant betaald.

Kort na het middaguur op 17 mei had de rijkspolitie een bruin colbert gevonden in een afvalbak op de parkeerplaats langs de snelweg naar Massachusetts bij Framingham, in westelijke richting, een kilometer of dertig buiten Boston. In Whitakers werkkamer werden op een stoel en op het tapijt vlak bij het lichaam vezels gevonden die overeenkwamen met die van het jasje. Drie vezels die overeenkwamen met het tapijt, waren aangetroffen op het jasje. Op de rechtermouw en revers van het jasje zaten grote bloedvlekken. Het bloed bleek A-negatief te zijn: de bloedgroep van Samuel Whitaker.

Mulcahy keek op zijn horloge. Tijd voor het nieuws. Hij legde het dossier neer, greep nog een biertje en zette de televisie aan. Tien minuten later werd de aankondiging gedaan. 'Een recente ontwikkeling in de zaak-John Shepard,' zei de nieuwslezer. 'Na de reclame zijn we bij u terug.'

'Geweldig,' zei Mulcahy bij zichzelf. 'Nog meer dingen die de pers weet en ik niet.'

Na de reclame verscheen Fran Dillard weer in beeld. 'Nieuws in de zaak-John Shepard, Jim, vandaag,' zei hij. Het was een live opname, voor het gerechtshof gemaakt. 'De prominente strafpleiter Felix Parisi heeft zich vandaag plotseling teruggetrokken uit de verdediging van John Shepard, die begin september terecht moet staan wegens moord. De heer Parisi heeft een verklaring afgelegd...'

'Een verklaring?' zei Mulcahy hardop.

Het verslag ging verder. 'Ik betreur het dat de heer Shepard mijn advies in dezen niet heeft overgenomen, aldus Parisi. Hij noemde "ethische redenen van vertrouwelijke aard" als reden waarom hij zich gedwongen had gezien de verdediging neer te leggen.'

'Wat krijgen we...' zei Mulcahy nogmaals. Hij bladerde door zijn aantekeningen, op zoek naar Parisi's privé-nummer. 'Is hij nou helemaal...'

Maar Dillard dreunde verder, en het werd nog erger. 'Volgens professor Jeffrey Stillman van de rechtenfaculteit van Harvard wordt een advocaat geacht zich terug te trekken uit een zaak wanneer hij gelooft dat zijn cliënt valse getuigenis wil afleggen. Om redenen van vertrouwelijke aard kan de advocaat niet de werkelijke redenen onthullen voor...'

'Wat een ongelooflijke...' zei Mulcahy terwijl hij naar het nummer zocht. Op kantoor ging de telefoon herhaalde malen over. Er werd niet opgenomen. Van Inlichtingen kreeg hij een privénummer.

'Inderdaad, Felix Parisi, advocaat. Swampscott? Ja.'

De telefoon ging twee keer over en werd opgenomen.

'Meneer Parisi, met Ed Mulcahy.'

'Wat is er?'

'Ik kijk naar mijn tv en ik kan mijn oren en ogen niet geloven.' Hij hoorde hoe Parisi diep inademde en verhief zijn stem om hem te onderbreken. 'Volgens mij bent u gek geworden. Parisi, roep die lui terug, zeg dat u hierover gelogen hebt, of ik ga morgen naar de Orde en zorg dat uw vergunning wordt ingetrokken. Roep ze terug of morgenochtend zit ik bij de Orde. Is dat duidelijk? Hoort u mij? Ben ik duidelijk?'

Hij schudde zijn hoofd toen Parisi een zeurderige monoloog begon. Hij sloot zijn ogen en hield de hoorn van zijn oor af. Na verloop van tijd hing hij zuchtend op.

Even later pakte hij de telefoon weer en vroeg een ander nummer op. 'Ik wil Frannie Dillard even spreken,' zei hij toen de receptioniste van het televisiestation opnam.

'Die zit helaas in een uitzending.'

'Ik wacht wel. Zeg maar dat ik de nieuwe advocaat van John Shepard ben. Hij heeft juist een bericht gedaan over Shepard en ik wil daar iets aan toevoegen. Misschien kan hij dat nog gebruiken voor het journaal afgelopen is.'

Maar het duurde vijf minuten voordat Dillard gevonden was en toen waren ze al bezig met het sportnieuws.

'Frannie Dillard?' vroeg Mulcahy.

'Ja?'

'Luister alstublieft heel goed. Mijn naam is Ed Mulcahy. Weet u wie ik ben?'

'Jazeker.'

'Dan weet u dus dat ik de heer Shepard vertegenwoordig.'

'Ja,' zei Dillard.

'Ik heb een verklaring,' zei hij. 'Kan die nog mee in deze uitzending?'

'Nee, sorry, maar misschien nemen we het om elf uur mee. Luister, waar zit u? Ik kan er binnen een uur zijn en dan kunnen we...'

'Nee, ik wil het telefonisch afhandelen. U kunt het gesprek opnemen. Bent u zover?'

'Nee, wacht even.' Even later zei Dillard: 'Oké, kom maar.'

'Mijn naam is Ed Mulcahy. Ik vertegenwoordig John Shepard. Ik heb gehoord dat de eerdere advocaat van de heer Shepard, Felix Parisi, vandaag tegenover de pers een verklaring heeft afgelegd. In die verklaring heeft de heer Parisi kennelijk beweerd dat hij zich om ethische redenen heeft moeten terugtrekken. Die verklaring is onjuist. De heer Parisi is ontslagen wegens wanprestatie. Verder was zijn persverklaring zelf onethisch en heeft hij de vertrouwensrelatie met zijn cliënt geschonden. Morgenochtend zal zijn verklaring worden aangemeld bij de Orde van Advocaten. Einde bericht.'

Hij legde de telefoon neer. 'Waarom moet mij dat weer overkomen?' vroeg hij zich hardop af. De telefoon begon bijna meteen weer te rinkelen, maar hij nam niet op. 'Wat maakt het ook uit,' dacht Mulcahy. 'Een aanklacht van Parisi kan er nog wel bij als we toch bezig zijn.'

17

Pas de volgende ochtend kon Ed Mulcahy zich weer aan het dossier wijden. Hij hield zich bezig met het opstellen van een klacht voor de Orde van Advocaten, die hij met een beëdigde verklaring vlak voor de lunch indiende.

Het laatste waaraan hij of zijn cliënt behoefte had was afgeleid te worden. Maar alle strafzaken leken zo te verlopen; er ontstaan conflicten. Aan beide kanten lopen de emoties hoog op; advocaten rennen naar de rechtbank en men neemt een steeds onwrikbaarder standpunt in over zaken die in feite niets te maken hebben met de zaak zelf.

Iets na enen was hij terug in zijn appartement. Aan de keukentafel gezeten probeerde hij zich weer te concentreren op het onderzoek. Voor het raam kwam een stel vogels op het vogelhuisje zitten. Ze keken verwijtend, omdat Mulcahy al voor de tweede achtereenvolgende dag vergeten was het voer bij te vullen. Ze keken naar binnen en scholden op de over het dossier gebogen man. Tevergeefs. Ze vlogen weg.

Mulcahy concentreerde zich weer op het jasje: maat 43, extra lang, met een etiket van Brooks Brothers. Aan de mouw had een stomerijbriefje gezeten. De stomerij die het briefje uitgeschreven had, was Beacon Hill Cleaners in Cambridge Street, twee straten van Shepards appartement verwijderd. De politie had in Shepards garderobe, die hij op de dag van de moord verzonden had, tien pakken gevonden. Drie waren er van Brooks Brothers. Negen waren maat 43, extra lang.

In Whitakers huis in Sheringham was, naast de studeerkamer waar Whitaker gevonden was, een wc. De rechercheurs hadden daar een stuk zeep geconfisqueerd. Er stond een gedeeltelijke afdruk van een wijsvinger op, en een complete afdruk van een duim en een middelvinger. Volgens de expert op het gebied van vingerafdrukken waren de rechterduim en middelvinger zo uitgesmeerd dat ze niet herkenbaar waren, maar het herkenbare deel van de linkerduim leek van Shepard te zijn. Op de rugleuning van de bank, op de tegelvloer in de wc en op de vloerbedekking waren menselijke haren gevonden: zeventien in totaal. Volgens de patholoog-anatoom waren drie van deze haren van de overledene. Veertien haren kwamen overeen met het haar van Shepard.

'Jezus,' zei Mulcahy zachtjes toen hij het volgende rapport las, een verslag van de politie uit de staat Colorado. Op 8 juni had de politie beslag gelegd op Shepards Subaro Wagon. Vanonder de pedalen en uit het profiel van de rechter achterband had een rechercheur in totaal vier kiezelsteentjes verwijderd. De kiezels waren in een zakje gestopt en persoonlijk afgeleverd bij de recherche in Massachusetts. In het forensisch laboratorium waren ze onderzocht door een geoloog en vergeleken met een monster van honderd kiezelstenen uit het grindpad bij Whitakers huis.

Volgens de expert kwamen de stenen uit Shepards auto en uit zijn achterband overeen qua samenstelling (graniet met circa vijftien procent pyriet), afmetingen en kleur.

Hij las verder. Uit een lijst van de creditcardmaatschappij bleek dat Shepard op 16 mei voor $ 5,83 benzine getankt had bij het Sunoco-station Lamartine, op de hoek van Maple Street en Route 135 in Natick. Het benzinestation lag aan de doorgaande route van Whitakers huis naar de snelweg door Massachusetts.

Twee uur lang had Mulcahy in het dossier zitten lezen. Er was nog veel meer: er waren ruim twintig verklaringen van advocaten van Freer Motley, waarvan sommige de luidruchtige ruzies tussen Shepard en Whitaker beschreven en zes de zaak betroffen die Mulcahy zelf onderzocht had: de vraag of Shepard betrokken geweest was bij de fout in de hypotheekakte van Idlewild.

Uiteindelijk legde Mulcahy zuchtend de dossiers weg. Het was al lang geleden dat hij Stevie Carr voor het laatst gesproken had. Hij zocht het nummer op in zijn adresboek en glimlachte toen hij de bekende stem hoorde. 'Dit is het kantoor van Stephen A. Carr & Co.,' klonk het. Ed grinnikte. Hij vroeg zich af of die Co. wel echt bestond. Na de pieptoon liet hij een boodschap achter.

Zijn blik gleed terug naar de dossiers. Gedachteloos ordende hij de berg aantekeningen tot een nette stapel en begon die door te nemen. Drie telefoontjes verstoorden zijn dagdroom voordat het gewenste gesprek doorkwam. Hij luisterde grinnikend naar zijn antwoordapparaat terwijl Shanklin twee berichten insprak. Het derde telefoontje was van Estella. 'Ed, sorry dat ik het vraag, maar wat is er aan de hand? Meneer Shanklin is hier al twee maal geweest om je te spreken en hij ziet er erg boos uit. Ik heb gezegd wat jij zei, dat ik niet wist waar je zat.'

'Nog iets gehoord van John Shepard, Parisi of de aanklager?' vroeg hij.

'Nee.'

'Verder nog iets?'

'Er is een vergadering van alle partners, morgenochtend negen uur. Dat moest ik van meneer Shanklin tegen je zeggen, als je nog belde.'

'Ik heb niet gebeld.'

'Oké, Ed, ik heb iets opgevangen over het late nieuws, gisteren. Ik heb het niet gezien, maar de meisjes zeiden dat jij iets over

Parisi zei. Wat is er aan de hand?'

'Dat vertel ik je later.'

'Ik vind dit niet prettig.'

'Ik ook niet, Estella. Het komt wel goed.'

Hij hing op. Natuurlijk komt het goed, dacht hij. Ik ben zojuist mijn praktijk kwijtgeraakt en waarschijnlijk word ik vervolgd wegens smaad. En vanwege het stelen van een computer. Ik verlies die zaak, word vervolgd wegens wanpraktijken en krijg de belasting aan m'n broek vanwege achterstallige betalingen op mijn geschatte inkomen. Het wordt werkelijk fantastisch.

Het telefoontje waarop hij zat te wachten, kwam om zes uur. Hij maakte een afspraak met Stevie voor de volgende middag om twee uur. Nadat hij bij de rechtbank had aangekondigd dat hij doorging met de zaak, en nadat hij nogmaals bij Shepard geweest was, zou hij de standpunten van het openbaar ministerie gaan bestuderen.

18

Stevie Carr had een kantoor met twee kamers op de tweede verdieping boven de werkplaats van een horlogemaker in Bromfield Street, vijf blokken van het kantongerecht van Suffolk af, en acht blokken van het huis van bewaring in Charles Street. Stevie had weinig zorg besteed aan de aankleding van zijn kantoor. Het linoleum krulde omhoog. Zijn beschadigde stalen bureau, een afdankertje, stond bij het raam, naast een groene dossierkast, ook een weeskind. Aan de andere kant van het vertrek stond een oude bruine bank. In het midden stond een grote grijze tafel, met een rubberstrip langs de randen en een met rubber bekleed tafelblad. De straatgeluiden van het kruispunt drongen gemakkelijk naar binnen door, en wanneer een vrachtwagen Washington Street op zwoegde, rammelden de ruiten in de sponningen. In een halve cirkel stond in het glas gegraveerd: STEPHEN CARR, DETECTIVE. De vergunning van de politie van Boston, overdekt met handtekeningen, hing in een lijst boven zijn bureau.

Als voormalig rechercheur van de politie in Boston was Stevie voor zichzelf begonnen toen zijn drang naar onafhankelijkheid hem weer eens problemen met de autoriteiten had opgeleverd. Op sokken was hij één meter vijfenzestig lang, en met een fatterig paar schoenen met plateauzolen wist hij daar nog een paar centimeter aan toe te voegen. Hij was kaal en droeg een bruine toupet die steevast naar links of rechts op zijn hoofd schoof, wat hem een komisch aanzien verleende. Hij was een man met een indrukwekkende omvang en had de gewoonte zijn jasje dicht te knopen rond zijn middel en het vervolgens weer los te knopen. Op zijn linkerwang zat een bijzonder eigenaardige wrat, zo groot als een tepel, die minstens een centimeter dik was. Al jaren drongen zijn vrienden er op aan dat hij daar een dermatoloog over moest raadplegen. Maar Stevie was op een of andere bizarre manier aan zijn wrat gehecht geraakt. 'Hem eraf laten snijden?' zei hij. 'Dan krijg je pas een litteken!' En dan streek hij met duim en wijsvinger langs de wrat alsof het een in de was gezette snor was.

Stevie had een neus voor het vinden van getuigen; hij was daar bijna even goed in als in het vinden van een goed en goedkoop broodje pastrami.

'Eddie,' zei hij toen Mulcahy om vier uur zijn kantoor binnenliep. 'Hoe gaat het?'

'Prima, Stevie. Prima. Goed om je te zien.' De twee mannen gaven elkaar een hand. Mulcahy's kleine hand verdween tussen Stevies worstvingers. Mulcahy keek om zich heen en zag het boterhamzakje op tafel liggen. Het was weer eens zover: hij had Stevie overvallen terwijl deze zijn vieruurtje verorberde.

'Gelul. Het grote werk, wat?' zei Stevie. 'Freer Motley. Jezus. Zo'n belangrijke partner. Geen cokesnuivers meer, geen steunfraude? Wat doe je hier eigenlijk? Wil je een koffiebroodje?' Hij maakte een gebaar naar de tafel.

'Stevie, het is een lang verhaal. Maar de korte versie daarvan is, dat ik de verdediging van John Shepard op me genomen heb. De zaak staat op de rol voor maandag over een week, en ik heb niets. En straks, tegen het eind van de middag, word ik er waarschijnlijk uitgeknikkerd bij Freer.'

Stevie hief zijn hand om Mulcahy tot zwijgen te brengen, want hij bereikte nu het punt waarop hij zijn volledige aandacht op zijn koffiebroodje moest richten. Mulcahy wachtte, en keek hoe Stevie een gigantische berg gebak in zijn wang propte. Stevie opende zijn mond. 'Wat, wat lul je me nou?'

'Niks gelul. Ik heb gezegd dat ik de verdediging van Shepard ga doen, en ze hebben gezegd dat niemand van Freer Motley die zaak mag nemen. En dan weet je het wel.'

'Shepard? De moord op Whitaker? Wat, ben je gek geworden? Laat je een partnership bij Freer lopen om die larf te kunnen verdedigen? Eddie, jij doet toch helemaal geen strafzaken meer?'
'Niet echt, nee.'
'Shepard? Heb ik van gehoord.' Hij kauwde weer op zijn broodje en slikte. 'Je hangt, Eddie,' zei hij. 'Hier, neem ook wat.'
'Nee, dank je,' zei Mulcahy terwijl hij het boterhampapier terugschoof. Even keek Stevie opgelucht. Hij plaatste zijn tanden rond het tweede koffiebroodje terwijl Mulcahy de toestand uitlegde. Uiteindelijk kwam hij bij de financiële kant uit.
'O, geweldig,' zei Stevie tussen twee happen door. 'Die larf kan niet betalen. Je bent gestoord, Eddie, als ik dat mag zeggen. Je neemt die zaak, je raakt je baantje kwijt en die larf betaalt je niet eens?'
Mulcahy glimlachte. Hij was vergeten dat alle aangeklaagden larven genoemd worden. 'Daar komt het zo'n beetje op neer, Stevie.'
'Nee, Eddie, daar komt het niet op neer. Want wat je verder nog wilt is dat Stevie als een soort Florence Nightingale optreedt, ja toch? Ik moet jou helpen om die larf te helpen, en hij heeft geen rooie cent.'
'Inderdaad,' zei Mulcahy.
'Shit.'
Stevie dacht na over de wonderen die de wereld nog niet uit waren. Slimme jongens, jongens die prima cijfers gehaald hadden en die hun meestertitel in hun zak hadden, lieten prima banen bij Freer Motley in de steek om een niet-betalende larf te verdedigen. Er waren dingen die hij nooit zou begrijpen. 'Moet ik nu wat voor je terugdoen?'
'Hoezo?'
'Pa's testament.'
Mulcahy zweeg. Drie jaar eerder, toen Stevies vader nog maar korte tijd te leven had vanwege die kanker, had Mulcahy ervoor gezorgd dat een van zijn collega's het testament van de oude man had opgesteld. Het was een eenvoudig testament; de man liet weinig na. Maar dat testament had een zieke, kwetsbare oude Ier het gevoel gegeven dat zijn zaken geregeld waren. Hij was vreedzaam overleden. De rekening bedroeg circa vier dollar voor fotokopieën.
'Inderdaad dus. Shit.'
Stevie kwam vlak bij Mulcahy staan, die op de hoek van de gro-

te tafel was gaan zitten, midden in het kantoor. 'Kijk, die larf was ooit een belangrijk bedrijfsjurist, nietwaar? Ik doe het. Ik doe het gewoon. Als ze hem pakken, verlies ik. Maar als we die larf vrij krijgen, dan word ik betaald. Ook al duurt het twee jaar, drie jaar. Ik word betaald. Ik ga niet gratis iets doen voor een larf die later weer sterft van het geld.'

'Bij dit soort werk kun je geen voorwaardelijke betalingen eisen, Stevie, dat is...'

'Niet ethisch. Val dood, jij. Zo doen we het.'

'Oké.' Ze gaven elkaar de hand.

Daarna zaten ze een uur lang aan Stevies bureau, terwijl Stevie zich langzaam een weg baande door het dossier en een broodje hamburger. 'Hmmm,' zei hij van tijd tot tijd. 'Hmmm.' Toen hij bij het verhaal van de vingerafdrukken gekomen was, zei hij: 'Evans, shit.'

'Wat is er?' vroeg Ed.

'Ze hebben Evans erbij gehaald. De beste.' In stilte las hij verder. 'Grind! Hebben ze er grind bij gehaald? Nog nooit een zaak met grind gezien.'

Hij las verder. 'Shit,' zei hij opnieuw.

'Wat?'

'Die vent heeft getànkt, op de terugweg?'

'Hij zei dat hij dat niet was,' zei Mulcahy.

'Tuurlijk zegt hij dat,' luidde Stevies commentaar. Hij las verder. Na een tijdje zei hij: 'Geef die vezels eens.' Mulcahy overhandigde hem een bruine map. 'Dokter Hemp! Die goeie ouwe dokter Hemp! Prima vent. Laat zich nog wel eens gaan in het getuigenbankje.' Hij las het rapport door. 'Heb je daar het pathologisch rapport?' Mulcahy gaf hem een ander dossier. 'Die ken ik niet. Dokter Goldman. Hmmm.' Hij las in stilte. 'Wat hebben we verder nog?'

Mulcahy nam de rest van het dossier met hem door. 'Ziet er niet best uit voor onze man,' zei Stevie, 'maar hé, er zijn geen ooggetuigen.'

'Er is één man die we moeten vinden,' zei Mulcahy. En toen vertelde hij Stevie over de eigenaardige gesprekken met Creel, en diens plotselinge verdwijning. Stevie maakte aantekeningen. 'Goed,' zei hij. 'Morgenochtend begin ik met Creel. Nu moet ik weg. Doe me een plezier: maak fotokopieën van het hele dossier. Achter staat een kopieerapparaat. Misschien moet er papier in. Ik heb het apparaat van Dick Kiley in Middlesex, ken je die?

Prima vent. Ik koop alles wat bij hem afgeschreven is. Een kopieerapparaat dat niet goed genoeg meer is voor een klerk, dat moet wel een puinhoop zijn, nietwaar? Ik moet weg, het is bijna zes uur. Kopieer die ellende en laat de kopieën hier. Geef me je nummer. Ik bel je. Ik moet er nu vandoor.'

Stevie had zijn gleufhoed opgezet. Bij de deur draaide hij zich om. 'Trek de deur in het slot als je weggaat, wil je?'

'Oké.'

'Hé, Eddie, je hebt een geweldige zaak uitgezocht om gratis te doen.'

Ze zaten weer in de kooi. Hij had de dossiers nu allemaal gelezen, en de aanklacht en het forensisch rapport en de lijst met getuigen, de uitspraak van de jury en de politieverslagen.

'Kijk, ik heb de gesprekken in Parisi's dossier gelezen. Ik heb het plaatje wel, denk ik. Maar ik wil die laatste dag, 16 mei, nog een keer doornemen.'

'Tuurlijk,' zei Shepard. Hij ijsbeerde heen en weer aan zijn kant van het hek, heen en weer, van de ene muur naar de andere, twee passen, rechtsomkeert, twee passen tot de muur, rechtsomkeert.

Mulcahy keek naar zijn aantekeningen en begon het verslag van die dag door te nemen. 'Rond negen uur opgestaan, een paar boodschappen gedaan.'

'Vroeger, waarschijnlijk. Halfacht, acht uur.'

Mulcahy maakte een aantekening. 'Goed. Bank, garage, apotheek. Terug tegen elven. De hele dag thuis om te pakken. De verhuizers kwamen tegen twee uur en vertrokken rond vier uur. De Subaru heb je zelf ingeladen. Rond acht uur heb je je appartement verlaten en ben je over Storrow Drive de snelweg op gereden, waarna je circa zes uur lang ononderbroken in westelijke richting hebt gereden. Je bent gestopt bij een Holiday Inn buiten Elmira.'

'Inderdaad.'

'Wie heeft je in die tijd gezien?'

'Wie me gezien heeft?'

'Ja. Wie heeft je geholpen de dozen naar de auto te dragen? Of met je staan kletsen op de stoep? Heb je een van je buren gezien?'

Shepard dacht even na. 'Niemand,' zei hij.

'Niemand,' herhaalde Mulcahy. 'Je hebt je wagen volgeladen in

een straat op Beacon Hill, dozen de trap af gedragen, je bent de trap weer op gedraafd en helemaal niemand heeft je gezien?'
'Nee.'
'En je bent thuis geweest van, laten we zeggen, elf tot acht?'
'Ja.'
'Alleen?'
'Ja.'
'Je bent het huis niet uit geweest, behalve om spullen naar je auto te brengen?'
'Nee. Nou, misschien ben ik nog even gaan hardlopen, maar afgezien daarvan, nee.'
'Oké dan. Je bent om een uur of acht weggegaan. Ben je onderweg nog ergens gestopt om te tanken, koffie te drinken, iets te eten of iets dergelijks? Heb je iemand gesproken?'
Hij schudde zijn hoofd.
'Nog telefoontjes gehad? Heb je over de telefoon met iemand gepraat?'
'Mijn moeder, geloof ik.'
'Wanneer?'
Hij dacht ernstig na. 'Nogal vroeg op de avond. Zes uur, halfzeven, in die richting.'
Mulcahy knikte. 'Verder nog iemand?'
Hij schudde zijn hoofd. 'Ik kan me niemand herinneren.'
'En je bent niet gestopt bij het huis van Sam Whitaker?'
Shepard stond met zijn rug naar de tralies. 'Ik ben niet gestopt,' zei hij, 'voordat ik in Elmira was.'
'Wanneer heb je Whitaker voor het laatst gesproken?'
Shepard draaide zich om en tuurde door de tralies naar Mulcahy. Zijn gezicht bevond zich in de schaduw. 'Op 31 maart,' zei hij, 'om een uur of vijf.'
'John,' zei Ed,' ze hebben de lijsten van het telefoonbedrijf. Hij heeft je op 16 mei opgebeld, rond halfacht. Je hebt, voor zover ik het zien kan, ongeveer een minuut met hem gepraat. En die middag heeft iemand vanuit een telefooncel vlak bij jouw huis naar Whitaker gebeld. Dat was een gesprek van twintig minuten.'
'Staat ergens zwart op wit dat ik hem ooit gebeld heb? Vanuit mijn huis?'
'Nee. Niet dat ik weet.'
Shepard dacht na. 'Hij heeft mij niet gebeld,' zei hij uiteindelijk.
'En hoe verklaren we dan die vermelding op 16 mei?'
'Dat weet ik niet. Hij heeft me niet gebeld. Kijk, Ed,' zei hij, 'jij

gaat die mensen van de jury vertellen waarom hij zichzelf van kant gemaakt heeft, toch? Want dat zullen ze willen weten. De hele rest is hartstikke interessant, maar dàt willen ze weten.'

Shepard was nu opgehouden met ijsberen. 'Wanneer je iemand wilt overtuigen van jouw standpunt, moet je uitvinden wat hij wil weten.'

In het kantoor van een advocaat op de twintigste verdieping bij Freer Motley zat een jonge vrouw, van ergens in de twintig, voor een computerscherm en staarde ingespannen naar het proza dat ze aan het doorbladeren was. Het kantoor was bezaaid met archiefdozen vol fotokopieën, mappen, dossiers, kopieën van gerechtelijke uitspraken, juridische vakbladen. Haar bureau kreunde onder het gewicht van stapels papier. Er was in feite geen herkenbare plek meer waar iets geschreven kon worden. In een hoek van het vertrek balanceerde een manshoge stapel kranten, voorlopige uitspraken en oude nummers van het juridisch weekblad voor de staat Massachusetts boven een zielige kamerden. Op het bureau streed de terminal voor een plekje waarop nog meer stapels papier aanspraak wilden maken: papieren die op stapels ingebonden tijdschriften lagen die op uitspraken lagen, die op meer papier lagen. Ergens onder dat alles moest een cd-speler staan, want zachtjes klonk Mozarts hoornconcert tot in de gang door.

En te midden van al die stapels papier zat Kate Maher. Ze had haar schoenen uitgeschopt en haar benen onder haar blauwe katoenen rok opgetrokken. Haar rode krullen sprongen alle kanten op, haar neus was bijna op het scherm geplakt en ze had haar mond in een rechte, afkeurende streep getrokken.

Kate zag er leuk uit. Ze had een pesthekel aan het woord, maar dat was wat iedereen altijd over haar gezegd had en wat iedereen altijd zou zeggen. Niet dat ze mooi was, zeker niet, zelfs niet knap. (Je kon niet ontkennen dat ze knap was, maar die vlag dekte de lading gewoon niet helemaal.) En ook niet dat ze schattig was, want Kate was eerder groot, een beetje hoekig, en had de neiging om krom te zitten. Toch was 'leuk' het juiste woord. Haar haar schoot alle kanten op, haar figuur was onvindbaar onder alles wat zwaarder was dan een vestje, en ze had zich neergelegd bij het feit dat ze haar leven zou moeten delen met haar sproeten. Maar ze had levenslust, en een zekere uitbundigheid, en ze was slim.

De meeste zaken benaderde ze op een analytische manier. Neem nou die kleding van haar. Kate moest niets hebben van die stoere kleding die zo veel leeftijdsgenoten van haar droegen, die stijve dingen die eruitzagen of iemand de broekspijpen van een mannenpak aan elkaar genaaid had. Na haar rechtenstudie, toen ze zag hoe een groot aantal vriendinnen zich op die manier in uniform stak, had ze dat probleem geanalyseerd. Wie, had ze gedacht, moeten we tevreden stellen? Voor het merendeel, luidde het antwoord, mannen: mannen van vijfenveertig of vijftig jaar, degenen die de firma runden, mannen met steeds minder haar en brillen met jampotglazen, en riemen die verloren raakten onder een aanwassende taillelijn, mannen die allemaal hetzelfde grijze uniform droegen. En wat weten zulke mannen over de manier waarop een vrouw zich dient te kleden? Zo goed als niets. Een man van middelbare leeftijd in een pak, redeneerde ze, kan nog eerder een schema tekenen van de vrouwelijke voortplantingsorganen dan met enige zekerheid de normen voor vrouwenkleding verkondigen.

Na deze redenering was Kate rokken gaan dragen. Ze had geen pakken, geen equivalent voor stropdassen, geen gesteven stijve blouses die tot aan de nek dichtgeknoopt werden. Ze hulde haar enkels in lange, gemakkelijke, ietwat bohémien-achtige rokken, en ze droeg truien, en schoenen met lage hakken. En hoewel sommigen snoven dat haar manier van kleden niet helemaal conform de norm was, het zag er veel te, te comfortabel uit, waren die critici meestal vrouwen. Vrouwen met stoere pakken.
En zo zat Kate dus, met één been onder haar korenbloemblauwe rok opgekruld, ontspannen achter haar computer. Als er op dat moment een bom ontploft was, zou ze dat alleen gemerkt hebben als daardoor haar computer gecrasht was. Want Kate was bezig, dolend op een juridisch zijpad, en ze ging helemaal op in het landschap. Die avond was het onderwerp de aansprakelijkheid van de directie van een bedrijf voor het saneren van de gevaarlijke afvallozingen van dat bedrijf. Haar verstand sloeg verschillende paden tegelijk in: opsporen van de zaken die de ene of de andere mogelijkheid suggereerden, de relevante feiten voor de situatie van haar cliënt op een rij zetten, de besluitvormingsprocedure volgen op een kronkelige reeks mogelijke vergissingen. Dat was haar grote gave: haar talent om een beslissingsdiagram te volgen tot op de diepste wortel, en tot aan het

hoogste bladknopje. Het was tevens de vloek die op haar rustte. En daarom lagen er stapels papieren over haar cd-speler heen, daarom was haar Monet-poster onzichtbaar door het stof, daarom zat ze hier nog op dat uur.

De telefoon ging, en tot haar verbazing hoorde ze Ed Mulcahy's stem. Mozart verdween naar de achtergrond. Flarden van gedachten aan medeplichtigheid rinkelden door haar bewustzijn terwijl ze plotseling terugkeerde naar de stoffige realiteit van haar kantoor. Ed Mulcáhy? Ed Mulcahy was de afgelopen vier dagen onderwerp geweest van een op volle toeren draaiende geruchtenmolen bij Freer Motley. De vraag bij Freer Motley was tegenwoordig: wie of wat volgde? Sam Whitaker, John Shepard en nu Ed Mulcahy nota bene? De geruchten kregen een bijna surrealistisch tintje omdat het beeld zo slecht te rijmen viel met de recht-door-zee voortploeterende Mulcahy die iedereen meende te kennen. Zoiets als wanneer de zachtmoedige secretaresse er twee mannen op na blijkt te houden. Op kantoor was nauwelijks ergens anders over gesproken. Anonieme berichten werden doorverteld: Mulcahy had ontslag genomen, Mulcahy was ontslagen, ontslagen omdat hij Shepard vertegenwoordigde, ontslagen wegens diefstal van kantooreigendommen, ontslagen omdat hij Shanklin een dreun gegeven had, ontslagen wegens verdenking van medeplichtigheid aan de moord op Whitaker, ontslagen wegens andere misdaden waarover alleen maar gespeculeerd kon worden. En de geruchten hadden aan gewicht gewonnen met de brokstukken die men hier en daar verzamelde als steekhoudende uitspraken door kennissen. Hoe vager die kennissen, des te zekerder was het bericht. De een kon bevestigen dat hij heel vaak zat te telefoneren met zijn deur dicht, nou, dan wist je het wel. En de manier waarop hij zich in zichzelf teruggetrokken had, ook na de moord op Whitaker…

Zo was het vier dagen lang gegaan. Kate had zich er vol walging afzijdig van gehouden. De mensen wisten niet meer wat loyaliteit was.

Kate had Mulcahy bij verschillende zaken geassisteerd en ze waren bevriend geraakt. In feite was zij zijn betrouwbaarste medewerker, degene die hij belde wanneer hij de volgende ochtend een antwoord moest hebben. Ze was de enige medewerker die zijn absolute vertrouwen verdiend had. Keer op keer had ze bewezen te kunnen doen wat nodig was; het probleem te analyseren, de verklaring te laten afleggen, de juiste expert te vinden, een getuige te dagvaarden. En wat haar in hem beviel, was zijn volslagen gebrek aan omhaal van wat dan ook. Hij was gewoon een hardwerkende, nadenkende man die 's ochtends op zijn werk verscheen, de hele dag hard werkte, analytisch nadacht over juridische problemen, net als zij zelf deed, en die uiterlijk vertoon uit de weg ging. Dat beviel haar.

Hun relatie was uitgegroeid tot een van die kantoorvriendschappen tussen mannen en vrouwen die niet in een bepaald hokje ondergebracht kunnen worden. Door het verloop van een paar zaken waren ze in noodsituaties samen geweest. Ze hadden samen lange, gespannen nachten doorgebracht op kantoor, terwijl ze hun antwoorden voorbereidden voor een gerechtelijk bevel dat in alle vroegte zou plaatsvinden. Samen hadden ze arrogante cliënten in de getuigenbank toontjes lager laten zingen en samen hadden ze voor meer dan één onvriendelijk gestemde rechter gestaan. Hij had een onwankelbaar vertrouwen in haar loyaliteit en intelligentie, de onvermoeibaarheid waarmee ze een moeilijk probleem oploste. En ook zij had vertrouwen: vertrouwen in zijn oordeel, vertrouwen in zijn gebrek aan ego of façade. Uit deze relatie was een hechte vriendschap gegroeid, die vaak meer wordt dan vriendschap.

Dat had gekund, maar tot dusverre was het niet gebeurd.

Ze hoorde hem vragen hoe het met haar ging, en ze hoorde zichzelf op neutrale toon antwoorden, maar het leek er niet toe te doen. 'Ik zou je graag zien,' zei hij toen. 'Maar ik neem aan dat ik niet naar je toe kan komen, daar.'

'Nee,' lachte ze. 'Dat lijkt me geen goed idee.'

Dus spraken ze af in een bar, en een halfuur later arriveerde ze in het Oyster House. Hij zat er al. Hij stond op toen ze binnenkwam, en trof haar aan de hoefijzervormige bar, waar ze even aarzelden hoe ze elkaar moesten begroeten voor de bak met kreeften. Allebei vroegen ze zich af of ze elkaar een formele kus zouden geven, of elkaar de hand zouden schudden. Het resultaat was een soort onhandig compromis tussen een hand en een schouderklop. Beiden waren opgelucht toen dat voorbij was. Ze keerden terug naar Mulcahy's tafeltje, gingen tegenover elkaar zitten en bestelden. Er waren nog maar weinig mensen in het oude deel van de bar van het Oyster House.

'Dus je doet echt de verdediging van John,' zei ze toen hij haar vertelde over de voorbereidingen voor de rechtszaak, waaraan hij vier dagen eerder begonnen was.

'Ja, dat doe ik echt.'

'Hebben ze je daarom ontslagen? Want dat hebben ze toch gedaan, of niet?'

Hij nam een slok. 'Ja, dat hebben ze gedaan. Je hebt de eer het glas te heffen met de eerste partner van Freer Motley wiens contract ooit beëindigd is wegens wanprestatie. Ze hebben er drieëntachtig jaar over gedaan, zo'n blunder te begaan als toen ze mij vroegen. Ja,' zei hij, 'daarom. Toen de Graaf hoorde dat ik de zaak op me nam, werd hij een man met een missie. Hij riep me bij zich en zei dat ik ermee moest ophouden. Ik zei dat ik dat niet deed. Hij zei dat ik dan ontslag moest nemen. Ik zei dat ik dat ook niet deed.'

'Dus daarom hadden ze die vergadering met alle partners,' zei ze. Je kunt niet plotseling een vergadering houden met bijna honderd partners, waarvan sommigen kwamen overvliegen uit Washington en anderen in vrijetijdskleding vanuit hun vakantiebestemmingen arriveerden, zonder dat iedereen op kantoor zich afvroeg waarom.

'Daarom dus,' zei hij. 'Ze moesten een stemming houden over mijn ontslag. Ze hadden drieënzestig stemmen nodig, en een opzegtermijn van vierentwintig uur. Ik heb gehoord dat Harold Mooney er was.'

'Dat heb ik ook gehoord,' zei ze. Mooney was het hoofd van de afdeling Strafzaken van Adams en Sherman, een van de grootste conservatieve firma's in Boston.

'Dan zullen ze wel bang voor me zijn, hè,' lachte hij. 'Ik vind mezelf niet zo angstaanjagend.'

Ze nam een slok van haar tonic. Kate was zo'n vrouw die altijd, zonder aanwijsbare reden, een heroïsche strijd leek te leveren met haar gewicht: wortels knabbelen, spa drinken, zo'n vrouw die onophoudelijk vernederd wordt door een of ander detail in haar fysionomie dat de rest van de wereld ontgaat. Ze was geen mannequin, maar ze was slanker dan Mulcahy. En langer.

'Wat is dat allemaal met Parisi?'

'Mars,' zei hij. 'Die vent zit op Mars. Ik bedoel maar.' Hij schudde zijn hoofd. 'Nou moet ik naar een ander arrondissement! Dat lukt me nooit.' Weer schudde hij zijn hoofd.

'Volgens de *Globe* wilde hij je aanklagen wegens smaad...'

'Dat zal wel. Dat zal best.' Hij dronk zijn glas leeg en bestelde opnieuw.

'Wauw,' zei ze, toen ze aan de gevolgen dacht. 'Waarom heb je het gedaan?' vroeg ze.

Wat gedaan? Dat was een moeilijke vraag. Hij vertelde haar niet het hele verhaal. Maar wat hij wel vertelde, was een deel van de waarheid. Eerst bleef hij een tijdje nadenkend van zijn bier zitten drinken. 'Toen ik hem sprak,' zei hij, 'was het duidelijk dat hij hulp nodig had. En hij vroeg of ik het wilde doen, hij wilde het echt heel graag. Dus toen zei ik bij mezelf, hier zit een vriend van me, hij heeft problemen, hij heeft me nodig, en wat zal ik daar eens aan doen? Ik zei dat ik het zou doen. Ik zal wel geschift zijn. Iemand hoeft maar te zeggen, ik ben helemaal wanhopig, help me alsjeblieft, en ik doe het al. Ik heb er niet echt bij nagedacht wat er op kantoor zou gebeuren. Ik bedoel, ik wist dat het een probleem zou worden. Maar niet dat het zo'n groot probleem zou worden.'

Hij stopte en dacht hardop verder. 'Ik weet niet wat ik gezegd zou hebben als ik geweten had dat ik ontslagen zou worden. Ik zou graag denken dat ik dan hetzelfde gedaan had, maar ik weet het niet. Hoe dan ook, ik heb gezegd dat ik het zou doen, en we hadden toen nog dertien dagen voordat het proces begon, en toen de Graaf daar zo zat in dat hoekkantoor van hem en mij liet weten dat "geen van de partners van Freer Motley de verdediging op zich zal nemen in deze zaak", toen, tja… Toen dacht ik plotseling: stik er maar in, ik vertegenwoordig Shepard. Ik doe het, en laten ze maar zien wat ze eraan doen kunnen. Het was nogal een opluchting, eerlijk gezegd.'

Ze merkte dat ze naar hem zat te staren met een idiote grijns op haar gezicht, en ze wendde zich af. 'Heb je Tony gesproken?' vroeg ze. Tony Alberti was *de facto* hoofd van de afdeling Strafzaken en was een soort mentor voor Mulcahy geweest. Alberti was een begaafd strafpleiter en wist veel van bedrijfspolitiek.

'Nog niet,' antwoordde hij. 'Hij was de stad uit voor zaken. Hij heeft me thuis opgebeld toen hij erover hoorde. In feite was hij heel sportief. Zei dat hij het begreep. Hij zei dat ze het contract zouden beëindigen wegens wanprestatie, maar dat hij tégen zou stemmen.'

'En heeft hij dat gedaan?'

'Weet ik niet. Het zal wel. Dan zou ik de stembriefjes moeten nakijken.'

Ze praatten verder terwijl het café steeds leger werd. Uiteindelijk haalde hij zijn laptop te voorschijn. Hij haalde hem uit de

draagtas. 'Kate, ik snap dat ding niet,' zei hij. 'Hij wil geen paginanummering maken, en geen voetnoten enzo, en hij kan niet printen. En met het modem kom ik niet binnen in Westlaw. Jij weet hier toch alles van, nietwaar? Ik hoopte dat jij misschien…'
Maar hij was nog niet uitgesproken of ze had de computer al opengeklapt en gestart en zat de vensters door te nemen. Een minuut of tien maakte hij moeizaam aantekeningen terwijl zij uitlegde hoe hij bij de verschillende functies kwam. Toen keek ze op en zei: 'Dit is belachelijk. Jij hebt hier helemaal geen tijd voor.'
'Dat is zo,' zei hij, 'maar ik heb geen keus.'
Ze schudde haar hoofd en keek hem met wijdopen ogen aan. 'Je hebt wèl een keuze,' zei ze zachtjes.
Hij begreep haar. 'Nee,' zei hij, 'ik heb géén keuze, Kate. Dank je voor je aanbod, maar daarvoor heb ik je niet gebeld. Laat me maar gewoon zien hoe dat ding werkt.'
'Nee, ik geef geen les.' Ze glimlachte.
'Kate, even serieus. Eén rituele zelfmoord voor John Shepard is wel genoeg.'
'Ed,' zei ze, 'je bewijst je klant zeker geen dienst als je de resterende tijd voor aanvang van het proces blijft zitten leren hoe je met een modem moet omgaan. Ik help je wel. Dan werk ik alleen 's nachts en heel vroeg in de ochtend. Lijkt me leuk, eigenlijk. Ik vind het wel spannend.'
Hij liep rood aan toen ze de zaak in eigen hand nam, het barmeisje riep voor nog een bestelling, en van Mulcahy wilde weten wat voor bestanden hij als eerste nodig had, wat voor moties hij wilde indienen, wat voor memo's hij had over onduidelijke punten in de tenlastelegging. Kate had geen ervaring met strafzaken, maar ze had het zonnige vertrouwen van een ervaren jurist die ervan uitgaat dat het ene juridische probleem niet zo veel kan verschillen van het andere. Toen ze uitgesproken was, wist hij niet wat hij moest doen of zeggen, maar alleen al het vooruitzicht met iemand te kunnen praten, was onweerstaanbaar. Hij nam haar hand dus tussen zijn handen; nogmaals met een zekere aarzeling, want het was noch een zakelijke handdruk, noch de liefkozing van een minnaar. Hij zei: 'Ik ben je heel dankbaar.' Beiden waren hierdoor even uit hun evenwicht. Misschien waren ze beiden verbaasd om te merken dat de aanraking van de ander warm en welkom was. Misschien hielden ze elkaars handen iets langer vast dan de etiquette voorschrijft, maar zeker was dat niet.

Toen ze het café verlieten, kwamen ze langs de hoefijzervormige bar, en Mulcahy kwam oog in oog te staan met het portret van Daniel Webster. Het schilderij hangt naast het raam dat uitkijkt op Union Street, achter de lange zeepstenen aanrechtbladen vol oesters. Webster staat afgebeeld alsof hij tegen dezelfde gepolitoerde halfronde bar leunt die er nog steeds staat. Naast hem staan een bord vol oesters en een roemer cognac, en hij is vast en zeker op weg naar huis na een zoveelste overwinning in de rechtszaal. Misschien vallen de oesters niet goed: hij kijkt streng uit zijn ogen. Rufus Choate, Daniel Webster! Mulcahy haalt zich tegenwoordig wel de afkeur van dode advocaten op de hals!

Ze liepen Union Street uit en de treden van het regeringsgebouw op. 'Is het waar wat ze zeggen?' vroeg ze. 'Over jou en John?'

'Wat zeggen ze dan?'

'Over het ongeluk, bedoel ik. In Colorado. Dat hij jouw leven gered heeft.'

'Dat is waar,' zei hij, en verviel in stilzwijgen. Ze liepen verder door Tremont Street naar de begraafplaats Old Granary. Hij bleef staan bij het gietijzeren hekwerk en samen keken ze naar binnen, naar de monumenten, naar de opvallende obelisk die Benjamin Franklin had opgericht voor zijn vader, en naar de donker geworden stenen daarachter. Het is een spookachtige plek, een oud kerkhof midden in de stad, de koloniale grafzerken gladgesleten door de jaren, in de schaduw van de omringende kantoorgebouwen.

'Ja, dat is waar,' zei hij nogmaals, toen ze naast hem stond. 'Maar voor John was het niet genoeg om mijn leven te redden. Eerst moest hij me bijna de dood in jagen.'

In haar blik lag het verzoek om uitleg, maar hij schudde zijn hoofd en ze sloegen Park Street in. Maar eerst bleef hij op de hoek staan en gebaarde naar de nu schemerige rij juweliers, louche stereozaken en delicatessenwinkels.

'Wat is dat?' vroeg ze.

'Ons nieuwe adres,' antwoordde hij.

19

Hij keek hoe Kate het station in liep. Mulcahy stond bij de trap en bedacht dat hij zelf het station in moest, naar huis met de groene lijn. Maar hij kon er nu niet meer omheen, de gehate herinnering liet zich niet meer verdringen. Hij keek omlaag naar de tas waarin de laptop zat, en voor zijn geestesoog werd de riem op de tas de riem van een rugzak, de tas zelf een blauwe bergbeklimmersrugzak.

Hij zuchtte en besefte dat hij er nu doorheen zou moeten of dat hij er anders wekenlang door afgeleid zou worden. Dus ging hij op weg naar het park. Die avond zou hij de bijna tien kilometer naar zijn appartement te voet afleggen. En terwijl hij zijn tocht over het duistere pad begon, dacht Mulcahy terug aan het berglandschap.

Het was begonnen op de tweede dag van wat drie jaar geleden een skivakantie van een week had moeten worden. Shepards opmerkingen en zijn verhalen over afgelegen dalkommen vol ongerepte sneeuw hadden Mulcahy verleid tot een tocht langs een aantal berghutten. De telemark is een smallere versie van de gewone ski. Hij zit met een driepins teenclip of een kabel aan de voet vast, zodat de skiër zijn hiel nog van de ski kan lichten. De ski is dank zij zijn metalen randen stevig genoeg voor bochten tijdens de afdaling. Maar omdat de hiel vrij is, kunnen de ski's ook gebruikt worden voor langlaufen, vooral wanneer je er een polyester 'vel' omheen doet, gemaakt van een stof die dezelfde eigenschappen bezit als de dierehuiden die de Frans-Canadese stropers lang geleden voor dat doel gebruikten. Bont ligt vlak en glad op de sneeuw zolang de ski naar voren verplaatst wordt. Maar als de ski op een heuvel achterwaarts glijdt, wordt het bont tegen de haren in gestreken en remt het de beweging af.

Die middag in maart had de Uncle Bud's Mulcahy een welkome aanblik geboden nadat ze die eerste dag vanuit Leadville waren komen klimmen. Uitgestrekt op de veranda van de prachtig gelegen berghut had hij de ijle lucht naar binnen gezogen en zich verwonderd over de adembenemende natuur. De hut stond op een hooggelegen bergweide, omringd door bergtoppen en sneeuwvlakten met hier en daar een paar sparren.

Die eerste dag was schitterend geweest, een volkomen stille, zonovergoten maartse dag. Maar toen de mannen die tweede ochtend de veranda op stapten, in het roze en grijs van de dageraad in de bergen, wisten ze beiden dat dit een ander soort dag zou worden. De lucht was vol stratocumuluswolken die laag over de bergtoppen scheerden en de zon was maar af en toe te zien in het oosten. Het was kouder dan de dag ervoor. De wind was gedraaid naar het noordwesten. Shepard keek zorgelijk. 'Draait uit op storm,' zei hij. 'Denk ik. Nou, al die prachtige sneeuw zal ook wel niet in de volle zon gevallen zijn, nietwaar? We zullen Jezus moeten zoeken met onze sneeuwbrillen op.'

'Ik had jou eigenlijk nooit beschouwd als een van Zijn gezalfden,' had Mulcahy geantwoord.

'Zijn wegen zijn ondoorgrondelijk, makker,' glimlachte Shepard. Dat duurde echter maar even. Meteen klonk zijn stem weer zakelijk. 'Hou je kompas en je topografische kaart in je jaszak.'

Mulcahy knikte.

'Dan zou ik zeggen, gelijk geschreven staat: begeeft U op den hogen berg.'

Mulcahy wist nog dat hij zich korte tijd later, toen ze hun eerste schreden op het spoor gezet hadden, had omgedraaid voor een laatste blik op de Uncle Bud's, de zonnige berghut met de warme houtkachel en de dampende sneeuwketel. Maar de hut was al niet meer te zien. Het werd koud, en toen hij weer op pad ging zag hij Shepard nog net rond een bocht verdwijnen.

Het was een steile klim vanuit de hoge weide. Voor Mulcahy uit liep Shepard. Hij maakte geen overbodige bewegingen, hij wankelde of gleed niet. Zijn vel gaf hem een prima greep op de sneeuw en hoewel het pad steil omhoog liep hoefde hij bijna nooit in de visgraatpas te lopen. Mulcahy hield hem met moeite bij. Hij voelde zijn dijen branden.

Shepard lag een heel eind voor op Mulcahy. Zo was hij: hij moest altijd de beste zijn.

Mulcahy's hart was gaan bonzen. Waarom zeulde hij al die zooi de bergen in, richting lawinegevaar, op van die smalle skietjes, hijgend en puffend om iemand bij te houden die in een gesloten inrichting thuishoorde? Omdat hij geen *nee* kon zeggen tegen Shepard? Gedeeltelijk. Bijna niemand kon dat. (Hij grinnikte, tussen teugen dunne lucht door, toen hij terugdacht aan die maandagochtend toen hij zijn kantoor binnengelopen was en op zijn bureau een gehavend paar oude Karhu-telemarkski's had aangetroffen, nog volop in de was zodat de papieren eronder smerig geworden waren, met een briefje in Shepards hanepoten: MAAK EENS EEN BERGTOCHT, SUFFERD!)

Kwam het doordat Shepard de juiste toon getroffen had om Mulcahy uit te dagen? Doordat hij hem met die laserblik aangestaard had vanachter een bureau dat bezaaid was met bierflesjes en hem uitgedaagd had? Gedeeltelijk. Dat was tenslotte het geheim van Shepards genialiteit. En gedeeltelijk kwam het doordat Mulcahy de man een jaar tevoren op een lentemorgen had zien skiën bij Tuckerman's Ravine, en de smaak te pakken gekregen had. Shepard was sneller geweest dan hij, op en neer verend in de telemarkershouding, zijn ski's recht naar voren, in razende vaart omlaag suizend. Later, toen ze naar adem happend onder de rotsen in de zon op hun stokken stonden te leunen, had Shepard hem een knipoog gegeven en gezegd: 'Maak je hielen vrij, man. Dan volgt je geest vanzelf.'

In het bos dronk Mulcahy de geur van de douglassparren in en luisterde hij naar het geluid van zijn eigen ademhaling. Hij stelde zich voor hoe Shepard, een heel eind vooruit, zichzelf voortjoeg, met bonzend hart, het bloed kloppend in zijn aderen. Mulcahy wist dat er niets was waardoor Shepard zo verteerd kon raken als de kans om zijn lichaam, dat geschapen was voor hard werk, over de grens te jagen.

Het spoor liep verder naar boven. Ondanks de kou verschenen er zweetdruppels op Mulcahy's voorhoofd. Ze liepen onder de leren band van zijn zonnebril zijn ooghoeken in. Zijn schouderbladen werden nat onder de rugzak en onder de draagriemen verschenen donkere plekken. Zijn bilspieren voelden aan als gespleten hout en zijn dijbenen brandden van vermoeidheid. De enige geluiden waren de zwiepende passen van de ski's, de berglucht die met volle teugen ingeademd werd en af en toe een licht gekletter als er een ski zijdelings geplaatst werd voor meer greep op de sneeuw.

Na twee uur klimmen kwam Mulcahy bij een weide aan. Daar stond Shepard op hem te wachten. Mulcahy zag dat hij ongeduldig was. Er stond een stevige wind. Het was bitter koud.

'Hoe gaat het met je voeten?' vroeg Shepard. 'Geen blaren? Als je een blaar voelt opkomen, doe daar dan nu iets aan. We hebben een lange dag voor de boeg.'

Mulcahy knikte. 'Het gaat prima,' zei hij, terwijl hij nog steeds piepend om lucht vocht.

Rondom de weide stonden sparren, met aan één kant een bosje espen. Door een opening tussen de bomen, verder naar het zuiden, was te zien hoe de toppen van de Sangre de Cristos achter de wolken verdwenen en weer te voorschijn kwamen. Het wolkendek werd steeds dichter. Maar Shepard bleef niet lang staan wachten.

'Ik denk dat ik verder de lift neem,' zei Mulcahy terwijl hij zijn rugzak op zijn schouders hees. Zijn ademhaling klonk nog steeds gierend.

'Het is gemakkelijker voor een kameel om door het oog van de naald te gaan, dan voor een sufferd om het koninkrijk van Pow Pow binnen te gaan,' zei Shepard.

Mulcahy zoog een stoot ijle lucht naar binnen en trok zijn rugzak recht. Niet veel mis met het koninkrijk van Pow Pow, dacht hij, alleen een beetje weinig zuurstof.

Het spoor liep over een bergrichel op het zuiden, maar het wolkendek was dichter geworden en er was maar weinig uitzicht. Vanuit het noordwesten kwamen nog meer wolken aangestormd. De twee skieden verder. Het spoor liep nog ruim een kilometer over de bergwand, minder steil nu maar nog steeds bergopwaarts. Daarna kwamen ze aan op een in de wind gelegen rotsrand. Het spoor werd nu minder steil en Mulcahy kon Shepard bijhouden. 'Moet je eens opletten, man,' zei Shepard. Mulcahy had niet verder gekeken dan de achterkant van de ski's van zijn collega. Hij keek en zag hoe Shepard de richel af gleed en moeiteloos tot stilstand kwam. 'Kom eens kijken,' zei hij terwijl hij keek naar iets in de sneeuw. Mulcahy skiede omlaag. Daar was het, een paar centimeter breed, over de hele breedte van de helling, zo'n zeven meter onder Shepards dalski, net een barst in stucwerk. Geen van beide uiteinden van de barst was te zien. Je hoefde weinig van bergen te weten om te beseffen wat dat was. Mulcahy voelde zijn keel droog worden. 'Geen goed idee om daar onder te gaan skiën?' vroeg hij.

'Wat je zegt,' zei Shepard. Toen ze terugklommen naar de richel, praatten ze zachtjes. 'Ik heb een keer in een lawine gezeten,' zei Shepard. 'In de laagste klas van de middelbare school.'

'Serieus?'

'Ja, heel serieus.'

'Hoe kwam dat?'

'We staken de gletsjer aan de noordkant van Peak Five over, bij Breckenridge. Vroeg in de ochtend, geen zon, niks. En weet je wat het was, ik had een "Peips", ik had een schep, ik had er alles over gelezen, ik was met een goeie groep, noem maar op: het maakte helemaal niets uit. Het duurde twee uur voordat ze me gevonden hadden, en toen nog eens een minuut of twintig voordat ze me uitgegraven hadden uit sneeuw die zo dik was als aardappelpuree. Ik heb het alleen maar gered doordat er een bel lucht om m'n hoofd zat toen de lawine tot stilstand kwam. Kennelijk zat mijn hoofd maar twintig centimeter onder de sneeuw, en ik kon een arm uitsteken en een luchtgat maken. Pure mazzel. Ik droom er nog wel eens over, af en toe, over vastzitten. En weet je, de hèrrie die zoiets maakt.'

Halverwege de ochtend kwamen ze aan bij de rotswand, waar het spoor naar het westen afboog en het dal inliep. Vanaf de oevers van een bergbeekje staken vingervormige dennen omhoog. Daar tussen lag poeder, steil en open. Ze stopten om wat te eten en te drinken. Het was kouder geworden, en allebei trokken ze een winddicht jack aan over hun fleece jack heen. Ze aten wat geconcentreerd voedsel en trokken hun ski's weer aan.

Mulcahy keek naar de steile afdaling. Een duizelingwekkende sneeuwvlakte liep af naar een gangetje tussen een rotspartij en een sparrenbos. Heel ver daar onder waren de groene kruinen van het bos te zien. 'Heb jij een voorstel?' vroeg hij.

Shepard glimlachte. 'Ed, man, op dit soort momenten moet je altijd twee dingen doen.'

'Wat dan?'

'Om te beginnen: knielen. Jij bent toch katholiek?'

Mulcahy knikte, zijn blik nog steeds op de afgrond gevestigd.

'Precies. Dan weet je dus wat knielen is. Buig je knieën. Je kunt niet telemarken als je je achterste knie niet helemaal doorbuigt tot op de ski. Gewoon erop leggen. Dan heb je een ondergrond.' Shepard zette zijn sneeuwbril recht. 'En voor de rest,' zei hij, 'laat je je gewoon leiden door de profeet Mica.'

Mulcahy keek hem aan. 'Mica?' vroeg hij.

'Niet zo bijbelvast met het Oude Testament?'

Mulcahy schudde zijn hoofd.

'Wij van de pinkstergemeente zijn dol op het Oude Testament,' zei Shepard. 'Massa's prima hellevuur te vinden. Sla het erop na, jij paapse heiden!' Even later was de rode parka de afgrond in verdwenen. En terwijl Shepard de eerste bocht in sprong, klonk zijn stem: 'Weest rechtvaardig!' (een bocht), 'Weest genadig!' (nog een bocht), 'En skiet in nederigheid (nog een bocht) voor het aangezicht des Heren!'

Mulcahy bleef nog even aan de rand van het ravijn staan en keek hoe Shepard scherpe bochten maakte door de ongerepte poedersneeuw, de zolen van zijn laarzen zichtbaar achter de opstuivende zachte sneeuw. Even later was hij een blauw met rood figuurtje in de diepte.

Mulcahy had zich de telemarkbocht niet eigen gemaakt, zelfs niet zonder rugzak van bijna twintig kilo. Uiteindelijk duwde hij zich af. Hij duwde zijn punten afwisselend naar het dal en dan weer naar de berg. Zo scharrelde hij de afgrond in. Bijna onderaan viel hij. Door het gewicht van zijn rugzak tuimelde deze over zijn schouders heen en sleurde hem mee de diepe sneeuw in, over zijn skipunten heen.

Zijn ski's, die bijna alle kanten op konden draaien, doken als razenden de poedersneeuw in. Hij kwam tot stilstand, hapte naar lucht en luisterde naar het donderende gelach dat van beneden hem kwam. Zijn sneeuwbril, muts en stokken lagen verspreid over de sneeuw. 'Kijk en grijp!' brulde Shepard.

Met grote inspanning maakte Mulcahy een van zijn ski's los. De andere zat onbeweeglijk vast en hij moest er met zijn wanten omheen graven. Het duurde bijna tien minuten voordat hij weer op zijn voeten kon staan. Met elastieken knieën en hyperventilerend kwam hij in het bos op de bodem van het ravijn aan.

Even later stopten ze om te lunchen. Het was een vreugdeloos maal. Ze moesten nog bijna twintig kilometer verder op deze te ambitieuze dag en meer dan de helft moest geklommen worden. Mulcahy was moe en niet meer in de stemming.

Toen ze bijna door hun lunch van tonijn en Snickers heen waren, begon het te sneeuwen. Eerst vielen er een paar sneeuwvlokken, maar al snel werd de sneeuw dichter. Tegen de tijd dat ze hun spullen weer ingepakt hadden, lag er op hun rugzakken een laagje wit poeder, als suiker op donuts. Ze zetten hun skibrillen op en hesen de rugzakken om hun schouders. Binnen een paar minuten was het sneeuwbuitje een sneeuwstorm geworden en begon een straffe noorderwind de sneeuw voor zich uit te jagen.

'Godverdomme,' zei Shepard terwijl hij zijn kompas voor zich hield en probeerde zijn richting te bepalen. Het kompas was onleesbaar door de sneeuw, en verder dan tien of twaalf meter viel geen baken te bepalen. Nu klommen ze weer. Al snel werd het zwaar werk, en zelfs de vellen om de ski's heen gaven weinig greep op de ondergrond.

Het sneeuwde nu hard en het werd steeds kouder. Met een groot aantal stops om het kompas te controleren met de topografische kaart en om de storm te vervloeken, leidde Shepard de weg over een vallei heen en begonnen ze aan de trage klimtocht naar Hunston's Saddle, tussen Lower Goat's Ear en Lyons Peak.

Langzaam kropen ze omhoog. Er viel niets te zien, er viel niets te voelen afgezien van wit en wind, kou en brandende sneeuw. Ze begonnen te klimmen op meer dan drieduizend meter, en ze moesten achthonderd meter omhoog. Halverwege de helling leek de sneeuwstorm in kracht te verdubbelen. Mulcahy voelde zijn dijen trillen. Hij hijgde, niet in staat voldoende zuurstof in zijn longen te halen. Zijn hoofd tolde lichtelijk en hij struikelde vaak. Onder Mulcahy's ski's begon de sneeuw zich een pad te banen tussen het plakband en de vellen en, toen de vellen begonnen los te laten van de ski's, tussen de ski zelf en het vel. De ruimte tussen Shepards helderrode parka en Mulcahy werd steeds groter, totdat hij Shepard al enkele minuten na een kort oponthoud amper meer kon zien in de verte. En het bleef maar sneeuwen.

Laat in de middag voelden de skiërs dat ze vlakke grond bereikt hadden. Ze stonden in een soep van sneeuw en mist. Uitgeput besefte Mulcahy dat ze het zadel bereikt hadden.

Ze stopten, dankbaar dat ze even konden rusten maar beseffend dat een langdurige pauze in dat weer een vergissing zou zijn. Het was nu bitter koud. De wind was toegenomen en joeg de sneeuw horizontaal voor zich uit. Mulcahy hapte naar adem. Met een leren handschoen schoof hij zijn parkamouw onhandig omhoog om op zijn horloge te kunnen kijken. Vier uur. Wanneer er dingen fout gaan in de bergen, gebeurt dat vaak rond vier uur.

'Hoe gaat het, man?' brulde Shepard boven de wind uit.

Mulcahy keek hem alleen maar aan, en knikte. De wind gierde om zijn muts.

'Wat een ellende, hè?' schreeuwde Shepard met een grijns als bracht hij een duivelse boodschap over. En in die sneeuwstorm, met zijn parka tot bovenaan dichtgeritst en zijn sneeuwbril op, was die grijns het enige wat van de man te zien viel.

Mulcahy knikte nogmaals.

'Luister, man,' brulde Shepard, 'nog maar negen kilometer hiervandaan naar Wilderness, zes daarvan heuvelafwaarts. Je hebt het ergste achter de rug...'

Shepard zweeg om zelf op adem te komen. Hij viste een chocoladereep uit zijn zak en bood Mulcahy de helft aan. Het spul was keihard. Mulcahy dacht dat hij zijn tanden erop zou breken. Ze dronken allebei wat water.

'Eerst krijgen we daar beneden een lekkere dalkom, bijna een kilometer lang,' hervatte hij, nog steeds schreeuwend om zich verstaanbaar te maken. 'Dan worden het bomen, gemakkelijk, ver uit elkaar, nog eens bijna twee kilometer. En dan gaan we naar links, daar is een uitloper vanaf Lyons. Kom op. We moeten uit die wind weg.'

Mulcahy staarde naar de helling. Hij kon ongeveer zeven meter voor zich uit kijken. Alles was wit.

Shepard was moe. Hij dacht niet zo helder als hij gewoonlijk deed, en observeerde minder scherp dan gebruikelijk. Hij voelde zich geïrriteerd en gefrustreerd over de tocht en de dag en het slechte weer. Hij zag niet dat Mulcahy aan het eind van zijn Latijn was, dat hij geen kracht meer in zijn benen had, dat hij uitgeput was.

'Je kunt niet zeggen dat ik je niet meeneem naar schitterende plekken!' riep Shepard. 'Alles wat je vandaag zult meemaken, speelt zich hier af!' Hij stopte de kaart weer in zijn borstzak en zette zijn bril recht. Mulcahy keek hoe Shepard een grote, elegante telemarkbocht maakte en gemakkelijk door de diepe sneeuw gleed. En toen, toen de rode parka met de blauwe rugzak omhoogkwam voor de volgende bocht, werd alles grijs door de opstuivende sneeuw. Shepard was niet meer te zien.

Mulcahy gleed de dalkom binnen. Maar hij had geen kracht meer in zijn spieren. Hij viel in de diepe sneeuw. Met grote inspanning strompelde hij weer overeind, kwam omhoog op zijn ski's, ging op weg, en viel weer. Toen hij voor de derde keer overeind kwam, hijgde hij van inspanning. Shepards sporen waren niet meer te zien. Zijn oren en neusgaten kwamen vol sneeuw te zitten. Zijn sneeuwbril zat vol, en het sneeuwde in bij zijn kraag en mouwen. Hij zag geen hand voor ogen. Hij begon bang te worden. Zijn eigen gewicht werd te zwaar. Weer viel hij, en weer. Pas toen hij vijf, zes keer gevallen was, bereikte hij het bos. Zijn benen trilden en hij hijgde. Hij deed alles verkeerd. Nu hij geen vertrouwen meer had, durfde hij zijn ski's niet te sturen met zijn lichaamsgewicht, maar ploegde hij ze vooruit, wat veel kracht vereiste vanwege de diepe sneeuw. Daardoor raakte hij uit zijn evenwicht, en werd er een zwaar beroep gedaan op de weinige kracht die hij nog over had. En verder omlaag ging het. Hij probeerde links aan te houden, maar het leek of hij in een geul zat. Hij zag geen rots, geen ander pad. De bomen werden steeds dichter, kwamen brullend uit de witte soep van de sneeuwstorm te voorschijn en stonden steeds dichter om hem heen.

Het begon donker te worden, hoewel hij alleen kon zien dat het wit dat rondom hem alle perspectief wegnam, nu snel grijs werd. Mulcahy bleef staan. Hij vocht om op adem te komen en stond

149

misschien wel een minuut lang in de steeds toenemende kou, met alleen het gegier van zijn eigen longen in zijn oren. Het enige andere geluid was het onophoudelijke geloei van de wind. Hij haalde een teug van de ijle lucht naar binnen. Hij was Shepard kwijt. Het was nog kilometers voordat hij bij zijn bestemming aankwam.

Zijn geest begon alle kanten op te schieten. Dit zag er niet goed uit. Dit zag er beslist niet goed uit. Kleine flarden gedachten en paniek streden om zijn aandacht. Shepard zou hem intussen missen. Zelfs als Shepard het dal uit klom, zouden Mulcahy's sporen overdekt zijn tegen de tijd dat hij het punt bereikte waar Mulcahy van het pad geraakt was. En tegen die tijd zou het donker zijn.

Hij stampte op de grond en schudde sneeuw van zijn armen en benen. Ergens voelde iets verkeerd aan, moeilijk te plaatsen, en hij keek omlaag. Een moment lang staarde hij niet-begrijpend naar de grond: ergens zag iets er ongelijk uit in het geluid van de wind en door de alles verduisterende sneeuw, maar hij wist niet wat. Hij schudde de sneeuw van zijn dalski af. 'O, god,' zei hij.

Een van zijn vellen was verdwenen.

Hij moest het bij een van zijn valpartijen verloren zijn. Hoe kon het dat hij dat niet gemerkt had? Zonder vellen, in diepe sneeuw, is het zo goed als onmogelijk om de heuvel op te klimmen. Met één vel? Hij keek om zich heen en bepaalde een lijn om de heuvel overdwars op te klimmen. Hij richtte zijn blik op een spar die ongeveer zeven meter verderop stond, voor zover hij kon zien in de steeds donkerder wordende storm. De wind huilde overal om hem heen.

Een paar minuten lang leverde hij strijd, wankelend en achteruit glijdend. Het leek zinloos. Zelfs een heel flauwe helling haalde hij niet.

Zijn gedachten tolden nu op volle snelheid. Hij kon niet terug om te proberen of hij Shepards sporen kon volgen. Hij zou de hut bij Wilderness niet halen, die avond.

Ed Mulcahy wist maar weinig over overnachten onder dergelijke omstandigheden, maar zelfs in zijn verdoofde staat die middag die al snel avond werd, bleven zijn instincten scherp. Geen paniek, dacht hij. Geen paniek. Hij keek om zich heen op de steile berghelling en koos een grote spar uit. Daar liet hij zijn rugzak vallen. Met zijn ski stampte hij een stuk sneeuw van twee bij twee meter aan, onder de boom. Na een tijdje had hij een oppervlak waarop hij kon staan. Hij maakte zijn ski's los, zette ze aan één kant in de sneeuw en begon met zijn wanten een sneeuwgrot te graven. Na een halfuur had hij een mansgrote ruimte in de sneeuwhoop uitgegraven. Moe en transpirerend haalde hij zijn slaapzak uit zijn rugzak, vouwde de isolatiedeken open, bekleedde daarmee de wanden van zijn grot en duwde de donzen slaapzak naar binnen. De enige kleren die hij uittrok voordat hij in de slaapzak kroop, waren zijn wanten en zijn overschoenen. Zijn dikke leren laarzen hield hij aan. Toen hij de grot in geschoven was, trok hij de rugzak onder zich. Nog een paar minuten keek hij hoe de sneeuwvlokken zijdelings over de berghelling joegen, en zo lang hij nog iets zien kon, staarde hij naar de topografische kaart. Hij at een Snickers en wat geconcentreerd voedsel.

Het werd snel donker. Met opengesperde ogen lag Mulcahy uit zijn grot naar buiten te staren. Al zijn zintuigen leken op hol geslagen. De storm vlakte al het licht van de sterren uit, al het maanlicht, wat voor licht dan ook. Het was een ondoordringbare duisternis. De wind hield onverminderd aan, een onophoudelijk gegier door de sparren. Hij kon nog net zijn eigen hartslag horen. Urenlang was hij klaarwakker, maar zijn gedachten wilden geen logische gang volgen. Uiteindelijk werd hij door zijn vermoeidheid overmand en viel hij in een onrustige slaap.
Toen hij wakker werd, koud en huiverend, was de wind nog sterker geworden en werd de sneeuw tegen de paar centimeters blote huid van zijn gezicht aan geblazen. Aan de binnenkant van zijn isolatiedeken was condens gevormd. In de bittere koude van de nacht was het water bevroren tegen zijn slaapzak aan. Het was nog donker toen hij wakker werd. Hij lag te bibberen in de grot, wachtend tot het ochtend zou worden. Dat duurde heel lang. Bedankt, John, dacht hij terwijl hij uit de grot staarde. Die flair en die zelfverzekerdheid waren reuze leuk als de zon scheen. Shepard had hem hierheen gelokt met verhalen over een soort telemark-hemel vol steile hellingen en diepe sneeuw. Prachtige verhalen. En nu was Shepard gewoonweg verdwenen. Hij zou een goede kandidaat zijn voor de wereldkampioenschappen mooipraten.
Het voordeel van de gebeurtenissen die middag en avond was in ieder geval dat alles op zo korte termijn gebeurde dat hij niet

verder vooruit kon denken dan een halfuur. Binnen een halfuur zouden zijn sporen zijn uitgewist. Binnen een halfuur zou het donker zijn. Enzovoort. In de donkere periode voor zonsopgang had hij te veel tijd om na te denken. Want nu had hij alleen nog de ochtend om op te wachten en niet het flauwste benul wat hij zou doen als die aanbrak.

Op dat onwerkelijke moment begon Ed Mulcahy zich voor het eerst af te vragen of hij zou doodgaan. Of hij inderdaad dood zou gaan omdat hij was meegegaan met John Shepard. Hij kon zich niet bewegen. Het was koud en het zag er nog niet naar uit dat de storm zou gaan liggen. Hij wist dat er vaak mensen doodgingen in de bergen. De gedachte kwam in hem op dat hij er wel even over zou doen om hier dood te gaan. Bevriezing zou een eenzame dood zijn. En toen stelde hij zich voor hoe hij tegen het einde van de lente zou worden uitgegraven door mannen die hun hoofd zouden schudden over de onnozelheid van die lui uit de stad, die uit de klei getrokken types, die toeristen. Wat een gênant grafschrift.

Zijn spieren waren koud en stijf en zijn vermoeidheid was niet verdwenen. Hij voelde dat hij iets helderder kon denken dan tevoren. Zijn instinct spoorde hem aan op weg te gaan, een poging te wagen. Hoe lang zou hij hier blijven? Hoe zou iemand hem hier ooit kunnen vinden? Die storm zag eruit als iets dat voor altijd zou doorgaan. Langzaamaan werd hij zich bewust van boomstammen die vorm aannamen in de storm. Toen het grijs overliep in wit, zag hij dat de ingang van zijn grot ingesneeuwd was. Het uiteinde van zijn rugzak, dat buiten de grot uitstak, was onherkenbaar. Hij had het koud. Hij moest in beweging komen. Maar dat instinct raakte in conflict met zijn professionele scepsis. Hij staarde naar zijn topografische kaart. Hij zag de zuidoostelijke uitloper van Lyons. Hij moest noordelijker zitten. Maar waar?

Het was een academische vraag. Hij kon zich met één vel niet de heuvel op begeven, zelfs al had hij kunnen zien waar hij liep. Dat was een argument om te blijven. Net als de stem die zei: 'Blijf zitten waar je zit. Zíj gaan wel op zoek naar jóu. Je houdt het hier best een tijdje uit. Je hebt een slaapzak. Je hebt dikke kleren aan. Je hebt lucifers...'

Hij had lucifers. En hij dacht na over die lucifers terwijl het grijze schijnsel dat voorafgaat aan zonsopgang, tergend langzaam in ochtendlicht veranderde.

Mulcahy rommelde door zijn rugzak op zoek naar zijn geconcentreerde voeding. Terwijl hij de inventaris opmaakte, begon er een plan vorm aan te nemen: afgezien van zijn kleren had hij twee appels, havermout, oploskoffie en een pak gevriesdroogde macaroni. Hij had een kompas, een Peips (een radiozender voor gebruik bij het zoeken naar lawineslachtoffers), een mijnwerkerslamp, een uitgebreid zakmes, een waterbestendige luciferhouder en een isolatiedeken. Hij at wat van de havermout met sneeuw. De suiker deed hem goed. Terwijl hij de havermout at, besloot hij dat hij zijn slaapzak zou inpakken en een eindje naar beneden skiën, op zoek naar een omgevallen boom. Als hij iets van dood hout kon vinden, kon hij misschien een vuur maken. En dan... tja, dan niets. Voorlopig was hij tevreden met een planning voor de komende dertig minuten.

Het duurde even voordat hij zijn omgevallen boom gevonden had, maar hij vond hem, bijna een kilometer van zijn eerste kamp af. Hij deed er meer dan een uur over om een cirkel sneeuw aan te stampen rond de stam en dode takken van de spar te verzamelen. Als allerlaatste brak hij de dunste takjes tot aanmaakhout. Hij probeerde een rooster te maken voor de droogste twijgjes en legde ze voorzichtig over de twee grootste takken heen, die hij met zijn laars had kunnen breken. Het was prima brandstof, en in beter weer had het best kunnen werken. Maar door de hevige sneeuwval werden de twijgjes doorweekt zodra ze op hun plek lagen. Eén ademloos moment dacht hij, toen hij over zijn aanmaakhoutjes gebogen zat, dat zijn brandstapel vlam zou vatten. Maar de wind floot erdoorheen en blies alles uit. Toen hij nog maar één lucifer over had, gaf hij het op.

Nog steeds sneeuwde het. Er stond een noordenwind. Kwam er dan geen einde aan die storm? Hij kon nergens anders aan denken, en dus groef hij nog een sneeuwgrot en bracht de rest van de dag in rusteloosheid door. Tegen het vallen van de avond was hij volkomen verkleumd. Zijn tenen, vingers en lippen waren gevoelloos. Zijn wang reageerde maar traag op aanraking. Met moeite at hij de laatste appel op. Hij had hem tussen zijn dijen moeten opwarmen voordat hij er zijn tanden in had kunnen zetten. Nu had hij alleen de macaroni nog. Hij wist niet zeker of hij die weg kon krijgen, dus bewaarde hij die voor de volgende ochtend.

Door de sneeuwstorm waren sporen van een skiër al snel verdwenen. Mulcahy's eerste sneeuwgrot en zijn sporen bergafwaarts waren binnen het uur ondergesneeuwd en volkomen onzichtbaar toen John Shepard midden op de middag dwars over de berghelling skiede, nog geen honderd meter boven hem.

Voor zonsopgang ontwaakte Ed Mulcahy uit zijn halfslaap omdat hij een soort verdoving in zijn ledematen voelde. Zijn gedachten volgden elkaar zonder logische volgorde op, in flitsen. Logischerwijze vond hij nog steeds dat hij moest blijven waar hij was. De storm kon niet eeuwig duren. Maar zijn angst dreef hem op pad. Hij vond dat hij iets moest ondernemen. Waar of waarom deed er nu minder toe. De sneeuw had het laatste stuk brandhout van gisteren toegedekt. Het leek hem toe dat hij verder moest, want als hij hier bleef, zou hij samen met het vuur begraven worden.

De huid is het grootste orgaan van het menselijk lichaam. Het is onder andere een gigantische radiator, onderworpen aan dezelfde natuurkundige wetten als een auto. Wanneer de huid wordt blootgesteld aan een geleidend medium, wordt er hitte van binnen naar buiten geleid. Sterke wind bij temperaturen onder het nulpunt zijn bijzonder doeltreffend. Met een dergelijk medium straalt de huid warmte uit met dodelijke efficiëntie.

Het lichaam zit vol listen. Het zal in razende vaart proberen calorieën te verbranden als compensatie voor het warmteverlies, het zal zelfs zichzelf opeten als dat nodig is. Maar het ontkomt niet lang aan de eerste wet van de thermodynamica. Daarom komt de dood door onderkoeling zo bijzonder snel. Het begint met het gebruikelijke waarschuwingssignaal van het lichaam: pijn. Daarna volgen verdoving en huiveren, en dan verwarring. En vervolgens, als de temperatuur in de kern nog een paar bescheiden graden daalt, worden alle functies behalve de allerbelangrijkste, een voor een uitgeschakeld. Niet lang daarna houdt het hele lichaam ermee op.

Hoe sterk iemand ook is, hoe goed gevoed, hoe dapper ook, niemand kan acute onderkoeling weerstaan. Het slachtoffer moet onderdak krijgen, anders gaat het dood. En op deze derde dag van de sneeuwstorm had dat proces ingezet bij Ed Mulcahy. Hij was aan het doodgaan.

Zelfs de kaart was bevroren. Hij was broos en brak af in Mulcahy's trillende handen. Hij keek weer op de kaart, waarop de contourlijnen duidelijk werden en weer vervaagden. De berghut van Wilderness lag ten westen van Hunston's Saddle. Vanaf het gemiste pad dat het dal uit leidde en dat als hij omlaag keek links van hem moest liggen, volgde het spoor een soort rivier-bedding een vallei in. Hij zou in zuidelijke richting trekken, hopend dat hij de rots zou vinden waarover Shepard het gehad had, en dan naar het westen. En hij zou bidden.

Terwijl hij zich klaarmaakte voor vertrek, kwam er een gedachte bij hem op. Hij nam zijn zware zakmes en zaagde een vijftal sparretakken met veel naalden af. Met het band dat Shepard rond zijn stokken gebonden had, maakte hij de takken aan de onderkant van zijn linkerski vast. Zijn vingers bewogen als de vingers van een marionet. Hij kon het band alleen maar vast-pakken door zijn duim tegen zijn handpalm te drukken. Het resultaat zag er niet uit, maar na een halfuur had hij een geïmproviseerde sneeuwschoen als linkerski. Daarna wreef hij zo veel ijs en sneeuw als hij kon van het vel dat hij nog had. Het ijs kleefde aan de vezels van het vel als klitten aan de vacht van een hond. Zowel het oppervlak van de ski als de ruimte tussen vel en ski zaten er vol mee. Met het laatste stuk tape probeerde hij het laatste vel vast te maken. Ook hier stond hij te modderen tijdens het werk. Het plakband leek minder goed te kleven in de kou. Hij wist dat het niet lang zou houden. Zijn overschoenen waren stijf bevroren. Hij boog ze als kartonnen platen tot het ijs kraakte, en probeerde ze rond zijn laarzen te vouwen. Maar met zijn levenloze handen kreeg hij dat niet voor elkaar. Hij was amper in staat de driepinsverbinding van zijn ski aan de punt van zijn laars vast te maken.

Zijn vingers waren nu niet pijnlijk meer, en hij bewoog zijn handen onbeholpen, als knuppels, toen hij de rugzak omhees en zijn sneeuwbril opzette. Hij bepaalde zijn richting als pal zuid, met een in zijn handen bevend kompas. Het pad liep steil omhoog. Iets naar het westen was de helling minder steil. Hij zou proberen naar het zuidwesten te komen.

Zich afzettend met één ski begaf hij zich strompelend op pad. Mulcahy's lichaam reageerde nu bijzonder slecht, vanwege de onderkoeling. Hij bewoog zich schokkerig voort. Zijn gevoel voor evenwicht nam af, en hij viel vaak. Hij kwam vooruit, maar heel langzaam. Zijn benen weken uiteen als hij zijn gewicht verkeerd plaatste, hij tuimelde achterover als hij eindelijk houvast had. Dapper ploegde hij voort in zuidwestelijke richting. Vreemd, leek het hem, hoe het bos hem parten speelde: hoe het zuidwesten altijd net ergens anders leek te liggen dan hij dacht, en hoe hij zijn kompas begon te wantrouwen. Hij moest zichzelf stalen om dat niet te doen. Maar het was moeilijk, want net als zijn evenwicht was ook zijn concentratievermogen wankel en zwak. Hij had nu geen gevoel meer in zijn voeten: het voelde aan alsof hij op blokken hout liep. Ingevette blokken hout.

Hij strompelde de hele dag door, steeds zwakker, kouder, duizeliger. De helling liep ruim een kilometer omlaag en daarna weer steil omhoog. De geïmproviseerde sneeuwschoen hield het niet lang. Tegen de middag was de laatste van de takken eraf gevallen. Hij struikelde vaker en kon niet meer zien. Zijn lichaam was bezig het op te geven.

De bomen stonden minder dicht op elkaar, dacht hij, en hier en daar kwam hij op een lege plek aan. Er was echter niets dat hij, zeker met die sneeuw, kon herkennen als een rivierbedding in westelijke richting. Hij werd zo vreselijk duizelig dat hij moest blijven stilstaan om naar zijn slapen te grijpen. Toen hij probeerde op zijn kompas te kijken, zwommen de cijfers voor zijn ogen en doken stukjes en brokjes van beelden uit zijn verleden op terwijl hij probeerde het kompas uit zijn bewustzijn te verjagen. De scheidslijn tussen heden en verleden begon te vervagen. Hij dacht even aan John Shepard, maar dat beeld verdween al snel. Hij was niet meer in staat boos te worden.

Meer beelden doken op, en nog meer, zonder enige logica, het een na het ander, kiezels die in donker water vielen, even zichtbaar en dan weg. Zijn geest werd steeds vrijer en het kompas bonsde tegen zijn borst. Hij vergat zijn richting te bepalen. Hij dacht aan zijn broer Tommy en aan die keer toen ze, als jongens, een hele middag bezig waren geweest om een geknoopt touw in een overhangende boom boven een ravijntje bij hun grootvaders huis te hangen, en hoe ze toen opzij geslingerd waren, steeds verder en verder, en zich in het meertje hadden laten vallen. En hoe zijn vader toen was komen aanlopen en net gedaan had alsof hij boos was. Hij voelde de warme avondzon weer. Hij zwierde omlaag en opzij, het ene moment bijna in de vijver, het volgende moment de lucht in gekatapulteerd, stilstaand op het hoogste punt van de schommelbeweging en dan vallen in het ijskoude water van de vijver, en... hij voelde de kou weer, en hij zag zijn kompas weer op zijn borst bungelen. Tommy is niet hier, dacht hij, en hij besefte dat er niemand was die hij op dat moment zo graag bij zich had willen hebben. Maar dat duurde maar heel even. Zijn geest was vaag, en kon een gedachte nog maar even vasthouden.

De hele dag was hij gestruikeld, gevallen, weer overeind ge-krabbeld en verder gelopen. Maar toen kwam de laatste val, de val waarna hij niet meer opgestaan zou zijn. Hij voelde het kou-de poeder op zijn wang en zag dat zijn bril vol zat. Laat maar. De binnenkant was een tijd geleden toch al beslagen.

Hij hoorde een raspende ademhaling. Het klonk als een tuber-culeuze voddenman. Was hij dat? Hoe dan ook, het was fijn om even te liggen. Hij bedacht dat hij even zou uitrusten, even op adem komen voor hij weer verder ging. Hij probeerde te be-denken waar hij heen ging, maar hij wist het niet meer en vond dat hij zich daar nu geen zorgen over hoefde te maken. Eerst op adem komen. Hij was zo gevoelloos en uitgeput dat het fijn zou zijn om gewoon even wat te rusten.

Hij bewoog zijn tong en voelde de koude prikkeling van het poe-der. Hij dacht dat hij rechtop moest gaan zitten, maar die ge-dachte vervloog. Een tijdlang luisterde hij naar zijn eigen adem-haling. Het was net een slaapliedje, het enige geluid in zijn oren. Langzaam stierf het weg. In een roes begon hij af en toe het be-wustzijn te verliezen, maar hij was eigenlijk wel tevreden.

Misschien verstreek er veel tijd. Misschien was het maar even. Maar Ed Mulcahy zwom het bewustzijn weer binnen en merk-te hoe koud het was, en hoe wit overal.

'Ed!'

Met iets van nieuwsgierigheid herkende hij dat woord. Hij hoor-de het nog een keer, en weer, soms heel ver weg, soms heel dicht-bij. Zijn naam, of niet? Hij probeerde greep op zijn omgeving te krijgen. Vagelijk werd hij zich bewust van een donker wordend bos, dat hij in dat bos lag, dat hij verzwakt was van de kou, in het vervagende namiddaglicht, ineengezakt onder een paar es-pen, dat hij zwaar ademde en dat het waaide. Er was iets in zijn blikveld. Er gebeurde iets in de buurt van zijn hoofd. Langzaam werd hem duidelijk dat hij naar een bekende sneeuwbril keek, een bekende baard en een rode parka die hij al eens eerder ge-zien had, ergens.

'Godverdomme, Ed,' zei Shepard, 'kom op man, geef het nou niet op, man, doorzetten. Ed!'

John Shepards doordringende blik boorde zich in die van de in-eengezakte skiër. Met pure wilskracht probeerde hij hem tot be-wustzijn te dwingen. 'Kom op, kom op,' spoorde hij aan terwijl hij het gezicht van de man warm wreef. 'Kom op!'

De ogen stonden star. Zijn huid was bleek. Toen zag Shepard

de uitgedroogde witte lippen bewegen en hoorde hij Mulcahy fluisteren: 'Ik heb het koud.'

'O, man,' zei Shepard. 'O, Here Jezus. Oké, we halen het. We halen het.'

'Ik heb het koud,' fluisterde Mulcahy nogmaals.

'Niets aan de hand, man. Wilderness is hier nog maar vier kilometer vandaan. Vier kilometer. Man, dat doe je in je slaap!' Shepard trok en zeulde en kreeg de schouderbanden van de rugzak van de man op de grond los. Vervolgens kreeg hij Mulcahy overeind, maar wankelend, als een kind aan de hand van zijn vader. Hij hield een heupflacon aan zijn lippen en hij dronk iets wat in zijn keel brandde. En daarna was er een waterfles met water.

Mulcahy knipperde met zijn ogen. Het sneeuwde niet meer.

Shepard bond Mulcahy's rugzak aan een boomstam. 'Die ga ik morgenochtend ophalen, goed? Nu zorgen we eerst dat jij naar Wilderness komt, en dan maken we een vuurtje en dan komt alles goed. Oké?'

'John,' zei hij zachtjes. 'John.'

Shepard bekeek hem nogmaals. De man was er niet best aan toe. 'Het komt allemaal goed, man. Ik heb nieuwe ski's en vellen voor je meegebracht. Ik dacht dat je misschien een ski gebroken had, dus heb ik een paar meegenomen van een meisje in Wilderness. Je hebt toch hoop ik niets tegen chique ski's? Je haalt het best. Je haalt het.' En intussen was Shepard bezig: hij maakte Mulcahy's ski's los en bond hem de nieuwe ski's onder, met de nieuwe vellen, hij trok zijn kleren recht en veegde de sneeuw weg, hij kletste aan één stuk door. Hij trok Mulcahy's wanten uit en wreef als een razende over zijn vingers. Hij duwde Mulcahy's handen in zijn eigen warme droge wanten en trok zelf die van Mulcahy aan. 'Kun je lopen?' vroeg hij.

Mulcahy gaf geen antwoord. Shepard tuurde naar zijn gezicht en wreef fronsend over zijn jukbeenderen. 'Oké, het komt wel goed,' zei hij, ditmaal misschien eerder tegen zichzelf. Hij hing zijn eigen rugzak aan een boom en maakte Mulcahy's ski's weer los. En toen, alleen geholpen door adrenaline en een woedende vastbeslotenheid om te slagen, hees hij Mulcahy in de brandweergreep. 'Binnen een uur zijn we in de hut. Een uur, Ed, hoor je dat?'

'Ja.'

'Dat doen we op onze sokken. Lachend!'

En met een man van tachtig kilo op zijn rug begon John Shepard aan een tocht van ruim vijf kilometer door de rivierbedding.

Later bekende Shepard aan Mulcahy dat het gebeurd was toen hij de hoop om Mulcahy levend terug te vinden, had opgegeven. Hij had twee nachten doorgebracht in de hut bij Wilderness, en overdag in de sneeuwstorm naar zijn makker gezocht. Aan het einde van de derde middag, toen de storm ging liggen, wist hij niets meer te doen en was op weg gegaan naar de hut. Hij vroeg zich af waar de dichtstbijzijnde weg zou zijn en had bedacht dat hij vroeg in de ochtend op de ski's op pad moest gaan naar de reddingsdienst. Hij skiede langzaam de rivierbedding op toen hij ze zag: een stel sporen dat de bedding overstak en het bos in verdween. Met bonzend hart had hij zich omgedraaid en de sporen gevolgd. Het waren volslagen idiote sporen, de linkerski stak schuin naar buiten en keer op keer kwam hij langs plekken waar de sneeuw omgewoeld was omdat de skiër gevallen was. Bijna een kilometer verderop had hij Mulcahy gevonden, in een ongelukkige houding op de grond liggend, net zoals hij gevallen was.

Ed Mulcahy bracht drie dagen door in de hut van Wilderness. Van die eerste dag herinnerde hij zich later alleen een gemompel van gedempte stemmen en duisternis, en de damp van thee en bouillon. Maar Mulcahy herinnerde zich de derde nacht in de hut heel duidelijk, alsof het maar enkele dagen geleden gebeurd was. Hij wist nog hoe ze bij het gietijzeren fornuis aan de picknicktafel hadden zitten koffiedrinken. En hij wist nog hoe, buiten het raam, de nacht boven Colorado helder en vredig geweest was, een verbijsterende sterrenvlakte boven hun hoofd, een rustig maanbeschenen sneeuwveld onder hen.

In het donker wierp het open houtfornuis zijn schijnsel het vertrek in. De gezichten van de twee mannen doken de schaduw in en uit. 'John,' had Mulcahy tegen hem gezegd, 'dit had niemand anders kunnen doen.'

'Maak je geen zorgen,' had Shepard geantwoord. De ondertoon van de opmerking was hem ontgaan.

Ze waren zwijgend een paar minuten blijven zitten. 'Ik heb mijn leven aan je te danken,' had Mulcahy op neutrale toon gezegd.

'Jouw leven is een prima onderpand,' had Shepard gezegd. 'Ik neem er een hypotheek op.'

Mulcahy keek omhoog en zag de lichten van Cleveland Circle. Hij had bijna twee uur gelopen, van het eindstation bij het park in Back Bay via de kronkels en slingers van de Commonwealth in westelijke richting naar Boston College. Hij was nu klaar met de herinnering en hoefde de beelden niet op korte termijn opnieuw af te spelen. Zo werkte dat bij hem: weken-, soms zelfs maandenlang werd de spanning opgebouwd aan de oppervlakte van zijn bewustzijn, zoals het verzamelen van stoom, totdat hij zich ervan ontdeed door de hele scène opnieuw te beleven, stap voor stap, minuut na minuut. En dan was hij er weer een tijdje vrij van.

Hij werd niet graag herinnerd aan zijn hulpeloosheid in die wildernis. Hij dacht nog veel minder graag terug aan zijn schuld tegenover John Shepard. In de drie jaren die sindsdien verstreken waren had hij zijn best gedaan om er zo weinig mogelijk aan herinnerd te worden. Hij skiede niet meer. Het leven ging door. Mulcahy sloeg een zijstraat in en legde de laatste meters naar zijn appartement af. Wanneer hij onder een lantaarn door liep, werd zijn gestalte even verlicht.

In het donker was hij thuis gekomen en had hij zich ontdaan van alle vragen, behalve die laatste. Het zou makkelijk geweest zijn om zichzelf tevreden te stellen met de, overigens aannemelijke, gedachte dat hij een schuld afloste, want zo zou Ben Mulcahy het zien. Of dat Ed een professional was, bereid om, zoals iedere professional, een weinig populaire zaak op zich te nemen, wat de gevolgen ook zijn mochten; zo zou Kate het zien. Maar ze hadden geen van beiden gelijk.

Hij kwam bij het gebouw aan en opende de deur. De hal was leeg, evenals zijn brievenbus. Hij wachtte tot de lift krakend aankwam op de begane grond. Deze lift deed bijna even lang over vier verdiepingen als de kantoorlift over twintig. In de lift zat een oude spiegel in een eikehouten lijst. Terwijl de lift zich moeizaam omhoog hees, keek Mulcahy naar zichzelf. Tevergeefs zocht hij naar de glimlach die hij gezien had in de etalageruit op de hoek van State en Congress.

Mulcahy was ijdel genoeg om degenen die het beste in hem vermoedden in die waan te laten, zelfs wanneer het beste niet waar was. Maar door Mulcahy's neiging om een zaak uit te spitten tot op het bot verkeerde hij altijd in strijd met zichzelf. Waarom verkwanselde hij zijn loopbaan voor deze zaak? Hij wist dat het niet alleen de schuld was. En hij wist dat het geen kwestie was van voorbeeldige toewijding aan het vak. Er was een andere reden waarom hij deze zaak had aangenomen. En dat was dezelfde reden waarom hij de man ooit naar Colorado gevolgd was, drie jaar geleden.

Ed Mulcahy was in de grond een logisch denkend man, en dit was dus iets in hem wat hij niet kon verklaren, wat hem een raadsel bleef. Het was doodeenvoudig. Hij wilde iets wat hij nooit gekregen had. Hij wilde dat John Shepard respect voor hem had.

20

Op de klok aan de muur was het vijf over negen. Buiten was het donker. Kate zat zenuwachtig op de bruine sofa van Stevie Carr, een groot, versleten meubel waarmee je twee dingen kon: je kon voorzichtig op de rand balanceren of quasi elegant gaan liggen.

Kate balanceerde. Stevie had zijn voeten op het bureau gelegd en was verdiept in een dossier. In zijn linkerhand hield hij een stuk pizza, waarvan de punt afhing in de richting van de vloer. Aan de andere kant van het vertrek zat Mulcahy de zaken door te lezen die Kate gevonden had ter ondersteuning van moties voor aanhouding en verplaatsing naar een ander arrondissement. Ze had twee sterke punten gevonden.

'Dank je,' zei hij, nog steeds lichtelijk verbijsterd dat hij er niet in geslaagd was haar hulp te weigeren. 'Dit is geweldig.'

'Ik regel de moties en de conclusies,' zei ze. 'Maar ik denk dat ik beter niets op het systeem bij Freer kan schrijven, als je begrijpt wat ik bedoel. We kunnen de laptop hier neerzetten.'

'Hoe doen we het met printen dan?' vroeg Mulcahy.

Ze haalde een grote, witte plastic doos uit haar grote tas. 'Ik heb een printer meegenomen,' zei ze.

Vijf minuten later had ze een werkstation ingericht op de tafel. 'Stevie,' zei ze, 'als ik jouw telefoonlijn mag lenen, kunnen we inbellen bij Westlaw.'

Stevie had zijn mond vol pizza. Hij rolde met zijn ogen. 'Tuurlijk. Waarom niet? Neem mijn kantoor. Neem mijn telefoon erbij. Neem mij, KatieKate. Ik ben de jouwe!'

Mulcahy had meer dan drie uur doorgebracht in de rattekooi met een weerbarstige Shepard. Shepard hield vast aan zijn verhaal: hij zei dat hij op de avond van de moord rond acht uur in zijn Subaru gestapt was, en in westelijke richting de snelweg op gereden was. Hij had overnacht in een motel in de buurt van Elmira. En verder wist hij nergens van. Hij was niet in Sheringham geweest. Mulcahy wachtte af tot zijn cliënt hem te hulp zou komen, maar Shepard beende door het kamertje heen en weer en ratelde het ene na het andere antwoord af. Het leek wel ingestudeerd, het ging te gesmeerd.

Afgezien van de problemen dan. Shepard gaf toe dat hij tegen Whitaker had staan brullen. 'Ik ging helemaal over de rooie, man. Helemaal over de rooie,' zei hij hoofdschuddend. 'Wat kan ik daar nog aan toevoegen?'

'En Idlewild?'

'Ik had hem gezegd dat ik daarvoor zou zorgen. En dat heb ik gedaan.'

'Ik had je er al meer over willen vragen.'

'Ga je gang, vraag maar raak.'

'De hypotheek?'

Shepard keerde zich naar hem toe. Zijn gezicht had die cynische grijns van hem waarbij je niet wist of hij om jou moest lachen of om het leven in het algemeen. 'Ik zou bij god niet weten hoe dat bedrag daar terechtgekomen is,' zei hij.

'En als je zou moeten raden?'

'Ed, je hebt me verteld dat het op Whitakers terminal is gebeurd. Die oude man was zijn macht binnen het kantoor kwijt en besloot dat de rekening vereffend moest worden. Jij betrapte hem en hij besloot ermee op te houden in plaats van de represailles af te wachten. Daar gaat het hier om, niet om een of andere dag in het leven van John Shepard.'

Ed slaakte een zucht. 'Luister. Doe jij de verdediging, of ik?'

'Ach, doe toch niet zo zielig, man, dat past niet bij je.'

Op dat moment raakte Mulcahy zijn geduld kwijt. 'Zielig? Zielig?! Deze zaak levert me niets op en kost me m'n baan, John!' Een uitdaging was iets waaraan Shepard nooit weerstand kon bieden. Hij vloog naar de tralies en ramde zijn gezicht ertegenaan, zodat Ed zijn tanden tegen het metalen gaas kon zien. 'En wat denk je dat het mij kost, Ed? Nou? Geef antwoord!' Als de tralies er niet geweest waren, hadden zijn handen rond Mulcahy's keel gezeten. Hij sloeg keihard met zijn vlakke hand op het gaas en trok zich toen even snel terug, zijn slapen wrijvend.

Daarna trokken ze zich terug, want geen van beiden kon zich dit permitteren of wenste het. Even was alleen het geluid te horen van mannen die proberen hun ademhaling de baas te worden.

'Het spijt me,' had Shepard gezegd.

Ed had besloten verder te gaan alsof er niets gebeurd was. 'Stel dat Whitaker het gedaan heeft,' zei hij na enige tijd. 'Hoe komt het dan dat niemand het ontdekt heeft?'

'Het was een closing van een miljard dollar die binnen acht dagen rond moest zijn. Er was een heleboel te doen. Iemand heeft eroverheen gekeken. Zo gaat dat nu eenmaal.'

'Ze zullen zeggen dat het niet jouw stijl is om dingen over het hoofd te zien, John.'

Maar Shepard schudde alleen maar zijn hoofd. 'Ze zullen zo veel zeggen,' zei hij.

Er was nog één probleem. Shepard had nagedacht over een verklaring voor het telefoontje. Hij zei dat hij zijn spullen in de auto aan het laden was en het appartement in- en uitgelopen was. De telefoon werkte nog en het antwoordapparaat stond nog aan. Een van de laatste dingen die hij gedaan had, was het apparaat uitzetten en in een doos stoppen. Misschien stond er een bericht op dat hij nog niet gehoord had.

In het kantoor aan Bromfield Street was Mulcahy klaar met zijn verslag van het gesprek.

'Ja, precies,' zei Stevie. 'En misschien ben ik de prins van Wales. Luister, Eddie, zeg tegen die vent dat hij ophoudt met die onzin, oké?'

Mulcahy knikte.

Stevie dacht na. 'Oké, Eddie,' ging hij verder, 'denk eens even niet aan de zaak, goed? Ik moet meer weten over die Shepard. Vertel eens wat meer over hem.'

'Wat wil je weten?'

'Ik wil weten wat hem beweegt.'

Hij dacht na. 'Ik zou het bij god niet weten. Een tijdbom, misschien.'

'Denk je dat die is gaan lekken?' vroeg Stevie.

'Waarom vertel je niet over Apex,' stelde Kate zachtjes voor.

Mulcahy knikte. 'Ja, dat is een goed idee. Jij wilt weten wat hem beweegt? Misschien kun je dat beter aan Alan Fredericks vragen.'

Het was Fredericks geweest, een gezette, vriendelijke maar incapabele bedrijfsjurist bij Freer Motley, die een jongere Shepard jaren geleden op een ochtend op sleeptouw genomen had voor een vergadering aan de andere kant van de stad, bij de conservatieve firma Daley en Hoar. Het verhaal was al snel deel gaan uitmaken van de overlevering van het kantoor en werd nog regelmatig verteld. Kate nam de honneurs waar.

Apex Technologies, een onderneming die klant was bij Freer Motley, had haar hoofdkantoor in Londonderry, New Hampshire. Apex produceerde hoge-resolutielenzen, had zijn financiering ondergebracht bij FirstBanc Massachusetts en was een van de slachtoffers van de bezuinigingen bij het ministerie van Defensie.

Fredericks en Shepard waren het kantorencomplex op de hoek van State en Assembly binnengelopen en hadden de lift genomen naar de burelen van Daley en Hoar. Ze moesten een halfuur wachten in een luxe vergaderruimte voordat er een korzelige partner van Daley en Hoar verscheen, ene C. Clayton Hill. Hij was met onbewogen gezicht gaan zitten, had op zijn horloge gekeken en had amper geluisterd naar Fredericks' nogal klaaglijke verhaal. Shepard was zolang als hij kon geduldig blijven zitten, en dat was niet lang, maar toen had hij Fredericks onderbroken. 'En nu gaan wij tweeën even praten, meneer C. Clayton Hill.'

Dat waren zijn woorden, zoals Fredericks later meldde. Hill had een woedende blik geworpen op de vlerk. Fredericks was rood aangelopen. Maar voordat Fredericks iets had kunnen zeggen tegen zijn opstandige luitenant, was Shepard verder gegaan. 'U en ik, menéér C. Clayton Hill.'

Hill had in verbijstering naar Fredericks gestaard. Hij was nog liever gaan lunchen met de conciërge die, bij Daley en Hoar tenminste, beter gekleed ging. En die zich geschoren had.

'Goed,' zei Shepard, 'waar zijn de toiletten? Dan kan ik daar rustig uit mijn neus gaan zitten eten, want iets anders doen we hier toch niet.'

Hij wachtte niet op aanwijzingen. Fredericks zat intussen met zijn hoofd in zijn handen. Hij probeerde het gesprek weer op gang te brengen, maar het ging slecht en al gauw werd hij aangesproken op de keuze van zijn assistent en was hij met zijn hoofd al bij het opstellen van een vreselijke memo voor Personeelszaken.

Wat er gebeurde terwijl dit alles gaande was, had Fredericks later moeten reconstrueren. Kennelijk was Shepard niet naar de toiletten gegaan. Hij was naar de receptioniste gegaan en die moet hem een plattegrond gegeven hebben, want daarna was hij naar de verdieping van Hill gegaan. Daar was hij langs een groep visachtig starende assistenten gedrongen (Shepard had al lang geleden geleerd dat een bepaalde houding en onophoudelijk groeten hem voorbij de meeste mensen in een middelgroot tot groot kantoor sluisde), en even later had hij gevonden wat hij zocht. Het kantoor van C. Clayton Hill.

'Pardon, meneer. Meneer! U kunt niet zomaar...' Met molenwiekende armen was Hills secretaresse achter haar balie opgesprongen en achter hem aan Hills kantoor binnengehold. 'Wat doet u...?'

Shepard, die haar aanwezigheid niet leek op te merken, was gaan zitten in de stoel van de partner, waarvan de leren bekleding de diepe kleur had van ossebloed, en leunde achterover.

'Kom daar onmiddellijk vandaan!'

'Meneer Hill zit op de achtentwintigste verdieping in jullie vergaderzaal,' zei Shepard. 'Die zaal met uitzicht op het vliegveld en dat afgrijselijk ingelijste portret van inktspetters. Kunt u hem bellen en zeggen dat ik hem dringend moet spreken? Dank u, mevrouw. En een kop koffie, graag.'

Maar de secretaresse, ervan overtuigd dat er een psychopaat in het kantoor zat, vluchtte het kantoor uit voordat hij uitgesproken was. Even later hoorde hij haar in een telefoon krijsen. Het duurde niet lang voordat een razende Hill het vertrek binnenstormde, op de voet gevolgd door Fredericks, met daar weer achter een beveiligingsagent.

'Wat denk jij wel...!' begon hij, en toen onderbrak hij zichzelf met de woorden: 'Fredericks, wat is hier in godsnaam aan de hand? Haal die idioot uit mijn stoel!'

'Shepard, verdorie...' had Fredericks trillend gezegd.

Drie secretaresses hingen op de gang rond. Bedienden kwamen aanlopen. Iemand belde de beveiligingsdienst van het gebouw.

'Menéér C. Clayton Hill, wilt u alstublieft gaan zitten?' had Shepard bijna fluisterend gevraagd. 'Hier,' zei hij, 'u kunt uw stoel terugkrijgen. Lekkere stoel overigens. Nou, ga eens lekker zitten en lees dit.'

Op het smetteloze bureau had hij een UCC-formulier laten vallen, en hij was een van de vele plaquettes aan de wand gaan bekijken.

'Wat is dit?' vroeg Hill.

'Dat is een UCC-I formulier, met een kopie van de bedrijfsstatuten van mijn cliënt.'

'Dat zie ik.'

'Ik hoopte al dat u dat zou zien.'

'Wat wilt u hiermee?'

'Wat ik hiermee wil, is dat dìt de UCC is die uw assistent heeft ondergebracht in uw Apex-dossier en dat dàt de statuten zijn. Waarom leest u ze niet door?' vroeg Shepard. Hij keerde zich weer om en keek naar iets anders op de muur. 'Nou, zeg, Alan,' zei hij met een imitatie van zijn eigen trage manier van spreken, 'ik ben een boon als dat geen Latijn is!'

'Fredericks, haal dat stuk ellende uit mijn kantoor. Nu!'

'Menéér C. Clayton Hill, voor een man met een probleem bent u wel erg kort aangebonden,' zei Shepard. 'Maar voordat u me uit uw heiligdom schopt, moet u me toch één ding vertellen. In welk district is die UCC-I ingeschreven?'

Hill zweeg. Shepard ging verder. 'Ik zal u helpen. Rockingham. Waar houdt Apex tegenwoordig kantoor? Londonderry. Dat is in Rockingham. Alles volgens de regels, nietwaar? Nee, niet waar. Want kijk, waar is Apex gevestigd? Op het kantoor van haar juridische adviseurs. En waar is dat kantoor? In Manchester. En dat ligt in een ander district, namelijk in Hillsborough.'

Hill staarde naar de papieren. 'Apex houdt kantoor in Londonderry, in Rockingham. En daar is de UCC ingeschreven.'

'Nu wel,' zei Shepard, 'maar niet toen de lening afgesloten werd. Toen de lening afgesloten werd, was het bedrijf gevestigd in Hillsborough. Toen de lening afgesloten werd, bestond het bedrijf uit twee kerels, drie patenten, een of twee contracten en een onroerende zaak in Rockingham. Vanaf dat moment staat Apex te boek met het advocatenkantoor als hoofdvestiging, in Hillsborough dus. Kijk naar de statuten. Verdomme, kijk naar het adres op de UCC zelf. Ik bedoel, dat is toch gênant?' Nu las Hill. Op het formulier stond inderdaad het adres van het advocatenkantoor in Manchester en dat lag inderdaad in Hillsborough.

Het formulier was een routinekwestie, maar de gevolgen waren minder routineus. Als het formulier in het juiste kantoor lag, maakte het van de bank een geldverstrekker 'met voorrang' met de activa van Apex als onderpand. Daardoor had de bank de zekerheid dat de lening terugbetaald zou worden en enige armslag bij onderhandelingen. Maar als het formulier verkeerd was ingeschreven, was de bank niet meer dan gewoon iemand aan wie Apex geld schuldig was.

Shepard ging door. 'Uw assistent nam aan dat Rockingham het

juiste adres was omdat daar de onroerende zaak ligt. Meestal is dat een correcte aanname. Maar hij heeft de documenten niet gecontroleerd. Dus bent u nu ingeschreven in het verkeerde district. Hebben we al contact? Menéér C. Clayton Hill, u hebt dingen ingeschreven die niet ingeschreven moesten worden, en dingen niet ingeschreven die wèl ingeschreven moesten worden. Uw closing-documenten zien er ongezond uit. U staat geregistreerd in het verkeerde district. Volgens mij heet zo'n lening "ongedekt".'

Hill was bleek geworden. 'Ik weet zeker dat we in beide districten ingeschreven staan,' zei hij.

'Dat zei ik ook toen ik dit zag,' zei Shepard. 'Ik weet zeker dat ze in beide districten staan ingeschreven. Dat is zo klaar als een klontje. Maar verdomme nog aan toe, ik kon niets vinden in Hillsborough met jullie namen erop. Als u de telefoon wilt pakken, kunt u mijn secretaresse bellen. Zij zal u de resultaten van mijn speurtocht met genoegen doorfaxen.'

Hill keek Shepard woedend aan. Hij was niet van plan Shepards secretaresse te bellen. 'We zullen de zaak rechttrekken,' zei hij.

'Prima oplossing,' zei Shepard. 'De bazuinen zullen schallen en de doden zullen wederopstaan! U gaat de zaak rechttrekken. Heel fijn. U trekt de zaak recht. Potverdorie, waarom ben ik daar niet zelf opgekomen? Alleen, menéér C. Clayton Hill, hebt u wel eens gehoord van artikel elf?'

Shepard doelde op de regeling voor faillissementen. Hij had gelijk. Hill kon de fout goedmaken door een nieuwe ucc-inschrijving, maar Apex kon zijn faillissement aanvragen en dan had de nieuwe inschrijving geen zin meer. Shepard had gelijk. Dat wist hij. Dat wist Fredericks. En dat wist Hill.

'Dat zullen we aanvechten.'

Maar Shepard schudde zijn hoofd. 'O, fantastisch. U gaat het aanvechten. Het faillissement. En hoe lang gaat dat duren, denkt u, twee jaar of zo? Wij klagen u aan, of u ons, we gaan naar het rechtbank en misschien nog hogerop. Iedereen gaat erover schrijven. En dan worden de feiten bekend, over hoe Daley en Hoar een ucc hadden ingeschreven in het verkeerde district. Hoe ze zich niet eens voor de zekerheid ook in het andere district ingeschreven hadden. Intussen zegt de cliënt tegen jullie: "Hé, C. Clayton, leg eens uit waarom wíj voor deze puinhoop zouden betalen? Waarom zouden we nog eens bij jullie te rade gaan?" En hij ziet dat zijn mensen slordig gehandeld hebben, en dan zeggen zij: "Wat is hier aan de hand?" en dan zegt hij... Tja, wat zou hij dan zeggen, meneer Hill? Zegt hij dan: "Ik heb geblunderd," of zegt hij dan: "Die klootzakken van Daley en Hoar hebben geblunderd"? Ik weet wel wat ik zou zeggen. Vecht maar raak. Gord Uwe lendenen aan. Een proces kan nooit kwaad.'

Hill zweeg. 'Meneer Shepard, hebt u verder nog iets te zeggen?'

'Jazeker, wat dacht u dan,' zei Shepard. 'Waar is verdomme dat mens met mijn koffie?'

Vanaf dat moment gingen de zaken erg slecht voor meneer C. Clayton Hill, zoals Fredericks graag vertelde. En iedereen bij Freer vertelde dit verhaal met plezier, want de twee firma's waren concurrenten. Hill had de beledigingen van die middag vergeten, of in ieder geval naast zich neergelegd. Er verliep een uur, of meer, terwijl Shepard arglistig vleide en koerde en fluisterde en donderde. Fredericks hield zich verbijsterd afzijdig. Wat hij later met het meeste plezier navertelde, was de laatste act van Shepards bravourestuk.

Hill was gebroken. Hij had alles gegeven waarvoor ze gekomen waren. De tijd, de termijnen, alles afhankelijk van de zegening van een cliënt. De lagere financiële experts deden precies wat Hill wenste, dat wist Fredericks ook wel. Fredericks kon maar aan één ding denken, namelijk aan maken dat ze wegkwamen voordat er iets scheef liep. De bespreking liep langzaam naar haar einde. Shepard zei: 'We hebben naar genoegen met u samengewerkt.' Dat zei hij een paar keer, tot vervelens toe, totdat Hill uiteindelijk zei: 'Wat bedoelt u daarmee?'

'We hebben naar genoegen met u samengewerkt. U bent een prima vent. We zouden graag nog eens met u samenwerken.'

'Wat betekent dat?' vroeg Hill met een blik op Fredericks. 'Wat betekent dat?' Hill was waarschijnlijk al minstens dertig jaar lang geen 'prima vent' meer genoemd door een twintiger. Fredericks haalde zijn schouders op, alsof hij wilde zeggen dat hij ook geen idee had wat hier vandaag gaande was.

'Gewoon, dat we graag nog eens met u zouden willen samenwerken,' zei Shepard.

'Ik begrijp niet waar u het over heeft.'

'Nou, u doet veel werk voor de FirstBanc. Ja toch? Ik bedoel, echt heel veel werk. En jullie hebben een heleboel bedrijven als cliënt. Dus jullie moeten belangenconflicten hebben. Dagelijks. Misschien hebben jullie er nu wel een. Misschien hebt u wel eens advies nodig. Van mensen zoals wij.'

'Dat meent u niet.' Hij keek naar Fredericks. 'Dat meent hij toch niet?'

'Waarom niet? Meneer Hill, denk eens na. Het is niet zo gek als het klinkt. Wat hebt u vandaag over mij geleerd? Dat ik een klootzak ben en dat ik mijn huiswerk doe. Dat is de taakomschrijving voor een onderzoeker, nietwaar? En u hebt een afschuwelijke dag gehad, nietwaar? Twee stukken ellende van Freer duiken op, een van hen dendert uw kantoor binnen en dan blijkt dat ze een blunder van uw assistent ontdekt hebben. Rotdag, nietwaar? Dus vanavond rijdt u terug naar Wellesley en dan denkt u: Wie zouden er nog meer weten van die UCC's? Tenminste, dat zou ik denken. En ik weet alles van die UCC's. Problemen, problemen. Hoe dan ook, het is een ellendige manier om aan je eind te komen, zo, terwijl u toch een nationaal erkend jurist bent, lid van de speciale commissie voor de rechtspraak en wat dies meer zij. Maar het kan nog goed aflopen, denk ik. Hoe dan ook...' Hij ging maar door. Shepard bokte en sprong en wrong zich in alle mogelijke bochten.

Toen hij en Fredericks die middag het kantoor van Daley en Hoar verlieten, had Shepard uitstel van betaling voor twee jaar voor de cliënt op zak en een kredietovereenkomst van tien miljoen dollar voor het kantoor van de FirstBanc.

Toen ze terugliepen naar hun kantoor vroeg Fredericks: 'Hoe wist je dat hij in die speciale commissie zat?'

'Heb ik opgezocht. Ik zoek altijd alles op. Begin met de mensen zelf. De mensen vormen het antwoord. Over papier kun je onderhandelen, maar mensen, daar zit je mee, die zijn wat ze zijn.'

Iets later had Fredericks, nu op ietwat klaaglijke toon, gevraagd: 'Waarom had je mij niets gezegd over die UCC?'

'Ach,' zei Shepard, 'ik wil ook wel eens lachen. Bovendien, jij zou die klojo een brief geschreven hebben, dan had hij de zaak laten uitpluizen door zes assistenten en dan hadden we daar maar wat gezeten. Misschien hadden we dan inderdaad faillissement moeten aanvragen, en dat is wel het laatste wat Apex wil. We hadden maar één kans, leek me, en dat was deze bespreking. En het enige wat we konden doen, was met de billen bloot gaan. Zonder die bespreking had ik nooit het enige argument kunnen gebruiken dat meetelt voor die vent; namelijk wat er gebeurt met de reputatie van C. Clayton Hill, heer en meester over een kantoor bij Daley en Hoar.'

Het werd weer stil in het kantoor aan Bromfield Street. Stevie wreef over zijn kin. Hij leunde nog steeds achterover in zijn stoel, met zijn hakken net op de rand van zijn bureau. Ed wist dat de detective misschien voor het eerst in deze zaak iets over zijn cliënt gehoord had wat hem wel aanstond. Hij zou er wel overheen komen.

Na een tijdje was het enige geluid het zachte getik van Kates computer. Mulcahy slaakte een zucht. 'Stevie,' zei hij, 'wat hebben we? Wat kunnen we doen?'

Stevies bureaustoel kraakte toen hij naar voren boog en weer naar achteren schommelde. Buiten toeterde een taxichauffeur. Daarna werd het weer stil. 'Nou,' begon Stevie, 'we hebben een cowboy, zo te zien. We hebben een vent die alleen woont, die alleen de stad verlaat en alleen in Elmira aankomt. Onze vriendelijke cliënt zonder een rooie stuiver voor onderzoek of verdediging zit in z'n eentje in de auto, komt toevallig langs de afslag voor Sheringham, neemt toevallig de afslag en tankt. En een groot deel van zijn ellende komt in stukken over de hele studeerkamer terecht. En twee uur voor zijn dood belt het slachtoffer hem nog, maar dat kan hij zich niet meer herinneren. Tja, daar lusten de honden geen brood van, als je begrijpt wat ik bedoel.'

Mulcahy knikte.

'We moeten een verhaal hebben,' zei Stevie.

'Mijn idee,' zei Mulcahy. 'Dus, wat is het verhaal?'

'Dat hangt ervan af. Dat hangt ervan af.' Afwezig streelde Stevie zijn wrat tussen duim en wijsvinger. 'Dat hangt van het gerechtelijk onderzoek af. Kan iemand daaromheen?'

'Dat weet ik niet,' zei Mulcahy.

'Stel dat dat kan. Oké? Maar dan, tja, wat dan? Het lijkt wel of hij vergif heeft ingenomen. Ofwel Whitaker heeft het gedaan en is betrapt, ofwel hij heeft op wacht gestaan terwijl een of andere kluns zowat zijn partnership naar de filistijnen hielp. En als het geen zelfmoord is, berg je dan maar, dan hebben we een moeilijke klant, bergen stront. Een dubbelleven, de moordenaar van Sheringham, meiden met messen, weet ik veel, het kan van alles zijn.'

'Meiden met messen?' onderbrak Kate, en ze keek op van haar computerscherm.

'Vermoord door bekenden. Het personeel.'

Ze schudde haar hoofd. Deze wereld was inderdaad anders dan die van het civiel recht. Mulcahy zei: 'Oké, jij zegt dus dat het zijn vrouw had kunnen zijn, of de hulp, of misschien zelfs een ex-cliënt?'

'Zeker.'

'En wat is, hoe noemde je dat, het dubbelleven?'

'Hij zit in de drugsscene, hij leent stapels geld van mensen die niet aardig zijn, hij komt in de problemen. Zoiets.'

'Samuel Whitaker?' vroeg Kate.

'Luister, hij wilde weten wat de mogelijkheden zijn.'

Mulcahy maakte aantekeningen. 'Op de een of andere manier lijkt hij me geen drugsdealer,' zei hij. 'Goed, stel dat ik niet om het gerechtelijk onderzoek heen kan.'

'Als je niet om het gerechtelijk onderzoek heen kunt, heb je drie mogelijkheden. Eén: Shepard liegt; hij was er even langsgegaan op weg naar de snelweg, maar hij heeft hem niet vermoord en nu is hij bang. Dat zou ik nazoeken, persoonlijk. Twee: hij is erin geluisd.' Stevie fronste zijn wenkbrauwen.

'Erin geluisd?'

'Dat zou kunnen. Ik noem alleen de mogelijkheden op, oké?'

'Oké,' zei Mulcahy. 'Wat is de derde mogelijkheid?'

'Eddie,' zei Stevie hoofdschuddend. 'Eddie op welke planeet zit jij? Wat is de derde mogelijkheid? Vraag Paul O'Hanlon maar wat de derde mogelijkheid is.'

'Goed,' zei Mulcahy. 'Kijk, Stevie, stel dat we om het gerechtelijk onderzoek heen kunnen. Wil je uitzoeken wat je kunt over die mogelijkheden, althans over de eerste twee? En wil je ook eens kijken naar de mensen die bij Idlewild betrokken waren? Ruggerio zat er voor onroerend goed. Kijk naar hem, Weiner, Russell, de andere mensen van Fletcher Daye, iedereen die uit mijn rapport naar voren komt.'

'Kate,' zei hij terwijl hij zich tot haar wendde, 'zou jij willen kijken naar de mogelijkheid van zelfmoord? Dat is jouw taak. We hebben een compleet psychologisch profiel nodig van Samuel Whitaker. Wat was het motief? Welke voortekenen waren er? Aan wat voor soort gedrag hadden we dit kunnen zien aankomen?'

'Goed,' zei ze.

'Zeg dat maar niet zo snel. Kun je het aan om zijn vrouw te ondervragen? Zijn kinderen?'

Haar gezicht betrok. 'Goed,' zei ze nogmaals, maar ditmaal met minder overtuiging. 'Ik zal m'n best doen.'

'Oké,' zei Mulcahy. 'Bedankt. Morgen spreek ik Shepard weer. Dan wil ik eens kijken of hij zich bij nader inzien herinnert dat hij even een borrel was gaan halen. En of hij misschien vijanden had bij de CIA,' voegde hij daar ironisch aan toe, met een glimlach naar de kleine dikke detective met het scheefgezakte toupetje.

'En je zou vast eens kunnen denken aan een pleidooi,' zei Stevie.

'Reuze bedankt.'

'Hé, grapje. Maar je moet realistisch zijn in dit soort zaken, Eddie, of ze maken je af. Neem dat maar van me aan.'

Voordat ze uiteengingen, bracht hij nog één ding ter sprake, iets wat hem al een tijdlang dwarszat: Creel. Stevie knikte. 'Ik zal kijken wat ik kan doen,' zei hij.

Een halfuur later zat Kate achter haar computer en zat Stevie in een bar in Eastie te praten met een gepensioneerde politieman die hij kende. Stevie bood hem een paar drankjes aan. Toen ging hij op weg naar Maverick Square.

21

De twee mannen stonden voor het raam en keken neer op de donkere straat onder hen. Een nazomerstorm geselde de stoep met regen. Naast de ingang van een coffeeshop zat een bedelaar. Hij stak zijn kartonnen bekertje uit naar de voetgangers die zich over het trottoir voorthaastten. De regendruppels trommelden hard op de zonwering onder het raam van Stevies kantoor.

'Wat een stumper,' zei Stevie. 'Het gaat hem niet voor de wind.'

'Oké, Stevie, wat heb je ontdekt?'

'Nou, ik heb gisteren een uur met Freds zitten praten, en vanochtend heb ik nog wat hulp gekregen.'

'Freds?'

'Freddie Salvo. Rijkspolitie. Freds. Prima vent. Dit blijft onder ons, oké?'

'Uiteraard.'

'Ze hebben alles nagetrokken, Eddie. Freds levert geen half werk.

De vrouw, de familie, het personeel, de vrienden. Eddie, vergeet het maar. Vrouw en dochters, personeel, allemaal in orde.'
'En de erfenis?'
'In orde. De hele zooi zit al tijden in een trust. Geen van beiden heeft de afgelopen vijf jaar iets in hun testament veranderd. Alles gaat naar de kinderen en kleinkinderen. Hij heeft levenslang vruchtgebruik. Zij ook. Er verandert niets wanneer een van beiden doodgaat. Zij heeft het vruchtgebruik en ze kan er niets aan doen dat de kinderen de rest krijgen.'
'Verzekering?'
'Niets nieuws sinds 1985. Het klopt allemaal, Eddie. De hulp die hem gevonden heeft. Werkt al eenentwintig jaar voor de familie.'
Mulcahy zweeg en keek neer op het straatgewoel. 'En hoe zit het met dat, hoe noemde je dat ook weer, dat dubbelleven?'
'Als hij een dubbelleven leidde, wist hij dat te verbergen. Het huwelijk was niet ideaal meer, volgens mij, maar er is niets bekend over vriendinnen. Hij had geen schulden, geen louche zaken in onroerend goed. Hij had geen bezit, afgezien van de boerderij, een monsterachtig grote zeilboot, een hoop aandelen en een stukje naaldbos op een eiland in Maine. Geen slapende b.v.'s, niets van dat alles. En geen spoor van echte ellende. Geen fraude, geen drugs, niets.'
'Dus wat blijft er over?'
'Tja, wat zegt onze larf zelf?'
Mulcahy staarde uit het raam. Hij wist niet zeker of hij wilde dat Stevie dit hoorde. 'Hij is zich van geen vijand bewust en hij is er niet geweest,' antwoordde hij.
De regen gutste in stromen door de goten van Bromfield Street. Mulcahy stond bij het raam en dacht terug aan zijn ochtend in het spreekkamertje in Charles Street. Shepard had van de ene naar de andere muur geijsbeerd. Het had Mulcahy doen denken aan een dierentuin, waar je kon kijken hoe de Bengaalse tijger door zijn kooi draafde, zichzelf nauwelijks meester, veel te snel lopend. 'Kijk, Ed,' had hij gezegd. 'Wil je dat ik zeg dat ik er geweest ben? Wil je dat ik zeg dat ik op weg naar het westen in Sheringham uitgestapt ben, een borrel gedronken heb met die oude zakkenwasser, hem de hand heb geschud, op de rug geklopt, zand erover en dan weggereden? Ik bedoel, het doel van de oefening is om me hier weg te krijgen. Is dat wat je wilt?'

Mulcahy woog zijn woorden af. 'Dat is wat ik wil als het de waarheid is.'

'De waarheid! Met de waarheid kom ik momenteel niet vrij! De waarheid is dat ik die klootzak niet om zeep geholpen heb en dat is de enige waarheid die telt. De rest is bijzaak. Doe niet zo padvinderachtig, Ed. Je hebt nou toch gezien dat het OM shit is? Wat wil je nou?'

'Ik wil de waarheid.'

'Luister, Ed, laten we één ding goed begrijpen. Laten we ons even concentreren. Zoals ik al zei, het doel van de oefening is om mij hier uit te krijgen. Want toevallig komt het niet overeen met die stapel kleinigheden die jullie strafpleiters als de waarheid beschouwen. En ik weet dat het verhaal zal struikelen over die details, en O'Hanlon zal me als een leugenaar beschouwen. En dan heb ik het gehad. Snap je? Daarom wil ik die waarheid niet, geloof ik. Maar jij bent de expert! Als jij denkt dat het wat wordt, wil ik de waarheid. Zeg het dus maar.'

Zijn ogen boorden zich in die van Mulcahy.

'Nee.'

'Kijk, Ed, als we zeggen dat wij zelf zonder zonde zijn, liegen wij en doen de waarheid niet. Eén Johannes één, vers zes. Mijn zonden zijn talrijk, maar die zit er niet bij. De waarheid is groter dan de som der details. Dit, dit,' zei hij terwijl hij naar de betonnen muren aan weerszijden van de tralies keek, 'dit zijn godverdomme de details, Ed.'

Mulcahy wilde van onderwerp veranderen. 'En dat telefoontje, John. Hij heeft jou opgebeld. Ze weten dat hij die avond thuis was en ze weten dat er met zijn telefoon in Sheringham gebeld is naar jouw telefoon in Beacon Hill. Twaalf van de twaalf juryleden zullen dat geloven. Wordt het niet eens tijd dat je me vertelt wat hier werkelijk gaande is?'

'Ed,' zei Shepard. 'Daar heb ik me zorgen over zitten maken. Ik weet dat je gelijk hebt. Dat zal iedereen geloven.' Zijn toon was nu bijna wijsgerig. 'Maar hij heeft me niet gebeld. Althans, hij heeft me niet gesproken.'

'Waar is je apparaat?'

'M'n apparaat?'

'Waar is je antwoordapparaat? Het bandje?'

Shepard knikte. 'O. Estes Park. Boedelopslag heet het daar, geloof ik. Je kunt Frank Merchant opbellen in Estes Park, Colorado. In een witte doos.'

Mulcahy maakte aantekeningen.

'John, heb jij vijanden?' vroeg hij toen, opnieuw van onderwerp veranderend.

'Vijanden? Ja, natuurlijk. Een stuk of honderd partners van Freer Motley, om maar eens iets te noemen. En nog eens honderd lui van het openbaar ministerie, om nog maar eens iets te noemen.'

'Nee, ik bedoel iemand die een reden gehad zou hebben om jou erin te luizen?'

Shepard zweeg. 'Om mij erin te luizen?'

'Ja, weet ik veel. Ga je met verkeerde lieden om?'

Shepard lachte. 'Nu wel, ja.' Hij dacht een tijdje na. 'Mij erin luizen? Hmmm. Een of andere vent in een regenjas die rondsluipt om valse aanwijzingen rond te strooien en te doen alsof er een misdaad heeft plaatsgevonden? Bedoel je dat? Ed, volgens mij niet. Echt niet.

Maar het is wel vreemd,' ging hij verder. 'Volgens jou hebben ze dus een vingerafdruk van mij? Maar het feit is, ik ben daar nooit geweest.'

'Het is een deel van een afdruk.'

'Hij kan dus fout zijn?'

'Ja. Kennelijk. Ik weet niet zo veel van vingerafdrukken af.'

'Tja, Ed, je moet het niet verkeerd opvatten, maar stel dat je nu eens een heleboel gaat zitten leren over vingerafdrukken? En wel heel snel? Want deze vingers,' ging hij verder terwijl hij zijn handen tegen de afrastering hield, 'zijn daar nooit geweest.'

Mulcahy schrok wakker uit zijn overpeinzingen. De twee mannen staarden naar de regen in Bromfield Street. Het was een donkere middag geworden.

'Laten we nou eens goed naar die zelfmoord kijken,' zei Stevie. 'En laten we dat antwoordapparaat gaan ophalen. Wat kunnen we verder nog doen? We lijken die vent daar wel,' zei hij terwijl hij op een bedelaar bij de ingang van de Bagel Shop wees, die zijn bedelnap de storm in stak. 'Je moet blijven proberen. Misschien, als je het lang genoeg volhoudt, laat iemand een dollar vallen, weet je?'

Mulcahy bleef nog even uit het raam kijken naar de duistere gestalte. Voor zover hij kon zien, viel er niets in zijn kom, alleen regen. Toch bleef hij daar zitten, terwijl het steeds donkerder werd, met zijn doorweekte witte papieren beker die zielig de storm in stak.

Ze liepen South Street af, in de richting van de havenmuur. Het was een heldere, hete, vochtige augustusmorgen. Een verhuiswagen stond iets verderop geparkeerd en twee breedgeschouderde jonge mannen rolden meubels op een steekkarretje het trottoir op. In Boston wordt altijd verhuisd. Om negen uur 's ochtends hadden ze hun hemden al uitgetrokken. De lucht die over de haven kwam aanwaaien was dik van de vochtigheid.

Stevie Carr trok aan zijn wrat en staarde naar de grijsgroene haven. De lucht stond te zinderen in de vroege ochtendhitte en in de verte, voorbij de roestige pieren en de kraan, ging de haventaxi op weg naar Rowe's Wharf. Stevies rug en oksels waren nat van het zweet. 'Hier was het,' zei hij. 'Volgens die jongen schoot die vent op hem, en het laatste wat hij zag was dat Creel over het beton zeilde.'

Ed Mulcahy tuurde over de muur. Onder hem sloeg het water tegen de havenmuur aan. Er dreef veel troep.

'Rolstoel?'

'Die hebben ze hier gevonden.' Stevie gebaarde naar de verroeste wapeningsbalk die uit het beton stak.

'Zat er bloed op?' vroeg Mulcahy.

'Nee.'

'Zei die jongen dat hij geraakt was?' vroeg hij.

'Jongen weet het niet.'

'Creels lichaam is nooit gevonden, hè?'

'Nee.'

'Heb jij de rapporten gezien?'

'Heb ze laten voorlezen. Niet veel. Paar telefoontjes over schoten. Ze hebben nooit met die jongens gepraat.'

'Kogels?'

Stevie trok een wenkbrauw op en glimlachte. 'De kógels, raadsman?'

'Ja. De kogels.'

'Eddie, jij hebt zeker civiel recht gedaan, hè? Eindeloze corruptiezaken, stapels fraude. Maar weinig vuurwapens. Klopt dat?'

'Dat klopt.' Mulcahy voelde zich paars worden.

'Ja. Nou ja, Eddie, voordat je hiermee de rechtszaal ingaat, moet je iets leren over vuurwapens. Kijk, je hebt projectielen en hulzen. De projectielen richten de schade aan. De hulzen springen uit het wapen wanneer dit afgevuurd wordt. "Kogels" komen alleen in de film voor. Oké?'

'Goed, de projectielen dan.'

'Je gaat een verhaal houden over een schietwapen, Eddie, dan wil je niet overkomen als een anti-oorlogsdemonstrant, weet je wel? Projectielen.'

'Oké, chef, je kunt me inschrijven bij de landmacht. Nou goed? Projectielen. Hebben ze die gevonden?'

'Neen.'

Ze keken uit over het water. 'Eddie,' zei Stevie na een tijdje, 'je hebt niet de juiste vraag gesteld.'

Toen Mulcahy zich omdraaide om de juiste vraag te stellen, was Stevie hem voor. 'Twee hulzen hebben ze gevonden.'

Ed draaide zich weer om naar de haven. 'Dus dit is niet gewoon maar onzin,' zei hij.

'Tja. Het is niet alléén maar onzin,' verbeterde Stevie hem. 'Die hele zaak zit vol onzin, maar het is niet allemáál onzin.'

Ze leunden op de omheining en keken samen in de richting van het kanaal, met een hand boven hun ogen tegen de sterke weerspiegeling van het licht.

'Ze hadden hem moeten vinden,' zei Stevie.

'Tenzij...' zei Mulcahy, terwijl hij keek naar de torenflats die ruim drie kilometer verderop aan de overkant van het water stonden te glanzen, achter Commercial Wharf en het Aquarium, zoals de twee jongens drie maanden eerder gedaan hadden.

'Nee,' zei Stevie. 'Die vent had geen benen.'

De mannen knepen hun ogen samen in het hete, ondoordringbare, overweldigende licht. Het was een heel eind. En het water van de haven is midden mei nog koud.

Mulcahy draaide zich om en keek Stevie aan. 'Hij zit daar ergens,' zei hij. 'Ik weet niet waarom, maar ik zou hem bijzonder graag ontmoeten.'

Stevie fronste zijn voorhoofd maar wist dat Mulcahy gelijk had. Anders hadden ze het lichaam wel gevonden.

'Jezus,' zei hij terwijl hij zijn jasje losknoopte en zijn toupet naar achteren schoof. 'Zwemmers zoeken doe ik niet vaak, Eddie,' zei hij.

'Zwemmers zonder benen,' zei Mulcahy. 'Daar krijg ik toch zeker wel korting op.'

'Ja. Korting op niks is nog steeds niks, raadsman.' Hij keek nog een tijdje naar het water en vroeg toen: 'Hebben we iets aan hem? Weet je, Eddie, soms werk je je de pleuris om iemand te vinden en dan wou je later dat je hem nooit gevonden had. Snap je?'

'Ja. Ik weet niet of we iets aan hem hebben. Waarschijnlijk niet. Tot nu toe hebben we nergens veel aan gehad.'

Het werd warmer. Ze bleven nog even staan en liepen toen terug.

'George Creel is een vent zonder benen die de hele dag in een computerruimte zit te werken, toch? Bij een advocatenkantoor? En voor zover iedereen weet is hij niet aan de drugs?' Stevie hijgde, met een laatste blik over zijn schouder op de haven.

'Precies,' zei Mulcahy.

'Dus hoe komt het dat iemand hem op 14 mei wil vermoorden?'

'Daarom hebben we iets aan hem. Misschien.'

Hoofdschuddend liepen de twee verder.

Dinsdagavond, de laatste hete dinsdag van een bloedhete augustusmaand. 'Katie,' schreeuwde Stevie. Ze verscheen in de deuropening, de trap op zwoegend onder het gewicht van een grote tas vol dossiers. Ze hadden nog een week.

'KatieKate! Ik heb een hotdog voor je!'

Ze vertrok haar gezicht terwijl Stevie een zak in haar richting zwaaide.

'Met extra mayonaise!' zei hij. 'Wat? Katie... wat?' Hij schudde zijn hoofd.

Mulcahy keek op en glimlachte. 'Stevie, een broodje-gezond, meer zal ze niet eten. Als je de mayonaise weglaat.' Hij glimlachte naar haar. 'Hoi,' zei hij. 'Ik hoop dat het jou vandaag beter vergaan is dan ons.'

Ze keek verbaasd en hij legde uit. 'Laatste vooronderzoek. Aanhouding op verzoek van verdediging geweigerd. Verzoek om overboeking naar een ander arrondissement geweigerd. Geweigerd, geweigerd, geweigerd. Rechter Grosso zal Parisi berispen. Alsof dat helpt. We krijgen een paar vragen in een hoorzitting. Maar hij leest ze voor. We gaan er dinsdag heen.'

Ze floot. Hij hielp haar de tas uit te laden op Stevies tafel, die overdekt raakte met dossiers vol paperclips, fotokopieën en aantekeningen. 'Wauw,' zei hij. 'Voordat we aan hem beginnen, Stevie, kunnen we misschien eerst de mensen van Idlewild doen.'

'Een berg shit waar we nergens mee komen, denk ik,' zei de detective. 'Niets duidelijks. Geen strafblad, geen sancties van de raad, geen faillissementen. Weiner heeft een paar keer een faillissement meegemaakt, maar dat is niet ongewoon in dat vak, neem ik aan. Niets opvallends.'

Stevie haalde zijn notitieblok onder een stapel papieren op zijn bureau vandaan en begon een overzicht te maken. Ze praatten even over Sid Weiner. Volgens Freds was het OM ook in hem geïnteresseerd. Ze hadden wat gespit, maar zonder resultaat.

Terwijl Weiners handeltjes meestal inhielden dat een van beide partijen er heel veel geld aan overhield en de andere juist niet, en aangezien hij zelf bijna nooit degene was die er juist niets aan overhield, was hij aan zijn geld gekomen via volkomen eerlijke projectontwikkeling, voor zover men wist. Dat wil zeggen, hij verdiende het door te speculeren met het geld van andere mensen en door exorbitante honoraria te vragen voor het beheer van zijn eigen investeringen. Dertig jaar geleden was hij begonnen met wat kleine pandjes in de buurt waar hij woonde, in Brooklyn. Zijn zaken liepen prima, en hij was allang binnen, hoewel enkele van zijn ondernemingen failliet waren gegaan. Hij wist hoe hij de banken moest aanpakken en hij deinsde ook nergens voor terug.

'Maar ik heb niets steekhoudends,' zei Stevie. 'Het is een rijke patser van zesenvijftig, met een heel klein pikkie, volgens mij.'

'Pardon?'

'Je kent die kerels, Eddie. Hopen speelgoed. Auto's. Appartementen. Een buitenhuis in East Hampton, tripjes naar de eilanden, een appartementje in Aspen. Regelmatig onder de zonnebank, ruilt zijn vrouw om de zeven jaar in, heeft een knecht aan huis om hem fit te houden en een andere die hem de maat opneemt voor een nieuw pak. Je kent dat soort toch?! Niets op aan te merken, behalve dan dat ik wou dat ik hem was.'

Kate schudde haar hoofd en lachte. Mulcahy glimlachte. 'Dus wat denk je?'

Stevie schudde zijn hoofd. 'Neeeee,' zei hij. 'Ik denk niet dat het zijn hart gebroken heeft dat DeFi zich een buil viel. Maar of hij het gedaan heeft? Dit is een sluwe zakenman. Hij hoeft geen grote risico's meer te nemen in deze fase van zijn leven. Hij heeft zojuist de grootste deal van heel New England afgesloten, met geld van iemand anders. Waarom zou je dan hebberig worden en het risico lopen dat je alles kwijtraakt wat je hebt? Je bent zesenvijftig. Je hebt genoeg. Althans, volgens mij.'

Mulcahy knikte en keek naar zijn aantekeningen. Hij geeuwde. Het zou een lange nacht worden. 'Ruggerio?' zei hij.

Ruggerio was de jurist voor onroerend goed geweest. Stevie sloeg een blad van zijn notitieblok om en vertelde hem over de bridgespeler uit Lexington met drie dochters op de middelbare school. Mulcahy luisterde maar met een half oor. Hij dacht dat hij Ruggerio goed genoeg kende. 'Hmmm,' zei hij toen Stevie klaar was. Hij keek weer naar de tafel.

'Nou, Kate,' zei hij, 'wat weten we over Whitaker?'

Ze zuchtte en sloeg haar eerste dossier open.

'Samuel Boylston Whitaker,' begon ze, 'alias "Sir Sam", hoewel hij zelf nooit zo genoemd werd. Een heer van stand. Als er ooit iemand geschikt was om senior partner te worden, dan was Whitaker het wel. Hij was zesenzestig toen hij overleed. Eén meter vijfentachtig, slank, waarschijnlijk niet veel zwaarder of lichter dan de vijfentachtig kilo die hij woog toen hij bij de marine zat. Kaarsrechte houding, en genoeg haar op zijn hoofd voor de gemillimeterde coup die hij droeg sinds zijn afzwaaien. Helderblauwe ogen... hij droeg wel inmiddels een dubbelfocusbril. Altijd een vlinderdas. De aanblik van Sir Sam die over zijn leesbril heen naar je keek was voldoende om zelfs ervaren juristen de zenuwen te bezorgen wanneer ze kwamen rapporteren.'

'Onervaren juristen ook,' zei Mulcahy.

Kate ging verder. 'Haal deel zes van de juridische encyclopedie van Freer te voorschijn,' zei ze, 'en leg het op tafel. Je zult zien dat het openvalt bij de pagina over meneer Whitaker. Geboren in 1926 in Muttontown, New York, als zoon van een rijke bankier. Hij was de beste van zijn klas bij het eindexamen van Phillips Exeter Academy in 1943. Niet de op één na beste, maar de beste. Zijn diensttijd bracht hij door bij de marine, van 1943-1945. Hij werd bevorderd tot luitenant-commandant en kreeg een onderscheiding voor bewezen moed in Bataan. Hij is afgestudeerd aan Yale, beleidskunde, en in 1950 summa cum laude in amerikanistiek. In 1950 was hij een van de vijf roeiers in de boot die de Eastern Sprints won, de Harvard Boat Race en de Grand Challenge Cup in Henley. In 1951-1952 studeerde hij aan Jesus College in Oxford. Daar behaalde hij een graad in politieke wetenschappen, filosofie en economie; in 1953 haalde hij zijn meestertitel aan Harvard en daarna werd hij voorzitter, vóórzitter, jongens, overal elders is dat hoofdredacteur, van het juridisch vakblad van Harvard. Hij heeft gewerkt bij Fisher Hamilton en daarna werd hij opperrechter bij het gerechtshof.'

Stevie floot.

'Precies,' zei ze. 'Er is meer. In 1958 kwam hij werken bij Emerson, Freer en Motley. Kort daarna stapte hij over naar het openbaar ministerie en voordat hij in 1963 terugkeerde naar wat intussen Freer, Motley en Stone geworden was, was hij daar de hoogste in rang geworden wat civielrechtelijke procedures betreft. Hij kwam terug bij Freer, kwam al gauw in de maatschap en werd begin van de jaren zeventig hoofd van de afdeling bedrijfsrecht. Van 1976 tot 1990 zat hij in het bestuur.

Tegen 1970 was hij een van de belangrijkste juristen in de hele stad, en er waren er in die tijd maar twee of drie echt heel belangrijk. Er werd geen klant aangenomen zonder zijn goedkeuring, geen wijziging in het beleid doorgevoerd als hij het er niet mee eens was. De winst van het bedrijf werd verdeeld door een in naam democratische commissie, maar in feite stond het hele bedrijf onder leiding van een dictator.' Ze zweeg even. 'Sommigen zouden zeggen, een goedgezinde dictatuur.'

'Hoe ben je daarachter gekomen, van die verdeling?' vroeg Mulcahy.

Ze glimlachte. 'Niemand kan zo slecht een geheim bewaren als de partners van een advocatenkantoor.'

Ze ging verder.

'In 1955 trouwde Sam Whitaker met Anna Lee Sturtevant, een rustige en aantrekkelijke jonge vrouw die in 1952 was afgestudeerd aan Smith. Het stel kocht in 1963 een grote boerderij bij de rivier de Charles in Sheringham. Kijk.' Ze zocht in een van de dossiers naar fotokopieën die ze van enkele foto's had gemaakt. Een was een trouwfoto. De bruidegom was uitzonderlijk knap, blond, een heldere oogopslag, een ferme kin en een zelfverzekerde uitstraling. Zijn bruid zag er, ondanks de weinig flatteuze haardracht en make-upstijl van de jaren vijftig, uit als een bijzonder charmante jonge vrouw.

De tweede foto had afkomstig kunnen zijn uit een duur blad. Het was een foto van het huis waarnaar Mulcahy die ochtend in mei vol ontzag had staan staren.

'De boerderij?' vroeg Stevie.

Kate knikte.

'Jezus,' zei Stevie. 'Wedden dat híj het gras niet gemaaid heeft.' Hij liep naar het raam en keek naar een rij taxi's in Bromfield Street.

Kate ging verder. 'Samuel en Anna kregen twee dochters: Beth, geboren in 1959, en Emma, geboren in 1961. Uit die periode zijn er nogal wat anekdotes over evenementen in Boston en Sheringham. Ze leidden een actief sociaal leven.

Het ziet ernaar uit dat Anna Whitaker deed wat een vrouw van een rijke man in die dagen geacht werd te doen. Ze vergezelde haar echtgenoot naar liefdadigheidsevenementen en openingen, verdroeg eindeloze cocktailparty's en gaf die ook zelf, voedde de meisjes op en bracht ze naar de manege en het zwembad.

Ik ben een vriendin van de familie op het spoor gekomen. Die heeft met me gepraat. Volgens mij had ze niet helemaal door aan welke kant ik stond. Hoe dan ook, net als haar moeder was Beth plichtsgetrouw, intelligent en rustig. Ze zat wel wat gevangen: qua temperament leek ze meer op haar moeder, maar ze voelde zich verplicht de rol te spelen van de zoon die haar vader nooit gekregen had. In 1980, geloof ik, haalde ze aan Yale haar meestertitel, maar het werk interesseerde haar niet. Ze heeft een paar jaar op een klein kantoor gewerkt en is nu getrouwd en heeft kinderen. Ze woont in Connecticut.

Emma was anders. Die lag van meet af aan dwars. Ze zag kans van de middelbare school gestuurd te worden, ging met de verkeerde jongens om, wilde actrice worden. Halverwege de jaren tachtig had ze een folkcafé in Vineyard Haven. Toen ze haar wilde haren kwijt was, ontstond er toenadering tot haar moeder. Volgens die vriendin had Anna ooit gezegd dat ze haar hele leven gevangen had gezeten in de tempel van een man. Misschien kreeg ze bewondering voor de avontuurlijke geest van haar dochter. Als volwassenen, zei de vriendin, hadden moeder en dochter een hechtere band dan ze ooit gehad of verwacht hadden.'

Het werd stil in het kantoor. Kate zei: 'Wat betreft de laatste tien jaar of zo van Samuel Whitakers loopbaan, afgezien van uiterlijkheden, was er weinig wat ik kon vragen zonder een heleboel tegenvragen op te roepen.'

Mulcahy knikte. Waarschijnlijk had ze toch weinig kunnen uitvinden over de latere jaren wat hij niet allang wist. In feite was tegen het einde van de jaren tachtig de ster van Sam Whitaker gaan verbleken. De koortsachtige snelheid waarmee deals in de financiële gemeenschap moesten worden gemaakt was iets waarop hij niet voorbereid was. Ten eerste druiste het in tegen zijn conservatieve instinct. En het hoorde bij een bepaalde generatie. De meeste investeringsbankiers waren amper veertig jaar oud en de beursmakelaars schoren zich nog niet eens. Bankiers waren pubers, kinderen. Mannen en vrouwen zonder enig besef van de waarde van het geld en van het risico van geldverlies, zetten hun handtekening onder financieringsovereenkomsten van honderd miljoen dollar. In de jaren tachtig vond er een revolutie plaats binnen de financiële wereld, die zo ingrijpend was, dat de ervaring en de voorzichtigheid van een vijftigjarige jurist niet langer een pre waren. Het was eerder een nadeel. En zo ontstond in de jaren tachtig een nieuw soort jurist bij Freer Motley: jong, agressief, weinig respect, even weinig ervaring.

Whitakers succes begon te tanen. In 1987 factureerde hij minder dan het jaar tevoren, iets wat hem in al die jaren nog nooit overkomen was en dat voor die tijd volkomen ongebruikelijk was. Zijn produktiviteit leek af te nemen op het moment dat 'bedrijfsdoorlichters' op het toneel verschenen. Plotseling liepen er op iedere verdieping duurbetaalde consultants rond, leek het wel, en vond hij om de drie dagen een nieuw spreadsheet in zijn postvak. In 1990 maakte hij wat produktiviteit betreft deel uit van de middenmoot.

Gelukkig had Mulcahy eraan gedacht zijn eindrapport mee te nemen op de dag dat hij Freer Motley verlaten had. Hij haalde het uit Whitakers dossier en las hardop. 'In 1980 was Whitakers woord in een vergadering een wet van Meden en Perzen. In 1987 was er sporadisch protest te horen, hoewel hij dat meestal van de tafel veegde. In 1989 werd het bedrijf geleid zonder hem. Op 31 mei 1990 verliep zijn termijn als lid van het bestuur en werd hij niet herkozen.

En er was nog iets anders, ook. Ik had het gevoel dat de Graaf me niet alles vertelde. Er was een of andere afspraak, ik weet niet wat. Ik kwam er niet achter.'

De Graaf was maar al te graag bereid geweest om enkele roddels over Whitaker door te sluizen naar Mulcahy. Zijn gezin was van hem vervreemd. De organisatie van Whitakers huiselijk leven was allang overgegaan in handen van zijn vrouw, en hij had nauwelijks meer zeggenschap over de dagelijkse gang van zaken. Beth zag hij nooit. Connecticut was niet ver weg, maar ze had het altijd druk met haar eigen kinderen en man. Emma bezocht hij vaker, maar de oude wonden waren nooit helemaal geheeld, en wanneer Anna en Emma samen waren, voelde hij zich een indringer.

Kate onderbrak hem. 'Ik heb wel iets gevonden. In 1988 is Anna met een zware depressie opgenomen in het MacLean-ziekenhuis. Vrienden gingen ervan uit dat ze in een crisis geraakt was door haar ontwakende zelfstandigheid als gevolg van de volwassener relatie met Emma. De prijs die ze moest betalen voor een nieuw zelfbeeld was het besef dat ze haar leven verknoeid had. Ze raakte verder verwijderd van de man wiens marionet ze bijna haar hele volwassen leven lang geweest was, en ze trok zich in zichzelf terug.

In de loop van de daaropvolgende vier jaar keerde Anna in totaal drie maal voor een kort verblijf terug naar het MacLean. Het gezinsleven draaide echter normaal door. Maar Anna was killer geworden, afstandelijker. Medio 1991 stond Sir Sam er alleen voor, naar het zich laat aanzien.' Kate keek op. Dat was het.

Sam Whitaker was de man geweest met het gulden cv, de man met alle aanbevelingen, eerbewijzen, medailles, de man van de lunchtoespraken, de man die overal voorzitter van was, de man met de duizend kennissen. En wat was ervan over? Dat was moeilijk te bevatten.

Ze legden de dossiers neer en Stevie ging in de koelkast op zoek naar bier.

'Stel,' zei Mulcahy, 'dat Whitaker zo kwaad werd op Shanklin en de anderen vanwege de beëindiging van zijn termijn dat hij de fraude gepleegd heeft. Omdat hij dacht dat hij ze daarmee in hun hemd kon zetten tegenover hun allergrootste cliënt. En dat de zaak daarna uit de hand gelopen is.'

Niemand zei iets. 'Nou,' zei Mulcahy, 'we kunnen maar beter zorgen voor nog een stel dagvaardingen. Dank je, Kate, dat was fantastisch werk. Ik heb nog eens nagedacht over dit onderzoek. Ik heb me zitten afvragen of de bewijzen wel geldig zijn. Het zijn alleen maar foto's. Kun je dat eens nagaan, zien of daar iets uitkomt? En die afschrijving van de creditcard. Kijk of we die erbuiten kunnen houden.'

'Het is toch een zakelijk stuk?'

'Dat weet ik niet. De theorie luidt dat hij getekend heeft, maar hij is misschien de enige kaarthouder, en aangezien ze hem niet kunnen oproepen, telt het niet mee.'

'Maar als hij wel getekend heeft, is het een toelaatbaar stuk.'

'Alleen als iemand de handtekening kan identificeren. En dat is onmogelijk. Kijk maar eens wat je kunt vinden.'

'Goed,' zei ze. 'Ik ga eens kijken bij Westlaw.' Ze klapte de laptop op Stevies tafel open. Via het interne modem belde ze naar Westlaw, de databank voor juridisch onderzoek, en ging aan het werk. Mulcahy verdiepte zich in een dossier.

Stevie zat te kijken naar de twee juristen die zijn kantoor overgenomen hadden. 'Eddie, ik weet het niet,' zei hij zacht.

Het werd woensdag. Al meer dan een week lang waren ze op
zoek naar George Creel, en Ed begon nerveus te worden. Zijn
instinct vertelde hem dat het gastenboek, wat het ook zijn mocht,
belangrijk was. Creel had zo tevreden met zichzelf geleken toen
hij het erover had, zijn mond had op een bepaalde manier bewogen, alsof hij bijna moest lachen over zijn eigen slimheid.
Maar de berichten die ze achterlieten bij Creels voormalige huisbaas leidden tot niets. De gegevens van militaire inlichtingen in
St. Louis waren niet om over naar huis te schrijven. Ze hadden
maar drie mannen van Creels oude eenheid gevonden. Een was
twee maanden voordat Creel gewond geraakt was, aangekomen.
Hij herinnerde zich Creel niet. De andere twee hadden na de
oorlog niets meer van hem gehoord.
'Kunt u me verder nog iets over hem vertellen?' had Stevie aan
een van hen gevraagd.
'Twee onderscheidingen en als ik me niet vergis nog een orde
van verdienste. Een prima soldaat,' had de man gezegd.
Kate had zijn personeelsdossier bij Freer Motley opgeduikeld.
Maar daar hadden ze niets aan. Afgezien van Lyndon Johnson
stond er geen naaste familie vermeld.
Stevie had aan enkele touwtjes getrokken en had een jaarover-
zicht van Creels telefoongesprekken bemachtigd. In de periode
van een jaar voor zijn verdwijning stonden er drie gesprekken
via centrales in New York vermeld. Twee waren nummers van
leveranciers van computerrandapparatuur. Eén was er afgesloten. Ze hadden geen nieuwe naam of adres kunnen krijgen.
Maar Kate had iets gevonden, iets heel kleins. Tussen de dossiers die Mulcahy uit Creels bureau gehaald had aan het eind
van zijn onderzoek, had Kate een stapel computeruitdraaien gevonden.
'Ed,' had ze hem die dag gevraagd, 'weet jij dat dit zijn?'
Hij had zijn schouders opgehaald en gekeken naar wat eruitzag
als een reeks berichten.
'Hij heeft zijn e-mail forums uitgeprint.'
'Zijn wàt?'
'De forums waarop hij via e-mail geabonneerd was, althans en-
kele ervan.'
'O ja? En waarop was hij geabonneerd?'

'Iets wat Jarhead Jaw heet, een forum voor Vietnam-veteranen zo te zien, en "LawNet", wat eruitziet als iets voor mensen die bij de automatiseringsafdeling van een advocatenkantoor werken.'

'Nou en?'

'Misschien heeft hij een nieuw abonnement genomen,' zei ze.

'Hoe komen we daarachter?'

'Geen idee. Misschien kunnen we het aan de systeembeheerder vragen. Ik weet het niet. We kunnen het altijd proberen.'

Die avond zat Ed Mulcahy in zijn onderbroek op zijn bank te midden van stapels ongeopende post, met een fles koud bier bij zich.

'En na de reclame, de advocaat wiens cliënt hem zijn baan kostte. Blijf kijken!' zei de presentator. De reclame begon.

Dit kan niet waar zijn, zei Mulcahy tegen zichzelf. Even later zag hij zijn eigen gezicht op het scherm verschijnen. Het leek erop dat ze de foto gebruikt hadden van de enige andere keer dat hij op tv geweest was, vijf jaar geleden, bij het Delano-drugsschandaal. Hij had toen wel meer haar.

'Godverdomme, Gitz!' schreeuwde Mulcahy. 'Je had het nog zo beloofd.'

'Ik heb het niet gedaan! Ik heb het niet gedaan! Ik zweer het je!' zei Gitz, die de televisie kon horen.

'Je liegt.'

'Eddie,' onderbrak Gitz terwijl hij de kamer in liep en met tranen in zijn ogen op het scherm wees. 'Zou ik jou verraden tegenover die klootzak?'

'Zoals we vorige week al berichtten heeft de Bostonse advocaat Edward Mulcahy aangekondigd dat hij de verdediging op zich neemt van John Shepard, die beschuldigd is van moord. Dit heeft geleid tot een storm van wederzijdse beschuldigingen tussen Mulcahy en Shepards vorige raadsman, Felix Parisi,' zei Frannie Dillard. Nu verscheen een foto van John Shepard in beeld. De verslaggever ging door. 'Shepard zal terechtstaan voor de moord op Samuel Whitaker. Shepard werd in eerste instantie vertegenwoordigd door Parisi, terwijl Mulcahy evenals Shepard en diens vermeende slachtoffer Samuel Whitaker gewerkt heeft bij het bekende advocatenkantoor van Freer, Motley en Stone. Afgelopen week is vernomen dat Freer Motley de heer Mulcahy ontslagen heeft, kennelijk, volgens welingelichte bronnen, wegens zijn beslissing om de zaak aan te nemen. Een woordvoerder van het bedrijf weigerde commentaar te geven, maar bevestigde wel dat Mulcahy er niet langer werkzaam is.

Ook is vernomen dat Parisi Mulcahy heeft aangeklaagd wegens smaad. Toen Parisi beweerde zich terug te trekken op ethische gronden, riposteerde Mulcahy dat Parisi ontslagen was wegens incompetentie. Vanavond was Mulcahy niet bereikbaar voor commentaar. Jim?'

'Wie heeft er om commentaar gevraagd?' vroeg Mulcahy. Toen zag hij het rode lichtje knipperen op het antwoordapparaat in de keuken.

De stem kwam weer terug. 'Dit was Fran Dillard vanuit het gerechtshof te Suffolk.'

Mulcahy zette de tv uit. De telefoon ging. 'Voor jou,' riep Gitz. Mulcahy keek vragend op.

'Hé, iedereen weet het nu,' zei Gitz. 'Je kunt verwachten...'

'Eh, zeg maar dat ik er niet ben,' zei Mulcahy. Hij stond op en liep door de gang naar zijn slaapkamer. Zijn middenrif puilde over het elastiek van zijn onderbroek heen. Hij mompelde iets, maar Gitz kon niet horen wat. Even later ging de telefoon weer, maar Ed Mulcahy sliep al.

22

Donderdagochtend. Over ruim een etmaal zou de stad leegstromen en zouden de snelwegen naar Cape Cod verstopt raken. De banken en gerechtshoven en winkels zouden dichtgaan voor het weekend van Labor Day. En als ze met tegenzin weer open zouden gaan, aanstaande dinsdag, zou een gerechtsdienaar in het hooggerechtshof van Suffolk de zaak aankondigen van de Staat versus John Shepard.

Voor het team van de verdediging in de zaak-Shepard was het geen vrij weekend. Die ochtend was Stevie iets op het spoor gekomen en nu zat hij in Dorchester aantekeningen te maken. Hij had de taxichauffeur gevonden.

Het was een slanke man met een roetzwart gezicht en een zachte, zangerige stem. 'Nog nooit zoiets gezien,' zei de man. 'Nooit van mijn leven. Die vent kruipt te voorschijn uit het donker, doorweekt van boven tot onder, en hij trekt zich omhoog aan zijn handen!'

Ze zaten in het kantoortje van het taxibedrijf, aan weerszijden van een versleten houten bureau dat bezaaid was met papieren. Het gekraak van de radio doorsneed het verhaal van Martin Bako. Stevie maakte aantekeningen. Bako beschreef die buitengewone avond in mei toen de man zonder benen zijn taxi ingekropen was.

'Aan zijn handen!' Zijn ivoren ogen stonden wijd open toen hij zich de onwerkelijkheid van dat moment, afgelopen voorjaar, herinnerde. Hij schudde zijn hoofd.

'Wat gebeurde er verder?' vroeg Stevie.

Martin Bako knikte. 'Eerst zei hij dat hij naar het veteranenziekenhuis wilde. Hij moest een rolstoel hebben. Dus heb ik hem daarheen gebracht. We kwamen bij de poli aan en die vent praat maar raak. Hij praatte met een verpleger. En toen kwam er een dokter, en die kende die vent...'

'Heeft hij zijn naam genoemd? Creel?'

Martin Bako dacht na. Het was afgelopen voorjaar. Hij haalde zijn schouders op. 'Sorry. Dat weet ik niet meer,' zei hij. 'Het duurde even, maar na verloop van tijd kwamen ze terug met een rolstoel. Ik heb ze geholpen met opvouwen en heb hem in de kofferbak gelegd.'

'En toen?' vroeg Stevie.

'Toen vroeg die vent, kun je de centrale bellen en vragen hoe laat de trein naar New York gaat? Dus dat doe ik. Het was 's avonds, en er ging inderdaad een trein, een uur later of zo. Dus heb ik hem naar een geldautomaat gebracht en toen naar het station. Alleen, die vent wou niet uit de taxi voordat de trein eraan kwam. We hebben zo een hele tijd gezeten, hij en ik. Toen de trein er was heb ik hem in de rolstoel geholpen en hij stond erop dat hij mijn jas aan mocht en dat ik hem naar het perron bracht.'

'Hoe laat ging die trein?'

Martin Bako haalde weer zijn schouders op. 'Dat weet ik niet.'

'Het was 's avonds, op een zaterdagavond?'

'Ja.'

'Hoe lang moest je toen nog voordat je vrij had?'

Martin Bako dacht even na. 'Mijn dienst was om middernacht afgelopen. Ik weet niet meer hoe laat ik hem opgepikt heb, maar ik denk dat ik nog één rit gehad heb nadat ik hem had afgezet. Denk ik. Ik weet het niet meer zeker,' zei hij.

'Bedankt,' zei Stevie. 'Reuze bedankt. Hier is mijn kaartje.' Hij pakte zijn hoed en vertrok. Op zijn korte beentjes holde hij naar een telefooncel.

Kate, die weggeslopen was naar Bromfield Street, legde de telefoon weer neer. Amtrak. Dat betekende Providence, New York, Philadelphia, Washington, Atlanta, althans op de eerste tocht. Ze keek op haar horloge en besefte dat ze haar op kantoor zouden missen als ze niet binnen twintig minuten terug was. Ze zette haar laptop aan en plugde het modem in. Op woensdagavond had ze e-mails gestuurd aan de systeembeheerder voor de twee Natlink-forums. Ze was wanhopig op zoek naar een vriend van vroeger, had ze gezegd, en ze had een lijst nodig van alle nieuwe abonnees sinds 15 mei. Nu zag ze de antwoorden van de twee. Het bericht van de systeembeheerder van Jarhead Jaw was zo'n beetje wat ze verwacht had. Als ze een algemeen bericht wilde plaatsen, stond er, ging dat naar alle abonnees. Einde bericht. Ze fronste haar wenkbrauwen en keek naar het andere bericht. Hier had ze iets, dacht ze. Er stond een telefoonnummer met het voorstel ene Pete te bellen tijdens kantooruren, Oostamerikaanse tijd. Dat was een begin, maar wat moest ze tegen Pete zeggen? Hij zou beslist vragen wat er aan de hand was. Ze zat een tijdje na te denken. Het was erg warm en ze veegde het haar van haar voorhoofd terwijl ze de airconditioning in Stevies kantoor vergeleek met die in chiquere gelegenheden. Ze dacht nog een paar minuten geconcentreerd na. Ze liep naar het raam en keek naar beneden, naar het kruispunt. Aan het einde van de straat was een camerawinkel. Terwijl ze zo voor het raam stond, begon er in haar hoofd een idee te ontstaan. Oké, Kate, zei ze tegen zichzelf. Nu eens kijken hoe goed je een rol kunt spelen. Ze had geluk, Pete was aanwezig. In een paar minuten had hij haar laten weten dat haar verzoek tegen de regels was, tegen de voorschriften, en dat hij het niet snapte. Als ze iemand wilde vinden die George heette, waarom liet ze dan geen bericht achter?

'Luister eens, Pete,' zei ze, 'ik vind het héél gênant, maar, eh, kan dit onder ons blijven?'

'Tuurlijk.'

'Beloof je dat? Je zit dit gesprek niet op te nemen?'

'Nee.'

'Oké,' zei ze. 'George was mijn vriend, en hij... ik kan niet geloven dat ik dit aan een wildvreemde vertel, maar ik weet niet wat ik anders moet, dus, hoe dan ook, George was mijn vriend, maar nu is het uit, oké?'

'Luister, mevrouw, ik zie niet...'

'Nee, Pete, ik bedoel er niets sentimenteels mee, oké? Luister nou even. Ik weet dat het raar klinkt. Maar ja, George en ik, toen alles nog goed ging, toen hield hij nogal van films. Oké?'

'Naar de bioscoop, bedoel je?'

'Nee. George maakte zèlf films.'

'Films?'

'Ja. Van ons.'

Nu zweeg Pete, en ze liet hem een tijdje fantaseren. 'Oké?' vroeg ze.

'Oké.'

'Nou, eh, toen het uitging, toen zei ik, George, wat ga je met die video's doen. En hij zegt: "Hoezo?" En ik zeg: "Hier met die video's, George." Maar ik kreeg ze niet. Hij heeft ze gehouden! Die schoft! En nou heeft hij dus video's van mij. Dat was wel het stomste wat ik ooit gedaan heb, dat ik hem... je snapt wel. Maar goed, het spijt me dat ik jou daarmee lastigval, het is natuurlijk niet te geloven, zo'n volslagen idiote meid aan de telefoon die het over schunnige films heeft, maar zo liggen de zaken. George is ervandoor, ik kan hem nergens vinden, ik heb wekenlang overal heen gebeld, niemand weet waar hij zit en ik ben ten einde raad, Pete, ten einde raad! Snap je dat? En het enige wat ik zéker weet, is dat hij lid is van jouw forum. Ik bedoel, hij zit ergens. Vroeger zat hij iedere ochtend te downloaden.'

'Aha,' zei de stem na een lange stilte. Kate grinnikte in zichzelf en stelde zich voor hoe Pete nu zat te piekeren hoe hij die films ooit te zien kon krijgen.

'Hij zal wel een andere naam gebruiken, dat deed hij vroeger ook altijd,' zei ze.

'Eh... dit is tamelijk vreemd,' zei Pete.

'Tamelijk vreemd?! Moet je je voorstellen hoe ìk me voel nou ik daar met jou over praat! Pete, heb jij ooit wel eens een moeilijk vriendinnetje gehad?'

'Nou, eh...'

'Stel je voor dat ze daar ergens zit met een film van jou, waar jouw eh... sorry, maar stel je eens voor. En stel dat ik jou een lijst kon geven waarmee je dat mens kon vinden. Hoe zou jij dat vinden? Hoe zou je dat vinden?'

Het enige wat een vrouw hoeft te doen, is een man, zogezegd, op zijn pik te trappen. Pete gaf onmiddellijk toe. 'Wat moet ik doen?' vroeg hij zachtjes.

'Als ik alle namen en adressen van nieuwe mensen op het forum heb, kan ik misschien uitvissen wat voor naam hij gebruikt, of wat zijn adres is. George doet geheid iets slims, hij is altijd zó slim. Die klóótzak! Ik heb niet alle namen nodig. Alleen diegenen die lid geworden zijn na half mei, toen het uitging.'

Het duurde nog eens een kwartier voordat ze het erover eens waren hoe Pete de pak 'm beet tweeduizend namen die hij naar schatting de afgelopen drie maanden had ingeschreven, zou downloaden, en hoe ze gekopieerd konden worden, en hoe zij daarvoor kon betalen, en hoe Kate ze kon krijgen, en dat alles zonder dat Petes baas erachter kwam. Voor Pete, arme stumper, was de kans om gegevens uit te wisselen verleidelijk genoeg, maar om dat dan ook nog eens te doen met een zoetgevooisde sirene die op iemands videorecorder stond, dat was echt te veel voor Pete.

'Aha!' joelde Kate toen ze opgehangen had. 'Aha!!' Ze keek naar de dossierkast en het vensterglas, de uitpuilende prullenbak naast Stevies bureau en de grijze tafel die bezaaid lag met dossiers. Ze sloeg met haar vuisten op het bureau. 'Yes! Yes!!'

Aan de andere kant van de heuvel, in de gevangenis aan Charles Street, was het nog heter. Twee politieagenten en een assistent van de aanklager hadden de doos met bewijsmateriaal naar een vergaderruimte gebracht. Het was voor het eerst dat Mulcahy en Shepard elkaar daar zagen zonder hek tussen hen in, en het was de eerste keer dat ze elkaar de hand konden schudden sinds het begin van de hele affaire. Ze namen de spullen snel door, de zakken waarin de bewijsstukken zaten: haren en vezels, het wapen, het met bloed bevlekte jasje. Ze keken elkaar rustig aan en Mulcahy's pen kraste over zijn notitieblok.

'Waar is die zeep?' vroeg Mulcahy.

'Nog in het lab,' antwoordde Gleason.

'Daar heb ik toch om gevraagd,' zei hij.

'Dan hang je me maar een proces aan m'n broek,' zei Gleason. 'Een stuk zeep, jezus nog aan toe. Wat wou je, je handen wassen?' Hij staarde kauwgum kauwend uit het raam. Voor zo'n jonge vent was hij tamelijk arrogant. Hij was een assistent-aanklager in opleiding.

De agenten pakten de bewijsstukken weer in en vertrokken.

Toen ze alleen waren, zag Shepard er geschokt uit. De massa bewijslast moest een nare confrontatie geweest zijn. 'Hoe ver zijn jullie? Eerlijk?' vroeg hij.

'We hebben iets. Maar onze verzoeken zijn afgewezen.'

'Dat had ik wel verwacht. Maar Whitaker, hoe zit het daarmee? Wat hebben jullie over hem?'

Mulcahy vertelde hem wat het onderzoek tot dat moment opgeleverd had.

Toen hij uitgesproken was, zei Shepard: 'Daar word ik niet blijer van, Ed. In jezusnaam, man, volgende week gebeurt het! Er móet meer zijn. Dat moet. Heb je alle vroegere Freer-partners gebeld? De gepensioneerden? Alle dossiers in de bibliotheek doorgenomen, zijn vrienden in Sheringham aan de tand gevoeld? Er moet toch meer zijn dan die vent, hoe heette hij ook weer, Fellstein?'

'Fellbright.'

'Prima. Die is in orde. Maar er is meer, man, er is meer. Doorzetten!'

Shepard staarde hem aan. Rustig zei Mulcahy: 'Er is nog iets wat ik je moet vertellen.'

'Wat dan?'

'De computers. Misschien hebben we iets via de computers. Herinner je je George Creel?'

'Die zot die beneden zat, in die rolstoel?'

'Ja. Daar zijn we naar op zoek. Toen ik bezig was met het Idlewild-onderzoek, zei hij iets over een gastenboek, en...'

'Ed,' onderbrak Shepard hem, 'dat is allemaal prima. Maar we hebben weinig tijd voor allerlei bijzaken, weet je wel?' Hij zweeg even en keek Mulcahy aan. Toen hij weer sprak, klonk zijn stem hard. 'De verdediging luidt zelfmoord, nietwaar? Hou Sir Sam in de schijnwerpers, wil je?'

'Tuurlijk,' zei Mulcahy. 'Natuurlijk, John. Maar ik moet je een paar dingen vragen.'

'Ga je gang,' zei Shepard.

'Hoe zat dat met die Sunoco?'

'Dat was ik niet, man. Ik ben daar nooit geweest.'

'Hoe kwam jouw creditcard daar dan?'

'Eerlijk gezegd heb ik die nooit gemist totdat Parisi ernaar vroeg. Ik heb mijn benzine op weg naar het westen contant betaald. Toen Parisi erachter kwam dat mijn kaart gebruikt was, heb ik in mijn portemonnee gekeken. Die had de politie in beslag genomen. De Sunoco-kaart is weg.'

'John,' zei Mulcahy licht gegeneerd, 'ze zullen niet snel geloven dat dat toeval is.'

'Weet ik,' zei hij. 'Maar ik weet ook niet wat ik je anders kan vertellen. Ik heb daar niet getankt. Ik ben nooit in Natick geweest.'

'En het jasje dan?'

Shepard schudde zijn hoofd en keek weg. Mulcahy dacht terug aan een uur geleden. In het licht van de lamp aan het plafond en onder het nog veel hetere ongeduld van de cipiers, de agenten en de assistent-aanklager hadden ze het jasje uit de plastic zak gehaald en voor hen uitgestald, met rubber handschoenen aan.

'Niet van mij,' zei hij.

'Hoe moeten we...?' begon Mulcahy.

'Ik weet het niet,' zei Shepard. 'Ik neem aan dat er massa's beige jasjes zijn.'

Mulcahy fronste zijn wenkbrauwen. Ongetwijfeld waren er massa's beige jasjes. Maar hoeveel waren er maat 43 extra lang, chemisch gereinigd bij Beacon Hill? Shepards mond stond strak toen hij over de tafel heen staarde. Mulcahy keek terug en probeerde een neutrale blik te bewaren. Hij probeerde zijn eigen twijfels te onderdrukken. Maar Shepard doorzag hem.

Het werd vrijdagavond. Mulcahy was aan Stevies tafel in slaap gevallen. Om hem heen lagen acht boeken over de analyse van vingerafdrukken, alles wat hij bij elkaar had kunnen bedelen, lenen of stelen over dat onderwerp.

Stevie zei: 'Iedereen zit op Cape Cod, behalve wij.'

'Iedereen, behalve wij en O'Hanlon. En Shepard.'

'Voor mij kunnen ze allemaal doodvallen,' zei Stevie. Hij was gefrustreerd. Die klotezaak was bij voorbaat al verloren, leverde niets op en beroofde hem van een lang weekend. En afgezien van dat gesprek met de taxichauffeur had hij nog niets over Creel.

'Weet je,' zei hij, 'los van Katies succes met die computerlui heb ik de hele dag niets over die kerel gevonden. Hij heeft dan misschien geen benen, maar weglopen kan hij.'

'Ik krijg alleen maar een lijst met namen. Misschien staat hij er niet eens op,' zei Kate.

Stevie mompelde iets over de nutteloosheid van de federale regering, de marine, de veteranenadministratie, de militaire inlichtingendienst en de rest. 'Ze kunnen niet eens hun eigen mensen vinden,' zei hij. En even later: 'Hoe is het met onze larf?'

Mulcahy snoof en wreef over zijn nek. 'Die wordt een beetje korzelig. Hij wil altijd overal middenin staan, alles beheersen, alles sturen, en dat kan nu niet. Hij zit daar in Charles Street in een kooitje. Hij wordt er gek van. Ik word gek van hem. Hij belt de hele tijd.'

'Op jouw kosten?' vroeg Stevie.

'Weet jij een andere manier om vanuit de gevangenis te bellen?'

'Ik ben geen gratis telefoondienst. Als je hem wilt laten bellen, betaal je zelf maar, raadsman.'

'Geloof me, voor mij hoeven die telefoontjes niet,' zei hij.

Kate dronk koffie en staarde naar het computerscherm. 'Ik word gek,' zei ze.

'Hoezo?' vroeg Mulcahy.

Ze tuurde naar de letters. 'Die memo. Ik heb er gisternacht rond halftwee aan zitten werken, vanochtend moet ik zeggen. Dat weet ik al niet eens meer.'

'Ik kan je niet volgen,' zei Mulcahy.

'Als je naar de hoofddirectory gaat, kun je zien wanneer het document voor het laatst geopend is, zie je?' Ze wees naar het scherm, waarop een lijst documentnamen stond, gevolgd door een datum en een tijd.

'Die memo die ik zat te schrijven over dat de Sunoco-rekening erbuiten gelaten moet worden. Dat bestand is vannacht om halftwee opgeslagen. Of heb jij dat gedaan, Ed?'

Hij grinnikte. 'We weten allemaal hoe handig ik ben met dat ding.'

'Heb je memo's zitten schrijven in je slaap, Kate?'

'Dat zal dan wel,' zei ze fronsend.

'Ik moet ervandoor,' zei Stevie, en hij geeuwde. Hij pakte zijn hoed en een tas. 'Katie,' zei hij, 'jij moest eens een vriend hebben, als je begrijpt wat ik bedoel.'

'Nee, ik kan me niet voorstellen wat u bedoelt, meneer Carr. Goedenavond.'

Mulcahy grinnikte toen de zware voetstappen wegdenderden, de trap af. 'Kate, je hebt tamelijk hard gewerkt,' zei hij.

'Ed,' zei ze op plagerige toon, 'kun je je mij voorstellen in een pornofilm?'

Ed bloosde en zijn mond viel open.

'Nou?'

'Eh,' zei Ed, 'er is geen veilig antwoord op die vraag.'

'Nou,' zei ze met een ondeugende glimlach, 'er is iemand die dat kan.'

Er was bijna geen tijd meer, ze hadden nog maar één weekend. Stevie Carr zorgde voor de inwendige mens, al was het dan niet altijd even verantwoord, door naar binnen te denderen met meer eten dan bewijsmateriaal. Hij bracht armenvol bruine papieren zakken vol vetvlekken mee. 'Ik heb pastrami, ik heb tonijn,' zei hij die zaterdagmiddag voor de rechtszaak. 'Ik heb worst, ik heb rosbief speciaal. Wat willen jullie?'

Stevie had twee vetvrij papieren zakken broodjes op de tafel leeggestort. Hij knoopte zijn jasje los en knoopte het vervolgens weer dicht.

Mulcahy zat verdiept in Lewis' boek over de analyse van vingerafdrukken. 'Nu even niet, Stevie...'

'Hoezo nu even niet? Wanneer ga je dan wel eten? Het is al bijna één uur. Wil je verhongeren?'

'Dadelijk graag,' zei hij. 'Bedankt.'

'Ik zweer het je, Ed, ze zullen je nog eens vinden met je armen en benen om je heen geslagen, op je rug: doodgehongerd. En het is lekker spul, hoor, wat ik hier heb. Ik heb pastrami, ik heb tonijn, hoewel, die tonijn is niet zo lekker. Maar ik heb ook worst, ik heb rosbief...'

'Weet ik, Stevie. Bedankt.'

'Nou, dan moet je het zelf maar weten. Ik neem de worst.' Stevie keek naar Kate, die beleefd bedankte. 'Eddie, hoor eens,' zei hij vervolgens, tussen twee happen door. 'Ik heb eens zitten denken. Die zelfmoord zit me niet lekker. Dat snijdt geen hout.'

Het was heet in het kantoor. Er parelde zweet op bovenlippen. Overhemden kleefden aan ruggen vast. Buiten was alleen een vuilwit stuk van de hemel te zien, een zomerse gloed die in de hitte gebakken werd.

Mulcahy had zitten werken aan zijn kruisverhoor van Evans, de expert op het gebied van vingerafdrukken. Hij legde zijn boek neer.

'Nou moeten jullie eens goed luisteren, jongens,' zei hij. Er klonk gezag in zijn stem, en enige irritatie. 'De verdediging is gerede twijfel, gerede twijfel die onder andere gebaseerd is op de mogelijkheid van zelfmoord. We hebben het hier al eerder over ge-

had, we hebben onze strategie bepaald, en we gaan ermee door.'
'Eddie,' zei Stevie. 'Dit zat vandaag bij de post.'

Hij hield een antwoordapparaat omhoog, een zwarte plastic doos, stoffig, met snoeren eromheen gewikkeld.

'En,' zei hij met zijn mond vol, 'er staat geen bericht van Samuel Whitaker op.'

Ze vielen allemaal stil. Mulcahy keek het vertrek rond. 'We hebben nog drie dagen voor de zaak voorkomt,' zei hij toen hij even nagedacht had. 'We hebben geen tijd meer om een andere lijn te gaan volgen. We moeten ons hierop richten. En nog iets. We hoeven niets te bewijzen. Als we de jury maar aan het twijfelen brengen, dan hebben we al gewonnen. Redelijke twijfel. O'Hanlon heeft antwoorden nodig. Ik heb alleen vragen nodig. Misschien heeft hij inderdaad gebeld en durft Shepard dat niet toe te geven. Misschien was het zijn vingerafdruk, misschien ook niet. Misschien was het zijn jasje, misschien ook niet. Niemand heeft hem daar gezien. Die kiezels kunnen overal vandaan komen. Enzovoort. Ik heb alleen maar vragen nodig! Als jullie je maar concentreren!'

Stevie haalde zijn schouders op en veegde met het laatste stuk van zijn worst de mayonaise van het papier. 'Prima,' zei hij.

'Stevie?' vroeg Mulcahy wat later.

'Ja?'

'Waarom heb je zes broodjes gehaald?'

Stevie nam een hap van zijn broodje rosbief, een grote hap. Hij propte zijn wangen vol en zei: 'We zijn toch met ons drieën?'

Mulcahy knikte.

'Nou dan,' zei hij.

Mulcahy keek naar Kate. 'Heb je al iets over Creel?'

'Petes lijst is nog niet binnen, maar die verwacht ik volgende week.'

'Volgende week komen we voor.'

Ze haalde haar schouders op. 'Ik heb alles geprobeerd. Niets werkt.'

'Volhouden, Kate.'

Maandagavond, 5 september, Labor Day. De Amerikaanse Dag van de Arbeid. Het was de avond voor de rechtszaak. Het merendeel der Amerikanen stond minder dan vijf meter van een barbecue vandaan, maar Ed Mulcahy stond in zijn eentje in zijn keuken op de vierde verdieping, waar hij juist zijn openingstoespraak beëindigd had. Hij had in de keuken staan oefenen, op het aanrecht geleund, en had naar zijn gezicht gekeken in de weerspiegeling van het raam. Was het een overtuigend gezicht, met die donkere krullen die al van zijn voorhoofd weken, en die misschien iets te bolle wangen? Kwam het overtuigend over zoals hij het levensverhaal van Samuel Whitaker vertelde: de reden voor zijn depressie, het verlies van zijn greep op de zaken, de zelfmoord? Zijn geest dwaalde af van het venster en de tekst, en hij opende voor de zoveelste maal zijn dossiers. Niet de dossiers van het gerechtelijk onderzoek, niet die van Shepard. Hij opende het dossier-Whitaker. Keer op keer hoorde hij Stevies stem: het snijdt geen hout.

Zijn blik viel op de telefoon. Waarom ook niet, dacht hij. Pas toen Kates telefoon overging, kwam het bij hem op dat hij hoopte dat hij geen mannenstem aan de lijn zou krijgen, hoewel het hem natuurlijk niets aanging.

Dat gebeurde ook niet. Maar Kate lag al te slapen. Hij verontschuldigde zich en ze zei dat het niet erg was. 'Kate, wat denk jij nou van die zelfmoord, zeg eens eerlijk?'

'Ik weet het niet,' zei ze, en daarna viel er een lange stilte terwijl ze echt wakker werd. 'Hij was een leider. Snap je wat ik bedoel? En ze schuiven hem in zijn werk opzij, terwijl tegelijkertijd zijn vrouw instort... en dan gebeurt dat met Idlewild. Hij kon niet meer. Misschien.'

'Hij is ook beschoten boven de oceaan, en hij heeft door de jungle gelopen. Is dit iemand die gewoon opgeeft?'

'Jij had hem verteld dat de akte geopend was op zijn computer. Na zo'n vlekkeloze carrière kon hij misschien de schande niet aan?'

Nu was het Mulcahy's beurt om toe te geven dat hij het niet wist. Hij vertelde haar wat Sir Sam bij de vergadering van partners in mei gezegd had. 'Het was heel vreemd,' zei hij. 'Het ene moment stond hij daar in z'n eentje tegenover een vloedgolf van angst, met grote verhalen over moed enzo, en het volgende moment zegt hij dat hij geen taak meer heeft.'

'Zei hij dat hij geen taak meer had?'

'Niet met zoveel woorden,' zei Mulcahy. 'Het was niet helemaal duidelijk wat hij bedoelde. Kate, heb jij tijdens je studie mensen gekend die roeiden?'

'Ja,' zei ze. 'Ik heb een tijdlang een vriendje gehad dat roeide.'
'Wat voor mensen zijn dat?'

Ze dacht even na. 'Saai!' zei ze lachend.

Hij vroeg wat ze bedoelde.

'Nou,' zei ze, 'met Dave was het alleen maar roeien, bibliotheek, roeien, bibliotheek...'

'Juist,' zei hij. 'Dat herinner ik me ook. Een van mijn jaargenoten roeide. Net zo'n type.'

'Roeien en studeren?'

'Zo zou je het kunnen stellen. Maar je kunt ook zeggen dat hij het soort was dat nooit opgeeft. Hij kon niet opgeven. Hij zou nog liever doodgaan aan een ergometer dan dat hij ophield eraan te sleuren. Het zat gewoon niet in hem om iets anders te doen.'

Aan de andere kant van de lijn bleef het stil. Ze dachten er allebei aan dat Samuel Whitaker niet zomaar geroeid had. Hij zat in het winnende team bij Henley.

'Kate,' zei Mulcahy, 'er waren tachtig, misschien wel negentig partners bijeen in het Faulkner, die avond. En Samuel Whitaker was de enige die wilde vechten.'

Ze wenste hem succes.

DEEL DRIE

23

6 september. Gerechtshof van Suffolk, Pemberton Square. Rechter David Grosso, zaal 8b. Het was halftien 's ochtends, een bloedhete dinsdag, de dag na de Dag van de Arbeid. Buiten de zaal hing een menigte strafpleiters, verslaggevers, familieleden, toevallige passanten, agenten en gerechtsdienaars rond. Het werd met de minuut lawaaieriger in de hal. Een man met een blauwe map stak zijn hoofd om de deur van de rechtszaal en verdween schielijk. Een oude man met een wandelstok liep naar binnen en ging zitten. Was hij verdwaald? Wie zou het zeggen?

Buiten was er geen sprankje leven te zien, geen teken van herfst, alleen de bleekwitte hemel boven de verstikkende hitte. Het was een dag om grimmig naar kantoor te wandelen. De straten rond Pemberton Square waren vol neerslachtige voetgangers. De vrolijkheid van de zomer was voorbij, er was alleen nog een verschaalde vochtigheid, zoals bezwete sportkleren kunnen ruiken die te lang in een tas zijn blijven zitten.

In de gang en in de rechtszaal was de lucht bedompt. De airconditioning had het laten afweten. Twee grote ventilatoren draaiden razend in het rond, zonder merkbaar resultaat. Een gerechtsdienaar, voor wie geen enkele zaak spannend genoeg was om zijn aandacht af te leiden van zijn lectuur, bladerde door de krant.

De bank was gemaakt van eikehout, donker, gevlekt, een overblijfsel uit de jaren dertig, al lang niet meer fraai te noemen, een vreugdeloos verschoten bruin. Op de vloer lag imitatie kurklinoleum. Er zat geen laagje was meer op en het zag er vuil uit. Er drong maar weinig licht door de groezelige vensters in de vierkante ramen met metalen sponningen. Er kwam meer hitte binnen dan licht. En lucht kwam er al helemaal niet binnen.

Paul O'Hanlon was gearriveerd. In de rechtszaal maakte men ruim baan voor hem. De onderzoekende ogen in het brede gezicht waren neergedaald op iedere verslaggever die hij zag sinds hij uit de lift was gestapt. Connell had eindeloos druk op hem uitgeoefend over deze zaak, maar hij was klaar met zijn voorbereidingen en eindelijk was hij dan weg uit zijn kantoor en de bibliotheek en stond hij op een plek die hij begreep, waar hij graag was. En hij was niet van plan om te gaan verliezen. Dus stond hij daar en weigerde breedsprakig, en met een zorgvuldige uitleg, commentaar te leveren op de vreselijke misdaad die de aangeklaagde had gepleegd en op de overweldigende hoeveelheid bewijsmateriaal tegen de aangeklaagde. In zijn antracietgrijze streepjespak, kennelijk ongevoelig voor de hitte, met een overhemd van Egyptische katoen en een glanzende zijden das, zag O'Hanlon er meer uit als een bankier dan als een aanklager. O'-Hanlon had zich mooi gemaakt voor deze zaak, zoals men op het openbaar ministerie zei.

O'Hanlons vlezige handen beschreven cirkels in de lucht. Een jonge assistent en een ambtenaar van het OM waren in zijn nabijheid en knikten geregeld begrijpend het hoofd. Potloden schoten driftig heen en weer over de blocnotes van de verslaggevers. Ed Mulcahy stapte om kwart voor tien uit de lift. Hij had een archiefdoos bij zich, baande zich een weg door de menigte en liep de rechtszaal in. Hij knikte naar O'Hanlon en ging meteen naar zijn plaats, waar hij de doos neerzette. Hij keerde even terug voor een plichtmatige handdruk, ging zitten en staarde voor zich uit.

'Meneer Mulcahy, hebt u een momentje?' Er kwam een verslaggeefster aangelopen, maar Mulcahy verroerde zich niet en gaf geen antwoord. Ze haalde haar schouders op en wendde zich tot O'Hanlon.

Tegen vijf voor tien was de zaal vol. Kelly, de commies-griffier, kwam binnen vanuit de gang en zette zich schuin voor de stoel van de rechter. Het leek wel alsof elke commies-griffier Kelly heette. 'Hij wil raadslieden van partijen bij hem in zijn kantoor,' zei hij zuur, zoals alleen een commies van een rechtbank in Suffolk dat kon. De menigte viel stil en keek toe. O'Hanlon stond op en liep, omringd door zijn gevolg, naar de gang. Mulcahy volgde in zijn eentje.

'Goedemorgen, heren.'

'Goedemorgen, edelachtbare,' zei iedereen in koor. Rechter Grosso wees op de twee stoelen voor zijn bureau. Mulcahy en O'Hanlon namen plaats, de laatste geflankeerd door zijn twee adjudanten. De rechterskamers bij de rechtbank van Suffolk ademden geen overdreven luxe uit. De muren waren vaalgroen geschilderd, het bureau was alleen maar functioneel. Afgezien van drie houten stoelen waren de enige andere voorwerpen in het vertrek een telefoon, een boekenkast en een krat vol dossiers.

'Hebben de heren voldoende tijd gehad om de zaak te bespreken?' vroeg Grosso. De rechter met zijn spierwitte haar keek de juristen over zijn leesbril aan.

'Ik meen van wel, edelachtbare,' zei O'Hanlon.

'Wij pleiten nog steeds onschuldig,' zei Mulcahy.

Rechter Grosso nam Mulcahy vorsend op. Hij had bleekblauwe ogen en een doordringende blik. Hij was lang, even lang als John Shepard, maar breder. Van zijn gezicht was niets af te lezen, alleen dat het hem ernst was.

'Uitstekend,' zei hij. 'Zijn beide partijen klaar voor het proces?'

'Het OM is klaar,' zei O'Hanlon.

'De verdachte herhaalt zijn verzoek om overschrijving naar een ander arrondissement.'

'Verzoek afgewezen.'

'Wij herhalen ons verzoek om aanhouding,' zei Mulcahy zacht.

'Meneer Mulcahy, zijn daar nieuwe argumenten voor?' vroeg de rechter.

'De argumenten zijn ongewijzigd, edelachtbare.'

'Verzoek afgewezen.'

'Van dit verzoek wil ik graag akte, edelachtbare.'

'Uiteraard. Paul, kun je mevrouw Lewis binnen verzoeken.'

Kelly liep weg om de stenografe te halen. Toen ze zich geïnstalleerd had zei rechter Grosso in de microfoon: 'Heeft de verdediging nog een verzoek?'

Op kalme toon herhaalde Mulcahy de redenen voor zijn verzoek. Hij was nog maar kort bezig met de zaak. Hij had onvoldoende tijd gehad om zich goed voor te bereiden. Het zag ernaar uit dat de vorige advocaat nagelaten had bepaalde onderzoeken uit te voeren waaruit de onschuld van verdachte zou kunnen blijken. Het was evident dat men bij een moordzaak enige aandacht zou schenken aan de rechten van de verdachte.

O'Hanlon wilde iets zeggen maar de rechter onderbrak hem. 'Bezwaar van het OM is genotuleerd,' begon hij. En daarna dicteerde ook hij in vloeiend proza dat het verzoek afgewezen werd: de verdachte was eerder vertegenwoordigd door een kundige en ervaren verdediger, was al eerder in deze zaak gehoord, had niet een bepaalde getuige aangewezen die vandaag niet beschikbaar was, en kon de zaak niet, door op de vooravond van het proces van advocaat te veranderen, uitstellen ten detrimente van het hof, de getuigen en het ordelijke verloop van het proces. 'En derhalve maakt het hof gebruik van zijn recht om het verzoek af te wijzen,' eindigde hij. 'Verder nog verzoeken?'

'We verzoeken uw toestemming om zelf de juryleden te ondervragen, edelachtbare.'

'Afgewezen. Er worden alleen vragen gesteld over de bekendheid van een kandidaat-jurylid met de zaak, en die zal ik zelf stellen. Ik neem aan dat u bekend bent met de gang van zaken alhier, meneer Mulcahy.'

'Mag ik gehoord worden?' vroeg Mulcahy.

Rechter Grosso fronste zijn wenkbrauwen. 'Jazeker,' zei hij. 'Mevrouw Lewis, hiervan akte, alstublieft.'

Mulcahy glimlachte. Hij wist dat dit een spel was. Op een erg warme septemberochtend had hij geen schijn van kans dat rechter Grosso hem zou toestaan zelf de jury te ondervragen. Maar dit spel had een diepere achtergrond. Mulcahy was al veel te lang weg uit het strafrecht. Hij moest zijn aanwezigheid weer duidelijk maken: beleefd, eerbiedig, maar duidelijk en vasthoudend. De helft van wat men tijdens een proces doet, is volgens de regels. De andere helft is wat je voor elkaar krijgt door het eruit te laten zien alsof je heel goed weet waar je mee bezig bent. Hij moest de rechter ervan zien te overtuigen dat hij wist waarmee hij bezig was. Zelfs al was dat niet het geval. En ook moest hij nu een paar ronden verliezen, enige sympathie kweken. Iets in hem zei dat het er de komende dagen een paar maal om zou spannen.

'Edelachtbare,' begon Mulcahy, weer op zachte toon, 'met alle respect, maar een ondervraging door het hof zelf is zelden of nooit bijzonder effectief. Ik wil het hof graag een voorbeeld geven. Het hof stelt een vraag, vanuit de stoel van de rechter... Dat is een positie van gezag en macht, nog versterkt door, als ik zo vrijpostig mag zijn, de indrukwekkende gestalte van edelachtbare... Het hof zegt: "Is er onder de aanwezigen iemand die meent zo bevooroordeeld te zijn dat hij of zij geen eerlijk vonnis kan vellen?" Wel, daarmee vraagt het hof een bekentenis van zwakte van een groep die zich toch al lichtelijk geïntimideerd voelt. Ik wil stellen dat de persoon in die groep die inderdaad zo'n vooroordeel heeft, dit onder dergelijke omstandigheden niet zal durven toegeven. Een meer persoonlijk gerichte vraag, gesteld door een advocaat, kan daarentegen, in mijn beperkte ervaring, beter zo'n vooroordeel waardoor een jurylid zijn plicht niet zou kunnen vervullen, aan het licht brengen. Edelachtbare, ik vraag niet veel tijd...'

'Verzoek afgewezen. Verder nog iets?'

Mulcahy zweeg. Een van de ongebruikelijke vereisten voor het werk van een strafpleiter is dat hij in staat moet zijn om een bepaald punt midden in de zin te laten vallen en een andere kant op te gaan, als een rennende hond, die plotseling een nieuw reukspoor oppikt.

'Verdachte heeft verzocht aan de tafel van de verdediger te mogen zitten,' zei Mulcahy met uitgestreken gelaat.

'Dat verzoek,' zei rechter Grosso, 'is toegewezen. Verder nog iets?'

Verder was er niets.

'Mooi zo, heren,' zei rechter Grosso. 'Dan gaan we nu een jury samenstellen.'

Toen Mulcahy weer in de rechtszaal kwam, was Shepard door twee gerechtsdienaars binnengebracht. Zijn pak zat ruim en hing los om hem heen. Zijn bravoure was er nog wel. Hij stond met zijn borst vooruit, maar aan de blik in zijn ogen te zien leek hij zich toch zorgen te maken.

Mulcahy kwam naar hem toe en ze gaven elkaar een hand.

'Hoe staan we ervoor?' vroeg Shepard.

'Eén uit vier. Maak je geen zorgen. We zijn nog maar aan het opstarten. Kop op!' Mulcahy probeerde iets van de montere toon in zijn verhaal te leggen die hij zich herinnerde van de Shepard van vroeger. Maar zijn cliënt knikte alleen maar, terwijl hij de zaal rondkeek. Mulcahy keerde terug naar zijn plaats. Een van de gerechtsdienaren bracht Shepard naar de plaats naast hem en deed een paar passen opzij, maar bleef in de buurt.

De jurykandidaten werden in de rechtszaal gelaten. Het vertrek vulde zich met onzekere burgers. De banken liepen vol. Het samenstellen van de jury begon. Mulcahy voelde zich, zoals altijd al het geval was geweest, niet in staat om de commies-griffier bij te houden. Hij racete door de handgeschreven formulieren heen en keek iedereen even aan terwijl Kelly de namen opratelde. Kelly zag het samenstellen van de jury, evenals de meeste andere aspecten van de rechtspraak, als een zinloze en boosaardige samenzwering om hem van zijn krant te houden.

'OM tevreden?' vroeg hij de aanklager. Uit zijn toon bleek wel dat de aanklager het niet moest wagen om niet content te zijn. Maar Paul O'Hanlon was niet content. Met gefronste wenkbrauwen keek hij op Kelly neer.

'Wanneer ik content ben, meneer Kelly, zal ik u dat zeker laten weten.'

Er werd gewikt en gewogen. De morgen verstreek. De getuigenbank raakte uiteindelijk gevuld. Juryleden die 'goed bevonden waren' haalden hun schouders op alsof ze 'sorry' wilden zeggen tegen diegenen die alles over zich heen hadden laten komen en toch nog afgevallen waren.

Om halftwee haalde Mulcahy een streep door de naam van het laatste jurylid, een secretaresse bij een ingenieursbureau. Op papier leek ze in orde, maar toen ze in het bankje ging zitten, had ze niet naar de andere juryleden willen kijken, en dat zat hem dwars. Ze moesten samenwerken, elkaar overtuigen. Dus zette hij een streep door haar naam.

Maar wat daarna kwam, was nog veel erger. Een huisvrouw uit Roslindale. Toen ze met kloeke tred op het bankje af stapte, zag Mulcahy een asteriks bij haar naam staan. In de bijbehorende voetnoot las hij dat haar zoon twee jaar tevoren was omgekomen bij een overval op een universiteit in het noordoosten van de staat.

Nee, nee, nee, dacht hij.

'Verdediging weigert jurylid 31,' zei hij toen het zijn beurt was. Kelly glimlachte. 'U kunt niet meer weigeren, raadsman. Wilt u in beroep?'

De moed zonk Mulcahy in de schoenen. Hij keek naar zijn aantekeningen. Hij was door zijn aantal afwijzingen heen, het aantal malen dat hij een jurylid kon weigeren zonder opgaaf van redenen. Nu kon hij nog wel weigeren maar moest hij een reden opgeven. En tenzij het jurylid in kwestie de verdachte kent of toegeeft bevooroordeeld te zijn, zijn er maar weinig aanwijsbare redenen. Weiger nóóit een jurylid voordat je gekeken hebt wie er verder op de lijst staan. Nooit. Dat wist hij. Hij keek op. Grosso leunde voorover.

'Edelachtbare, mevrouw is slachtoffer van een misdaad,' begon hij. 'We hebben redenen om te verzoeken haar naam van de lijst te schrappen.'

'Geweigerd. Is het OM content?'

O'Hanlon straalde. 'Het OM is content, edelachtbare.'

'Uitstekend,' zei Grosso. 'Meneer Kelly, de jury kan de eed afleggen.' Het was kwart voor drie 's middags. Zestien staatsburgers – twaalf juryleden en vier reserve-juryleden – kwamen nerveus overeind. Zonder wie dan ook in de zaal aan te kijken, in dat verlangen naar anonimiteit dat eigen is aan alle jury's, overal, herhaalden ze de eed die Kelly voorzei. Toen ze weer gingen zitten, keken ze geen van allen naar John Shepard. Dat doet een jury zelden, in dat stadium.

Het proces tegen John V. Shepard, beschuldigd van moord met voorbedachten rade en als zodanig strijdig met de wet, was begonnen.

Kate Maher was niet in de rechtszaal geweest bij de samenstelling en de beëdiging van de jury. 's Ochtends had ze een paar besprekingen, een met een cliënt, een met een vennoot die haar had laten opdraven om haar door te zagen over haar trage werk aan zijn project. Pas rond drie uur kon ze wegglippen naar het kantoor aan Bromfield Street. Er was niemand aanwezig. Ze ging achter de laptop zitten. Het was verstikkend heet en het enige waar de airconditioning goed voor was, bleek het produceren van een grote hoeveelheid lawaai.

Kate zette de computer aan, plugde de telefoonstekker in het modem en wachtte op het menu. Het ging traag. Met één hand veegde ze het haar uit haar gezicht.

Misschien kwam het door de hitte, maar het leek eindeloos te duren voordat de computer op gang kwam. Toen het menu uiteindelijk op het scherm stond, zette ze de cursor op haar bestandsnaam: ccslpbrf en drukte op ENTER. De machine piepte ten antwoord en in grijze lettertjes verscheen de zin:

DOCUMENT NIET GEVONDEN.

'Wat?' zei ze tegen het scherm. Het staarde terug. Ze probeerde het nogmaals. De computer gaf hetzelfde antwoord.

Kate was tamelijk handig met computers, maar zelfs handige mensen doen wat de rest van de wereld doet wanneer een machine dwarsligt. Je zet het apparaat uit, je hoopt dat de geesten verdwijnen, je spreekt een bezwering uit en je probeert het opnieuw.

Toen ze dat deed en nogmaals ccslpbrf typte en op ENTER drukte, verscheen het document op het scherm. Eigenaardig.

Kate ging aan de slag.

Ze waren niet anoniem, maar het waren voor het merendeel tweedimensionale figuren. Mulcahy kende de namen van de juryleden uit de formulieren, maar de gegevens waren beperkt en het selecteren van de jury was niet meer dan een formaliteit geweest.

In de loop van de komende weken zouden ze ieder een eigen identiteit krijgen. Meneer Brody, herinnerde hij zich, en mevrouw DeVito. En de man met de dasspeld. Hij droeg een fout pak en zijn bakkebaarden waren aan de lange kant. Technicus, volgens zijn formulier. In de hoek zat de ruwe zeebonk, een magere man met een poloshirt, dat tot aan de bovenste knoop gesloten was, en golvend wit haar. De gepensioneerde aannemer. Mevrouw Watts, in een keurig mantelpakje, haar handtas vastklemmend, een van de enige twee zwarten in de jury. En de rest, de onderwijzer, de monteur, de student, de domineesvrouw. Mulcahy vond dat hij met haar niet geboft had. O'Hanlon had zijn laatste weigering gebruikt voor nog een student. Daarna was zij aan de beurt geweest. En daarna die dame uit Roslindale. Die zat nu al te fronsen.

Het is een bizar systeem. Ze hebben het leven van een mens in hun handen. Je kunt tegen ze praten, maar ze kunnen niets terugzeggen. Je kunt ze de bewijzen voorleggen, maar niet meer dan één keer. Ze kunnen niet vragen of een bepaalde getuige nogmaals gehoord kan worden. En die bewijsstukken waar iedereen het over heeft krijgen zij pas aan het eind te zien. Ze kunnen niet zeggen: 'Ja, we snappen waar u het over heeft, gaat u verder.' Ze kunnen niet zeggen: 'Kunt u dit of dat nog eens uitleggen?'

En je weet nooit wie het werkelijk zijn. In andere staten van Amerika liggen de zaken weer anders. In Californië geven de strijdende partijen een vermogen uit aan het selecteren van een jury en aan het einde van het proces weten de juristen meer over de juryleden dan de juryleden weten over de bewijsmiddelen. En in Texas? In Texas is de jury-rechtspraak ontstaan in een tijd waarin een rechtszaak een verzetje was, iets anders hadden de mensen niet te doen. In Texas kun je bij de selectie van een jury bijna alles doen, zolang je de jury maar niet omkoopt. En zelfs dat is niet helemaal waar, volgens sommigen. Volgens hen kun je een jurylid best omkopen, als je maar net als de persoon in kwestie uit Texas komt en als het betaalmiddel maar geen geld is.

In deze staat gaat het anders. Het strafrecht dateert daar nog uit de tijd van de Puriteinen, en het bovenstaande lijkt allemaal veel te gezellig. Een jury hier is een strenge, zelfs ietwat mysterieuze groep, en dat blijft zo van de verkiezing tot aan het vonnis.

Aan het einde van de eerste dag was Mulcahy bijna alleen. De zaal was in rap tempo leeggestroomd en O'Hanlons mensen waren er snel vandoor gegaan. Mulcahy pakte zijn spullen in toen hij een oudere vrouw onzeker zag staan wachten.

'Mevrouw?' zei hij.

'Meneer Mulcahy?' vroeg ze. Haar stem klonk zacht maar vastberaden.

'Ja?'

'Ik wilde u alleen maar bedanken voor alles wat u gedaan hebt.' Hij keek nog eens naar haar. Een tengere vrouw, met spierwit haar, hooguit één meter vijfenzestig lang, met een lichtblauwe jurk. Haar wangen waren ingevallen en haar huid was gerimpeld en bleek. Het leek wel of het vel te strak over het voorhoofd zat. Hij herkende de blik in de ogen.

'Mevrouw Shepard?' vroeg hij.

'Ja, meneer.'

Hij schudde haar hand, en ze nam zijn hand tussen de hare in. En toen sloeg ze haar armen om hem heen. Hij was verrast dat zo'n kleine vrouw het leven geschonken kon hebben aan zo'n grote man. Haar ribben trilden als herfstbladeren onder zijn handen.

'U zult uw best doen, daar ben ik van overtuigd,' zei ze met bevende stem.

'Ja, mevrouw,' zei hij. 'Ik zal zeker mijn best doen.'

'En de Here Jezus zal voor ons zorgen,' zei ze. 'Meneer Mulcahy, het spijt me dat ik me zo laat gaan.' Ze haalde diep adem. 'Ik wilde u alleen maar bedanken.'

'Ik doe mijn best,' zei hij.

'Dank u wel. Dank u,' zei ze. 'Ik ben u heel dankbaar.'

Ze draaide zich om op weg naar de deur.

En toen bleef ze staan en vroeg: 'Meneer Mulcahy, mag ik u vragen of u erop vertrouwt dat de Here Jezus Christus uw verlosser is?'

Hij staarde naar haar, verbijsterd, en sloeg zijn ogen neer. 'Ik, eh...' zei hij. 'Ik probeer het. Soms is dat moeilijk.'

De vrouw zweeg. Met beide handen omklemde ze haar handtas en haar ogen brandden op hem in, net als de blik van haar zoon soms deed. Mulcahy zag dat John die blik van haar had.

Toen probeerde hij er een grapje van te maken, want de spanning steeg. 'Ik denk dat het belangrijker is om te vertrouwen in de onschuld van uw zoon,' zei hij. En meteen wist hij dat hij dat niet had moeten zeggen.

'O nee, meneer Mulcahy,' zei ze. 'O, nee. Nee, meneer, ik ben u heel dankbaar en ik weet dat het uw taak is om over dat soort juridische zaken na te denken. En u moet het niet verkeerd opvatten, maar het is belangrijker om uw geloof te plaatsen in de Here Jezus Christus. Ik heb liever dat u dat doet, meneer.'

Hij voelde hoe hij rood aanliep. Hij antwoordde niet. Hij kon haar niet aankijken. Hij knikte alleen maar toen ze nogmaals zei: 'Alstublieft.'

De deuren zwaaiden open en weer dicht, en hij was alleen.

Paul O'Hanlon stond in het kantoor van de officier van justitie, twee verdiepingen lager, en keek kwaad naar zijn baas. Connell had hem een stoel aangeboden, maar hij had geweigerd plaats te nemen. 'Mike, in hemelsnaam...'

'Precies. Ik moet de verkiezingen nu dus laten bepalen door dit proces.'

'Je moet wat meer vertrouwen hebben in je mensen, Mike.'

De officier schudde zijn hoofd. 'Je hebt geen ooggetuigen.'

'Wat maakt het je uit, al had ik tien ooggetuigen.'

Connell glimlachte. O'Hanlon had gelijk. 'Paul,' zei hij, 'één onnozel jurylid is beter dan tien ooggetuigen en één onnozel vonnis is beter dan honderdduizend stemmen.' De officier schudde zijn hoofd. 'Ik wil dat hij schuldig pleit,' zei hij. 'Laat hem schuldig verklaren aan doodslag en rond de zaak af.'

'Doodslag!?'

'Dat is levenslang, Paul, toe nou toch.'

'Ja. Dat komt in de kranten. En dan staat hij na vijftien jaar weer op straat.'

'Paul. Doe wat ik zeg. Haal die jongen van Mulcahy hierheen.'

24

Wat is, aan het begin van een strafzaak, de advocaat van de aangeklaagde anders dan een toeschouwer met een goede plaats? De aanklager doet het werk. Hij moet zijn gelijk aantonen aan de hand van toelaatbare bewijsstukken. Bij bewijsvoering uit aanwijzingen, zoals het geval was bij de zaak-Shepard, zijn er vele voetangels en -klemmen. Alles moet volgens de regels gebeuren. De rapporten van de experts moeten waterdicht zijn; gewone burgers mogen niet falen; een werknemer van een stomerij die bij de verhoren een bonnetje in een jasje drie maal achter elkaar herkent, mag in de getuigenbank niet met zijn ogen knipperen of verward raken; de administratie van de creditcardmaatschappij moet haar werk naar behoren uitvoeren.

Op de verdediging rust zo'n last niet. De verdediging kan dagenlang passief toehoren, in afwachting van de kans om de ontbrekende schakel in het verhaal te bespeuren. Mulcahy kende het materiaal van de aanklager uiteraard door en door. Een week lang had hij al het bewijsmateriaal in handen gehad. De manier waarop O'Hanlon de zaak zou aanpakken, de thema's die hij zou aanroeren, dat zou het nieuwe aan de zaak zijn. Hij zag toe en wachtte.

Paul O'Hanlon, die zich beter thuisvoelde in de rechtszaal dan in het kantoor van het OM, was een intuïtief opererende jurist. Hij had een hele reeks veroordelingen gescoord, die in vier jaar maar één keer onderbroken was. Hij werkte zonder aantekeningen. Hij bespeelde de zaal met gemak, wandelde ongegeneerd rond, maar bleef uit de buurt van de banken waar de jury zat. Pas tegen het einde van een proces, als er een band met de jury ontstaan was, legde hij zijn handen op de balustrade voor de jury. Hij had een diepe stem, de stem van een acteur.

Zijn favoriete onderdeel van het proces was het kruisverhoor. Wanneer de verdachte een randjongere was die zo vermetel of zo gek was dat hij in de getuigenbank plaatsnam – en verdachten zijn meestal randjongeren – wist O'Hanlon ze helemaal af te slachten. Hij daagde ze uit. Bij de ondervraging leek het vaak alsof hij bijna op de vuist wilde, alsof hij in zijn zondagse pak de bank in zou springen en de verdachte een dreun verkopen. Zijn kaken trilden, hij wierp de verdachte geregeld een vuile blik toe en rolde met zijn ogen. Hij probeerde de verdachte te vernederen. Hij stelde zich pal voor hem op en trachtte zijn verstandelijke vermogens op de proef te stellen, of zijn ego, of wat er ook maar aan eergevoel was in hun omgekeerde wereld. Vaak liet de verdachte dan zijn defensieve houding vallen, legde zijn zogezegde nederigheid even af en liet de jury een glimp zien van het verderfelijke karakter dat, zo argumenteerde O'Hanlon dan later, aanleiding gegeven had tot het misdrijf.

En hij was een geboren verteller. Hij smeet niet gewoon een berg bewijsmateriaal voor de jury neer. Hij schiftte, weefde er iets moois van, hing het als versiering in een boom, waarbij hij ook de symmetrie van de boom niet uit het oog verloor. Mulcahy luisterde vol bewondering naar O'Hanlons opening: het verhaal van de ambitieuze, wraaklustige jurist, verraden door zijn mentor, slaaf van zijn eigen arrogantie, die, om de man die hem naar hij meende verraden had, een hak te zetten, zijn transactie saboteerde en hem daarna in koelen bloede vermoordde. Hij luisterde naar O'Hanlons beschrijving van Shepard: hoe kwaad hij was en hoe hij uiteindelijk het arglistige plan opgevat had om een zogenaamde zelfmoord op te zetten. Maar hij had de plaats van het delict volgestrooid met bewijzen van zijn aanwezigheid, hij had de bewijzen meegenomen op zijn jasje en zelfs in de banden van de auto waarmee hij naar het westen was gevlucht.

Het was midden op de middag toen O'Hanlon uitgesproken was. De jury keek ongemakkelijk. Misschien werd dat ongemak gedeeltelijk veroorzaakt door de brandende hitte die middag, en het was nog steeds erg benauwd in de zaal. Het gezoem van de ventilatoren leverde meer herrie dan frisse lucht op. Voor Mulcahy lagen op de eiken tafel het notitieblok met de contour van zijn betoog, waarin hij genummerde hoofdstukken en paragrafen had aangebracht; een samenhangend, doordacht verhaal over de ineenstorting en de zelfvernietiging van Samuel Whitaker, dat hij met zoveel moeite op zoveel avonden had opgesteld.

Hij kwam met enige moeite overeind en keek naar zijn aantekeningen. En toen herinnerde hij zich een wijze oude officier van justitie, die ooit tegen hem gezegd had: 'Doe nooit een belofte aan een jury die je niet kunt nakomen.'

Hij keek nog eens naar zijn aantekeningen en liet het notitieblok liggen toen hij naar de jury toe liep.

'Dames en heren,' zei hij, 'de man die naast mij zit, John Shepard, is schuldig aan een aantal zaken. Hij is driftig, hij slaat grove taal uit, hij heeft een kamerbreed ego, hij is een zondaar. Wij zijn allen zondaars.

Maar uit de bewijzen blijkt niet dat hij schuldig is aan moord. Er is hier een vreselijke fout gemaakt. Een wrede fout. Een fout die veroorzaakt is door de wanhopige behoefte van de officier van justitie om iets wat eruitziet als een zelfmoord te veranderen in een spectaculaire moordzaak. We beweren niet dat we weten wat er in Samuel Whitakers hoofd omging: zijn angsten, zijn emoties, wat het ook was wat hem ertoe bracht... wat geleid heeft tot de gebeurtenissen op 16 mei. De bewijzen, de geloofwaardige bewijzen althans, staven echter de wilde speculaties van de heer O'Hanlon niet. Wanneer het bewijsmateriaal voor ons ligt, kan de officier niet aantonen dat er meer zou kunnen zijn dan het vermóeden dat John Shepard iets te maken had met deze vreselijke gebeurtenis. Uit het bewijs zal zelfs blijken dat John Shepard onschuldig is.

Ik kom later bij u terug om u te verzoeken John Shepard vrij te spreken.'

En hij ging zitten. Dat was dat. Hij vroeg zich af of het iemand was opgevallen dat hij geen flauw idee had hoe hij de verdediging moest gaan voeren.

Die ochtend was de uitdraai van de abonnees van LawNet gearriveerd. Toen het team van de verdediging na de rechtszaak in Stevies kantoor bijeenkwam, maakten ze de envelop opgewonden open. Hun enthousiasme bekoelde echter al snel toen ze de eindeloze rijen dicht op elkaar gedrukte namen en adressen zagen. George Creel had geen abonnement genomen, althans niet op zijn eigen naam, maar bijna tweeduizend andere mensen wel.

'Drie minuten per naam, om Inlichtingen en de betreffende persoon te bellen,' zei Stevie, 'dat is zesduizend minuten.'

'Honderd uur,' mompelde Ed.

'Twee werkweken,' zei Stevie. 'Nog afgezien van de telefoonrekening.'

Ze bleven een tijdje zwijgend zitten. Toen zei Stevie: 'Stel dat ik Creel ben. Iemand probeert me om zeep te helpen, ik word bang en ik ga er midden in de nacht vandoor. Ik ga naar een andere stad en neem een valse naam aan. Dan houd ik toch mijn eigen voornaam. Je wilt immers niet dat iemand je Frank noemt en dat je je dan eerst moet bedenken dat jíj dat bent. Dus misschien heet hij nog steeds George.'

Het was een kleine kans, maar niemand had een beter idee. Ze verdeelden de vierentwintig pagina's en na een halfuur hadden ze vijftig mogelijke namen: achttien Georges en nog eens tweeëndertig G's.

'Ach, vooruit,' zei Ed. 'We proberen het gewoon.'

Van de vijftig mogelijkheden stonden er tweeënveertig in het telefoonboek. Stevie ging ervan uit dat Creel waarschijnlijk een geheim nummer zou hebben. Dan bleven er nog acht over. Stevie ratelde ze op. 'George Fiske in East Barrington, register-accountant; George Johansen in Madison, Wisconsin; G. Goldman in Berkeley, Californië; G. Seal in Lincoln, Nebraska; George

Salidis in New York; G. Newman in Bethesda en George Tasker in Fort Worth.'

'East Barrington,' zei Stevie. 'Providence. Eerste station op de Amtrak-lijn. Kate, kun je me de telefoonnummers bezorgen van de twintig grootste advocatenkantoren in Providence, Madison, Wisconsin, Lincoln, Nebraska, Dallas-Fort Worth en Washington. Geef me voor Washington maar de vijftig grootste. Maak maar gewoon een kopie van het jaarboek, misschien hebben we ook nog de naam van een advocaat nodig.' Dat betekende veel moeizaam kopieerwerk uit Martindale-Hubbell, het juridisch jaarboek, en een onverklaarbare toename van Kates kostenplaats 'fotokopieën', maar ze kon het doen.

25

Paul O'Hanlon had een haast filmische benadering van zijn rol in een strafproces. Hij begon met een snapshot om de aandacht van het publiek te pakken. Dan kwam hij met de beweegredenen en legde de basis voor de overreding. De fysieke bewijslast bewaarde hij tot het laatst: daarmee gaf hij de jury het gereedschap in handen dat ze nodig hadden om hun emotionele beslissing te verantwoorden. Paul O'Hanlon wist alles van jury's.

John Shepard niet. De eerste dag van het proces, toen de getuigen gehoord werden, vroeg Mulcahy zich af of hij riemen nodig zou hebben om die beer van een vent in bedwang te houden. Shepard schoof heen en weer in zijn stoel, leunde opzij om iets te fluisteren, maakte aantekeningen, wrong zijn handen, pakte zijn advocaat bij de schouder. Zelfs de gerechtsdienaars werden er nerveus van.

'Die kun je daar en daar op pakken,' fluisterde hij bijvoorbeeld. Dan schreef hij het op en wees ernaar. Of hij fluisterde een vraag. Of hij leunde over naar Mulcahy en zei in diens oor: 'Protesteer, daar kun je toch tegen protesteren?' Het was duidelijk: de verdediging zou soepeler lopen zonder cliënt. Het is al moeilijk genoeg om te luisteren naar wat de getuigen zeggen, de belangrijkste punten te noteren voor het kruisverhoor, te proberen de reacties van rechter en jury in te schatten en tegenwerpingen te maken.

'John,' fluisterde Ed. 'Klep dicht.'

'Geen klep is groot genoeg, Ed,' kaatste hij terug.

O'Hanlon was die donderdagochtend begonnen met Angelica Biali, de hulp in de huishouding, die mak als een lammetje in de getuigenbank verscheen en op alle vragen antwoordde als een bang dier. Ze vertelde wat er gebeurd was en huilde terwijl ze beschreef wat voor vreselijke scène ze had aangetroffen toen ze op 17 mei 's ochtends in de studeerkamer van meneer Whitaker was binnengekomen. Toen ze haar de foto's lieten zien, wendde ze zich af en huilde weer.

In het kantoor aan Bromfield Street was een telefoonmarathon gaande. Stevie draaide het nummer van een advocatenkantoor en vroeg naar George Fiske of George Seal of wie dan ook. Dan zei de telefoniste dat er geen George Fiske bij hen werkte. Dan vroeg Stevie of ze dat even wilde nakijken, want hij werkte er nog maar pas. Als ze dan zei dat er werkelijk niemand met die naam was, hing hij weer op en streepte het kantoor van de lijst. Die eerste dag werkten ze Providence, Madison en Lincoln af. Tegen de avond hadden ze nog niets.

Het werd vrijdag. In zaal 8b begon O'Hanlon met een karakterschets van Shepard. Die arme Hester DeSantis was een van de eerste getuigen die hij tot dat doel opriep. Het getuigenbankje was wel de allerlaatste plek op aarde waar de oude, iets gebogen dame met het witte haar in een knoet wilde verkeren. Het was voor alle aanwezigen duidelijk dat ze na drie maanden nog steeds niet hersteld was van de klap die de dood van de man die dertig jaar lang haar werkgever geweest was, betekend had. Ze praatte zo zacht dat ze amper te verstaan was, en de juryleden spitsten vol begrip hun oren.

'Mevrouw DeSantis,' zei O'Hanlon, 'ik wil graag dat u terugdenkt aan een bespreking die plaatsvond in het kantoor van meneer Whitaker, tussen meneer Whitaker en verdachte, op een middag in maart. Herinnert u zich zo'n bespreking?'

Hij moest haar aansporen om hoorbaar antwoord te geven toen ze braaf knikte, te verlegen om iets te zeggen. 'Ja, jawel meneer.'

'Uw bureau is vlak bij de deur van het kantoor van meneer Whitaker, nietwaar?'

'Ja, meneer.'

'Kunt u zien wie zijn kantoor binnengaan en verlaten?'

'Jawel, meneer.'

'Kunt u de jury vertellen wat u gezien en gehoord hebt op de middag van, dat was geloof ik 18 maart?'

Ze knikte. 'Ja, meneer. Hij,' zei ze op nauwelijks meer dan een fluistertoon, 'meneer Shepard bedoel ik, kwam naar meneer Whitaker toe. Hij vroeg geen toestemming, hij klopte niet. Hij stormde gewoon naar binnen. Daarna klonk er heel veel geschreeuw, en daarna... ging hij weer weg.'

Shepard wilde iets in Mulcahy's oor fluisteren, maar die wuifde hem weg. 'John,' fluisterde hij, 'zit stil en hou je kop.'

Voor in de zaal ging het verhoor verder. 'Mevrouw DeSantis, wat hoorde u verdachte zeggen?'

Ze keek onzeker. 'Moet ik die, eh, die woorden herhalen... hier?' Vragend keek ze op naar de rechter. Hij glimlachte vriendelijk naar haar terug.

'Ja, mevrouw DeSantis, die woorden moet u hier herhalen.'

'Hij zei dat meneer Whitaker geen, eh...' ze begon te fluisteren. Mulcahy hield zijn hart vast. Dit soort getuigen was dodelijk. 'Dat hij geen, eh... kloten aan zijn lijf had. Het spijt me. Dat was wat hij zei. En hij gebruikte nog meer van dat soort smerige taal, meneer.' Ze bloosde en keek nogmaals verontschuldigend op naar de rechter. Het was Mulcahy duidelijk dat iedereen in de zaal ervan overtuigd was dat ze de waarheid vertelde. In antwoord op verdere vragen beschreef ze hoe Shepard had staan schreeuwen over een partnershipverkiezing, en over Whitakers verraad.

'Mevrouw DeSantis,' vroeg O'Hanlon, 'kunt u de toon waarop hij sprak, omschrijven?'

'Jazeker. Hij schreeuwde. Hij schreeuwde tegen meneer Whitaker. Alle meisjes hebben het gehoord.'

De plichtsgetrouwe student in Mulcahy overwoog bezwaar aan te tekenen tegen 'wat alle meisjes gehoord hadden'. Maar het had geen zin. De officier ging verder. 'Zei hij verder nog iets?'

'Ja,' antwoordde ze met meer zelfvertrouwen. 'Hij zei: "Dit zal ik onthouden, Sam," en toen liep hij weg en smeet de deur dicht.'

'"Dit zal ik onthouden?"' vroeg O'Hanlon.

'Jawel, meneer. "Dit zal ik onthouden, Sam." Dat zei hij.'

O'Hanlon knikte. En toen, alsof het alsnog bij hem opkwam, zei hij: 'O, mevrouw DeSantis, zei hij nog iets tegen u?'

Ze bloosde opnieuw. 'Ja,' zei ze. 'Hij liep langs me nadat hij de deur had dichtgeslagen. Ik denk dat ik naar hem keek. En toen zei hij tegen mij: "En krijg jij ook de klere, lelijke heks."'

'Aha,' zei O'Hanlon. Mevrouw Watts keerde zich tot haar buurvrouw. De dame uit Roslindale keek ook niet bepaald gelukkig. O'Hanlon ging verder.

'Had meneer Whitaker een computer in zijn kantoor?'

'Ja.'

'Hebt u ooit gezien dat hij die gebruikte?'

'O, nee.'

'Nooit?'

'Nee, meneer. Ziet u, iedereen kreeg er een toen het nieuwe bestuur kwam. Maar hij gebruikte hem nooit. Hij is nooit naar de cursus gegaan.' Ze schudde haar hoofd en de juryleden glimlachten. Ze stelden zich voor hoe die lieve oude secretaresse tevergeefs geprobeerd had haar baas naar de cursus te laten gaan.

'Nog één ding, mevrouw DeSantis. Zou u het handschrift van meneer Whitaker herkennen?'

'O ja, meneer, dat zie ik al dertig jaar.'

'Was hij links- of rechtshandig?'

'Linkshandig, meneer.'

'Uw getuige,' zei O'Hanlon terwijl hij terugliep naar zijn stoel.

Mulcahy aarzelde voordat hij opstond voor het kruisverhoor. Linkshandig, vroeg hij zich af terwijl hij naar de lessenaar liep.

'Goedemorgen, mevrouw DeSantis.'

'Goedemorgen, meneer Mulcahy,' zei ze met een poging tot een glimlach.

'In wezen heb ik maar een paar vragen voor u. Ik wil u iets vragen over de maanden voor meneer Whitakers dood. Heeft hij zich op de een of andere manier vreemd gedragen? Iets anders dan hij vroeger deed, was er iets vreemds of eigenaardigs in zijn manier van doen?'

Ze dacht even na en zei toen: 'Nee, meneer, volgens mij niet.'

'Aha. Goed, in de week voor zijn overlijden was hij op kantoor, nietwaar?'

'Ja.'

'Had hij ongebruikelijk bezoek?'

'Nee, niet dat ik weet,' antwoordde ze.

'Ongebruikelijke telefoontjes?'

'Daar kan ik me niets van herinneren.'

En toen werd het hem plotseling duidelijk, midden in het kruisverhoor van Hester DeSantis. Hij zweeg en zwaaide lichtelijk op zijn benen toen tot hem doordrong hoe belangrijk O'Hanlons terloopse vraag geweest was.

'Meneer Mulcahy?'

Dat was rechter Grosso, die over zijn leesbril heen keek.

'Pardon, edelachtbare.' Hij stelde een willekeurige vraag. 'Weet u nog wie de laatste persoon was met wie hij gesproken heeft?' Ze dacht even na. 'Dat was mevrouw Russell, geloof ik.'

'Had hij haar gebeld?'

'Nee, ik geloof dat hij mij verzocht had om te regelen dat ze met hem ging lunchen in de Bay, die laatste vrijdag voordat... voordat het gebeurde. Dat was zijn club.' Ze bette haar ogen met een zakdoek en probeerde te glimlachen.

'Ik begrijp het. En wie was mevrouw Russell?'

'Dat was de advocate voor de koper in de Idlewild-transactie, geloof ik.'

'Aha. En die lunch hebt u geregeld?'

'Ja, dat weet ik nog. Ik heb haar kantoor gebeld en ze zeiden dat ze er om halfeen zou zijn. Het was vrijdag, en meneer Whitaker zei dat hij niet terugkwam na de lunch. En ik heb die lunch geregeld.'

'Dank u wel, mevrouw DeSantis.' Mulcahy keerde terug naar zijn plaats.

In Bromfield Street hadden ze amper tijd voor een broodje, want Mulcahy had de Graaf in de wandelgangen gezien en wilde zijn aantekeningen bestuderen voor de zitting van die middag. Maar hij wist het.

'Nog steeds zelfmoord, Eddie?' vroeg Stevie.

'Daar hebben we het vanavond over. Jezus, wat een idioot ben ik!'

'Hé, maak je niet druk,' zei Stevie. 'Zulke dingen gebeuren. Hoe wil je erachter komen of hij linkshandig was? We hebben zeeën van tijd. Zeeën van tijd.'

Ed vroeg hoe ze opschoten met Creel, maar ze hadden niets nieuws. Ze hadden alle G's afgewerkt, op Salidis en Goldman na.

'Kate,' zei Stevie, 'die jongens staan me geen van beiden aan. Berkeley, dat kan best een student zijn. En die kaaskop van een hacker zal geheid geen joodse naam aannemen. Goldman lijkt me dus niet waarschijnlijk. Dat geldt ook voor Salidis: onze man zal zeker niet doen alsof hij Grieks is, lijkt me. Verder kunnen we maar beter hopen dat hij niet in New York zit, god weet hoeveel advocatenkantoren daar zitten. We vinden hem nooit.'

Kate fronste haar wenkbrauwen. 'Washington is wat dat betreft niet veel beter, maar volgens mij moeten we daar verder.'

'Kate, we hebben er veertig gedaan. Kantoren met honderd werknemers!'

'Dat is groot genoeg voor een eigen automatiseringsafdeling,' zei ze, 'en bovendien is Washington maar één Amtrak-station van Boston af. En verder, wat zou Creel in Washington zijn?'

En toen niemand antwoordde, deed ze dat zelf maar: 'Daar zou hij een *nieuw mens* zijn.'

Stevie begon de volgende vijfentwintig kantoren te bellen om te vragen naar George Newman.

Na de lunch riep O'Hanlon in 8b de Graaf op als getuige en hoewel het een hete middag was en de jury een slaperige indruk maakte, besteedde hij veel tijd aan de inleidende vragen. Mulcahy keek naar links. Shepard haalde zijn schouders op.

'Hebben u en de leden van het bestuur onderhandeld met de heer Whitaker, in februari 1992?'

'Inderdaad,' zei de Graaf.

'Wat was de aard van die onderhandelingen?'

De Graaf schraapte zijn keel en nam een slok water. 'Sam Whitaker,' zei hij, 'was jarenlang een van de grootste juristen in heel Boston. Vele jaren stond hij aan het hoofd van ons kantoor. Iedereen had het grootste respect voor hem, en wij als bedrijf waren hem zeer erkentelijk. Maar we hadden het gevoel dat hij op een leeftijd was aangekomen waarop hij niet meer optimaal functioneerde binnen de directie van het bedrijf. En, zoals zovele groten, weigerde hij afstand te doen van zijn positie.'

Shepard krabbelde een briefje. Mulcahy keek omlaag. 'De slang nu was listiger dan al het overige gedierte des velds,' las hij. Mulcahy stak het briefje in zijn zak.

Shanklin sprak verder. 'En dus hadden we, meneer O'Hanlon, een bijzonder onplezierige reeks onderhandelingen die in februari ten einde kwamen.'

'Wat waren de specifieke onderwerpen van die onderhandelingen?'

'Voornamelijk hebben we een bedrag geregeld als gouden handdruk voor de heer Whitaker. En we hebben hem een mijns inziens genereus pakket geboden. Maar dat hield wel in dat hij zijn praktijk in achttien maanden moest afbouwen.'

'Is de naam John Shepard gevallen in dat gesprek?'

'Ja,' zei de Graaf. 'De heer Whitaker vroeg wat er zou gebeuren als hij niet op ons verzoek inging. Hij kreeg te horen dat hij uiteraard niet tot terugtrekking gedwongen kon worden, en dat als hij zich niet terugtrok, hij zijn praktijk gewoon kon voortzetten waarbij zijn honorering bepaald zou worden door het bestuur, net als die van de andere medewerkers. En in de loop van die discussie stipte hij aan dat hij John Shepard de volgende maand als kandidaat voor toelating voor de maatschap wilde voordragen.'

'Wat was daarop uw reactie?'

'We zeiden hem dat dat niet meer mogelijk zou zijn.'

'En kwam hij tot een besluit?'

'Ja. Hij koos voor de handdruk.'

'En meneer Shepard?'

'Werd niet voorgedragen.'

'Meneer Shanklin, heeft de heer Whitaker enkele dagen daarna contact met u opgenomen betreffende de heer Shepard?'

'Inderdaad.'

'Wat zei hij toen?'

'Hij verweet me dat ik de vertrouwelijkheid van onze afspraken geschonden had. Hij zei dat Shepard zijn kantoor was binnengestormd en tegen hem had staan schreeuwen. Hij zei dat Shepard de hele regeling beschreven had.'

'Uw getuige, meneer Mulcahy,' zei O'Hanlon. Hij ging zitten. Mulcahy wilde het over de hypotheekakte hebben. Die was opgesteld op de computer van het slachtoffer. Was er iets gebeurd tussen de Graaf en Whitaker? Kon de getuigenis van de Graaf bijdragen aan de zelfmoordtheorie?

'Meneer Shanklin,' begon hij, 'de heer Whitaker had als jurist de leiding over het team van Freer Motley dat optrad als vertegenwoordiging van Depositors' Fidelity bij de overname van Idlewild, nietwaar?'

'Inderdaad.'

'In mei van dit jaar ontdekte u dat er een fout gemaakt was in een van de documenten bij de hypotheekakte bij die overeenkomst?'

'Ja.'

'Er werden informele claims ingediend door de bank tegen Freer Motley, nietwaar?'

Shanklin staarde hem kwaad aan, maar hij had geen keuze: hij moest antwoorden. Het enige wat hij verder had kunnen doen, was gaan praten met een aantal directieleden van firma's over de hele stad, zodat deze jongeling nooit meer bij een befaamd advocatenkantoor terecht zou kunnen. 'Ja, dat is gebeurd,' zei hij.

'En uiteindelijk is aan die claims tegemoetgekomen?'

'Inderdaad.'

'Op welke voorwaarden?'

'U weet heel goed dat de voorwaarden van die regeling vertrouwelijk zijn, meneer Mulcahy.'

Rechter Grosso keek over zijn leesbril heen. 'Is dit van belang, raadsman?'

'Laat me enige duidelijkheid verschaffen, edelachtbare. Was de heer Whitaker bekend met de voorwaarden van de regeling?'

'Dat neem ik aan, ja,' antwoordde Shanklin.

'Bij de vergadering waarbij de voorwaarden werden uitgelegd, was u allebei aanwezig, of niet?'

'Ja.'

'Hielden de voorwaarden persoonlijk financieel risico in voor alle vennoten?'

'Ik weet niet of ik dat zo zou...'

'Zekere kosten, dan?'

'Ja, dat zeker.'

'En deze kosten waren het directe gevolg van een transactie waarvoor hij als teamleider verantwoordelijk was?'

'Ja. Dat is waar.'

'Wat waren de voorwaarden?'

O'Hanlon stond op om te protesteren, maar rechter Grosso wuifde hem weg. Dus nu zou het komen! En zo luisterde de jury hoe de Graaf vertelde over de garantie van honderdveertig miljoen dollar die de partners gezamenlijk hadden moeten geven. Maar niemand luisterde met zoveel aandacht als de verslaggevers, die wisten dat ze hiermee hun belangrijkste item voor het avondnieuws hadden, en voorpaginanieuws voor de volgende dag.

Toen de Graaf klaar was met zijn antwoord, bestudeerde Mulcahy het bleke gelaat van de getuige, de donkere ogen, de lok op het voorhoofd, de ingevallen wangen, de emotieloze dunne lippen. Het is verleidelijk om te proberen méér uit een boze getuige te halen: hij zou iets ondoordachts kunnen zeggen. Er was nog zoveel dat Mulcahy hem kon vragen, zoveel over de machtsgreep binnen Freer Motley, de wisseling van de wacht, hoe de macht uit Sam Whitakers handen weggegleden was. Maar de

Graaf was te slim, dat risico mocht hij niet nemen. Een kruisverhoor waar je met succes uitkomt zonder verlies te lijden, is een goed kruisverhoor. Beter tevreden met weinig dan veel op het spel zetten. Dit bewijs zou de zelfmoordtheorie ondersteunen. Mulcahy keek nog even, met iets van spijt, naar het gezicht van de Graaf. Er lag daar nog veel meer voor het grijpen en dit zou ongetwijfeld de enige kans zijn die hij had, in dit leven althans, om de ondervraging van Albert Shanklin te leiden. Maar hij kende de antwoorden niet. Als je de antwoorden niet weet, moet je de vragen niet stellen.

Hij ging zitten.

Shepard en Mulcahy hadden niet meer dan vijf minuten in de verdachtenkamer voordat de gevangene afgevoerd werd naar de gevangeniswagen.

'John, twee dingen. Ten eerste moet je stilzitten en je mond houden in de zaal. Iedere keer dat jij je gezicht vertrekt, iets opschrijft, fluistert of aan je ballen krabt, denkt de jury dat O'Hanlon er een punt bij heeft.'

'Ja, weet ik. Sorry. Normaal heb ík de zaak in handen, weet je. Dat is het gewoon. Ik zal mijn leven beteren.'

'We hebben nog een groot probleem, John,' zei hij.

'Goh, ik dacht dat je flink gescoord had met de Graaf,' zei Shepard.

'Niet Shanklin. DeSantis. Whitaker was linkshandig.'

'Wat kunnen wij daaraan doen?'

'John, werk je wel echt helemaal mee?'

'Wat bedoel je daarmee?'

'John, dat verhaal staat me niet aan. Dat is een probleem voor onze zelfmoordtheorie en het verhaal staat me gewoon niet aan. Dat telefoontje staat niet op je antwoordapparaat. En hij was linkshandig.'

'Nou niet de zenuwen krijgen, Ed, niet nu. En ik zal me beter gedragen, dat beloof ik. Geen gefluister meer. Ik zal zelfs niet meer aan m'n ballen krabben, goed? Behalve als ze jeuken.' Hij knipoogde. Mulcahy kreeg geen hoogte van die vent. We praten langs elkaar heen, dacht hij toen de bewakers arriveerden om zijn cliënt af te voeren.

Toen hij terugkeerde in de zaal, stond O'Hanlon op Mulcahy te wachten. Hij stond er niet op zijn gemak bij. Nu het bewijsmateriaal achter slot en grendel zat en de rechter en de jury er niet meer waren, alle dossiers waren opgeborgen en de publieke tribune leeg was, stond hij er, met de manchetknopen net onder de mouwen van zijn jasje uit, bij als een acteur die in kostuum op het toneel is achtergebleven nadat de rekwisieten zijn weggehaald. Maar daarin lag niet de bron van zijn ongemak: de ware reden was dat hij niet graag boodschappen overbracht.

Toen hij het kantoor op de zesde verdieping binnenkwam, was Mulcahy's eerste gedachte dat de officier van justitie kleiner was dan hij verwacht had. Maar het knappe gezicht was bekend bij iedereen die een televisie had: de brede glimlach, de diepliggende blauwe ogen onder het zandkleurige haar en de iets grijzende slapen. Hij kwam achter zijn bureau vandaan en liep op Ed toe om hem de hand te schudden.

'Is dit 'm, Paul?' vroeg hij terwijl ze naar binnen liepen en onderbrak zijn eigen vraag met: 'Ga zitten, ga zitten, jongens.'

Ze namen plaats aan een vergadertafel tegenover zijn bureau.

'Ed, ik moet zeggen, het is fantastisch om een volslagen onbekende mee te maken die Paul de zenuwen bezorgt. Ik zweer het je, hij zit hier iedere avond, ieder weekend, met een heel team.' Hij knipoogde naar O'Hanlon, die er stijfjes bij zat. 'Dus wilde ik de man die dat klaarspeelt, ontmoeten. Ik heb gehoord dat je je partnership hierdoor bent kwijtgeraakt. Ook dat nog, die man moet ik zien. Die heeft lef.'

Mulcahy wist niet wat hij moest zeggen. Hij had in dit kantoor geen lofprijzingen verwacht en had er überhaupt weinig gekregen, de laatste tijd. Dus zei hij niets. Hij staarde naar de tafel.

'Ik hoor dat je samenwerkt met Stevie Carr.'

'Ja.'

'Doe hem de groeten. Lang niet gesproken,' zei Connell.

'Zal ik doen.'

'Ed, ik ben al heel lang geleden opgehouden met strafzaken. Ik ben politicus en slim genoeg om processen aan de experts over te laten. Maar ik moet wel lachen dat Paul zo hard moet werken. Hij is zo gewend aan overwinningen, dat ik soms bang ben dat hij een beetje lui wordt.'

'Gelul,' zei O'Hanlon.

'Ach, kom op, Paultje.' Nu knipoogde Connell naar Mulcahy. 'Waar heb je gestudeerd? Aan Cross?'

'Ja,' zei Ed. 'Ik was eerstejaars in '79.'

'Ik in '67,' zei Connell. En hij begon een heel verhaal over het voetbalteam van Holy Cross. Na tien minuten begon Ed zich af te vragen waar dit gesprek eigenlijk om draaide. Connell besefte dat en kwam ter zake.

Hij leunde naar voren in zijn stoel, met in zijn ogen de blik van een liefdevol priester. 'Luister, Ed, zoals ik al zei, ik doe geen strafzaken meer, maar ik heb er een heleboel gezien. Ik wil je één ding vertellen, want volgens mij ben je een fatsoenlijke vent. Volgens mij ga jij dit verliezen. Misschien win je. Je werkt je helemaal te pletter, en misschien red je het. Maar ik denk dat het zo zal gaan dat de jury zich terugtrekt, een tijdje gaat zitten zweten en dan diep ademhaalt en de juiste beslissing neemt. En dan komen ze terug met zo'n soort halve glimlach, je weet wel, Paul, alsof ze willen zeggen: "Sorry, Ed, je bent een prima kerel, maar bewijs is bewijs," en dan halen ze zo'n beetje hun schouders op. Volgens mij wordt dit een veroordeling. Wat denk jij, Paul?'

'Het wordt een veroordeling,' zei Paul.

'Kijk hem nou toch eens,' zei Connell terwijl hij hoofdschuddend grinnikte. 'Echt een arrogante Ier, nietwaar? Dat zegt hij altijd. Maar ik moet toegeven: meestal heeft hij gelijk. Volgens mij heeft hij ditmaal gelijk, Ed. Volgens mij wordt het een veroordeling. Misschien niet. Waarschijnlijk wel. Wat denk jij?'

Dat was een vreemde vraag om aan de verdediger te stellen. Ed haalde zijn schouders op. 'Speculeren heeft geen zin,' zei hij.

'Nou,' zei Connell, en de welwillendheid leek uit zijn stem te verdwijnen, 'laat me je het volgende zeggen. Laat me je vertellen wat ik wel weet. Als er een veroordeling uitkomt, gebeurt het volgende. De mensen, en niet alleen leken, Ed, maar juristen, zullen zeggen, één: Shepard heeft het gedaan. Twee: Mulcahy heeft met modder gegooid op Sam Whitakers graf om Shepard vrij te pleiten. Drie: hij heeft verloren.

Dat gaan ze zeggen, en dat gaan ze denken. De criminele broederschap zal opgelucht ademhalen dat ze niet te doen krijgen met een topjongen, en die gaan aan drugsdealers en pooiers enzo vertellen dat je een amateur bent. De professionele wereld zal om je lachen. En niemand zal er ook maar een moment bij stilstaan hoe hard je je best gedaan hebt of hoe je je geweerd hebt met een paar getuigen. Dan heb je het gehad voor de rest van je leven, Ed. Dat kan ik je wel vertellen.'

Hij haalde zijn schouders op en glimlachte vaag naar Ed als naar een halsstarrig kind.

'Waarom vertelt u me dit, meneer Connell?'

'Zeg toch Mike, in hemelsnaam, Ed. Ik vertel je dit voorname-

lijk voor je eigen bestwil en een beetje voor de mijne. Laat me je twee plaatjes voorhouden. Het eerste is wat ik denk dat er gebeurt: je voert de verdediging, je verliest, je blijft een hele tijd rondhangen bij het rechtsgebouw van Roxbury, in de hoop op toevoegingen. Paultje, wat krijgen zulke mensen?'
'Vijfenzestig.'
'Vijfenzestig dollar per uur, Ed. Heb je nog studieschulden af te lossen? Hoe dan ook, dat is plaatje één. Nu plaatje twee. Je gaat voor doodslag. Shepard draait voor een hele poos de bak in, minstens vijftien jaar, maar niet zijn hele leven, en als hij zich goed gedraagt, is er licht aan het eind van de tunnel. Ik bel Tim Cain bij Freer, en ik zeg: "Tim, die jongen van Mulcahy is een geweldige jurist. Volgens mij hebben jullie hem een hak gezet en de gouverneur zou het wel op prijs stellen als hier iets tegenover kon staan." Ik kan wel een potje breken bij de gouverneur, moet je weten, en jouw vroegere vrienden bij Freer kunnen wel wat werk afstaan. Ik zou je kunnen helpen. De hele toestand waait over, jij gaat weer terug naar Freer, waar je thuishoort. En laten we eerlijk zijn: ik word er ook beter van. Ik weet zeker dat een misdadiger geheid voor een hele tijd achter de tralies gaat. Iedereen wordt er beter van.'
Connell glimlachte gelukzalig. Dit was zijn favoriete oplossing: een oplossing waar iedereen beter van werd. Zelfs als sommigen er wat beter van worden dan anderen. 'Een potje breken bij de gouverneur' was bescheiden uitgedrukt, want iedereen wist dat Mike Connell kind aan huis was bij de gouverneur. Het gerucht ging dat Connell zich kandidaat zou stellen voor het gouverneurschap als de gouverneur kandidaat werd voor de Senaat in 1994.
Mulcahy knikte langzaam. 'Iedereen, behalve Shepard,' zei hij.
'Shepard ook. Hij krijgt geen levenslang. En laat me je nog iets vertellen. Er wordt gezegd, en dat wordt vaak gezegd, dat de gouverneur staat te trappelen om in de Senaat te komen. Sommigen verwachten dat ik me ooit kandidaat zal stellen om gouverneur te worden. Stel dat dat gebeurt. Stel dat ik dat doe en dat ik win, dan stel ik de amnestiecommissie samen. Als ik me niet vergis, kunnen we strafvermindering aanvragen voor meneer Shepard. En wie denk je dat dat verzoek ondertekent?' Weer die gelukzalige glimlach. 'Doe het, Ed. Ga voor doodslag en ga verder met je leven.'
Ze keken naar hem. Niet in afwachting van een antwoord, want

ze wisten dat hij dat niet ter plekke zou geven, maar in afwachting van een aanwijzing: of de jonge jurist de druk aan kon of een uitweg zou kiezen, een uitweg waarbij hij zijn gezicht kon redden. Ed probeerde zo neutraal mogelijk te kijken en zweeg.

'Ed,' zei de officier van justitie na enige tijd, 'vertel me één ding. Denk jij dat hij onschuldig is?'

Ed voelde dat hij rood werd.

'Kom op, Ed, het blijft onder ons, gewoon een paar mensen uit het vak die over hun zaken praten. Zeg me dat hij volgens jou onschuldig is. Dat wil ik je horen zeggen. Ik wil je stem horen.'

'Dat moet de jury uitmaken,' zei Ed.

'Nee, Ed, sorry, maar de jury zegt alleen maar of we het bewezen hebben. Of hij onschuldig is, is een zaak voor jou en mij. En hem. Die vraag moet je jezelf toch ook wel gesteld hebben. Maar ik vraag me af of je het hèm gevraagd hebt.' Zijn ogen glinsterden weer. 'Nou?!' Hij grijnsde naar Mulcahy, een bijzonder irritante grijns. 'Nou? Denk erover na, Ed. Ik wil niet hoeven denken dat Cross een idioot heeft laten afstuderen. Goed?' En hij glimlachte weer, sloeg hem op de rug en zei opgeruimd: 'Paul, doe hem uitgeleide, ik krijg een paar kiezers op bezoek.'

Toen ze bij de deur waren, riep hij hen achterna: 'Ed, ik heb het je nog steeds niet horen zeggen!' En hij grijnsde en ging weer achter zijn bureau zitten.

Mulcahy liep ongemakkelijk naar de hal. O'Hanlon liep met hem mee tot aan de deur. 'Wat denkt u ervan, raadsman?' vroeg de grote aanklager.

'Ik denk,' zei Ed, 'dat dit een poging tot omkoping was.'

'Doe niet zo padvinderachtig, Ed. Dat zou je cliënt ook niet doen.'

En zo was de eerste week van het proces voorbijgegaan. Het was geen goede week geweest voor de verdediging en die vrijdagavond zochten ze elkaars gezelschap in het kantoor aan Bromfield Street, nog lang nadat het donker geworden was. Als studenten na een mislukt tentamen namen ze de vragen keer op keer door.

'Stevie, waarom denk jij dat hij doodslag wil horen?'

'Wie zal het zeggen?' Hij haalde zijn schouders op. 'Haal je maar niet in je hoofd dat O'Hanlon al te bezorgd is over zijn zaak. Weet je, Connell is een politicus, die heeft veroordelingen en schuldbekentenissen nodig. Het enige wat je kunt doen is een joker inzetten op de jury, en dat kun je bij iedere zaak doen. De verkiezingen zijn over twee maanden, en Reising legt hem het vuur na aan de schenen met dat gelul over Din Bao. Kijk Sheila Brodsky recht in haar smoel en doe wat je wilt met die zaak.' Stevie schudde zijn hoofd. 'En die rat van een Reising, die maakt het geen zak uit, helemaal niets, dus neemt Mike het zekere voor het onzekere. Als je doodslag kiest, krijgt Mike zijn huid en dan is hij allang geen officier van justitie meer tegen de tijd dat Shepard vrijkomt.'

Ed knikte. Hij dacht nog eens na over Connells aanbod, vooral die delen die hemzelf betroffen en waarover hij niets gezegd had tegen Stevie en Kate. De bewijsstukken kwamen weer ter sprake.

'En waarom zou meneer Whitaker het niet met zijn rechterhand gedaan hebben?' vroeg Kate. Ze keek hoopvol op van haar laptop.

Mulcahy liep naar het raam en keek uit over Bromfield Street. Het was gigantisch druk op het kruispunt. Er zou wel ergens een concert zijn. De studenten waren weer in de stad.

'Nee, Kate. Dat denk ik niet.'

'Het hoeft niet perfect te zijn,' zei ze. 'Gerede twijfel, weet je nog? We hebben geen antwoorden nodig. Vragen, die hebben we nodig.'

'Momenteel zou ik de voorkeur geven aan een paar antwoorden. Ik weet het niet. Ik heb geen tijd om erover na te denken. Maandagochtend begint hij over het gerechtelijk onderzoek, wil ik wedden.' Droevig keek hij naar de stapels dossiers op de tafel. 'Ik heb nog een heleboel werk te doen.'

Een uur lang zat Kate achter de laptop. Mulcahy nam zijn aantekeningen over het jasje nog eens door.

'Wat krijgen we nou?' mompelde Kate.

Mulcahy keek op en zag Kate naar haar scherm staren.

'Kate?'

'Ed, kom hier eens naar kijken.'

Mulcahy kwam naast Kate staan en tuurde naar het scherm. Hij zag niets. Het was de laatste pagina van de memo, de pagina met de handtekening. Afgezien van het feit dat de handtekening niet lijnde met de rest van de tekst, zag hij niets ongewoons.

'Kijk eens naar die handtekening,' zei ze.

'Ja?'

'Dat heb ik niet zo gedaan.'

'Nou, ik ook niet, daar kun je donder op zeggen,' zei hij.

'Natuurlijk heb jij dat niet gedaan. En ik ook niet, en Stevie ook niet. Dat heb jij toch niet gedaan?'

'Waar hebben jullie het over?' vroeg Stevie.

'Ed, ik roep een document op en het blijkt er niet te zijn. Vervolgens is het er plotseling wèl. Ik log in en de computer zegt dat ik een document heb opgeslagen om halftwee 's nachts. Maar dat is helemaal niet waar. En nu is de opmaak veranderd.'

'Kate, zodra we een betalende klant hebben, kopen we een betere computer...'

Ze luisterde niet naar hem. 'Wanneer je een document verplaatst, krijg je wel eens veranderingen in de opmaak.' Ze keek hem aan, ditmaal met angst in haar blik. 'Het komt niet door de laptop. Ik denk... ik denk dat iemand in onze dossiers zit. Ze leest. Ze misschien wel kopieert.'

Mulcahy schrok hevig. 'Stevie, is er verder nog iemand die een sleutel van jouw kantoor heeft?'

'Nee, Ed, iemand gaat in de bestanden zitten via de computer.'

'Hoe dan?'

'Het modem, denk ik. Ik weet het niet. Een week geleden wilde ik een memo openen en die was toen niet beschikbaar. Ik heb er toen niet verder bij stilgestaan, want even later lukte het wel. Maar er heeft iemand anders ingezeten, daarom was de memo niet beschikbaar. Daarom zegt de computer dat ik dingen geopend heb die ik helemaal niet geopend heb! Iemand moet een kopie gemaakt hebben van die memo en daarbij de opmaak hebben veranderd.' Ze trok de modemstekker eruit en keek boos naar de verraderlijke telefoonlijn.

'Die klootzak van een O'Hanlon,' zei Stevie. 'Dat had ik niet van hem verwacht.'

Mulcahy was naar het raam gelopen en staarde naar de straat. 'Dat had ik ook niet gedacht,' zei hij even later. En toen hij zich omdraaide en hen aankeek, glimlachte hij. 'Volgens mij kan Paul O'Hanlon nog niet eens zijn eigen files kopiëren. Je weet het zeker, Kate?'

'Ik weet het heel zeker,' antwoordde ze.

Hij knikte. 'Goed,' zei hij. 'Gewoon doorgaan. Doe alsof je neus bloedt.'

'Hoe bedoel je?'

'Wij kunnen George niet vinden. Maar misschien weet George ons te vinden.'

Weer zaten ze in het hete spreekkamertje in de gevangenis, met het groezelige hekwerk tussen hen in, het flikkerende gele licht en de achtergrondherrie. Ed rekende uit hoe lang hij hier moest zitten voordat hij de frisse lucht weer in kon, en keek schuldig op naar de twee ogen die zijn gedachten gelezen hadden.
'Ze bieden doodslag.'
'Menu van de dag,' lachte Shepard bitter. 'Wat kost me dat?'
'Levenslang. Met de mogelijkheid van amnestie na vijftien jaar.'
Shepard knikte en zuchtte. 'Vijftien jaar en dan zie ik het daglicht weer. Dan ben ik vijftig. Waar, in Cedar Junction?'
Ed knikte en bevestigde dat een eventuele straf zou moeten worden uitgezeten in een van de zwaarste gevangenissen van de staat.
'En jij wilt dat ik dat doe?'
'John, ik moet ieder voorstel doorgeven.'
'Maar wil je dat ik het doe?'
Ed gaf geen antwoord.
'Ed, ik wil je iets vragen. Moet ik het doen?'
Ed bestudeerde zijn gelaatsuitdrukking, maar kon niet ontdekken of Shepard zijn advies wilde of hem gewoon zat uit te dagen.
'Dat kan ik niet zeggen.'
'Jezus. Ze hebben het over levenslang en daar kun jij niets over zeggen?'
'Levenslang met kans op strafvermindering. Als ze veroordelen op de aanklacht, kom je nooit meer thuis.'
'Gaan we winnen?'
'Dat weet ik niet.'
'Maar hoe voelt het, Ed, hoe vóelt het? Zuiver intuïtief, met je zesde zintuig. Wat zegt dat tegen je?'
Ed schudde zijn hoofd. 'Op mijn intuïtie mag je niet afgaan, John,' zei hij.
'Nou,' zei Shepard toen hij opstond om weg te gaan, 'bedankt voor je bezoek. Maar ik zal je één ding zeggen, Ed. Drie maanden hier vind ik wel genoeg. Ik zal me met hand en tand verzetten tegen iets langers. En verdomme, als ze zo sterk staan, waarom komen ze dan met dit voorstel?'
'Ik weet het niet. Dat vraag ik me ook af.'
Later, toen hij de trap naar de metro op liep en nog eens na-

dacht over het gesprek, probeerde Mulcahy het te rationaliseren. Shepard was een onderhandelaar en jurist. Hij dacht zakelijk. Zoals John zelf gezegd had: het enige waar het om ging, was dat hij vrij kwam. Het zou dus wel niets zijn. Maar de gedachte bleef aan hem knagen. Misschien had Connell een punt gescoord, want het bleef aan hem knagen wat Shepard niet gezegd had, hoe hij niet een maal geprotesteerd had. Het gesprek was gegaan over gevangenisstraf. Niet over onschuld.

Toen hij die nacht in bed lag en probeerde te slaap te vatten, hoorde Mulcahy Gitz thuiskomen.
'Hebben ze gewonnen?' brulde Mulcahy.
'Nee,' hoorde hij Gitz vanuit de woonkamer antwoorden.
'Heb je een verhaal geschreven?'
'Ja.'
'Wat was de eindstand?'
Gitz' hoofd verscheen om de hoek van Eds slaapkamer. 'De eindstand?' zei hij berispend. 'De eindstand? Heiden! We hebben het hier over de *Globe* meneer Mulcahy! Als u de eindstand wilt weten, koopt u de *Herald* maar.'
Gitz verdween. Mulcahy hoorde het gestamp van zijn schoenen. 'Maar als u kunst verlangt, proza, als u een fraaie zin kunt waarderen, met prachtige wendingen, bijtende humor, als u...' De stem stierf weg in de keuken.
Ik wou alleen weten of er ergens nog iets gebeurt waarvan ik de eindstand kan weten, meer niet, zei hij tegen zichzelf.

26

'En, weet je wat voor dag het vandaag is?' vroeg John Shepard toen Mulcahy maandagochtend in het gevangenenkamertje achter zaal 8b verscheen. Hij droeg uiteraard weer het enige saaie grijze pak dat hem was toegestaan voor het proces.
'Nee, wat dan?'
'Mijn eerste jubileum. 12 september. Vandaag zit ik drie maanden. Ja, toch, Freddie!'
Freddie, die door de gang naar de zaal liep, haalde zijn schouders op. 'Zeg dat maar tegen de rechter,' zei hij.
'Nou, als die Falstaff eens een keer gaat zitten zodat de verdediging aan het woord kan komen, zal ik meneer Mulcahy hier

verzoeken om dat inderdaad te doen! Jezus, Freddie, hoeveel van dit soort processen heb jij moeten meemaken met die klootzak?' Freddie moest lachen. 'Hij is best goed, weet je.' 'Ja, Freddie, maar mijn jongen ook.' Freddie verdween de zaal in en het leek wel alsof Johns stemming meteen ook daalde. Hij wendde zich weer tot Mulcahy en wreef over zijn slapen. Zijn ogen waren rood door slaapgebrek. 'Drie maanden, Ed. Drie maanden in een hok. Laat O'Hanlon doodvallen met zijn aanbod. Het was allemaal reuze leuk, maar nu heb ik er genoeg van. Je moet me hier weg zien te krijgen, oké?'

De rechtbank is net een kerk. De gemeente wordt geacht haar gedachten bij het hogere te hebben, maar soms zie je, als je om je heen kijkt, dat ze waarschijnlijk voornamelijk aan hun kleren zitten te denken. En dus vroeg Mulcahy zich af, toen de jonge politieman die maandagochtend opstond en naar de getuigenbank liep, of hij zijn laarzen gepoetst had. Dat moest wel. Ze blonken als spiegels en de zolen knarsten terwijl de gladgeschoren getuige de zaal door liep. Hij was zo door en door keurig en netjes en opgepoetst, dat Mulcahy zich afvroeg of hij nog voldoende in de plooi kon om te gaan zitten. Maar hij kwam inderdaad bij de getuigenbank aan. Er kwam een andere gedachte bij Mulcahy op: waarom moeten agenten er toch altijd uitzien als ss'ers? Hij had er een paar leren kennen toen hij als aanklager werkte voor het OM en het waren prima lieden. Echt prima. Maar waarom dan die kniehoge laarzen? Waarom die hele vertoning? Er was geen tijd om daar verder over na te denken.

O'Hanlon nam snel de inleidende vragen door met agent Thomas Gowan. Daarna kwam de plastic zak met bewijsstukken, die met het bruine jasje met een bloederige revers en mouw, te voorschijn uit de doos met bewijzen van de aanklager. Als een reliek werd het overhandigd aan de officier van justitie, die het naar de tafel van de commies-griffier bracht. Iedereen keek toe hoe Kelly er een sticker met een bewijsstuknummer op plakte. Het werd stil in de zaal.

'Agent Gowan,' zei O'Hanlon, 'ik ga u laten zien wat zojuist geregistreerd is als bewijsstuk nummer 8. Herkent u dit?'

Gowan hield de plastic zak met het bewijsstuk in zijn handen en draaide hem voorzichtig om. De ogen van alle juryleden waren op de zak gevestigd. De officier maakte de zak open.

'Ja, meneer,' zei Gowan.

'Wat is het?'

O'Hanlon haalde het beige jasje uit het plastic en legde het voorzichtig op de plank voor de agent.

'Dit is het jasje van een mannenpak dat ik gevonden heb in een afvalbak bij de parkeerplaats van Natick langs de snelweg door Massachusetts, in westelijke richting, op 17 mei 1992.'

'Hoe weet u dat dit hetzelfde jasje is?'

'Ik heb er een etiket aan bevestigd met mijn initialen en de datum. Dat heb ik gedaan voordat het de zak met bewijsstukken inging. Dat etiket zie ik hier terug. Ik heb mijn initialen en de datum ook op de zak zelf gezet, en die staan hier.'

O'Hanlon knikte. 'Wat viel u op aan het jasje toen u het vond?'

Agent Gowan beschreef, in het officiële politiejargon dat agenten bij een proces bezigen, de kleur en de maat van het jasje, de staat waarin het verkeerde en de 'bruinige vlek' die hij had 'waargenomen' op de rechterrevers, het rechter voorpand en de onderarm van het jasje.

'Hoe laat hebt u het jasje gevonden?'

'Rond 12.20 uur 's middags, meneer.'

'En waar ligt die parkeerplaats waar het gevonden is, ten opzichte van Sheringham, Massachusetts?'

'De parkeerplaats ligt circa vijftien kilometer ten westen van afslag 17, de afslag voor Natick en Sheringham.'

'Wat is de meest voor de hand liggende route om vanuit het centrum van Sheringham op de snelweg naar het westen te komen, meneer Gowan?'

'Via Maple Street naar de Massachusetts-snelweg en dan in westelijke richting verder. De eerste parkeerplaats waar een automobilist langs zou komen, is die waar we het jasje gevonden hebben.'

Het jasje werd als officieel bewijsstuk aanvaard. Mulcahy protesteerde. Er was geen rechtstreeks verband met Shepard. Nog niet. Hij wist dat het jasje aanvaard zou worden; het protest diende alleen om later nog iets te kunnen aanvechten. Als hij iets kon verzinnen, later.

Het jasje werd toegestaan als bewijsstuk. Kelly maakte een aantekening op de zak waarin het zat en het werd teruggegeven aan de getuige.

'Agent Gowan,' vroeg O'Hanlon, 'hebt u iets aangetroffen in de linkerzak, en zo ja, wat?'

De zak? Mulcahy kon zich niet herinneren dat er iets op de lijst van het OM gestaan had. Hij greep naar zijn dossier met bewijsstukken, maar de getuige stond op het punt te antwoorden.

'Protest,' zei Mulcahy terwijl hij opstond en tegelijkertijd door het dossier probeerde te bladeren.

Even later stonden ze voor de rechter. Mulcahy had het dossier open voor zich. 'Edelachtbare,' zei hij, 'ik weet niet wat de getuige wil onthullen, maar wat het ook is, het staat niet op de lijst met bewijsmateriaal van het OM.'

'Edelachtbare, het OM komt met een briefje dat in de jaszak gevonden is, kennelijk in het handschrift van de verdachte. Het briefje is misschien niet afzonderlijk gespecificeerd, maar het zat in de zak met bewijsmateriaal en was beschikbaar voor inspectie door de verdediging. In feite,' zei O'Hanlon terwijl hij naar zijn tafel keek waar zijn assistent een doos dossiers doorkeek, 'geloof ik dat ergens is vastgelegd dat de heer Mulcahy het jasje voor het proces geïnspecteerd heeft.' Gleason, de assistent van O'Hanlon, kwam af met een kopie van de lijst en een aantal andere documenten.

'Waar is de lijst met bewijsstukken?' vroeg de rechter. Hij kreeg een lijst aangereikt en schudde al lezend het hoofd. Daar stond het: Openbaar ministerie 8: beige herenjasje. Geen sprake van een briefje.

Rechter Grosso fronste zijn wenkbrauwen. 'De jury wordt geëxcuseerd,' zei hij.

Mulcahy zei dat het jasje hem inderdaad getoond was, maar dat het een kort onderzoek geweest was, dat er geen forensisch onderzoek verzocht was en dat hij alleen die aspecten van het jasje onderzocht had die hem van belang leken voor de zaak, te weten de stijl, de maat en het merk, en de aard van de vlek, daar hij zich niet bewust was van een briefje in de zak. Rechter Grosso knikte zolang hij aan het woord was. Hij wist heel goed hoe dergelijke inspecties in hun werk gingen, met de politie die in de nek van de verdediging stond te hijgen terwijl een ambtenaar van het OM met zijn vingers op de tafel stond te trommelen.

Mulcahy ging zitten en luisterde hoe O'Hanlon probeerde zijn gelijk te halen. Het was een administratieve vergissing. Het bewijsstuk was voorgelegd ter inspectie en was volgens de politierapporten ook inderdaad door de verdediging geïnspecteerd. O'Hanlons assistent was bij de inspectie aanwezig geweest. 'Dergelijke dingen gebeuren nu eenmaal, edelachtbare,' zei hij.

'Wat zou het belang van dit bewijsstuk zijn?' vroeg Grosso. O'-Hanlon zei dat op het briefje een telefoonnummer stond dat het OM in verband meende te kunnen brengen met Shepard. Via dit briefje verwachtten ze verdere bewijzen te kunnen leveren dat het jasje toebehoorde aan verdachte.

David Grosso fronste zijn wenkbrauwen. Hij hield niet van slordig werk. En dit was op z'n minst slordig. Hij knikte toen Mulcahy weer opstond. Hij hoefde er niet aan herinnerd te worden dat het feit dat het briefje niet vermeld was de verdediging een kans ontnomen had om het forensisch onderzoek uit te laten voeren waarop de aanklager nu zijn argument wilde baseren.

'Volgens mij heeft de heer Mulcahy gelijk,' zei Grosso toen hij beide partijen aangehoord had. 'Geeft de link via een telefoonnummer niet aan dat dit een op zichzelf staand bewijsstuk is, met op zichzelf staande bewijskracht? Dat lijkt mij het belang ervan, indien er enig belang is, en dat is dan ook de reden waarom het binnen het reglement valt voor bekendmaking van bewijsstukken door het OM.'

O'Hanlon gaf geen antwoord.

De rechter ging verder: 'Er is geen reden genoemd om het briefje niet bekend te maken, behalve dan een administratieve dwaling. Protest aanvaard. Het briefje wordt niet gebruikt.'

Mulcahy voelde zich opgelucht. Een kleine slag gewonnen! Opgetogen keerde hij terug naar zijn plaats. Toen de jury weer binnengebracht werd, ging de ondervraging van Gowan snel over op andere zaken. O'Hanlon dreunde maar door. Hij gaf aan dat de uitslag van het bloedonderzoek zou uitwijzen dat het jasje iets te maken had met Whitaker, en dat het stomerij-etiket in de voering van het jasje overeenkwam met de etiketten die Shepards stomerij gebruikte.

Marcus Hemp nam plaats in de getuigenbank. Hij was scheikundige en werkte bij het gerechtelijk laboratorium van het departement voor Publieke Veiligheid. Hij was klein, van middelbare leeftijd en volkomen kaal. Hij had al heel vaak getuigd en voelde zich op zijn gemak in de getuigenbank. Hij sprak langzaam, weloverwogen, professioneel. Hij was kalm en stelde zich niet vijandig op.

Mulcahy vond het moeilijk om zich te concentreren. Terwijl O'-Hanlon de getuige er langzaam toe bracht zijn mening te geven, zat Mulcahy aan Creel te denken. Hemp nam de toehoorders mee op een nauwgezette inspectie van de studeerkamer in de boerderij te Sheringham, uitgevoerd door de eenheid van het gerechtelijk laboratorium. Hij vertelde hoe hij vezels van de vloerbedekking in de hal, de woonkamer en de trap had gevonden, en van de bank in de woonkamer. Tot in de kleinste details besprak hij hoe deze vezels zich verhielden tot bepaalde kledingstukken waarvan hem verzocht was een analyse te maken, en hoe spectografische en microscopische analyses werden uitgevoerd.

Hij kreeg een aantal stukken onder ogen. Hij herkende het pak als een pak waarvan hij een vergelijkende analyse had moeten maken, en een zak voor bewijsstukken waarin vezels zaten die beslist overeenkwamen met die van het pak.

O'Hanlon naderde zijn doel. Boven het gezoem van de ventilatoren uit vroeg hij of de heer Hemp, op basis van zijn onderzoek van het vezelmateriaal en zijn ervaring met de analyse van vezels, zich een mening had gevormd, gebaseerd op een redelijke mate van zekerheid op het gebied van de vezelanalyse, omtrent de bron van de vezels in de zakken die het om de identificatienummers 28, 29, 30 en 31 gegeven had.

'Ja, dat heb ik.'

'En hoe luidt die mening?'

'Mijn mening luidt dat het hoogst waarschijnlijk is dat de vezels in de nummers 29, 30 en 31 afkomstig zijn van nummer 8.'

De ventilatoren zoemden verder. O'Hanlon vroeg Hemp waarop hij zijn mening baseerde. Hemp gaf op zakelijke toon uitleg en vertelde over microscopen, weefselstructuren, vezelsamenstellingen, over de techniek van schering en inslag. Conclusie van zijn getuigenis: het jasje was in Whitakers studeerkamer geweest.

Tegen het einde van de middag stond Mulcahy op voor het kruisverhoor. Het was ondraaglijk heet. De jury leek er genoeg van te hebben. De jury wilde geen schering en inslag meer. Mulcahy begon met het pak.

'Is dit het jasje van een beige pak, merk Brooks Brothers?'

'Ja.'

'Is het bij de confectie-afdeling aldaar gekocht?'

'Dat kan ik niet weten.'

'Maar op iedere straathoek in Boston zijn toch dergelijke pakken te zien, of niet?'

'Nee, naar mijn mening niet, meneer. Zeker niet.'

Er begon een stem in Mulcahy's brein te tetteren. Hou op! Hij hield niet op. 'O nee?' hoorde hij zichzelf hardop zeggen terwijl de stem in zijn hoofd 'Idioot!' riep.

'Nee, meneer. Zal ik me nader verklaren?' Hemp glimlachte naar hem. Hij had vaak genoeg getuigd om te weten dat de verdediging nooit een verklaring wenst. Maar Mulcahy zat gevangen tussen twee regels van de strafrechtpraktijk. Nooit een getuige iets laten uitleggen. Nooit de indruk wekken dat je een onderwerp uit de weg gaat. Dat kun je alleen doen als je de zaken onder controle hebt, en dat had hij niet. Dan moest hij er zich maar doorheen slaan. Hij had geen keuze. 'Graag, meneer Hemp,' zei hij. Hij draaide zich om en probeerde ontspannen over te komen.

'Iedere meter geweven stof is anders. Ze lijken op elkaar zoals vingerafdrukken op elkaar lijken. Vier beige pakken op hetzelfde kruispunt kunnen er identiek uitzien, net zoals vingerafdrukken op een meter afstand er identiek uitzien. Maar voor wie een getraind oog heeft en er van dichtbij naar kijkt, zijn ze allemaal anders.'

En zo ging het verder, alleen nog erger. Een vriendelijke, wetenschappelijke uitleg over vezels waardoor de jury de indruk kreeg dat Shepards pak zo uniek en belangrijk was als de Steen van Rosetta en dat het even zeker in Whitakers studeerkamer geweest was als Whitaker zelf.

Nu zat de jury te fronsen. Het was benauwd in de zaal. Het was laat. Wat was de bedoeling van dit alles? Hadden ze dat allemaal al niet eerder gehoord? Ze keken, met een verbeten uitdrukking, als één man naar Mulcahy.

'Meneer Hemp, hebt u tijdens uw onderzoek van de studeerkamer nog andere vezels gevonden, vezels die niet overeenkwamen met om 8?'

'O, zeker, dat gebeurt altijd.'

'Ik heb u niets gevraagd over àndere zaken, meneer Hemp.'

'Neemt u me niet kwalijk. Ik dacht dat de jury dat zou willen weten.' Dat laatste glipte er zo oprecht uit, en zo sluw, dat Mulcahy er weer door overvallen werd en haastig op zoek moest naar een volgende vraag.

'Die vezels zouden afkomstig kunnen zijn van iemand anders dan de heer Shepard?'

'Jazeker.'

'Dus er moeten ook andere mensen in de studeerkamer geweest zijn.'

'Ja, dat is meestal het geval met zo'n vertrek.'

'U kunt niet zeggen dat de heer Shepard de enige aanwezige in dat vertrek was, afgezien van de overledene.'

'Beslist niet. Ik kan alleen maar zeggen dat zijn jasje daar was. Of het daar op een andere manier gekomen is dan aan zijn lichaam, dat kan ik niet zeggen.'

Het was vier uur. Mulcahy nam zijn dossiers op en pakte de archiefdozen in, toen de gedachte bij hem opkwam. Daar had hij meteen aan moeten denken op het moment dat Grosso zijn uitspraak deed. Er zat iets verkeerd. O'Hanlon had het erbij gelaten. Hij had niet aangedrongen. Geen verzoek om diezelfde dag nog een bezwaarschrift te maken en het morgen nog eens te proberen. Een telefóónnummer, een rechtstreekse link. En die vette aanklager had zoiets zomaar laten vallen. Plotseling voelde hij zich beroerd worden. Mulcahy had er niet eens aan gedàcht om naar het briefje te kijken.

Mulcahy ging op zoek naar Kelly. Even later keek hij naar het roze telefoonbriefje, terwijl de commies-griffier ongeduldig op de deurlijst stond te trommelen. Daar stond één enkele regel in blokletters:

T.M.D. 669.0241

'Jezus, wat hebben we ervanlangs gehad vandaag,' zei Ed hoofdschuddend. Hij had het nummer gebeld zodra hij in Bromfield Street aankwam. Het was een nummer in Dorchester: ene Antonio Caesar Chavez. Nee, meneer Chavez had nooit van John Shepard gehoord. En er was ook niemand bekend met de initialen T.M.D. Hij woonde daar al sinds het begin van de jaren zeventig. Mulcahy staarde het duister in. Het OM kon het briefje níet op Shepards conto schrijven, daar ging het juist om. Maar toch had het in zijn jaszak gezeten. Het was in feite een bewijs dat het jasje níet van Shepard was. Volgens de spelregels was de aanklager verplicht om aan de verdediging bewijzen te laten zien, ook als die de conclusies van het OM eventueel aan het wankelen zouden kunnen brengen. En wat hadden ze gedaan? Ze hadden Mulcahy ertoe gedwongen het briefje buiten beschouwing te laten. Briljant! Hij kon zich niet erop beroepen dat ze hem voor verrassingen hadden gezet, want het materiaal was buiten beschouwing gelaten. Hij kon niet beweren dat het OM bewijsstukken had achtergehouden: ze hadden het briefje toch laten zien?

Hoe kon iemand achteraf dan nog komen klagen?

'Hé, zal ik jou eens wat vertellen?' zei Stevie, die zijn vadsige beentjes op het bureau gelegd had. 'Die O'Hanlon is niet op zijn achterhoofd gevallen. Die gaat nog een paar punten scoren. Maak je daar maar geen illusies over. Maar die ongelofelijke vent van die vézels, jezus!' Hij trok aan zijn wrat en draaide hem tussen zijn vingers.

Mulcahy schudde zijn hoofd. 'Kate,' zei hij bezorgd, 'denk je dat Creel met ons meekijkt?'

'Geen idee. Geen aanwijzingen.'

Met hun hoofden vlak bij elkaar keken ze naar het computerscherm. Mulcahy voelde een krul tegen zijn oor, maar dat leek haar helemaal niet af te leiden. 'Weet je, Kate,' zei hij toen ze teleurgesteld door de bestandenlijst bladerden zonder dat dat iets opleverde, 'ik ben er nu achter.'

'Waar achter?'

'Creel. Dat is God. En Shepard is de duivel.'

'En ik dan?' piepte Stevie.

Mulcahy dacht na over de vraag. 'De ongelovige Thomas,' zei hij.

Kate vroeg: 'En jij?'

Mulcahy sloot zijn ogen. 'Job,' zei hij. 'Ik ben Job.'

'Wie is Jop?' vroeg Stevie.

'Niet Jop, Stevie. Job. Die dacht dat het allemaal niet meer erger kon worden en toen gebeurde het toch. Zijn zorgen waren talrijk.'

'Maar hij vertrouwde in de Heer,' zei Kate zachtjes en knipoogde naar hem.

In een donker kantoor zat O'Hanlon te telefoneren met Connell. Hij had hem eindelijk gevonden, in een restaurant in Newton waar hij een diner voor een of ander goed doel bijwoonde. Hij vertelde hoe zijn gesprek met Mulcahy verlopen was. Hij moest zijn stem verheffen om over het achtergrondrumoer heen te komen. Af en toe hoorde hij 'Hé, Mike, hoe-gaat-het-joh!' waarop Connell dan meestal antwoordde: 'Leuk je te zien, leuk je te zien.'

'Ze willen vrijspraak pleiten, Mike,' zei O'Hanlon.

'Willen we dat niet allemaal,' antwoordde Connell en zweeg. O'-Hanlon hoorde de geluiden van het feest op de achtergrond. 'Oké, Paul,' zei hij zachtjes, 'gooi alles wat je hebt in de strijd.

Alles. Misschien is er gewoon wat meer druk nodig.'

Paul O'Hanlon wist precies wat er gebeurd was toen de lijn stilviel. De hoofdofficier van justitie was stilgevallen. Hij wilde verder niets met de zaak te maken hebben. Hij zou het overlaten aan O'Hanlon. Hij zou weer op het toneel verschijnen als er schouderklopjes uitgedeeld moesten worden en hij zou dé man zijn als de veroordeling eenmaal een feit was.

Als er een veroordeling kwam. Als het vrijspraak werd zou hij niet terugkomen. Maar dat maakte Paul O'Hanlon niets uit. Hij had het eerder gedaan en hij glimlachte toen hij de telefoon oplegde.

Laat op de avond zat Mulcahy in zijn keuken. Er vlogen insekten tegen de hor aan en het was nog steeds verschrikkelijk heet. Gelukkig was Denise eindelijk iets in Gitz gaan zien en dus was Gitz niet in de buurt. Dat was een zegen. Mulcahy was niet in de stemming voor Gitz.

Hij heeft me ervanlangs gegeven vandaag, bleef hij steeds maar denken. Het was zijn enige en allesoverheersende gedachte geweest sinds hij de rechtbank verlaten had. O'Hanlon was hem te slim af geweest met dat briefje, en hij had stom gedaan met Hemp, een getuige die geen tegenstander had hoeven zijn, een getuige die hij met rust had kunnen laten. Hij had alles verkeerd gedaan, hij was zijn greep op de zaken verloren, had zijn eigen belang overschat, punten opnieuw benadrukt voor de jury. Het was een ramp. Condensdruppels stonden op de bierfles. Zijn geest keerde steeds weer terug naar die pijnlijke ondervraging, een ondervraging als door een jurist in een burgerlijke rechtszaak, zonder instinct, zonder beheersing.

Slapeloos en verward maalden zijn gedachten in het rond. De zaak had zo helder geleken toen hij hem die zomerdag in de gevangenis aan Charles Street aannam. Nu was niets helder meer: de feiten niet, zijn eigen capaciteiten niet. Hij was een amateuradvocaat die pleitte in een moordzaak.

En zijn cliënt? Wie was John Shepard eigenlijk? Deze zaak had het cynisme van een Stevie Carr nodig. Shepard had een advocaat nodig die wist dat hij het gedaan had. Niet een die wilde geloven dat hij onschuldig was. Hij wilde gaan slapen. En op dat moment gebeurde het.

Toen Mulcahy met zijn blote voeten op de koude zwart-witte tegelvloer van de badkamer stapte, klikte de laatste synaps, en een gedachte die zich al sinds afgelopen mei naar boven aan het vechten was, knalde zijn bewustzijn binnen. Hij draaide zich om en liep naar de boekenkast in zijn slaapkamer. Waarom hij ze ooit bewaard had was een raadsel, maar daar stonden ze, op een rijtje op de onderste plank: de casus-boeken uit zijn eerste jaar. Vastgeklemd tussen Gorjances *Eigendom* en Holzingers *Onrechtmatige handelingen* stond Rando's boek over verbintenissenrecht. Hij sloeg het open. Twaalf jaar oude onderstrepingen en aantekeningen staarden hem vanaf elke pagina aan. De rug van het boek was allang bezweken.

Hij ging op zijn bed zitten en zocht een tijdje. Uiteindelijk vond hij het, in het hoofdstuk over toelaatbaarheid als bewijs van eerder gemaakte mondelinge overeenkomsten. *Swartout Shipping Company* versus *Liberty Bank and Trust. Swartout*, die ouwe rakker.

Hij las het verslag van de zaak weer door, even geboeid als hij het de eerste keer gelezen had, twaalf jaar geleden. Als zovele motiveringen van een vonnis was het een droog verhaal. De feiten waren summier en schematisch weergegeven, zodat de rechter de bewijsvoering en de handhaving van de zaak kon noemen. Maar zelfs als student hadden ze al gezien dat hier een menselijk drama achter schuilging.

De zaak over de financiering van een schip. Een bank financierde de aankoop van een containerschip en had een onderpand gekregen in de gebruikelijke vorm van een scheepshypotheek. Het schip kostte zeventig miljoen dollar en de bank had een lening verstrekt van achtenzestig miljoen. Maar door een typefout stond in de hypotheekakte het hypotheekbedrag vermeld als achtenzestig*dúizend*.

Hij herinnerde zich hoe ze er tijdens de colleges over geprat hadden. Hij zag nog voor zich hoe professor Rodman hun gevraagd had na te denken over het feit dat zoiets iederéén kon overkomen. De financiering moest binnen enkele dagen rondgemaakt worden, iemand had een verkeerd cijfer ingetypt, iemand anders had eroverheen gelezen. Was de assistent ontslagen? De vennoot? Had het bedrijf een proces aan zijn broek gekregen wegens nalatigheid? Dat stond niet in de motivering.

Wat er wel stond, was dat de akte in duidelijke en niet voor meerdere interpretatie vatbare taal was opgesteld, dat er geen aanwijzingen voor fraude waren (de fout was kennelijk gemaakt door de advocaten van de bank) en dat er dus geen bewijzen

konden worden toegelaten waarmee de financierder kon aantonen dat het geleende bedrag in feite achtenzestig miljoen had
moeten zijn. En dus was het een modelcasus voor de leerboe-
ken: een zaak waar de toepassing van een onder normale omstandigheden verstandige regel voor menselijk verkeer een gevolg
kan hebben waarbij regels belangrijker worden dan waarheid.
Na een kort geding was de scheepseigenaar in het gelijk gesteld.
De bank was niet in beroep gegaan; er zou dus wel een schikking getroffen zijn.

Dames en heren, hoorde Mulcahy Rodman nog zeggen, als u
denkt dat voor uw soort werk proeflezen niet nodig is, denk dan
aan *Swartout*. En als u midden in de nacht documenten zit te
proeflezen voor een closing, en als u er schoon genoeg van hebt,
denk dan aan *Swartout*.

Denk aan *Swartout*. Dat had Rodman tegen zijn studenten gezegd. 'Verdomme. Verdomme,' zei Mulcahy terwijl hij het boek
dichtsloeg.

Want hij hoefde het niet te vragen. Iedere rechtenstudent in Amerika leerde verbintenissenrecht uit Dean Rando's boek. Als je
met contracten werkte, had je dat boek, en als je de vierde edi-
tie opensloeg op pagina 312, vond je *Swartout*.

De knoop in zijn maag werd strakker. Bij strafzaken kan de
meeste voorbereiding leunen op kennis en hard werk. Maar het
proces zelf drijft op instinct, en dat is een andere hulpbron. Dat
diepe gevoel van wanhoop, dat gevoel dat de zaak vreselijk, wanhopig echt was en dat de zaak hem met razende vaart uit handen glipte, was een geweldige klap. Bijna de hele nacht lag hij
wakker, met bonzend hart.

Hij was zijn baan kwijt. Hij kon zijn verdediging niet onder-
bouwen met iets waarin hij enig vertrouwen had. En in het weinige dat hij had, werd hij verslagen door O'Hanlon. Ed Mulcahy zat diep in de sneeuw en het bleef maar sneeuwen.

In 8b marcheerde O'Hanlon verder en passeerde de ene na de
andere genadeloze getuige de revue. Hij had zijn campagne zorgvuldig opgezet. Nu bouwde hij zijn bergenhoge fysieke bewijslast op. En het ging in een bepaalde richting. De agent leidde
naar het jasje, het jasje naar de bloedvlekken, de bloedvlekken
naar het slachtoffer. De bloedvlekken kwamen binnen. De bloedgroep was identiek aan die van Whitaker.

De telefoonlijsten kwamen binnen, traag en moeizaam. De avond van de moord, om 18.15 uur, had iemand vanuit een telefooncel op de hoek van Joy Street en Cambridge Street, drie blokken van Shepards huis, naar Whitakers kantoor gebeld en naar zijn huis in Sheringham. Het telefoontje naar zijn huis duurde zeventien minuten. Whitaker, of iemand anders daar in huis, had Shepard om 19.32 uur die avond een minuut lang gebeld.

Daarna riep O'Hanlon een pompbediende op van Sunoco in Natick, ene David Porelli. Hij herkende de doorslag van de afleveringsbon die met de Sunoco-creditcard van Shepard was gemaakt. 'Edelachtbare, ik wil dit inbrengen als bewijsstuk,' zei O'Hanlon.

'Protest,' zei Mulcahy.

'Reden?'

'Niet uit eigen wetenschap, edelachtbare,' zei Mulcahy.

De rechter zette zijn bril af alsof hij zich ervan wilde overtuigen dat er werkelijk zoiets bestond als een jurist die bezwaar maakte tegen dit stukje papier als bewijslast. 'Meneer Mulcahy,' zei hij, 'dit is een zakelijk stukje papier.'

'Edelachtbare, als ik gehoord mag worden...'

'Nee. Afgewezen. Het wordt toegelaten.'

'Edelachtbare, ik heb een memorandum...'

'Meneer Mulcahy, ik ben heel blij dat u een memorandum hebt. Maar uw protest is afgewezen. Dit wordt toegelaten.'

Hij liet zich op zijn stoel zakken. Soms werk je dagen aan een juridisch punt en raak je het binnen tien seconden kwijt.

Even later kon Mulcahy Porelli bij het kruisverhoor ondervragen op de voorspelbare punten. Hij had die avond dienst gehad. De doorslag van de bon toonde aan dat er op 16 mei voor $ 5,38 was getankt. Nee, hij kon zich Shepard niet herinneren, noch diens auto of wat voor detail ook.

'Ik zie heel veel auto's,' zei de jongen. En dat wekte geen verbazing.

Mulcahy was bijna klaar toen hij nog eens naar het bewijsstuk keek en een bijna onzichtbare krabbel op het carbon van de Sunoco-bon zag.

'Het nummerbord van de auto hebt u niet genoteerd, meneer Porelli?'

'Nee,' zei hij. 'Dat doe ik nooit.'

Mulcahy knikte. 'Het staat dus niet vast in wat voor auto degene reed die de kaart gebruikte?'

'Waarschijnlijk niet,' zei Porelli.

'En meestal vraagt u de automobilisten niet om een identificatie, of wel?'

'Nee, dat doen we niet,' bekende hij.

'Dus iedereen die in het bezit was van John Shepards Sunocokaart kan die dag getankt hebben?'

'Waarschijnlijk,' zei hij.

Mulcahy knikte weer, terwijl hij naar het briefje tuurde.

'Hoeveel benzine,' vroeg hij, 'krijg je voor $ 5,38?'

'Dat hangt van het octaangehalte af.'

'Goed,' zei Mulcahy. 'Laten we zeggen: normaal, loodvrij.'

'Ik weet niet, zo'n dertig dollarcent de liter,' zei Porelli. 'Hoeveel liter is dat?'

'Zo'n achttien liter, kan dat?'

'Dat zal wel,' zei de getuige.

'Meneer Porelli,' zei Mulcahy, 'weet u wat de inhoud van de benzinetank van een Subaru GL stationwagon uit 1984 is?'

'Tegen de zestig liter, dacht ik,' zei de jongen.

'Bent u het met me eens dat degene die hier tankte waarschijnlijk gewoon zijn tank vol wilde hebben?'

'Protest, speculatie,' probeerde O'Hanlon.

'Nee, laat hem maar antwoorden,' zei de rechter, die leek te raden welke kant Mulcahy uit wilde.

David Porelli leek dat ook te raden. 'Ja,' zei hij, 'dat lijkt me wel. Soms willen de klanten voor vijf dollar tanken, of voor tien of twintig. Maar niet voor $ 5,38. Voor mij is $ 5,38 gewoon volgooien.'

'Dus, meneer Porelli, degene die voor $ 5,38 tankte moet zowat veertig liter gehad hebben toen hij bij u aankwam?'

'Dat denk ik wel,' zei hij.

'En zijn meter zou dan op ongeveer driekwart staan?'

'Ja, zoiets.'

'Geen vragen meer,' zei Mulcahy en liep terug naar zijn tafel. Hij keek naar de jury. De heer Brody, jurylid nummer vier, degene die meestal zijn ogen dichthield, had ze nu geopend en keek knikkend de zaal door.

'Appleby Shillinghaus, goedemiddag,' zei een vriendelijke stem. 'Mag ik de heer George Newman even spreken?'

'Een ogenblikje, alstublieft. Ik verbind u door.'

Stevie schrok zo hevig dat zijn toupet ervan verschoof. De hele middag was hij in slaap gesust door de monotone routine van vragen, niet vinden, ophangen en een nieuw nummer draaien, en dat in die hitte, dat hij het gevoel gekregen had dat dit niets zou worden. Hij had op de automatische piloot gestaan. Toen hij het toestel hoorde rinkelen, legde hij de hoorn op de haak en keek naar Kate.

'KatieKate,' zei hij, 'volgens mij hebben we beet.'

Kate schoof een stoel naast het bureau van de detective en gaf hem het juridisch jaarboek. Er zat geen George Newman bij Appleby, Shillinghaus, Mitzer en Steele. Wie deze George Newman ook was, in ieder geval geen jurist. Dat was vast iets.

'Stevie,' zei ze, 'denk eraan hoe schichtig hij is. We kunnen hem niet rechtstreeks bellen. En hij mag niet horen dat we naar hem informeren.'

Stevie knikte en draaide het nummer nogmaals. Toen er opgenomen werd, knipoogde hij en zei: 'Ik zou graag willen spreken met het hoofd Personeelszaken. Wat was de naam ook weer?... Ja... Ja, schikt dat?'

Hij werd doorverbonden. 'Mevrouw Levine? Ja, hallo, met Kevin Fuller van uitzendbureau Peterborough, ik bel... o, nee?... Wij zitten in Baltimore... ja... we plaatsen niet zoveel mensen in Washington als we graag zouden willen, maar ik geloof dat ik u een interessante aanbieding kan doen. Maar goed, ik wil niet te veel beslag leggen op uw tijd... ik geloof dat ik een prima kandidaat gevonden heb voor uw vacature bij Automatisering... Ja? O, u heeft al... Aha... Ja, dat snap ik. Dan moet ik op een of andere manier een oud... ja... Wanneer is die vacature vervuld, als ik vragen mag? Jazeker... Juli? Kijk, kijk. Nee, daar moet ik dan even over spreken met mijn mensen... ja, zegt u dat wel! Hoe dan ook, sorry dat ik u gestoord heb, misschien een andere keer... ja... ja, Peterborough en Co. Wij staan in het telefoonboek... Ja, uiteraard, ja. Dank u.'

'Wat praatte je netjes,' zei Kate.

'Ik kan wel bekakt overkomen, heel af en toe,' grinnikte hij. 'Maar het ziet ernaar uit dat we beet hebben. Nog één telefoontje om het zeker te weten.'

'Uitzendbureau Peterborough?' vroeg ze.

Stevie knikte. 'Je moet toch iets. Nog één telefoontje. Maar dit wordt iets minder beschaafd. Hopen dat we iemand krijgen met meer plichtsgevoel dan geheugen.'

En zo telefoneerde hij voor de derde keer met de receptioniste van Appleby Shillinghaus. Ditmaal was de mollige detective, achterovergeleund in zijn stoel, advocaat Michael Stein uit New York. De heer Stein vertelde dat hij de raadsman was van ene Fullerton, die volgende week aanwezig wilde zijn bij de closing van United Technology. De heer Fullerton was een bijzonder en verheven iemand, en toevallig ook nog eens gehandicapt. Misschien had de receptioniste wel eens gehoord van zijn werk voor de Vereniging van dwarslaesie-patiënten in Amerika? Dat had ze niet. Welnu, waar het om ging, legde de heer Stein uit, was dat de heer Fullerton bijzonder moeilijk was op het punt van rolstoelvriendelijke toegang tot vertrekken, van tafelhoogte, gangbreedte, kamerdeuren, toiletten, bedrijfspolitie enzovoort. Was er toevallig iemand op kantoor die gehandicapt was en met wie hij over dergelijke zaken kon spreken? Het klonk allemaal zo gladjes dat de receptioniste zich geen moment afvroeg waarom de heer Stein, als hij voor een closing naar kantoor kwam, niet zelf een jurist kende aan wie hij die vragen kon stellen. Nee, ze trapte er meteen in en zei dat ze precies wist wie hem kon helpen. Ze verbond hem door.

Kate luisterde gespannen mee.

'Met George.'

'Eh, kan ik de heer Spellman even spreken?' vroeg Stevie, op goed geluk een naam uit het jaarboek halend.

'Sorry, u hebt het verkeerde nummer. Hij staat in de gids,' klonk het kortaf en de verbinding werd verbroken.

Stevie keek naar Kate, en Kate knikte. Hij was het.

'Behulpzaam kereltje, nietwaar?' zei Stevie terwijl hij de telefoon neerlegde.

In 8b was Porelli in de getuigenbank opgevolgd door een agent, die de jury uitlegde hoe de route in elkaar zat. Het OM had een lieve duit gespendeerd aan een felgekleurde vergroting, op een zachte ondergrond aangebracht, waarop de straten en wegen vanaf de boerderij in Sheringham tot aan de snelweg stonden. De vluchtroute van de moordenaar was in rood aangegeven, uiteraard, en op de kaart was te zien hoe hij voorbij Lamartino gekomen was op weg naar de snelweg en vervolgens langs het parkeerterrein aan de snelweg in westelijke richting.

Daarna kwamen de kiezels. Een geoloog van de universiteit van Massachusetts getuigde dat er redelijke zekerheid bestond dat de kiezels onder de pedalen van de Subaru en in het profiel van de banden afkomstig waren van het grindpad bij de boerderij.

O'Hanlon had het stuk zeep voor het laatst bewaard. Vingeraf-drukken maakten vaak indruk. Het was bijna kwart voor vier. 'Edelachtbare,' zei hij, 'de volgende getuigen voor het OM gaan het hebben over het bewijs van de vingerafdrukken. Ik verwacht dat deze ondervragingen zullen uitlopen. Ik stel voor dat we de zitting verdagen.'

Mulcahy schudde zijn hoofd toen de jury naar buiten geleid werd. Hij flikt het weer! De jury, die nu gehoord had over vingeraf-drukken, zou de hele nacht kunnen liggen nadenken, en de juis-te mate van spanning zou worden opgebouwd. De volgende och-tend zouden ze op de punt van hun bank zitten.

Stevie stond te wachten toen Mulcahy een paar minuten later de zaal verliet. 'Ik heb goed nieuws,' zei hij.

Een halfuur later zaten ze met hun drieën in Stevies kantoor. Kate had haar vliegticket voor de volgende ochtend al geboekt.

'Eddie,' zei Stevie, 'vergeet Creel nou even. Misschien levert hij helemaal niets op. Oké? Maar hoe gaat het met het proces? Wel-ke kant gaat het op?'

'Wat bedoel je, Stevie?'

'Het proces, welke kant gaat het op? Hoe luidt de verdediging?'

'De verdediging luidt: "Ik was er niet bij, hij heeft zichzelf door het hoofd geschoten."'

'Eddie, je moet het niet persoonlijk opvatten, maar die verdedi-ging lijkt nergens naar. Nergens, in de verste verte niet. Wat moet je dan met al die onzin dat hij er wèl was? Al die vezels en haren en kiezelstenen? En die vingerafdruk?'

'Nou, daar gaan we achteraan. Wat kunnen we anders doen? De vezels komen overeen met die van heel veel andere jasjes. O'-Hanlon hoeft het bloed op het jasje niet in verband te brengen met Shepard. Dat grind kan ergens anders vandaan komen. De haaranalyse heeft een zekere foutmarge. En die vingerafdruk is vaag...'

'En als de hemel naar beneden komt, hebben we allemaal blau-we mutsjes op. Maar dat gebeurt niet. Eddie, dat gelooft toch niemand.' Stevie slaakte een zucht.

'Wat moeten we dan doen?'

'Luister,' zei Stevie, heel serieus ditmaal. 'Ik ben die zaal in en uit gelopen tussen mijn telefoontjes naar ieder advocatenkantoor in heel Amerika door. Ik heb een stukje Gowan gezien, en Hemp, en ik heb naar de jury zitten kijken. Volgens mij geloven ze dat dat spul van Shepard is, oké? Dus hoe is het daar gekomen? Laten we dat nog eens doornemen. Hoe is het er gekomen? Ofwel hij was daar, ofwel iemand heeft het erheen gebracht.'

Mulcahy zuchtte. 'Daar hebben we het over gehad.'

'Weet ik! Maar wat je nu doet werkt niet.'

Mulcahy schudde zijn hoofd. Het was aan de late kant om van strategie te veranderen.

'Luister, Eddie,' zei Stevie. 'Denk er nou vanavond over na. Morgen krijg je Evans, de expert vingerafdrukken. Ik weet niet of je met hem al te veel kunt beginnen. Hij is heel goed. Maar denk na over die mogelijkheid. Als er iets is wat je hem daarover kunt ontfutselen, moet je dat volgens mij proberen.'

'Een komplot? Wat moet ik hem daar nou over vragen?'

'Jezus, Eddie, jíj bent hier de jurist!'

Kate wist dat ze te laat kwam. Ze had de allereerste vlucht vanuit Logan genomen, het vliegtuig vertrok op tijd, maar tegen de tijd dat ze zich een weg gebaand had uit de luchthaventerminal en per taxi op K Street 3100 was aangekomen, was het tien over negen. Creel zou beslist al op kantoor zitten. Het adres was een fraai nieuw gebouwencomplex onder aan de heuvel onder Georgetown, met uitzicht over de Potomac. Kate ging een coffeeshop in het winkelcentrum binnen en keek tot een uur of tien hoe het kantoorpersoneel binnenstroomde. Ze hoopte dat ze hem voor het kantoor van Appleby zou treffen, waar volgens haar van alles fout kon gaan. Dus zat ze te kijken naar de mensen die naar binnen liepen. Om tien uur had ze nog geen rolstoel gezien.

Ze had werk meegebracht; ze moest volgende week in Pittsburgh een getuigenverklaring afleggen en ze sleepte haar tas naar een tafel bij het looppad. Maar de zon scheen te fel en ze kon zich niet concentreren op een dispuut over een milieuverzekering en ze was te gespannen in het vooruitzicht van de bespreking met Creel. Uiteindelijk deed ze niets dan ijsberen en zich afvragen hoe ze hier bij betrokken was geraakt.

In Boston begon inspecteur Francis Evans van het rijkspolitielab aan zijn getuigenis. Hij was, kort gezegd, de beste in de hele staat. Ergens tijdens zijn opleiding aan de FBI-academie was er een vonk gaan branden, want hij begon artikeltjes te publiceren over het hoe en waarom van de vingerafdrukanalyse. Hij deed dat inmiddels al vijftien jaar, en zijn CV omvatte een tien-

247

tal monografieën over het onderwerp. Hij gaf les aan politie-academies in het hele land.

Als getuige gedroeg hij zich voorbeeldig. Zonder enige emotie vertelde hij zijn verhaal, alsof het hem niet uitmaakte of de jury de verdachte zou veroordelen of vrijspreken, als de feiten over het bewijsmateriaal van de vingerafdrukken maar duidelijk waren. Hij was goed voorbereid. Hij stond niet te preken. Hij had dat talent om ingewikkelde wetenschappelijke zaken over te brengen in begrijpelijke taal, zonder dat hij neerbuigend deed. En hij had het volste vertrouwen in zichzelf.

Rond halfelf wist de jury reeds dat bewijsstuk nummer 21 van het OM, een stuk zeep, afkomstig was uit de wc naast de studeerkamer. Het had in een bakje naast de wastafel gelegen. Evans had het in het lab binnengekregen voor analyse van de vingerafdrukken. De zeep bevatte een gedeeltelijke identificatie voor de linkerduim. Evans vertelde zijn verhaal en haalde met een grote pincet het groene stukje zeep uit de plastic zak. Shepard leunde zo ver mogelijk naar voren. Hij schreef een briefje aan Mulcahy.

'Dat moet ik zien,' stond er.

De vingerafdruk stelde de aanklager voor een concreet probleem. Er was maar een deel van de afdruk gevonden en aangezien het medium zeep was, kon de afdruk niet op normale wijze verkregen worden. Het lab had foto's gemaakt van de zeep, die vergroot en de analyse gemaakt op basis van die foto's.

O'Hanlons ondervraging verliep echter probleemloos. Evans herkende de zeep, gaf te kennen dat de vingerafdruk te analyseren was, en legde toen zorgvuldig aan de jury uit wat de punten van overeenkomst waren tussen de afdruk op de zeep en de afdrukken die van Shepards vingers gemaakt waren bij zijn arrestatie. Net voor de lunch nam de ondervraging een voor Mulcahy onverwachte wending. 'Inspecteur,' vroeg O'Hanlon, 'hebt u de toetsen op de schrijfmachine, openbaar ministerie nummer 30, bekeken?'

'Ja.'

'Hebt u van die schrijfmachine vingerafdrukken genomen?'

'Ja.'

'Wat was het resultaat?'

'We hebben duidelijke afdrukken verkregen van het slachtoffer, Samuel Whitaker, op zestien toetsen. Op de andere toetsen waren de afdrukken onduidelijk en onmogelijk te herkennen.'

'Hebt u met betrekking tot het afscheidsbriefje, inspecteur Evans, iets kunnen waarnemen dat van belang is voor uw analyse van de afdrukken op de schrijfmachine?'

Wat was dat nou? Wat het ook was, Mulcahy was het er niet mee eens. 'Protest,' zei hij terwijl hij opstond.

Even later stonden ze beiden voor de rechter.

'Er stond niets over afdrukken in het rapport,' zei Mulcahy.

'Maar dat is de vraag niet, edelachtbare,' antwoordde O'Hanlon. 'De vraag is welke toetsen op de schrijfmachine geen duidelijke afdrukken bevatten en of die toetsen overeenkomen met de letters die in het zogenaamde afscheidsbriefje staan.'

'Wel, edelachtbare, ik vind toch...'

'Uw protest is afgewezen, meneer Mulcahy. Dit is duidelijk een belangrijke vraag en de kwestie van een vergelijking van de letters in het briefje met de letters op het toetsenbord die al dan niet vingerafdrukken van de heer Whitaker bevatten, kan iedere getuige voorgelegd worden.'

Mulcahy probeerde zijn gezichtsuitdrukking neutraal te houden toen hij naar zijn tafel terugliep, maar hij was opnieuw verslagen. Niet alleen in de kwestie van de getuige: dat zou hij wel verliezen. Maar hij had er gewoon nooit aan gedacht. Hij hoefde het nu niet eens te horen: de toetsen die overeenkwamen met de letters in het briefje hadden geen duidelijke afdrukken; op geen van die toetsen stond een duidelijke afdruk. O'Hanlon zou tegen de jury zeggen dat iemand met handschoenen aan op die toetsen getypt had: iemand anders dan Samuel Whitaker.

Hij keek op en zag dat O'Hanlon terug was op zijn plaats. Voordat hij zijn ondervraging hervatte, keerde hij zich even om naar Mulcahy, maakte een spottende buiging en glimlachte.

'Ik kom voor meneer Newman,' zei Kate tegen de receptioniste van Appleby, even na halfdrie. 'Mijn naam is Catherine Guest.' De hele lunchpauze had hij zich niet laten zien. Ze had het opgegeven om hem te overvallen, en besloten een frontale aanval in te zetten. Dat was riskanter, hem op te zoeken in zijn nieuwe baan, maar het was al middag en ze had geen keuze.

'Meneer Newman van Automatisering?' vroeg de receptioniste.

'Ja.'

Even later legde de receptioniste uit dat de heer Newman geen afspraak had en dat hij niemand kende die Catherine Guest heette. Catherine keek in haar agenda en zei: 'Maar we hebben deze bespreking een week geleden gepland. Dat weet ik zeker. Van de Shepard Analysis Group. Zegt u hem maar dat ik helemaal uit Boston gekomen ben.'

De receptioniste praatte nog even in de telefoon, en toen zei ze: 'Hij wacht u op in de hal van de derde verdieping.'

De liftdeur ging fluisterend open en toen ze naar buiten stapte zag ze hem zitten, in zijn stoel achter het glas, de gang in turend door een ronde bril. Zijn gelaat was kleurloos en zijn mond beefde. Hij zag er magerder uit dan ze zich herinnerde, zijn overhemd was wat meer gekreukt, het hing uit zijn broek, in een slordige kreukel op zijn schoot.

Ze stak een hand uit en zei: 'Meneer Newman.' Hij negeerde het gebaar.

'Mijn kantoor, graag,' zei hij en draaide zijn rolstoel om.

Hij had een hokje op de automatiseringsafdeling van Appleby en als een vluchteling raasde hij door de gangen, alsof hij op weg was naar de grens. Het was een piepklein hok, en ze had zichzelf amper naar binnen gewurmd of hij had de deur al achter haar dichtgedaan.

Hij keek nu boos naar haar en haalde diep adem. Toen zei hij: 'Nou, mevrouw Catherine Maher, wie weten verder nog dat ik hier zit?'

'Ed Mulcahy en Stephen Carr.'

'Verder niemand?'

'Verder niemand,' antwoordde ze.

'Aha,' zei hij. Nu zag ze, achter zijn bril, dat zijn ene oog langs haar borst gleed, haar hals, haar gezicht, haar haar, terwijl het andere hol de ruimte in staarde. 'Is het niet genoeg dat jullie me al een keer bijna de dood in gejaagd hebben?'

Ze zuchtte. 'Dat waren wij niet. We proberen alleen een moordzaak op te lossen.'

'Een geruststellende gedachte.'

'Dit is natuurlijk een schok, maar raak alstublieft niet in paniek. Niemand is van plan wie dan ook te vertellen waar u zit. Er werken maar drie mensen aan de zaak-Shepard. We kwamen er gisteravond pas achter waar u zit en niemand heeft iets opgeschreven.'

'Mevrouw Kate, dat is ook niet nodig! U bent hier vandaag naartoe komen vliegen, nietwaar? Betaald met een creditcard? Hebt u vandaag iemand opgebeld? Hebben jullie gisteren dit kantoor gebeld?'

'Meneer Creel, u moet me vertrouwen. Hoeveel maanden zit u hier nu al? Al die tijd heeft niemand u lastiggevallen. Van ons zal niemand het horen. Eerlijk gezegd willen we niet dat de aanklager met u praat.' Ze had te veel gezegd en ze wilde van onderwerp veranderen. 'Weet u dat Shepard terechtstaat?'

'Ik heb iets gezien... iets in de *Globe* over nieuws van buiten de stad. Ik ben niet verbaasd.'

'Waarom zegt u dat?'

'O, gewoon, intuïtie. Sterke persoonlijkheden, macho-gedoe, dat soort dingen.'

'Aha,' zei ze, hoewel het haar niet duidelijk was. 'Hoe dan ook, hij staat terecht, en we hebben uw hulp nodig.'

Hij schudde zijn hoofd.

'Meneer Creel. Het gastenboek.'

Maar hij schudde opnieuw zijn hoofd. 'Mevrouw Kate, ik wil hier niets mee te maken hebben.'

'Er is iemand beschuldigd van moord,' zei ze.

'En iemand anders is bijna vermoord,' antwoordde hij. 'Ik ben ervan overtuigd dat uw man, als hij het niet gedaan heeft, dat zal zeggen en dat de jury hem dan zal geloven.' Hij gaf haar een half glimlachje, alsof hij wilde zeggen: 'Dus...'

'Meneer Creel,' zei ze, langzaam nu, haar woorden zorgvuldig kiezend. 'het is mijn plicht hem te verdedigen. Als u denkt dat het gastenboek kan helpen, moet ik proberen dat te bemachtigen. Volgens ons kan dat op een of andere manier aantonen dat de heer Whitaker betrokken was bij die hypotheekzaak, en dat daaruit de zelfmoord te verklaren valt. Nu hebben we maar twee manieren om dat boek in handen te krijgen. We kunnen het krijgen omdat u het ons geeft, uitlegt wat het is, waar we het kunnen vinden, en dan hoeft niemand ooit te weten dat u dat gedaan heeft. Of we kunnen het in handen krijgen doordat we u dwingen voor de rechter te verschijnen, uzelf bekend te maken, en het boek bekend te maken.'

En uit haar agenda haalde ze de envelop met de dagvaarding te voorschijn, vouwde hem open en legde het document op de rand van zijn bureau. Ze zag dat zijn goede oog ernaar keek.

De dagvaarding lag op het bureau. 'Meneer Creel,' zei ze, 'ik heb geen zin om u te laten dagvaarden. Ik doe dat dan ook niet,' zei ze, 'althans niet nu. Ik wil dat u anoniem blijft. We willen u geen verdere problemen bezorgen. Maar we hebben uw hulp nodig. We hebben dat gastenboek nodig.'

Ze legde haar handen in haar schoot. Het papier bleef op het bureau liggen. Het was nu de vraag wie het eerst bang zou worden, wie de envelop zou pakken. Hij sloeg zijn armen over elkaar en staarde naar zijn knieën.

'Wat is er, meneer Creel?' vroeg Kate vriendelijk. 'Ik begrijp het niet. Als u ons gewoon dat gastenboek geeft, kunnen we u met rust laten en kunt u verder met uw leven. Wat is daar mis mee?'

Hij zuchtte en schudde zijn hoofd. 'Kate, er heeft een man met een pistool geprobeerd om me te vermoorden. Ik heb Ed informatie gegeven over die hypotheekzaak, ik heb hem verteld dat er zoiets is als een gastenboek, en nog geen dag later word ik opgespoord door een man met een pistool die me achtervolgt en probeert me dood te schieten. En nu komt er een charmante jongedame om te zeggen dat zo iets akeligs vast nooit meer zal gebeuren, hoor, George. O, nee. Kijk, mevrouw Kate, waarom zou ik daar nou een heel klein beetje mee zitten?'

Ze was rood geworden bij de kreet 'charmante jongedame' en voelde dat ze een deel van haar voorsprong begon kwijt te raken.

'Bent u wel eens de haven overgezwommen, van East Boston naar het Aquarium?'

'Nee,' zei ze.

'Dat raad ik niemand aan. Zelfs als je wèl benen hebt.'

'Uw rol in deze zaak,' zei ze, 'kan eindigen met deze bespreking. Als u ons gewoon het gastenboek geeft, hoeft u er verder niets meer mee te maken te hebben.'

'O, dat is een hele geruststelling. Mijn rol kan eindigen. En niemand van die bijzonder slimme mensen die me al eerder opgespoord hebben, is slim genoeg om dat nog een keer te doen.'

Kate schudde haar hoofd. 'Ik weet niet wat ik moet zeggen. Ik denk alleen dat u de zaken een beetje overdrijft. Ik weet dat er op u geschoten is. Daar weet ik alles van. Ik weet er een paar dingen over die u zelf misschien niet eens weet. We geloven dat we nu weten waarom dat gebeurd is. Maar daar kan het gastenboek ook bij helpen.'

Ze zag zijn ogen heen en weer schieten terwijl ze aan het woord was, het ene oog op haar gericht, het andere ronddolend. Hij wachtte tot ze verder sprak, maar ze zei rustig: 'Het gastenboek, George. Alsjeblieft.'

Georges kantoortje was klein; er was bijna geen ruimte voor haar stoel tussen zijn bureau en de deur. Ze zaten misschien een meter van elkaar af. Hij zweeg even, en schommelde zachtjes heen en weer in zijn stoel. Ze kon zien dat hij nadacht. En toen leek het erop dat hij tot een conclusie gekomen was, want hij glimlachte toen hij zag wat hij hiermee kon, en speelde in zijn hoofd de wedstrijd uit tot het punt waarop alle stukken uitgewisseld waren en ze haar laatste pion moest overhandigen.

'Oké, mevrouw Kate, laten we het hebben over het gastenboek.'

'Goed.' Ze ademde langzaam uit.

'U weet niet,' zei hij zachtjes, 'u weet niet wat dat bewijst.'

'Nee. Daarom heb ik het nodig.'

'U denkt dat het u kan helpen om aan te tonen dat die ouwe Samuel Boylston Whitaker betrokken was bij een gigantische fraude.'

'Misschien, ja,' zei ze.

'Misschien ook niet,' wierp hij tegen.

'Dat is waar,' zei ze.

'Dat weet u niet.'

'Dat weet ik niet.'

'Die brief,' zei hij, op de dagvaarding wijzend, 'staat daarin dat ik moet komen getuigen?'

'Ja,' zei ze. 'Dat staat erin.'

'Voor de rechtbank?'

'Ja.'

'Mevrouw Kate, staat er in die brief dat ik de advocaten moet komen vertellen wat ik weet voordat ik naar de rechtbank ga?'

Ze voelde dat ze weer bloosde, dat haar lippen beefden en haar ogen wegdwaalden van zijn blik terwijl zijn ene oog op haar inboorde. 'Nee,' zei ze. 'Dat staat er niet.'

Hij knikte. 'Het gastenboek bewijst misschien wel dat meneer John schuldig is.' Hij glimlachte.

'En misschien dat hij onschuldig is.'

Hij lachte. Een pauze, een uitbarsting van gelach, en daarna stilzwijgen. 'Mevrouw Kate,' stamelde hij toen, giechelend, 'wat denkt u er zelf van?' En bij het woord 'denkt' barstte hij weer in lachen uit. 'Is dat,' zei hij toen hij zichzelf weer een beetje in de hand had, 'is dat de verdediging in de moordzaak die u momenteel samen met meneer Ed doet? Er zou ergens een bewijs kunnen bestaan dat eventueel zijn onschuld zou kunnen bewijzen, een stuk papier dat u nooit onder ogen gehad hebt? En nou maar hopen dat het helpt als George komt getuigen?' Hij bracht zijn hand naar zijn gezicht en giechelde weer.

Ze bleef zwijgen.

'Nou, mevrouw Kate,' zei hij na verloop van tijd, 'volgens mij kunt u twee dingen doen. U kunt me die dagvaarding geven, en in dat geval zult u horen wat ik over het gastenboek weet op hetzelfde moment dat de jury dat hoort. Of u kunt proberen de zaak te redden met wat u momenteel weet.'

Zijn gezicht drukte nu weer in zekere mate de normale zelfgenoegzaamheid uit. Creel was dol op spelletjes, en het enige wat nodig was in deze zaak, was dat hij er een spelletje van kon maken. Dan vond hij het leuk.

Kate bloosde en wist niets te antwoorden.

'De dagvaarding?' zei hij en strekte zijn hand uit naar het papier op zijn bureau. 'Moet ik hieruit concluderen dat ik gedagvaard ben?'

Kate keek ernaar en keek naar hem, naar de zelfvoldane uitnodiging die hij gedaan had. Ze wilde dat ze een psychologische meesterzet kon doen. Heel even wilde ze dat Shepard er was. Maar Kate was geen gokker. Ze vouwde de dagvaarding op en stopte hem in haar agenda. Daarna borg ze haar agenda in haar tas. 'U bent niet gedagvaard,' zei ze.

In Boston was Mulcahy net na de lunchpauze opgestaan voor het kruisverhoor. Hij begon met een aanval op de foto van de vingerafdruk. Maar ondanks de vlekken waren er duidelijke punten van overeenkomst. Zijn pogingen om aan te tonen dat er een statistische mogelijkheid was van punten van onderscheid in het gevlekte deel van de afdruk, hadden weinig succes. Evans had zich goed voorbereid. Hij hield koppig vast aan de accuratesse van zijn werkmethode. De foto's waren van uitzonderlijk hoge kwaliteit en konden de details van de afdruk behouden. Hoewel de linkerkant van de afdruk gevlekt was, was er voldoende van de afdruk bewaard gebleven om Evans de zekerheid te verschaffen dat de afdrukken identiek waren.

Een uur later keek Mulcahy tijdens het kruisverhoor op en zag dat Stevie achter in de zaal stond. De detective schudde zijn hoofd langzaam van de ene naar de andere kant.

'Edelachtbare, wilt u mij even excuseren?' vroeg Mulcahy.

Hij overlegde kort met Stevie. Toen zag hij zijn cliënt naar hem gebaren en liep terug naar zijn tafel.

'Meneer Mulcahy?' Dat was rechter Grosso, die ongeduldig werd. Mulcahy keerde terug naar het podium en haalde diep adem.

'Edelachtbare, mag de beklaagde bewijsstuk 21 bekijken?'

'Jazeker. Niemand mag het aanraken, uiteraard. Meneer Kelly, mag ik u verzoeken.'

De zak met het bewijsstuk werd naar de tafel van de verdediging gebracht en men dromde samen rond Shepard terwijl de zak geopend werd. Mulcahy, Stevie en Shepard overlegden nog even. Toen keerde Mulcahy terug naar het podium.

'Inspecteur Evans, zijn er verder nog vingerafdrukken aangetroffen op dit stuk zeep?'

'Nee,' zei hij.

'Niet één?'

'Inderdaad, niet één.'

'U hebt geen vingerafdrukken van de heer Whitaker op de zeep gevonden?'

'Nee, die hebben we niet gevonden.'

'Wat voor soort zeep is dit, inspecteur?'

'Dat weet ik niet.'

'Dat weet u niet?'

'Nee. Ik vrees dat het maar een heel klein stukje is, en de merknaam was er al afgespoeld.'

De zak werd naar de getuigenbank gebracht. 'Wilt u hier eens naar kijken,' ging Mulcahy verder. 'Herkent u de geur van het merk Lifebuoy?'

De getuige bekeek de zeep door het plastic heen. 'Ik vrees dat ik die niet zou herkennen,' zei hij.

'Dan wil ik u het volgende vragen,' zei Mulcahy. 'Hoeveel vergelijkbare stukken zeep hebt u in Whitakers huis gevonden?'

'Andere zeep van dit merk?'

'Die kleur groen, ja, en die geur.'

'Als ik het me goed herinner, zijn er verder geen stukken zeep gevonden die hierop leken. Volgens mij is er Ivory-zeep gevonden, en een paar andere merken. Wilt u dat ik in het politierapport kijk?'

'Als dat helpt, graag, inspecteur.'

'Dat helpt, ja.' Evans bladerde door zijn rapport. Het duurde even voor hij het vond: negentien stukken Ivory-zeep in alle kasten, keukens en linnenkasten. Vier stukken Crabtree and Evelyn-luxezeep in de badkamer bij de grootste slaapkamer. Drie stukken Lava-zeep in de achterste badkamer, de keukenkast en het aanrecht in de kelder.

'Geen Lifebuoy-zeep gevonden, hetzij gebruikt, hetzij nieuw?'

'Kennelijk niet.'

'En geen zeep die met deze zeep overeenkwam in kleur en geur?'

'Volgens mij niet.'

'En hebt u verder nog vingerafdrukken gevonden die naar u aanneemt afkomstig zijn van de heer Shepard?'

'Nee, meneer.'

'Niet in de wc, bijvoorbeeld? Niet op het fonteintje, de kraan, de spoelknop?'

'Nee, meneer.'

'Niet op de deur? De deurknop? Nergens in de studeerkamer?'

'Nee, meneer.'

'Geen vingerafdrukken elders in huis? Niet op de voordeur, bijvoorbeeld, of op de klopper?'

'Op de voordeur zaten alleen vingerafdrukken van de huishoudster.'

'Goed, inspecteur. Dank u wel.' Mulcahy keek op. Mevrouw De-Vito zat te fronsen, evenals de moeder uit Roslindale. 'Misschien is ze niet zo verkeerd,' dacht Mulcahy. 'Misschien heeft ze wel een heel groot huis.' Van de gezichten van de andere juryleden was geen emotie af te lezen.

'Geen vragen meer,' zei Mulcahy.

Hij probeerde haar gerust te stellen, maar dat lukte niet. Het was een lange vlucht geweest voor Kate, die met lege handen uit Washington teruggekeerd was.

'Je hebt goed gehandeld,' zei hij. 'Dat risico kon je niet nemen. Je hebt eraan gedaan wat je kon.'

Ze schudde haar hoofd en beet op haar lip. Toen voelde ze zijn hand tegen de zijkant van haar gezicht, en ze hield haar gezicht daar, met haar ogen dichtgeknepen, terwijl hij zijn arm om haar heen sloeg.

'Je hebt alles gedaan wat menselijkerwijs mogelijk was,' zei hij zachtjes. 'Verdomme, die dagvaarding was toch niet rechtsgeldig.' Een dagvaarding uit Massachusetts had buiten de staat geen kracht. Ze hadden geen tijd en geen juridische gronden om een dagvaarding te krijgen van de rechtbank in Maryland. Maar ze hadden gegokt dat de bluf zou werken.

'Het zou gewerkt hebben,' zei ze. 'Daar had hij geen idee van.' Hij voelde hoe ze zijn vingers steviger vastpakte, en hij voelde een paar krullen op zijn gezicht.

'We hebben nog een kans, denk ik.' Haar blik verzocht om uitleg en dus namen ze de zaak nog een keer door. Ja, ze wist bijna zeker dat hij niet wist dat hij in hun computer zat.

'Weet je,' zei ze, 'hij vroeg wie er verder nog wist waar hij zat. Ik zei jij, en Stephen Carr.'

'Ja?'

'Hij heeft helemaal niet gevraagd wie Stephen Carr was.'

'Dus, wat we moeten doen,' zei Ed nadat hij daar even over nagedacht had, 'is de juiste aanwijzingen laten vallen. Volgens mij denkt hij net als wij, in grote lijnen. Hij wil weten dat de boeman weg is. En hij wil weten dat hij nodig is.'

Ze bespraken het plan. Zij zou een memo voor Ed in de computer zetten en zeggen dat ze naar New York had moeten gaan en dat ze zouden communiceren door memo's voor elkaar achter te laten, die zij, zolang ze de stad uit was, kon ophalen per modem. Het was misschien grof geschut, maar het zou kunnen werken.

27

Donderdagochtend vroeg. Het team voor de verdediging van John Shepard was bijeengekomen in Stevies kantoor aan Bromfield Street. O'Hanlon was met de ene aanwijzing na de andere gekomen, maar het gerucht ging dat hij zich vandaag, nadat hij een allerlaatste getuige had opgeroepen, verder gedeisd zou houden.

'Tim Ogle?' vroeg Mulcahy. 'Wat moet hij in hemelsnaam met Oggles als laatste getuige?'

'Ik heb geprobeerd hem te bellen,' zei Stevie. 'Maar hij wil niet met ons praten. Vervelend kereltje.'

'Kate?'

Ze haalde haar schouders op. 'Ik heb geen idee, Ed,' zei ze.

'O'Hanlon moet wel ten einde raad zijn als hij Oggles oproept. Denken jullie ook niet?'

De graatmagere jurist met de opvallende adamsappel stapte de getuigenbank in. Ogle droeg een blauw, doublebreasted pak met een helderwitte pochet. Het zag er nieuw uit. De zolen van zijn pasgepoetste schoenen piepten toen hij de zaal door liep. Hij keek vol ontzag op naar rechter Grosso en knikte naar hem. De rechter knikte niet terug. Ik hoop dat dit de moeite waard wordt,

O'Hanlon, zat hij te denken. De magere man zag er in Grosso's ogen niet uit of hij de moeite waard kon zijn.

'Mijn naam is Timothy Ogle,' begon hij.

'Waar woont u, meneer Ogle?' vroeg O'Hanlon.

'Cross Street 221, nummer 5a, Boston.'

'En waar werkt u?'

'Ik ben assistent bij Freer, Motley en Stone. Op de afdeling bedrijfsrecht.'

'U bent advocaat?'

'Jawel, meneer.'

'Hoe lang bent u dat al?'

'In 1991 ben ik voor mijn examen geslaagd.'

'En u bent in 1991 bij Freer Motley komen werken?
'Ja.'

O'Hanlon nam nog tien minuten de achtergrond door, onbelangrijk spul. Niets nieuws of belangwekkends. Om twintig over tien keek Mulcahy ongeduldig op zijn horloge. Shepard haalde zijn schouders op en tekende op een notitieblok.

'Meneer Ogle, hebt u met de heer Shepard samengewerkt aan de zaak-Barron?'

'Ja, meneer.'

'Wat krijgen we nu?' fluisterde Mulcahy. Hij zag dat Shepard wit wegtrok. Toen deze zich naar hem toe boog om te antwoorden, wees Mulcahy op de blocnote. Shepard begon te schrijven.

Intussen was het verhaal ook te horen vanuit het getuigenbankje. Shepard, Ogle en hun cliënt, de bankier Fitzsimmons, waren naar Florida gegaan om een hele dag – tevergeefs bleek later – te onderhandelen met iemand die geld geleend had van de bank, ene Herman Barron. Twee jaar eerder had Barron een keten van juwelierszaken opgekocht met gigantische leningen en nu zaten zijn ondernemingen diep in de ellende. Aan het einde van een lange dag zaten ze in rotan stoelen in de bar van het hotel. De Windjammer heette die bar.

'Was de heer Fitzsimmons daar ook bij, in de Windjammer?' vroeg O'Hanlon.

'Nou, eerst wel, maar toen excuseerde hij zich. Hij zei dat hij naar bed ging.'

'Aha. Heeft de heer Shepard toen ergens om gevraagd?'

'Hij zei dat de ober ons een fles Johnny Walker moest brengen.'

Ogle ging verder met zijn verhaal. Hij vertelde de jury hoe She-

258

pard in de lege bar gezegd had: 'Nou, Herman, nou regelen we die zaak even.'

O'Hanlon onderbrak hem weer. 'Deed de heer Shepard een voorstel toen de whisky kwam?' vroeg hij.

'Ja,' zei Ogle. 'Hij zei: "Ik stel voor dat we ophouden met dat gezeik, eh, dat gezanik, en dat we de zaak rechtzetten. We gaan praten. Als we het niet eens worden, drinken we. We gaan door met drinken tot we een deal hebben of dood zijn.'

'Dat zei hij?'

'Dat zei hij,' zei Ogle.

Ed had naar Shepards aantekeningen op de blocnote zitten staren en besefte te laat dat hij iets had moeten doen om dit verhaal af te breken. Het deed niet ter zake. Maar ze waren nu al zo ver dat de jury het niet goed zou opnemen als hij nu met tegenwerpingen kwam. Hij hield zijn mond.

'Wat zei de heer Barron daarop?'

'Hij vroeg: "We drinken dus door tot we een deal hebben? Is dat uw voorstel?" En meneer Shepard zei: "Ja, dat is mijn voorstel." En toen zei meneer Barron: "Probeer je een loopje met me te nemen?"'

'Edelachtbare,' zei Ed terwijl hij overeind kwam.

'Het spijt me, meneer Mulcahy, u bent aan de late kant met uw protest,' zei rechter Grosso. 'We zullen zien waar dit toe leidt, meneer O'Hanlon.'

O'Hanlon ging verder. 'Wat antwoordde de heer Shepard daarop?'

'Hij zei: "Inderdaad."'

'Wat gebeurde er verder?'

'Nou, ze deden het. Ik bedoel, meneer Shepard schreef een deal op de achterkant van een Windjammer-rekening, als ik het me goed herinner, en ze lieten er een paar lege plekken in en ze zetten allebei hun handtekening. Het idee was dat ze het zouden invullen als ze een deal hadden en als ze geen deal hadden, zou degene die nog bij bewustzijn was de bedragen invullen.'

'En wat gebeurde er toen?'

'Nou, meneer Barron zei: "Ik heb een vraag. U bent de advocaat maar. Hoe kunt u nou een deal maken?" En meneer Shepard zei: "Ben ik een man of ben ik godverdomme een muis? Als ik zeg dat het een deal is, dan is het een deal. Verder ben ik hun vertegenwoordiger en ze moeten doen wat ik zeg.'

'En toen begonnen ze te drinken, de heren Shepard en Barron?'

259

O'Hanlon sprak het woord 'drinken' uit alsof hij geheelonthouder was.

'Ja, dat deden ze.'

'Deed u daaraan mee?'

'Nee, meneer, ik keek alleen maar.'

'En uw cliënt? Deed die mee?'

'Eh, nee, zoals ik al zei, die was naar bed.'

'Aha,' zei O'Hanlon. 'De heer Shepard ging door toen de cliënt al weg was. Nou, wat gebeurde er?'

'Nou,' zei Ogle, 'het duurde een hele tijd. Halverwege de fles vertelde meneer Shepard keer op keer hoe het zou zijn voor meneer Barron als hij failliet ging, hoe hij dan de hele tijd naar de rechtbank zou moeten, eindeloos veel vergaderingen bijwonen enzovoort, en op een of andere manier werd hij daar moe van, zo leek het tenminste. Na een uur, twee uur misschien, begon meneer Barron hints te geven. Zo van, in ruil voor een toezegging van de bank om de lening niet in te roepen zou hij dan een bedrag betalen. Dat soort dingen. En meneer Shepard bleef maar zeggen dat hij een half miljoen wilde en de sleutels, althans dat de bank dat wilde. Zo ging dat, over en weer.'

'Zagen ze er dronken uit?'

'Ja, volgens mij wel.'

'Heeft de heer Shepard de heer Barron ooit bedreigd?'

'Nou, zo'n beetje. Op een gegeven moment zei hij dat hij meneer Barron in zijn... eh... dat hij... dat hij hem een pak rammel zou moeten geven. Maar hij zei dat hij dat niet kon doen omdat het onethisch was. En meneer Barron, die er ook tamelijk dronken uitzag, wilde weten wat hij daarmee bedoelde, en meneer Shepard zei dat het voorschrift nu eenmaal luidde dat het een advocaat niet was toegestaan om de cliënt van de andere advocaat... eh... een pak rammel te geven. Anders zou hij dat gedaan hebben.'

Nu zat rechter Grosso zijn hoofd te schudden. Een slecht teken, want de jury keek naar hem om wijs te worden uit deze bizarre getuigenis.

'Meneer Ogle, bestaat een dergelijk voorschrift?'

'Nee, meneer, dat bestaat helemaal niet. Meneer Shepard wilde nog wel eens, tja, een beetje breedsprakig zijn, als u begrijpt wat ik bedoel.'

'Aha,' zei O'Hanlon. 'En, hebben ze een deal gemaakt?'

'Ja, meneer, dat hebben ze.'

'Wat waren de voorwaarden?'

'Als ik het me goed herinner, kreeg meneer Barron een vrijstelling van zijn borgstelling door honderdduizend dollar te betalen en zijn bedrijf te laten executeren. Het was een behoorlijk goede deal voor de bank.'

'Aha,' zei O'Hanlon, 'maar niet zo'n goede deal voor de tegenstander, de man die door de heer Shepard was overgehaald tot een drinkgelag?'

'Protest.'

'Toegewezen,' zei rechter Grosso.

Maar O'Hanlon had bewezen wat hij bewijzen wilde. Het was een van die vragen die juristen gewoon stellen om de vraag gesteld te hebben – een antwoord was niet nodig. Shepard was geen man die volgens de regels te werk ging. Mulcahy keek nogmaals naar Shepards hanepoten toen de officier overging op Idlewild.

'Meneer Ogle, heeft Freer Motley een intern onderzoek gedaan naar de Idlewild-overdracht?' vroeg O'Hanlon.

'Ja.'

'Wie heeft dat onderzoek geleid?'

'Protest!'

Mulcahy en O'Hanlon kwamen naar voren en stonden voor de rechter te fluisteren. 'Edelachtbare,' zei Mulcahy, 'ik heb dat onderzoek geleid. Ik weet zeker dat de heer O'Hanlon daarvan op de hoogte is. Maar dat doet niet ter zake. Ik...'

'Edelachtbare, dit doet zeker ter zake,' onderbrak O'Hanlon hem. 'De overdracht van Idlewild, en het onderzoek daarnaar bij Freer Motley, is de sleutel tot de hele zaak.'

Nu onderbrak Mulcahy O'Hanlon. 'Edelachtbare, wat hier werkelijk gaande is, is dat de aanklager probeert de heer Shepard in een kwaad daglicht te stellen door mij persoonlijk in deze zaak te betrekken. Het is een oude tactiek, maar bijzonder nadelig voor de heer Shepard. Dit heeft niets te maken met de feiten.'

'Heren!' De rechter legde hen het zwijgen op. 'Meneer O'Hanlon. Waar leidt dit toe? Wat doet die getuige... meneer, hoe heet hij ook weer... meneer Oggle? Dat was een bijzonder onderhoudend verhaal over die drankpartij in Florida, en ik denk dat de Orde van Advocaten zeker geïnteresseerd zou zijn, maar ik vermoed dat dat momenteel de minste van Shepards zorgen is. Wat draagt die Oggle bij aan mijn zaak?'

'Ogle, edelachtbare,' zei O'Hanlon zachtjes en boetvaardig.

'Pardon?'

'Ogle, edelachtbare, Ogle. Niet Oggle. Ogle.'

'De naam doet er niet toe, meneer O'Hanlon. De vraag is, wat doet hij in mijn rechtszaal?' De leesbril gleed naar het puntje van zijn neus en zijn blik boorde zich in die van de aanklager.

'Hij weet kennelijk iets over dat interne onderzoek, en ik denk dat het van belang is, en...'

'Prima, heren, de jury wordt geëxcuseerd.'

Toen de jury weg was, wendde rechter Grosso zich tot O'Hanlon. 'Laat maar horen,' zei hij.

'Meneer Ogle,' hervatte O'Hanlon, 'wie had de leiding over dat onderzoek naar Idlewild?'

'De heer Mulcahy.'

'En bent u tijdens dat onderzoek aanwezig geweest bij gesprekken tussen de heren Mulcahy en Shepard?'

'Ja.'

'Gelul,' zei Mulcahy binnensmonds tegen Shepard.

'Kunt u de omstandigheden precies omschrijven?' vroeg O'Hanlon.

'Nou, ik had gewerkt aan Idlewild, en afgelopen mei, toen de heer Mulcahy het onderzoek leidde, moest ik op een middag bij hem komen om een paar vragen te beantwoorden. Toen ik naar de vergaderzaal liep, hoorde ik zijn secretaresse over de luidspreker van de telefoon. Ze zei dat John Shepard aan de lijn was.'

'Wat gebeurde er toen?'

'Meneer Mulcahy zei dat ik moest wachten en hij nam de telefoon op om met meneer Shepard te spreken.'

'Dus u hebt de heer Shepard niet gehoord?'

'Nee. Nou, eigenlijk hoorde ik hem één ding zeggen voordat meneer Mulcahy de telefoon opnam.'

'Wat was dat?'

'Eh, dat was het woord "klootzak".' De adamsappel bewoog heftig.

'Pardon?'

'Dat zei hij wel eens,' zei Ogle. 'Meneer Shepard, bedoel ik. Hij zei heel vaak... eh... dat woord gebruikte hij heel vaak. Als een soort begroeting.'

'Aha,' zei O'Hanlon. 'Wat gebeurde er toen?'

'Nou, ik hoorde de heer Mulcahy praten.'

'Wat zei hij?'

'Hij zei dat hij Idlewild aan het onderzoeken was, en toen zei hij: "Dit wil ik niet horen, John."'

'Verder nog iets?'

'Niet dat ik me herinneren kan.'

Grosso keek op. 'Is dat alles?'

'Ja, edelachtbare,' zei O'Hanlon. 'Tot zover.'

Mulcahy stond op. 'Meneer Ogle, hebt u verder nog iets gehoord van wat de heer Shepard zei, afgezien van dat ene woord?'

'Nee.'

'Edelachtbare,' zei O'Hanlon, 'nu deze getuigenis gehoord is, zou ik willen stellen dat het OM de heer Ogle niet verder hoeft te horen over deze zaak. Helaas zullen we echter een beroep moeten doen op de heer Mulcahy. Dit gesprek heeft duidelijk plaatsgevonden voordat de heer Mulcahy de beklaagde ging verdedigen. Hij kan zich niet beroepen op geheimhouding.'

Mulcahy schudde zijn hoofd. Hij kwam bij Kelly's bureau staan, naast O'Hanlon, en verwonderde zich over de bedroefde blik in de ogen van de aanklager, die zo vreselijk teleurgesteld leek dat hij bij het achterhalen van de waarheid nu de verdediging moest gaan torpederen.

'Edelachtbare,' zei Mulcahy. 'Dat is het hele punt van die vertoning met de heer Ogle. U ziet hoe de heer O'Hanlon het gespeeld heeft. Hij doet alsof hij mij als getuige nodig heeft wanneer hij aan het einde van zijn bewijsvoering gekomen is. Ik kan me nu niet meer terugtrekken. Wat hij wil, is een strijd over wat ik die dag tegen de heer Shepard gezegd heb. Nu, ik kan u vertellen dat de heer Shepard niets belastends gezegd heeft. Maar dat maakt de heer O'Hanlon niets uit. Hij is uit op een kans om de geloofwaardigheid van de heer Shepard aan te tasten door mijn geloofwaardigheid schade toe te brengen. Het enige wat hij wil, is dat ik in de getuigenbank verschijn. Wat ik zeg, doet er niet toe.'

'Edelachtbare, dat is zuiver giswerk en...'

'Ach, hou toch op, Paul...'

'Heren!' onderbrak Grosso hen nogmaals. 'Meneer Mulcahy,' zei hij, 'als u over dat gesprek ondervraagd werd, wat zou u dan zeggen?'

'Wel, edelachtbare, voor zover ik me kan herinneren, werd ik gebeld. Shepard zei dat hij de stad uitging, en wilde afscheid nemen. Hij hoopte dat hij me nog eens zou zien, dat soort dingen. En volgens mij zei ik toen dat hij helemaal niet met mij wilde praten. Waarom niet, vroeg hij. En ik zei dat ik was aangewezen om de zaak met die fout in de Idlewild-hypotheek te onderzoeken. En hij zei dat hij daar niets over gehoord had. Hij zei geloof ik iets in de trant van waarom ik die taak aanvaard had, kon ik dan niet zien dat de zaak probeerde hem ervoor te laten opdraaien. Iets in die geest. En hij wenste me succes.'

O'Hanlon reageerde onmiddellijk. 'Ziet u nou wel dat dat ter zake doet, edelachtbare. Volgens mij is dit de uitdrukking van een besef van schuld.'

Grosso fronste zijn wenkbrauwen. 'Hebt u de heer Mulcahy op uw getuigenlijst staan?'

'Nee, edelachtbare, want pas toen ik wist...'

'Welnu, als u de heer Ogg... de heer Ogle voldoende ondervraagd had, had u dat geweten.'

O'Hanlon begon te antwoorden, maar de rechter wuifde hem weg. 'Ik heb het gedrag van de heer Ogle tijdens zijn getuigenis bekeken, en het gedrag van de heer Mulcahy die een cliënt vertegenwoordigt in dit hof, en ik vind dat er bijzonder weinig bewijskracht schuilt in deze getuigenis, indien die er al is. Wanneer de heer Mulcahy moet getuigen, berokkent hij de verdediging daarmee aanzienlijke schade. Ik decreteer dat de heer Ogle niet mag getuigen over het gesprek tussen de heren Mulcahy en Shepard, en dat de aanklager de heer Mulcahy niet mag oproepen als getuige. Willen de heren de jury terugbrengen?'

'Hebt u verder nog vragen aan deze getuige?' vroeg rechter Grosso toen de jury weer binnen was.

'Jawel, edelachtbare, de getuigenis gaat verder,' zei O'Hanlon terwijl hij terugliep naar het podium.

'Meneer Ogle,' zei hij, 'was de verdachte in dienst van Freer Motley als assistent op het moment van uw indiensttreding?'

'Ja.'

'Wat voor relatie had u met de heer Shepard?'

Shepard schreef iets op zijn blok en schoof het naar Mulcahy. 'Zuiver lichamelijk,' stond er. Mulcahy grinnikte.

'We hebben wel eens samengewerkt,' zei de lichtgewicht getuige. 'Meestal werkte ik voor hem.'

'Wanneer hebt u het laatst voor verdachte gewerkt?'

'Afgelopen maart. Ik zat in het Idlewild-team.'

'U maakte deel uit van het Freer Motley-team dat optrad als vertegenwoordiger voor Depositors' Fidelity tijdens de Idlewild-transactie?'

'Ja.'

'En de heer Shepard was uw directe superieur bij die transactie?'

'Ja.'

'Wat waren uw verantwoordelijkheden met betrekking tot de Idlewild-closing?'

'Als hij zei "spring", dan moest ik springen.' Op de jurybanken werd gegrinnikt.

O'Hanlon ging achter de getuigenbank staan. 'Ik wil u mee terugnemen naar 23 maart van dit jaar,' begon hij, en de jury ging rechtop zitten. Daar gaan we... dacht Mulcahy. O'Hanlon ging verder: 'Hebt u toen een privé-gesprek gehad met de heer Shepard?'

'Ja.'

'Waar vond dat gesprek plaats?'

'In de lift.'

'In een lift ten burele van Freer Motley?'

'Ja, meneer.'

'Wie waren daarbij aanwezig?'

'De heer Shepard en ikzelf.'

'Was er verder niemand aanwezig?'

'Nee.'

'Hoe komt het dat u zich de datum van dat gesprek herinnert?'

'Meneer Shepard en ik kwamen juist van de eerste vergadering van het Idlewild-team in het kantoor van de heer Whitaker. We gingen samen weg en later stonden we in dezelfde lift. Dat was 23 maart.'

'Aha,' zei O'Hanlon, die er een handje van had te doen alsof hij juist iets vernomen had wat hij zijn getuige zelf geleerd had. 'Wat zei de heer Shepard tegen u, in de lift?'

'Hij zei dat hij Samuel Whitaker zou vermoorden.'

O'Hanlon bleef staan, met een soort heroïsche ernst op zijn gezicht. 'Meneer Ogle, dit is heel belangrijk. Wat...'

Mulcahy stond al overeind. 'Protest tegen het commentaar, edelachtbare, dit is helemaal niet belangrijk.'

Grosso, die in zijn verleden heel wat strafzaken verdedigd had, moest een glimlach onderdrukken. 'Het protest is toegewezen. Béide heren worden gewaarschuwd zich van commentaar te onthouden. Gaat u verder, meneer O'Hanlon.'

'Jawel, edelachtbare. Meneer Ogle, wat waren de precieze woorden van de verdachte?'

'Voor zover ik me kan herinneren zei hij: "Je mag me een trut

noemen als ik die pauselijke piskijker niet om zeep help."'
Het effect werd lichtelijk aangetast door onderdrukt gelach van de publieke tribune, maar zestien juryleden hadden hun oren gespitst.
'Geen vragen meer,' zei O'Hanlon.
De jury keek hoe de grote man ging zitten en verwachtte dat daarna Mulcahy zou opstaan. Langzaam kwam hij ook overeind. Hij leek een gesprek in zichzelf te voeren en een binnenpretje te hebben. Hij schudde het hoofd. Even langzaam liep hij naar de getuigenbank. Er verstreek een halve minuut. Ogle zette zijn bril af en veegde de glazen schoon met zijn zakdoek.
Mulcahy stond bij de getuigenbank en staarde langs Ogle naar de ramen boven in de zaal. De jury keek naar de twee mannen en men werd onrustig toen de stilte voortduurde. Ogle verschoof op zijn stoel. Mulcahy draaide zich om en keek naar de kleine man in zijn nieuwe pak. Hij stond nog geen meter van hem af. Zachtjes, bijna fluisterend, vroeg hij: 'Dat was alles?'
'Ik begrijp de vraag niet.'
'Dat was alles, meneer Ogle, dat was uw getuigenis?'
'Ik heb de vragen beantwoord, ja.'
Mulcahy knikte. Nog steeds langzaam liep hij naar de achterkant van de jurybanken, zodat de zestien juryleden nu tussen de getuige en hem in zaten. Hij draaide zich om. 'Meneer Ogle,' zei hij, 'bent u dat hele eind gekomen om ons dit te vertellen?'
'Protest,' zei O'Hanlon en hoewel rechter Grosso het protest toewees, dacht hij er diep in zijn hart net zo over. Mulcahy wachtte niet op een antwoord.
'Meneer Ogle, beschouwde u zichzelf als een goede vriend van de heer Shepard?'
'Nee, niet echt.'
'Bent u ooit bij hem thuis geweest?'
'Nee.'
'Is hij ooit bij u thuis geweest?'
'Nee.'
'Ging u buiten kantooruren met elkaar om?'
'Nee.'
'Maar meneer Shepard onthulde zijn moordplannen tegenover ú, dat is uw getuigenis?'
Ogle was verward. Zijn lange ochtend in de rechtszaal begon pas. 'Ik kan alleen maar getuigen wat hij tegen mij zei.'
'In een lift, meneer Ogle?'

266

'Pardon?'

'Meneer Shepard onthulde een geheim plan om iemand te vermoorden, in een lift, toen u terugkwam van een vergadering?'

'Hij, nou ja, hij zei wat hij zei,' antwoordde Ogle. Hij zette zijn bril af en wreef hem weer schoon.

'U hebt dat gesprek natuurlijk aan de politie gemeld,' ging Mulcahy verder.

'Nee, in feite heb ik dat niet gedaan.'

'Meneer Ogle, u hebt niet aan de politie doorgegeven dat u over informatie beschikte betreffende een op handen zijnde moord?'

'Nee, dat heb ik niet gedaan. Op dat moment besefte ik niet...'

'U besefte niet dat iemand u bekend had een moord te zullen plegen?'

Ogle zweeg.

'De officier van justitie, dan? Hebt u meteen het kantoor van de heer Connell gebeld?'

'Nee.'

'U bent toch jurist, meneer Ogle?'

'Ja.'

'Weet u dan niet hoe belangrijk het is om criminele activiteiten te melden?'

Ogle keek hulpeloos. 'Ja.'

'Welnu, ik weet zeker dat u dan tenminste een dossiernotitie gedicteerd hebt om dit belàngrijke gesprek niet te vergeten, nietwaar?' Hij keek naar O'Hanlon en glimlachte toen hij de nadruk legde op het woord. Zo'n kruisverhoor kun je niet iedere dag afnemen. Daar moet je alles uithalen wat erin zit.

'Nee, dat heb ik niet gedaan.'

'Meneer Ogle, u hebt toch een dictafoon in uw kantoor, of niet?'

'Ja.'

'Die gebruikt u toch zeker veel en vaak voor het dicteren van dossiernotities?'

'Ja, dat zal wel.'

'En toch hebt u niet uw dictafoon gepakt om deze bekentenis van moord vast te leggen?'

'Nee, dat heb ik niet gedaan, maar...'

Mulcahy onderbrak hem. Hij had Shepard zien gebaren en liep naar zijn tafel. 'Een ogenblikje alstublieft, edelachtbare.'

'Gaat u uw gang, meneer Mulcahy.'

Even later keerde hij terug naar de lessenaar. 'Kent u Elizabeth Sterling, meneer Ogle?'

'Als u Elizabeth Beckett-Sterling bedoelt: ja. Zij is advocate bij Freer Motley.'

'Juist, die bedoel ik,' zei Mulcahy. 'Was u erbij aanwezig toen de heer Shepard tegen mevrouw Sterling zei dat hij haar aan haar tieten zou ophangen aan de dakgoot? Leden van de jury, het spijt me, maar dat waren de woorden van de heer Shepard, nietwaar meneer Ogle?'

'Volgens mij zei hij "hangtieten", maar inderdaad, dat zei hij.'

Nu werd er openlijk gelachen op de publieke tribune. Ogles bril werd weer wazig. Hij zette hem af en begon als een razende te poetsen.

'Aha, "hangtieten".' Een van de juryleden kuchte. Mulcahy keek op en zag dat een paar mannen wegkeken, een hand voor de mond. Mevrouw Watts keek echter niet weg. Haar gelaat drukte pure walging uit. Aan de tafel voor in de zaal zat O'Hanlon met zijn hoofd in zijn handen. Mulcahy ging verder: 'Meneer Shepard bezigt nogal vaak ruwe taal, nietwaar?'

'Ja.'

'Hij gebruikt vaak grove uitdrukkingen?'

'Ja.'

Mulcahy zweeg. Nu keerde hij terug en begon langzaam naar de getuigenbank te lopen. Ogles adamsappel bewoog. Hij verschoof op zijn stoel. Mulcahy kwam bij hem staan, leunde met zijn linkerhand op de balustrade en zei, tergend langzaam: 'En?'

Ogle keek hem aan. 'Wat?'

'Heeft hij het gedaan?'

Ogle keek om zich heen. 'Wat gedaan?' vroeg hij timide.

'Heeft hij Elizabeth Beckett-Sterling bij haar hangtieten aan de dakgoot gehangen?' Hij gooide de vraag naar hem toe en hij zag mevrouw Watts ineenkrimpen op de jurybank. Maar dit was het moment om de toon van de ondervraging te veranderen van komisch in verachtelijk.

'Edelachtbare,' en O'Hanlon kwam overeind, 'ik protesteer.'

'Afgewezen, meneer O'Hanlon. Het openbaar ministerie heeft deze getuige zelf opgeroepen.'

'Meneer Ogle?' zei Mulcahy.

'Nee,' luidde het antwoord, 'voor zover ik weet heeft hij dat niet gedaan.'

'Hij heeft haar bij geen enkel lichaamsdeel aan de dakgoot gehangen, nietwaar?'

'Nee.'

'Het taalgebruik van de heer Shepard is wel eens wat, laten we zeggen, kleurrijk, nietwaar meneer Ogle?'

'Ja, ik denk dat men het zo wel kan stellen.'

'Meneer Ogle,' zei Mulcahy, 'hoe oud bent u?'

'Ik ben vijfentwintig. In oktober word ik zesentwintig.'

'Mooi zo. De jaren des onderscheids komen naderbij. Hebt u in al uw vijfentwintig jaar wel eens iemand horen zeggen: "Ik vermoord die vent", "Die x of y, die vermoord ik nog eens", of woorden van die strekking?'

'Ja.'

'Soms zeggen mensen dat om uiting te geven aan gevoelens van irritatie, nietwaar?'

'Dat neem ik aan.'

'Terwijl ze helemaal niet van plan zijn om een moord te plegen.'

Ogle keek op. Zijn ogen stonden deerniswekkend achter zijn brilleglazen. 'Ja,' zei hij.

'Voordat u deze bekentenis in de lift hoorde, het gesprek dat u ons zojuist hebt verteld, kwamen meneer Shepard en u van een vergadering met de heer Whitaker, nietwaar?'

'Dat is zo.'

'En de heer Whitaker had net gezegd dat u in feite onophoudelijk aan het werk zou zijn, de komende acht dagen?'

'Ja, dat is zo.'

'Meneer Shepard had een skivakantie gepland, nietwaar?'

'Hij zei wel iets over skiën,' zei Ogle.

'En u en de heer Shepard hadden juist van de heer Whitaker gehoord dat die Idlewild-zaak rond moest, nietwaar?'

'Ja.'

'De heer Shepard moest zijn vakantieplannen dus annuleren, nietwaar?'

'Dat neem ik aan, ja.'

Mulcahy liep terug naar zijn tafel. Hij bladerde langzaam in een blocnote. 'Meneer Ogle, wat betreft dat reisje naar Florida. Heeft u toen enig wangedrag van de heer Shepard gemeld aan de Orde van Advocaten?'

'Nee,' zei hij.

'Néé?'

'Nee, dat... eh, dat heb ik niet gedaan,' gaf hij toe. Het was voor iedereen duidelijk hoezeer hij zich geneerde. Mulcahy wist precies wat er omging in het hoofd van de jonge assistent. Evenals de meeste juristen kende Ogle de kleine lettertjes van de gedragscode niet. Waarschijnlijk wist hij wel dat het in veel Amerikaanse staten verplicht was om wangedrag te melden. Hij vroeg zich nu af of dat in Massachusetts ook zo was. Later die middag zou hij zijn tekstboek te voorschijn halen en zien dat dat niet zo was. Maar dan zou het te laat zijn.

'Meneer Ogle, de advocaat van Herman Barron was iemand die Abraham Finestein heet, klopt dat?'

'Ja.'

'U omschreef onderhandelingen in een bar in Florida, waarbij de heren Shepard en Barron aan het drinken waren. Herinnert u zich die getuigenis?'

'Ja.'

'Is het geen feit dat de heer Finestein tijdens die onderhandelingen constant aanwezig was?'

'Nou, hij...'

'Ja of nee, meneer Ogle!' Het was de eerste keer tijdens het proces dat Ed zijn stem verhief en Ogle bond onmiddellijk in. 'Ik wil alleen maar antwoord op mijn vraag, meneer Ogle. Is het waar dat de heer Finestein de hele tijd aanwezig was bij die onderhandeling, of niet?'

'Ja, het is waar dat hij erbij was,' zei Ogle. 'Maar edelachtbare, als ik...'

Nu onderbrak rechter Grosso, die wel genoeg gehoord had, hem. 'Er is u geen vraag gesteld, meneer Ogle.'

'En die heeft geen bezwaar aangetekend tegen de getroffen regeling, of wel? Ja of nee, meneer Ogle?'

Ogle keek om zich heen, op zoek naar hulp: O'Hanlon, Grosso, maar er kwam geen hulp. 'Nee.'

'Meneer Ogle,' zei Mulcahy, heel zachtjes ditmaal, 'hebt u nog werk op kantoor?'

Ogle zei: 'Ja, een heleboel zelfs.'

'Mooi zo,' zei Mulcahy. 'Waarom gaat u dan niet terug om dat werk te doen?' En hij ging zitten.

O'Hanlon keek snel naar de getuigenbank en nam een besluit. In zijn voorbereidende gesprekken met Gleason had Ogle Finestein niet genoemd, om het verhaal een beetje mooier te maken. Nu was Paul O'Hanlon degene die niet het hele verhaal kende en zijn professionele intuïtie gaf hem in dat deze rampzalige getuige de bank uit moest en wel zo snel mogelijk. Soms heb je geluk en het geluk dat Mulcahy op dat moment had, was dat Paul O'Hanlon nooit burgerlijk procesrecht had gedaan. Hij wist niet, zoals een jurist in burgerlijk recht wel geweten zou hebben, dat, hoe bizar die avond in Florida ook geëindigd mocht zijn, Barrons advocaat toch tenminste in het begin aanwezig geweest moest zijn. Dus vroeg O'Hanlon niet om een nieuwe kans om de getuige te horen. En Timothy Ogle kreeg de kans niet om te vertellen dat advocaat Finestein op die hete, vochtige avond in Florida te veel gegeten en gedronken had en dat hij weliswaar lijfelijk aanwezig geweest was in de Windjammer-bar, dat het weliswaar letterlijk waar was dat Shepard de hanepoten van de overeenkomst voor Finesteins beslagen brilleglazen heen en weer gezwaaid had terwijl zijn hoofd op de rotan leuning hing, en zelfs dat Finestein geen enkel bezwaar geuit had, maar dat dat was gekomen doordat hij lag te snurken.

Maar dat wist Paul O'Hanlon niet. En toen Ogle zich de zaal uit gerept had, sprak O'Hanlon de woorden die een verdediger zo graag hoort en zo diep vreest. 'Het openbaar ministerie staakt de bewijsvoering, edelachtbare,' zei hij. Dat zijn troostrijke woorden voor de verdediging, want hoe erg het ook geweest is, het hoeft tenminste niet erger te worden. De verdediger denkt dat het misschien inderdaad niet erger zàl worden. Maar die troost is van korte duur, vooral als zijn cliënt weer die verwachtingsvolle glans in zijn ogen krijgt, die voortkomt uit een dolzinnige behoefte om te getuigen. Dan kan het nog erger worden.

De zitting werd verdaagd voor de lunch. Voor de aanklager had het niet slechter kunnen aflopen, dacht Mulcahy. Hij zou tenminste een halfuur lang genieten van dat gevoel. Na de lunch moest hij beginnen met zijn verdediging.

28

Op de middag van 15 september zat de rechtszaal voor het eerst die week vol. Men kwam naar de verdediging kijken. Het kon weleens spannend worden.

Op de voorste rij ontwaarde Mulcahy Frannie Dillard, toen hij opstond en de eerste getuige opriep, de eerste in een reeks van getuigen die samen het levensverhaal van Samuel Whitaker moesten reconstrueren en het verhaal van zijn zelfmoord moesten vertellen. En terwijl de kalende heer in het sportieve bruine tweedjasje in de getuigenbank plaatsnam en Mulcahy zijn aantekeningen pakte, zei iets in hem dat het niet voldoende was.

Na de inleidende vragen kwam hij bij het gesprek dat hij de jury wilde voorleggen. 'Waar vond dat gesprek plaats, meneer Fellbright?'

'In taveerne De Twee Hamers in Sheringham. Ik zat daar iets te drinken met Treat Higgins en Sam. Sam Whitaker.'

'Wanneer was dat?'

'Ergens in april, geloof ik.'

'Zei de heer Whitaker toen iets over de zin van het leven, iets in die geest?'

'Ja.' Fellbright gaf niet meteen antwoord. In zijn ogen verscheen die afwezige blik van iemand die een gebeurtenis opnieuw voor zich ziet en hoort. "We hebben het gehad, Martin," zei hij. Hij zei dat we het helemaal gehad hadden, dat we het stadium waarin we ons afvroegen wat het voor zin had, allang gepasseerd waren en dat de conclusie luidde dat het geen zin had.'

'Zei hij verder nog iets?'

'Ja. Hij vertelde een bijzonder aangrijpend verhaal over een kameraad in de Filippijnen, iemand uit Brooklyn, ene Izzy. Een groter verschil dan tussen Sam en deze Izzy was niet denkbaar. Izzy was een klein kereltje, zei Sam, en hij wilde maar één ding: trouwen met zijn vriendin en een bakkerij beginnen. En uiteraard was Sam voorbestemd voor grotere dingen: Yale, Oxford, zijn carrière. Maar ze werden goede vrienden. Izzy werd vermoord.

Sam kreeg tranen in zijn ogen, daar in die taveerne. Dat was niets voor hem. En hij zei: "Ik kende niemand die dapperder was dan Izzy. Op zijn negentiende werd hij neergemaaid door een machinegeweer. Hij is nooit getrouwd met zijn vriendin. Hij heeft zijn bakkerij niet gekregen. En nu, de Japanners die onze gezworen vijanden waren, zijn nu onze beste vrienden, onze allerbeste vrienden!"

En hij zei tegen me: "Martin, het is zo zinloos allemaal. Zinloos om dertig jaar op een advocatenkantoor te zitten en soms denk ik wel eens, als ik aan mijn lege nest denk, dat het nest ook geen zin gehad heeft."'

Mulcahy ging weer zitten en dacht dat dit een mooie getuigenis geweest was. Maar Paul O'Hanlon hoefde je niets te vertellen over jury's.

'Meneer Fellbright,' begon hij, 'Sam Whitaker bewonderde Izzy vanwege zijn moed, nietwaar?'

'Ja, dat geloof ik wel,' zei Fellbright.

'Aha. U, meneer Fellbright, u hebt Samuel Whitaker meer dan dertig jaar gekend, nietwaar?'
'Ja.'
'Uw gezinnen zijn samen opgegroeid?'
'Ja.'
'U hebt heel vaak kunnen lachen met Samuel Whitaker?'
'Ja, dat is zo.'
'En ook wel eens droevige momenten meegemaakt?'
'Ja, ook wel eens.'
'Toen uw vrouw zes jaar geleden overleed, bent u toen niet samen met de heer Whitaker een week weggegaan, om te vissen?'
'Ja, in Florida.'
'Hebt u toen gepraat, echt serieus, over uw beider leven, de successen en mislukkingen, de goede en de slechte tijden?'
'Ja, dat hebben we gedaan.'
'Heeft de heer Whitaker bij die gelegenheid wel eens filosofisch getinte opmerkingen gemaakt?'
'Ja, dat weet ik wel bijna zeker.'
'Dank u wel, meneer Fellbright, ik weet dat dit moeilijk moet zijn. Maar vertelt u me één ding: heeft Samuel Whitaker u ooit wel eens gezegd dat hij het niet meer aankon, dat hij erover dacht zich van het leven te beroven?'
Martin Fellbright keek de zaal in, keek naar de juristen, de vreemden achterin, de jury, naar al die aanwezigen, al die mensen die probeerden iets van hem los te krijgen... en hij voelde een boosheid in zich opwellen. Nee, niemand van al deze mensen, wat hun beweegredenen ook waren, had het recht om Sam dit aan te doen.
'Nee, meneer O'Hanlon,' zei hij. 'Zoiets heeft hij nooit gezegd.'

Opnieuw lag de tafel van het kantoor aan Bromfield Street bezaaid met boterhamzakjes.
'Oké, ik geef het toe,' zei Mulcahy met zijn rug naar het vertrek. 'Zelfmoord ziet er niet goed uit.' Hij draaide zich op zijn hak om en staarde naar buiten.
'Wat doen we nu?'
Niemand had enig idee.
'Nog nieuws over Creel?' vroeg Mulcahy.
'Hij heeft geen bericht achtergelaten op de computer,' zei Kate. 'Tenzij ik te stom ben om het te ontdekken.'
Stevie schudde het hoofd. 'De tijd gaat dringen, mensen...'

'Dringen!' riep Mulcahy uit. 'Dringen? Welke tijd? We hebben helemaal geen tijd meer! Poppetje gezien, kastje gaat dicht!'

'Nou...' zei Kate.

'Nou, wat?' vroeg Mulcahy.

'Misschien hebben we nog wel wat tijd,' zei Kate.

'Verklaar je nader, Kate.'

'Ik zou wat dagvaardingen de deur uit kunnen doen.'

'Hè?'

'Nou,' zei ze, terwijl ze onzeker het vertrek rond keek. 'Ik heb een bestand met zevenentwintig getuigen. Die zouden allemaal iets te zeggen kunnen hebben over de zelfmoord.'

'Met zelfmoord komen we nergens,' begon Mulcahy.

'Nee, Eddie, dat is niet wat ze zegt. Toch, KatieKate?' En Stevie glimlachte. 'Het duurt wel even voordat je door zevenentwintig getuigen heen bent. Lang genoeg om wat adem te halen. Dat bedoel je toch?'

'Nou, zo'n beetje,' zei ze blozend. 'Eh, er is wel een regel dat je geen dingen mag doen alleen om het proces te rekken...'

'Doe maar,' zei Mulcahy. 'Stuur iedereen zo'n ding. En Stevie, zoek iets. Wat dan ook. Vijanden van Shepard. Alles mag.'

Rond tien uur die avond wilde de geldautomaat in het park Ed Mulcahy zijn pasje niet teruggeven, en er kwam ook geen geld. KAART INGENOMEN. NEEM CONTACT OP MET UW FILIAAL BETREFFENDE UW SALDO, stond er op het scherm.

De automaat drukte zich kort en bondig uit. Ed stond in zijn eentje in de nis en staarde naar de beknopte boodschap terwijl de koplampen op straat het scherm verlichtten. Machteloos stond hij voor de muur. Er stond voldoende geld op zijn rekening, dacht hij. De afgelopen weken had Ed alleen maar hamburgers, pizza's en bier gekocht. En fotokopieën betaald, hij had vreselijk veel gekopieerd. Maar dat was alles. En nu werd Ed Mulcahy er op een donderdagavond om tien uur aan herinnerd dat ook zijn leven, zoals zo vele Amerikanen, beheerst werd door een stukje kunststof ter grootte van zijn portemonnee, en dat zijn leven midden in de nacht afgebroken kon worden door een computer.

Dus vertrok hij zonder het pasje en liep naar huis. Hij had acht dollar op zak. Acht dollar op zak, muntgeld ter waarde van een paar dollar op zijn kantoor, waarschijnlijk in totaal twintig dollar als hij de zakken van al zijn jasjes en zijn regenjas doorzocht en nog eens vijftig verborgen onder de voorstoel van zijn auto. Onder in de kast lagen nog wat crackers, als hij zich goed herinnerde. En misschien was er nog pindakaas, en een paar blikjes soep. Hij dacht dat er nog zes blikjes bier in de groentela lagen. En dat, dacht hij, zijn dan de liquide middelen van Edward X. Mulcahy, advocaat: circa tachtig dollar, crackers, bier, pindakaas, soep.

De oplossing van het raadsel lag op hem te wachten in zijn brievenbus: de dagvaarding, de aanklacht, de kopie van het bevel tot beslaglegging. Hij keek wezenloos de gang in. Parisi had hem bij de rechtbank van Chelsea aangeklaagd wegens smaad. De eis was tien miljoen dollar. Ed zag in de papieren dat Parisi een beschikking verkregen had, zonder mededeling aan de tegenpartij, een zogenaamde ex parte-beschikking, om zijn bankrekeningen te blokkeren. De beslaglegging was die ochtend door de bank uitgevoerd.

Rechter Joseph Labiondo had het verzoek goedgekeurd. Mulcahy kneep zijn ogen samen en kreeg met enige moeite een klein, dik rechtertje in gedachten, dat hem steeds maar in de rede viel bij een zinloos geschil over een bouwprobleem dat hij daar drie jaar geleden gevoerd had. Ja, dat was hem.

De overeenkomst was, meneer Ippolito, had de rechter onderbroken, tijdens het verhoor door Eds tegenstander, dat de heer O'Brien de steigers zou leveren. Heb ik gelijk? Heb ik gelijk? En Ippolito had energiek staan knikken, terwijl Ed vruchteloze pogingen deed om de getuigen zich te laten beperken tot wat er op papier stond (niets) en wat er gezegd was (ook niets) over de steigers die de inzet vormden van dit onbelangrijke dispuut. Maar dat was een truc die ze je tijdens de studie niet bijbrengen. Hoe kun je protest aantekenen tegen een vraag als die gesteld wordt door de rechter? Geen van de protesten werd dus toegewezen en de kleine dikke jurist bleef maar herhalen: Uw cliënt had de steigers moeten leveren, meneer Mulcahy! En hij hief zijn mollige wijsvingertje en wees: Uw man, meneer.

Tot zover de edelachtbare Joseph Labiondo. Die dag had Eds Ier het bijzonder moeilijk met zijn Italiaanse tegenstander. Wanneer een getuige te dicht bij de waarheid kwam, vloog de witte haardos omhoog en sneed de rechter het verhaal af. 'Meneer Mulcahy, u verdoet mijn tijd,' zei hij dan. De tijd van rechter Labiondo was uitzonderlijk kostbaar en die kon je natuurlijk al helemaal niet verdoen met zoiets banaals als de waarheid.

Ed zat in zijn keuken met de papieren van de rechtbank van Chelsea in zijn hand. Hij bestudeerde ze en kreeg dat gevoel van beroofd zijn, zoiets als na een inbraak, dat iedereen die voor de rechter gedaagd wordt, altijd voelt. Dat gevoel dat er onbekende vijanden en onbekende plannen bestaan, en listen waarmee je eigendommen ontvreemd zullen worden.

Hij staarde naar de papieren. Twee aloude principes van het Amerikaanse recht waren hier mooi samengebald. Ten eerste worden de strijdende partijen niet in staat geacht elkaar dingen aan te doen zonder hoor en wederhoor. Het betekent zo'n beetje wat er staat, dat ze je niet van je eigendom zullen beroven zonder je te vertellen wat je boven het hoofd hangt, en dat je de kans krijgt om te protesteren.

Het tweede principe is, dat als Felix Parisi er dertig jaar geleden voor gezorgd heeft dat de rechter werd toegelaten tot de exclusieve club van de Ridders van Columbus, het eerste principe gevoeglijk vergeten kan worden.

Dat was bijzonder belangwekkend, maar het belangrijkste punt op die donderdagavond was dat hij geen geld had. In het donker toetste Ed de nummers in, de nummers die hij nu op de tast kende, en toen hij haar stem hoorde, zei hij: 'Kate, het ziet ernaar uit dat ik nu een advocaat nodig heb.'

Kates stoet van getuigen leverde slechts twee procesdagen op, want niet alle getuigen waren op te sporen en de meeste waren te zwak of te nietszeggend om opgeroepen te worden, zelfs niet om alleen maar even het proces te rekken. Maar twee hele, moeizame procesdagen lang kwamen mensen als Emily Howe, Treat Higgins en Buster Bradley, de leden van de Bay Club en van de Cohasset Yacht Club en de kerkeraadsleden, de leden van de planningscommissie, de bridgespelers en de buren van Dover Street naar zaal 8b, hun dagvaarding in de hand geklemd en wachtend op hun beurt.

Mulcahy ondervroeg hen allemaal geduldig. Overal vandaan haalde hij stukjes en beetjes bewijs dat op zelfmoord zou kunnen duiden: de verdwaalde depressieve opmerking, de mislukkingen, de spanningen in het huwelijk. Het was allemaal even weinig indrukwekkend: vijftien minuten verhoor die een korte episode uit het leven opleverden, en dan een kruisverhoor van een uur, waarbij door middel van twaalf nieuwe verwijzingen naar Whitakers energie en moed de nadruk werd gelegd op de volslagen banaliteit van de gebeurtenis in kwestie. De publieke tribune in zaal 8b stroomde leeg.

Die vrijdagavond in het kantoor aan Bromfield Street waren ze moe. Moe en gedeprimeerd. O'Hanlon had het grootste deel van de week zijn zin gekregen. De euforie die ze gevoeld hadden na het kruisverhoor van Ogle was snel voorbij geweest. De tijd verstreek onverbiddelijk, terwijl ze door de zelfmoordgetuigen heen raakten. Ze namen een fles bier, maar zelfs Stevie was zijn uitbundigheid even kwijt.

Ed vroeg aan Kate: 'Hoe staat het ervoor met onze andere zaak? Wanneer komt de grote confrontatie in Chelsea? Ik heb bijna geen geld meer.'

'We gaan niet naar Chelsea,' zei ze.

Hij keek haar onzeker aan.

'Labiondo en Parisi zijn twee handen op één buik, zoals je me gisteravond vertelde, toch?'

'Wat kunnen wij daaraan doen?'

'We kunnen eronderuit.'

'Wat, gewoon dag-met-onze-handjes...?'

'We gaan naar een andere rechtbank,' zei ze. 'Dat heb ik vanochtend geregeld.' Ze doelde op het recht van een gedaagde om een rechtszaak te verplaatsen van het kantongerecht in Chelsea naar een hogere instantie in de stad.

Hij schudde het hoofd. 'God, daar had ik niet eens aan gedacht. Ik kan niet eens meer logisch denken.' Hij glimlachte haar toe. 'Goed gedaan.'

'Het was geen enkel probleem. Ik moest voor borg zorgen, dat was alles.'

'Fantastisch. Ik raak steeds dieper bij je in het krijt. Kunnen we de beslaglegging opheffen?'

'Ik kon pas voor volgende week een hoorzitting regelen,' zei ze. 'Hoe sta je ervoor?'

'Ik heb nog zowat twintig dollar.'

'Je kunt van mij wel wat lenen.'

Hij kon van haar lenen. Dit liep uit de hand en niet zo'n beetje. Hij zat midden in een zaak die hij niet aankon en zag hoe alles om hem heen instortte en hij moest van Kate lenen als hij trek had in een hamburger.

Ze kon aan zijn gezicht zien dat hij het heel erg vond en ze kwam naar hem toe en legde haar hand op de zijne. 'Het komt wel goed,' zei ze.

'Ja, het komt allemaal prima in orde. Het wordt fantastisch! Geen verdediging, geen baan, geen toekomst en geen geld.'

'Ed...'

'Kate,' vroeg hij plotseling, 'denk je dat we doodslag moeten pleiten?'

'Of we... nee. Nee, dat vind ik niet, ik bedoel...'

Hij keek haar op een vreemde manier aan.

'Vind jíj dat je dat moet doen?'

Hij gaf geen antwoord, dus ging ze door: 'Maar hoe wil je dat aanpakken? Hoe wil je John zover krijgen dat hij iets doet tegen zijn zin?'

'We kunnen een beetje op hem inpraten.'

'Ed, alsjeblieft.'

'Wat gebeurt er met mij, Kate, als dit allemaal voorbij is en hij schuldig bevonden wordt?'

'Het komt best goed,' zei ze.

'Wat betekent dat? Wat betekent dat: het komt best goed? Kate, het komt niet goed. Het komt helemaal niet goed.'

Het was Kates idee. Het was die zaterdagmiddag, 17 september, bloedheet in Bromfield Street. Ze wuifde zichzelf koelte toe met haar hand en probeerde niet te luisteren naar de herrie van de airconditioning of het sportcommentaar op Stevies radio. De komende week zouden ze door Kates zevenentwintig getuigen heen zijn. Mulcahy zat met een stapel getuigenprofielen voor zich.

In gedachten liet ze het hele plan twee of drie keer de revue passeren voordat ze het hardop uitsprak. Ze keek naar Mulcahy en Stevie, die verdiept waren in hun papieren, en vroeg zacht: 'Sneeuwwitje heeft bekendheid gekregen als aanklager binnen het OM, is het niet zo?'

'Wie?' vroeg Mulcahy, zijn blik nog op zijn aantekeningen.

'Libby Russell.'

'O die. Ja.'

'Nou, ik ben geen aanklager, maar als je bij het OM-leger zit, wie ken je dan?'

'Chappelle?'

'Nee. Wie verder nog? Je bewijst zaken met informanten, nietwaar?'

'Wat haat ik dat toch als een wijf dingen ontdekt voordat ik dat doe,' zei Stevie en hij pakte zijn hoed. 'Niet naar bedoeld, KatieKate.' Hij sprong bijna op de deur af en terwijl ze zijn voetstappen naar beneden hoorden denderen op het linoleum van de trap, hoorden ze hem zeggen: 'Die vrouw, Eddie, die vrouw is godverdomme geniaal.'

Toen hij niet meer te horen was, zei Mulcahy: 'Kate, besef je wat je nu zegt?'

'Ja,' zei ze. 'Ja, dat besef ik. Nogal moeilijk te geloven.'

Stevie hoefde niet ver te lopen. Hij had nog vrienden bij de FBI, vrienden die op zaterdag werkten.

'Stevie, jij durft wel, en ik heb geen hersens,' zei de agent toen hij de foto's overhandigde. 'Ik kan niet geloven dat ik dit doe.'

Stevie nam de twintig polaroidfoto's mee naar Joy Street en begon op deuren te kloppen.

Laat op de avond zaten twee mannen Budweiser te drinken aan een tafeltje in Kyle's Tap, aan L Street in het zuidelijke deel van Boston. Een paar mannen verwrongen hun nek om de wedstrijd van de Red Sox te kunnen volgen op een televisie die aan het plafond hing. Niemand besteedde aandacht aan het tweetal. Een van de twee, een man van middelbare leeftijd met kort haar, gekleed in een jack, zat fronsend naar zijn bier te staren. De andere was Stevie. Stevie gesticuleerde en vleide. Hij praatte zachtjes. Hij glimlachte. Hij drong aan. Het was allemaal hypothetisch, zei hij, meer niet. Maar het klonk logisch. Zijn man stond terecht voor moord. Stevie geloofde eerlijk dat hij onschuldig was, zei hij, dus hij zat maar te denken en te denken. En nu had hij deze mogelijkheid overwogen.

Stevie wist wel iets over agenten en dat gaat voor bijna alle politiemensen op. Ze zullen 's nachts niet wakker liggen als er een onschuldige veroordeeld wordt. Maar een schuldige die op vrije voeten blijft, het feit dat door de veroordeling van de onschuldige de werkelijke schuldige ongestraft blijft, daarvan krijgt een agent de stuipen.

De man fronste zijn voorhoofd en schudde zijn hoofd. 'Stevie, ik kan niet geloven dat ik gedaan heb wat ik al gedaan heb, dus hou erover op.'

'Tien, vijftien een-op-eentjes, in godsnaam,' zei Stevie, doelend op de polaroidfoto's die de agent gemaakt had van de dossierfoto's, 'je bent niet in het Pentagon binnengedrongen of zo.'

'Ja hoor, Stevie, foto's uitdelen van de playmates van het bureau aan een privé-detective met een scheve toupet, dat zal wel een promotie opleveren.'

'Luister, jij geeft mij tien, vijftien foto's. Afgezien van de namen heb je niets over ze gezegd. En een van die lieden, die Testa, wie dat ook zijn moge, die is door mijn getuige herkend. Dus je hebt juist gehandeld, Jimmy, want zij heeft die Testa herkend. Mijn enige probleem is, wie is die vent in godsnaam, als je weet wat ik bedoel?' Stevie knipoogde.

Stevies compagnon wierp hem een zure blik toe. 'Stevie,' zei hij, 'als iemand hier ook maar iets over hoort, dan kan ik naar St. Louis om telefoonlijsten te controleren bij een of andere kloterige hulpdienst, en dan lever ik jou uit aan zes neven van Vinny.'

'Kom op, Jimmy...'

'Nou geen onzin verkopen, Stevie. Ze heeft hem aangewezen? Vinny?'

'Ja, ze heeft hem herkend. Zeker weten.' Hij wees naar de foto op tafel. 'Ze pikte hem er meteen uit. "Die," zei ze. "Die was het."'

'Onder ede?'

'Hé, ik kan die meid toch niet onder ede zetten bij een gewoon gesprek. Kom op! Maar ze was er absoluut zeker van.'

'Waarom heeft ze dat niet gezegd in Boston?'

'Niemand vroeg ernaar. Niemand wist ervan. Shepard heeft het nooit gemeld. Hij wist het niet. Er was geen rapport. Dus die mannen van O'Hanlon zijn het nooit gaan uitvissen.'

De ander zuchtte. 'Stevie, ik weet het niet. Als ik een informant van het OM aangeef, kan ik het verder wel schudden. Dan kan ik gaan afwassen bij McDonald's. Ik meen het, Stevie, hoe zou jij het vinden als ze alles bij je gaan controleren? Hoe zou jij het vinden als je zes maanden lang voor de FIOD iedere meier moest verantwoorden die je ooit hebt uitgegeven om een of andere Don Juan te schaduwen? Ik kan het regelen. Maar dan wil ik er geen woord meer over horen, geen woord tegen het OM, niets. Geen verzoekschriften, geen beëdigde verklaring op basis van vertrouwelijke bronnen, geen gelul. Je moet het op een andere manier doen.'

'Jimmy. Je kent me toch.'

Hij staarde hem een tijdje met kille blik aan. 'Oké,' zei hij. Hij dronk zijn fles leeg en keek op zijn horloge. 'Ik moet ervandoor, Stevie. Ik wil je nooit meer zien of spreken over dit akkefietje, nooit, snap je?'

Stevie knikte. De man stond op. '*De Verenigde Staten van Ame-*

rika versus *Angelo Cerrone*,' zei hij zachtjes. Even later zwaaide de deur van Kyle's Tap open en weer dicht en was de FBI-agent verdwenen.

Later die avond staarde Kate naar de laptop in Stevies kantoor. Even verderop hoorde ze het klaaglijke geluid van een saxofoon. Een eenzame muzikant stond op het kruispunt te spelen.

Kate belde in bij Westlaw en ging op zoek naar Cerrone in de bibliotheek van het kantongerecht. Ze had geluk. Er was een gedocumenteerde uitspraak, iets van rechter Elder die een verzoekschrift om afgeluisterde telefoongesprekken niet als bewijs toe te laten, had afgewezen. Ze las de kop, het procesverslag, de aantekeningen, tot aan de naam van de assistent-aanklager. Daar stond het. 'Goh,' luidde haar enige commentaar, zachtjes, terwijl ze de telefoon pakte.

29

Zonder er rechtstreeks over te praten, want spontaniteit is alles in de romantiek, hadden ze een ochtendroutine ontwikkeld. Ze liep rond kwart voor acht Stevies kantoor binnen op weg naar haar werk. Op dat uur was Stevie zelden aanwezig, maar Ed was er wel, met zijn dossiers over de tafel verspreid, zich voorbereidend op de dag die voor hem lag. En als hij haar voetstappen op de trap hoorde, deed hij net alsof hij in een van zijn dossiers verdiept was. In werkelijkheid was het echter zo dat hij vanaf een uur of zes, als hij opstond, aan haar liep te denken en zich verheugde op dat geluid voor de deur van Stevies kantoor.

Als ze binnenkwam, zat hij omlaag te kijken. Daar keek zij echter doorheen, en ergens wist hij wel dat zij dat deed. Iedere ochtend bleef ze tot half negen bij hem, en dan was het tijd dat hij naar de rechtbank ging. Dan liepen ze samen de smalle trap af, zij voorop, hij erachteraan met zijn zware tas. Als ze bij de voordeur aankwamen, kon hij haar overal om zich heen ruiken, de geur van haar huid en haar haar, de kokosshampoo die ze gebruikt moest hebben, en in de smalle gang beleefde hij een kort moment van dronkenschap terwijl ze stonden te modderen om de deur open te krijgen en zich naar buiten te persen, het zonlicht in. Dan stonden ze nog even samen te midden van de menigte kantoorpersoneel op het trottoir, voordat zij op weg ging naar kantoor, en hij de andere kant op liep naar Pemberton Square.

Zo ging het ook die maandagochtend toen de derde week van het proces begon. Mulcahy voelde zich even vrij toen hij zijn dossiers de heuvel op zeulde, want het leek wel alsof hij het hele weekend bij haar geweest was. Maar het gewemel en gekrioel van de voetgangers, de menigte die stond te wachten om door de ingang van het bijgebouw te kunnen, brachten hem terug naar de werkelijkheid. En de werkelijkheid van die dag was weer een reeks getuigen die verder moesten bouwen aan de twijfelachtige zelfmoordtheorie.

Mulcahy trof ze aan in de gesloten kamer achter 8b, een kring van gerechtsdienaars in witte overhemden rondom John Shepard. 'Dus mijn vent is niet blij,' zei Shepard tegen hen. 'Ik bedoel, de bankiers geven je opdracht, en ze moeten al die nieuwe aandelen verkopen, nietwaar? Verdienen ze miljoenen aan. En dan moet mijn cliënt met hen mee op toernee zodat hij iedere halve gare aandelenmakelaar kan ontmoeten om die aandelen te verpatsen die dat stelletje leeglopers hadden moeten verkopen. Een verschrikkelijke zwendel, dat kan ik je wel vertellen. En die vent van mij moet er weinig van hebben.'

De kooideur stond open en de drie gerechtsdienaars stonden om hem heen, op de stoelen en het bureau geleund, zijn verhalen indrinkend als kinderen in pyjama die nog een verhaaltje voorgelezen krijgen door hun vader. Shepard leek amper op te merken dat Mulcahy binnenkwam.

'Suiker?' vroeg Freddie.

'Ja, twee graag, bedankt Freddie,' zei Shepard.

Koffie! Freddie maakte koffie voor de gevangene! Dit kon niet waar zijn.

'Dus daar zit ik op de achterbank van die taxi met die cliënt, en hij is niet blij. Hij houdt niet van bankiers. Hij houdt niet van juristen. Hij houdt niet van stropdassen. Hij houdt al helemaal niet van Harvard en van mensen die aan Harvard gestudeerd hebben, van mensen die het over Harvard hebben, van mensen die ooit in een taxi over Harvard Square gereden hebben, of van mensen die iets te maken hebben met een van de hiervoor genoemde klootzakken. Duidelijk?!'

'Kun je hem niet kwalijk nemen,' zei een van de mannen.

'Nee,' zei Shepard, 'daar moet je hem om respectéren. Dat is Gus, oké? Die schrijft computerprogramma's. Dat vindt hij leuk.

En hij heeft toevallig zo'n zestigduizend regels behoorlijk goede computercode geschreven waarmee hij beroemd gaat worden. Maar vanavond is hij niet blij. Hij heeft eeuwenlang in vliegtuigen gezeten en hij heeft eindeloze verkooppraatjes moeten ophangen. En nu hobbelt hij over de heuvels van San Francisco op weg naar het Chavot om te gaan eten met zes dure heren met VERITAS in vuurrode letters op hun bretels. Het laatste wat mijn techneutje wil, is gaan eten met zes bankiers in een restaurant met acht sterren waar je rechtstreeks van de Mayflower moet afstammen wil de gerant ook maar heel even naar je kijken. "Ik heb het gehad met die gozers, John," zegt hij tegen me. Dus ik zeg tegen hem: "Laat het maar aan John over. Ik heb mijn draagbare telefoon bij me, dus laten we lol trappen." Ik bel die assistent in Boston, zeg hem wat hij doen moet en zeg tegen Gus wat hij doen moet.'

'Ja?' vroeg de jongste gerechtsdienaar.

'John,' zei Mulcahy, 'sorry dat ik je onderbreek, maar...'

'Nog heel even, Ed. De meute houdt het nog wel even.' Hij wendde zich weer tot het drietal.

'Dus ik zeg Gus wat hij zeggen moet en we gaan naar die zes stijfselkoppen toe en we drinken wat. Rond acht uur gaan we naar het mausoleum om te eten. Mijn vent zit daar met een grijns als een jakhals, vals als Delila, die prachtige kerel, en hij zegt: "Heren, ik wil u laten zien hoeveel u betekent voor mij en mijn bedrijf." En hij bestelt een D'Orville uit '51. De sommelier slikt en zegt: "Une bouteille de Château D'Orville Cinquante-et-un?" met zijn koperen napje om zijn nek en zijn schrijfblokje en zijn potloodje dat trilt in zijn handje. En die vent zegt: "Nee, dríe flessen!" "Trois bouteilles," zegt die klootzak. "Trois bouteilles? Oui, monsieur. Mais oui." En hij rent naar de kelder. Dat is wijn van drieduizend dollar per fles. Mijn kerel heeft drie flessen besteld! Dat vinden ze wel mooi, die stijfselkoppen. Ze zijn doodgegaan en in de hemel gekomen als ze eraan denken hoe veel klootzakken er rondlopen die kunnen zeggen dat ze drie flessen D'Orville '51 hebben gedronken! Duurste wijn ter wereld. Daar komt de sommelier met de drie flessen. Hij trekt de eerste fles open en hangt wat rond. Zes of acht obers komen eens kijken wat er gebeurt en blijven ook hangen. Onze tafel ziet eruit alsof er gegokt wordt, zoveel mensen staan eromheen. Zelfs in zo'n tent komt het niet ieder decennium voor dat je wat D'Orville '51 slijten kunt, en niemand, helemaal niemand, heeft ooit drie flessen besteld. Dus we slaan die wijn achterover, ik, Gus en de zes stijfselkoppen.

Negen uur, precies, gaat mijn telefoon. "Jezus Christus," zeg ik. "Excuseert u mij." Ik klap de telefoon open. "Ja," zeg ik, "die zit hier. Kan dat niet wachten, we zitten te eten, in godsnaam... O. Ja, dat begrijp ik." En ik zeg tegen mijn cliënt: "Ze moeten je onmiddellijk spreken." Hij pakt de telefoon, trekt wit weg, die Gus verdient een Oscar, en hij zegt: "Aha. Oké. Ik ga meteen op weg naar het vliegveld." Hij zet de telefoon uit en zegt: "Heren, het spijt me verschrikkelijk. Shepard, we moeten weg." Hij en ik gaan ervandoor en pas als we in de taxi zitten, kijken die zes bankiers naar de ober en de sommelier en al die andere klootzakken die op hen neerkijken met die witte strikken en rokkostuums en dan dringt pas door dat zij de trotse eigenaars zijn van een rekening voor de trois bouteilles D'Orville '51!'

'Ga weg,' zei Freddie.

'Maak je niet druk, Freddie, ze zullen het best ergens goedgemaakt hebben. Maar op een of andere manier was het het waard, op dat moment. Nooit gedacht dat Gus dríe flessen van dat spul zou bestellen. Soms sta je nog te kijken van een cliënt...'

Mulcahy onderbrak hem. 'Dat is zeker waar.' Hij glimlachte naar de groep.

'John, als je het niet erg vindt, kunnen we misschien nog wat juridische praatjes doornemen?'

De gerechtsdienaars stonden op. Het was tijd om aan het werk te gaan.

'Heren,' zei John met gelaten stem, 'als u mij wilt excuseren, ik moet gaan praten met deze heiden.'

Nadat de gerechtsdienaars vertrokken waren, besprak Mulcahy kort met Shepard wat er die dag zou gebeuren en daarna was het tijd om naar de rechtszaal te gaan. 'John,' zei hij, 'een goede advocaat zou zijn cliënt zeggen dat die nooit met gerechtsdienaars moet praten.'

'En, Ed, een goede cliënt zou dat advies opvolgen.' Shepard lachte. 'Maar goed zijn wij geen van beiden.'

Mulcahy grinnikte terwijl hij zijn aantekeningen verzamelde. 'Ik moet je zeggen,' zei hij, 'dat jij de eerste verdachte bent voor wie Freddie ooit koffie gehaald heeft.'

Shepard glimlachte. 'Misschien ben ik de eerste die onschuldig is.'

'Misschien,' zei Mulcahy. Of misschien heb je gewoon een goeie babbel, dacht hij terwijl ze naar de zaal liepen.

Tijdens de lunchpauze aten Shepard en Mulcahy een broodje tonijn.

'Wat vind jij ervan, Ed?'

Mulcahy dacht diep in zijn hart dat die parade van zelfmoordgetuigen niet gauw genoeg voorbij kon zijn, hoewel daar die middag al een einde aan zou komen. 'Het is niet genoeg,' zei hij.

Shepard knikte. Hij zag bleek en het was duidelijk dat hij grijzer aan de slapen geworden was. Ook het haar dat in zijn nek krulde was grijzer. Hij zag er moe uit. Een proces vreet energie en niemand slaapt goed, de verdachte al helemaal niet. 'Weet je wat ik nou het liefst zou willen?' vroeg hij.

'Nou?'

'Een middag in de zon. Met gras onder mijn voeten.'

'Meer niet?'

'Nou, als we toch bezig zijn: als je er een wijf met tieten als meloenen en haar rok boven haar oren bij doet, hoor je mij niet klagen. Maar onder ons gezegd en gezwegen, dat gras is al genoeg.'

'Vanavond,' zei Mulcahy, 'praten we over jou.'

Stevie was aan het woord: 'Weet je, die meid van Russell is een apart type. Mijn theorie over mensen is dat wanneer ze niemand in hun leven tegenkomen die echt trouw is, ze een probleem hebben. Kijk, ik vroeg een paar mensen die dat mens gekend hebben bij het OM, en je voelde dat ze haar niet moesten. Ze deed altijd mierzoet en ze legde lief en aardig haar hand op je arm en glimlachte naar je, maar dat was niets dan show. Eddie, aanklagers zijn heel loyaal, maar niet tegenover deze meid.'

Hij speelde met zijn wrat.

'Het gekke is dat ze ogenschijnlijk met iedereen kan opschieten. Een glimlach van tien megawatt en altijd in de krant op een of ander liefdadigheidsbal of zo. Met iedereen bevriend en toch met niemand bevriend. Dus ik heb wat dieper graafwerk gedaan. In Boston zitten zo'n dertig jaargenoten van haar. Ik heb er vijftien gebeld. Twaalf maal geen commentaar. Drie jongens vertelden iets, dat ze haar niet zo heel goed gekend hadden, dat soort dingen.'

'Dus?'

'Dus niemand zegt tegen me dat ze een fantastische meid is. Ik heb zoiets al eerder gedaan, Eddie. Je belt iedereen in de hele wereld op die iemand kent en van de meesten krijg je een van de twee mogelijke antwoorden: rot op, ik praat niet met jou, of: dat is de meest fantastische persoon op aarde. Zie je? Maar van deze vijftien mensen zei niemand dat ze ook maar een kerstkaartje naar haar zouden sturen. En we hebben het hier wel over Elizabeth Russell, nietwaar, ik bedoel, die meid heeft een gouden CV en zit in veertien liefdadigheidscomités en nog eens vijf of zes van die toestanden. Hoe komt het dan dat ze geen vrienden heeft? Geen vrienden bij de rechtbank, geen vrienden van haar studie. Vreemd.'

Mulcahy schudde zijn hoofd. Stevie lulde uit zijn nek. Wat deed het ertoe of Elizabeth Russell wel of geen vrienden gemaakt had aan Harvard? Kon je daarmee een verdachte verdedigen?

'Stevie, heb je nog iets anders dan die psychologie van de kouwe grond?'

'Welja, ga je gang, afknijpen die detective! Hij krijgt niks betaald, dus we kunnen hem rustig de grond in boren! Psychologie van de kouwe grond! Ik zal je wat zeggen, meester Mulcahy, ik ben bij het OM heel wat meer over jouw vriendinnetje te weten gekomen. Het mooie van die lui is dat ze allemaal door de FBI gescreend zijn.'

Hij bladerde door zijn notitieblok.

'Adres in Back Bay, Lexus in de garage, stapels mooie kleren. Ze kennen haar in Newbury Street. Ongehuwd, nooit getrouwd geweest. Aanstormend talent binnen haar kantoor, zo'n jonge rijzende ster. Een heel flitsende meid, als je het mij vraagt. Prachtig om te zien. Een stuk. Sneeuwwitje wordt ze genoemd.'

Mulcahy grinnikte. 'Staat dat "Sneeuwwitje" in haar FBI-rapport?'

'Eddie, in een FBI-rapport staat alles. Als je in de vijfde klas gemasturbeerd hebt, staat het er. Je zou eens moeten zien wat er over jou allemaal staat.'

Hij keek ernstig.

'Grapje, Eddie, echt waar. Volgens mij hebben ze zich kapot verveeld met jou. Maak je geen zorgen. Maar goed, Libby Russell. Heeft na haar afstuderen gewerkt bij Albion en Moore, is toen met Hank Chappelle overgestapt naar het OM. Is hem een jaar of drie geleden gevolgd naar Fletcher Daye. Doet nu bedrijfsrecht. Heeft de afgelopen anderhalf jaar heel wat grote zaken gedaan.

Ze heeft samen met Shepard gestudeerd, wist je dat? Zelfde jaar.

Daarvoor had ze economie gedaan in Penn. Volledige beurs voor Penn. Financiële problemen.'

'Libby Russell en financiële problemen?' Mulcahy had aangenomen dat ze van gegoede huize was.

'Zo zie je maar.' Stevie praatte maar door. 'Opgegroeid in Shaker Heights en zo te zien hadden ze aanvankelijk wel geld. Haar vader was aandelenmakelaar, speculant of iets dergelijks. Toen ging er iets mis. Toen Libby dertien was, raakte haar pa zijn baan kwijt. Het huis werd verkocht, het gezin viel uiteen. De moeder en twee dochters verhuisden naar een of ander gehucht, Easton in Ohio. De moeder kreeg daar een baan als onderwijzeres. Ze woonden in een flatje, Libby ging naar de middelbare school.

Het laatste wat ze me konden vertellen was dat die moeder nog steeds in Easton woont. Waar de vader is weet geen hond en de zus Susanna is getrouwd en woont in Cincinnati.'

Maar Ed had niet zitten luisteren. Hij dacht terug aan een nacht, jaren geleden, toen hij van een dossier opgekeken had en Libby Russell in de deuropening van zijn kantoor op het openbaar ministerie had zien staan. In zijn kleine kamer had hij nog laat zitten werken. Hoe verbaasd was hij niet geweest toen ze dat konijnehol binnengekomen was en plaatsgenomen had op de enige stoel die niet in gebruik was als archiefkast.

De donkere golf die tot op haar schouders viel, de zeeblauwe ogen, de perfecte symmetrie van haar voorhoofd, de volle lippen... Het had de ambiance van Mulcahy's kantoortje dooreen geschud als een Monet die in een bezemkast werd gezet. In zijn verwarring had hij een map van het bureaublad geveegd en was naar de inhoud gaan zitten grabbelen op de grond, terwijl zij voor hem zat. En hij herinnerde zich dat op dat moment de radiatorbuizen een enorme herrie waren gaan maken.

Libby Russell viel altijd en overal op. Men zàg haar, de eerste dag van haar studie aan Harvard, waar een beeldschoon menselijk wezen, van welke kunne ook, even opmerkelijk is als een niet-bezette parkeerplek. En men zàg haar, toen ze in dienst trad als eerste assistente van Chappelle in het OM. De gesprekken waren de zesde verdieping rondgevlogen, tot in de rechterskamers, tot in de kantine: nog maar vier jaar afgestudeerd en nu al eerste assistente van het hoofd van de hele afdeling. Dat kwam door haar connecties. Dat kwam door haar haar. Dat kwam door... Tja, er werd gepraat over Chappelle. En toch was het onverklaarbaar. Wat wist zij nou over halsmisdaden?

Al snel had ze bewezen goed te zijn in haar werk, gehaaid met public relations, slim genoeg om zichzelf buiten de rechtszaal te houden maar op een of andere manier voor de buitenwereld zichtbaar als medeverantwoordelijk voor de successen van het kantoor. Iedereen kende haar macht.

'Hoe staat het ermee, Ed?' was ze die avond van jaren geleden in zijn kantoor begonnen.

Ed. Ze had hem 'Ed' genoemd. Hij wist nog hoe hij een brok in zijn keel had gekregen. Ongelofelijk... ze kende... had hem zelfs uitgesproken... zijn voornaam. Hij was Ed Mulcahy, één te midden van velen, vroeger een van die kleine kereltjes die in de gymzaal nooit gekozen worden bij de samenstelling van de teams, nu een anonieme jurist die gebogen zat over stapels dossiers vol kleine drugsdealers, bankrovers, dronken soldaten die een officier in dienst geklokt hadden. Hij had het kleinste, smerigste kantoortje, het kleinste raam, het lelijkste uitzicht op een niet bijzonder inspirerende luchtkoker. En in dat kantoor stond Libby Russell te informeren naar zijn welzijn!

Na een paar minuten werd hem duidelijk dat ze hem aan de tand voelde.

'Ed,' hoorde hij haar nog zeggen, 'jij hebt de naam heel nauwkeurig te werken. Wij kunnen bij onze afdeling wel wat hulp gebruiken. En, als ik het mag zeggen, je moet vooruitdenken. Waar wil je over drie jaar zijn? Wie ken je? Wie kan je helpen om daar te komen?'

Hij wist nog hoe hij vuurrood geworden was terwijl haar lichtblauwe ogen hem aanstaarden en ze haar vragen op hem afvuurde; hoe gênant het geweest was om afgeschilderd te worden als iemand die niet nadacht over zijn eigen toekomst, zijn eigen problemen, zelfs niet, dacht hij met een wrange blik op zijn akelige kantoortje, aan zijn eigen bureau.

'Chappelle gaat het maken,' zei ze. De voormalige Harvard-professor was nu hoofd van het OM en had Russell bij haar vorige werkgever weggehaald toen hij de baan aannam. Chappelle was de perfecte mentor voor haar: hij was briljant, had de juiste connecties, was gemakkelijk in de omgang, en zij was een perfecte Vrijdag voor hem. Natuurlijk was er gepraat. Maar dat is altijd zo: als een prachtige vrouw met een schitterende glimlach succes heeft, wordt er gepraat.

'Hij kan Fletcher Daye binnenlopen wanneer hij maar wil,' had ze gezegd. 'En een paar mensen meenemen. Je moet vooruit-denken,' had ze gezegd en toen had ze weer met die ontwape-nende glimlach naar hem gekeken.

Toen ze weg was, had hij erover nagedacht. Ze was inderdaad betoverend. Fletcher Daye was het beste advocatenkantoor met politieke connecties, met een eigen consultancy-afdeling en met een constante stroom politici in de liften en vergaderzalen vol campagnebijeenkomsten. Maar dat was niet Mulcahy's sfeer. Hij had het niet gedaan.

Dat was al heel lang geleden. In het kantoor aan Bromfield Street dacht Ed na over wat hij had. Stukjes en beetjes, dat was alles. Toevallige samenlopen van omstandigheden, de gewoonte er al-tijd bijna te zijn. En Cerrone. Zij had Cerrone aangeklaagd. Maar Mulcahy was lang genoeg strafpleiter geweest om bang te zijn voor precies dit soort situaties. Wanneer de feiten hopeloos zijn, beginnen theorieën steeds aantrekkelijker te lijken. Theorieën de-den het echter niet goed in de rechtszaal. Op een of andere ma-nier liet er altijd wel een draadje los. Herkenning door een ge-tuige die hij nooit gezien had, een toevallige connectie, die hij niet kon bewijzen, met een informant... het was niet veel. Ze le-ren je om je intuïtie te wantrouwen. Voordat je een getuige op-roept, moet je weten wat die getuige gaat zeggen. Je moet hem in de hand hebben. En dan aarzel je nog. En dit was een getui-ge die hij niet eens begreep. Maar het was te laat voor regels. 'We kunnen haar tenminste uitnodigen,' zei hij. 'Dan zien we la-ter wel of we haar ten dans vragen.'

In Back Bay klom Kate de trap op naar het Henri's. De eetzaal van het viersterrenrestaurant was ondergebracht in de balzaal van een gerenoveerd herenhuis aan Gloucester Street. Ze had er heel lang van gedroomd om daar eens te komen, hoewel ze ge-hoopt had dat haar eerste tocht naar Henri's geweest zou zijn om te gaan eten, niet om iets af te geven. Men zegt dat er in de keuken van Henri's geen blikopener te vinden is omdat er bij Henri's niets uit blik komt. Het eten is zo verbijsterend, dat dat gerucht aannemelijk lijkt. Het zou zelfs wel eens waar kunnen zijn.

Ze liep de hoek om en de zaal binnen en meteen zag Kate haar zitten, aan een grote tafel bij het raam. Ze was in gezelschap van een zestal mannen, er werd gelachen, de flessen wijn werden vrij-elijk rondgedeeld en er hingen een ober en een sommelier om het groepje heen. Kennelijk een etentje om een of andere closing te vieren.

'Mademoiselle?'

'Pardon, ik moet iemand spreken.' Kate glimlachte vriendelijk naar de ober en hoopte dat hij niet zou opmerken dat ze niet werkelijk gekleed was op een dergelijke gelegenheid. Ze liep tussen de tafeltjes door tot ze nerveus naast de vrouw bleef staan.

'Mevrouw Russell?'

'Ja?' Libby Russell had zich verbaasd omgedraaid en de lichtblauwe ogen taxeerden de nerveuze jonge vrouw met het opvallende haar die voor haar stond.

'Ik heb iets voor u.'

'Ja?'

Kate overhandigde haar de dagvaarding. 'Voor woensdag,' zei ze. 'Suffolk. Zaal 8b.'

'O, nee toch,' zei Russell.

Libby Russell staarde Kate na tot deze uit de eetzaal verdwenen was en keek naar de dagvaarding. De groep was stilgevallen.

'Die zaak met Shepard,' zei ze en keek de tafel rond. Ze wist een glimlach te voorschijn te halen. 'Dan zijn ze waarschijnlijk echt zo wanhopig als de kranten zeggen.'

Terwijl de gesprekken rond haar tafel langzaam hervat werden, tilde Libby Russell het gordijn op en keek naar de straat beneden haar. Ze zag Kate energiek in de richting van Commonwealth Avenue lopen.

'Die kleine heks,' zei ze zachtjes.

Op het moment dat het gordijn weer terugviel in Henri's, zat Mulcahy aan de andere kant van de stad in Charles Street, weer in de kooi met zijn cliënt. Ze zaten daar al anderhalf uur en namen de verhoren door. Ed deed geen moeite meer om níet te gapen: zijn gebrek aan slaap kreeg de overhand. Zijn ogen stonden vermoeid en zagen rood. Hij zag niet scherp meer. Dat gebeurde wel vaker als zijn contactlenzen te droog werden.

'John,' zei hij. 'Ik wil het nog eens hebben over 16 mei.'

'Sorry?'

'Alles. Begin maar bij zonsopgang. Alles wat er gebeurd is op 16 mei 1992. Vanaf zonsopgang. Opnieuw.'

Mulcahy maakte aantekeningen, maar bleef paraat om Shepard te onderbreken.

'Wat heb je gegeten?' vroeg hij toen Shepard aankwam bij het ontbijt bij de Fire House Diner.

'Wil je weten wat ik als ontbijt gehad heb?'

'Ja.'

'Wil je een monster van mijn ontlasting?'

'Ja, ik wil een monster van je ontlasting. Ik wil weten of je roerei gegeten hebt. Of dat roerei stevig of vochtig was. Ik wil weten of je er peper op gedaan hebt. Aan welk tafeltje je gezeten hebt. Of je de krant gelezen hebt. Als de serveerster een strak t-shirt aan had, wil ik dat weten. Ik wil een paar feiten weten, verdomme, John.'

Shepard tuurde door de tralies. 'Ik heb roerei gegeten, klootzak. Met een heleboel peper.' Hij glimlachte. Mulcahy glimlachte niet terug. Shepard ging verder en beschreef de gebeurtenissen van die dag tot in de saaiste details: het pakken, de verhuizers die binnenkwamen, hoe hij de spullen naar de Subaru gedragen had, hoe hij had gereden, over de snelweg in westelijke richting, het motel.

Ed luisterde, onderbrak hem, luisterde. Het telefoontje. Dat wilde hij horen, voor de zoveelste maal.

'Wie hebben er gebeld, die dag?'

'Dat heb ik je gezegd. Jij, 's ochtends. Mijn moeder. Om een uur of zes.' Dat klopte inderdaad. Een gesprek van twintig minuten, zoals bleek uit haar telefoonrekening.

'En verder?'

'Ik herinner me niet dat ik iemand anders gesproken heb.'

'John. Om twee minuten over halfacht is er vanuit Sam Whitakers huis naar jouw nummer gebeld. Een minuut, misschien korter. Dat telefoontje heeft plaatsgevonden. En het staat niet op je antwoordapparaat.'

'Ik heb hem niet gesproken.'

'Heb je dan iemand anders gesproken om twee over halfacht?'

'Volgens mij niet.'

'Denk nog eens goed na, John.'

Hij schudde zijn hoofd. Mulcahy negeerde hem.

'Je praat met je moeder. Het is bijna halfzeven. Je draagt dozen naar beneden. Je zet ze in de auto. Je loopt terug naar de derde verdieping. Je draagt nog meer dozen naar beneden. Je loopt de trap weer op. Er staat bier in de koelkast. Je stopt en maakt een biertje open. Het is schemerig geworden, het is een mooie avond. Denk na! De telefoon gaat. Nog geen minuut. Kom op!'

Shepard dacht na. Maar hij schudde het hoofd.

Mulcahy ging verder.

'Je komt boven. De telefoon gaat. Misschien zit je op de wc. De telefoon blijft overgaan. Denk na!'

Er was stilte, stilte en flikkerend licht.

'We nemen alles nog een keer door,' zei Mulcahy en de vermoeidheid begon in zijn stem door te klinken. 'Het is avond, een mooie avond in mei. Je hangt op na het telefoontje van je moeder. Je...'

'De deur open,' zei Shepard zachtjes.

'Wat?'

'De deur open. Ik doe de deur open.' Hij liep houterig in het hok heen en weer. Zijn lichaam hervoelde het gebeuren. 'Ik had een koffer in één hand en mijn ski's in de andere. Ik open de deur met al dat spul in m'n armen en de telefoon gaat.' Hij keek verwonderd op. 'Ik weet het weer.'

'Wanneer?'

'Vlak voordat ik wegging.'

'Wie was het?'

'Iemand die verzekeringen wilde verkopen.'

'Dat is een grap.'

'Nee. Levensverzekeringen of zo. Je kent ze toch wel, die klootzakken die rond etenstijd bellen? "Hallo, ik ben van Superbetrouwbare Levensverzekeringen en Co., en ik wil u..." Dat ken je toch wel? Zo iemand.'

'Heb je iets tegen hem gezegd?'

'Ja. Nou, het was geloof ik een meisje. Ik heb een paar seconden geluisterd, haar aangeraden haar naaste familieleden in vleselijke zin te bekennen, en opgehangen. Hij schudde zijn hoofd. 'Ik weet het weer.'

'En dat is alles? Geen andere telefoontjes?'

'Ik hang op, ik breng de koffer en de ski's naar de auto. Dat weet ik nog.' Hij stond even afwezig in de cel.

'John. Andere telefoontjes? Geen andere telefoontjes?'

Shepard schudde zijn hoofd.

Ed liet een zucht ontsnappen. Hij strekte zijn armen in de lucht. Zijn schouders waren stijf van het kromzitten. Hij begon weer. 'Je kwam rond tien uur, kwart over tien terug van je ontbijt?'

'Ja.'

'En daarna ben je thuisgebleven tot je rond een uur of acht de stad uit reed?'

'Precies.'

'Je bent alleen nog gaan hardlopen.'

'Precies.'

''s Middags, toen de verhuizers er waren, ben je toen de hele tijd thuis geweest?'

'De hele tijd.'

'Hoeveel verhuizers waren er?'

Hij dacht even na. 'Drie, geloof ik. Ja.'

'Heb je iets eigenaardigs opgemerkt? Iemand die in je spullen snuffelde. Iets van die aard?'

'Nee. Het waren drie stoere jongens die meubels en dozen de trap af zeulden. Ze deden er niet eens lang over.'

Ed zuchtte. 'Oké, en de enige keer dat je weggegaan bent was dus toen je ging hardlopen. En dat was rond twaalven, een uur lang?'

'Ja, voor zover ik me kan herinneren.'

'En dat was de enige keer dat je je huis verlaten hebt?'

'Precies.'

'Heeft iemand je gezien toen je aan het hardlopen was, heb je iemand gesproken?'

'Tja,' zei hij. Hij keek weg.

'Tja, wat?'

'Nou, ik ben gaan hardlopen met iemand anders. Dat had niets...'

'Je bent gaan hardlopen met iemand anders? Dat had je me nog niet verteld. Met wie?'

Hij keek nog steeds weg. 'Libby Russell,' zei hij.

Mulcahy liet zich naar achteren vallen in zijn stoel. Hij sloot zijn ogen. 'Jezus Christus, John,' zei hij. 'Jezus Christus.' Hij wreef weer over zijn nek. Het was laat.

'John,' zei hij even later, 'wat heb je nog meer voor verrassingen voor me met betrekking tot de zaak? Ik heb nu toch werkelijk wel genoeg verrassingen gehad.'

'Relax, Ed. Het was niet wat je noemt belangrijk, snap je? We deden die Idlewild-deal en we kwamen aan de praat over hardlopen. Zij heeft een marathon gelopen, of een halve marathon, zo iets. En ze zei: "Laten we een keer samen gaan hardlopen," dus ik zei: "Prima." Dus zijn we gaan hardlopen. Niet echt een samenzwering te noemen.'

Hij zuchtte en pakte het potlood weer. 'Waar gingen jullie hardlopen?'

Shepard rolde met zijn ogen alsof hij wilde zeggen dat dit wel een heel bedroevende manier was om tijd te verspillen in het holst van de nacht. 'Langs de rivier. Tot aan het botenhuis, terug naar Massachusetts Avenue, naar het MIT, over de Peper-en-Zoutbrug en toen naar huis. Ik was rond één uur thuis, denk ik.'

'Waar heb je haar ontmoet?'

'Zij kwam naar mij toe. Rond twaalf uur.'

'Waar heeft ze zich verkleed?'

'Waar ze zich verkleed heeft?'

'Ja, John, waar heeft ze zich verkleed? Het was maandag. Waar heeft ze zich verkleed?'

'Hoe moet ik dat nou weten. Ze kwam in sportkleren in Joy Street aan, als je dat soms bedoelt.' Hij kneep zijn ogen samen. 'Heb je gedoucht toen je terugkwam?'

'Ja.'

'En zij?'

'Ed. We zijn gaan hardlopen. Oké? Nee, ze heeft niet bij mij gedoucht. Of wat dan ook.'

Mulcahy keek naar de gele betonnen muren om hem heen en luisterde naar het gegons van de tl-buis. Buiten was het misschien donker, maar hierbinnen was het altijd hetzelfde.

'John,' zei hij, 'is er verder nog iets wat ik moet weten over Libby Russell?'

'Nee.'

'Ze duikt wel overal op, nietwaar? Wanneer hebben jullie afgesproken om te gaan hardlopen?'

'Dat heb ik niet gedaan. Zij belde mij.'

'Wanneer?'

'Die ochtend, geloof ik, toen ik terugkwam van mijn ontbijt.'

'Die ochtend?'

'Ja, die ochtend.'

'Die ochtend. Maandagochtend. Vlak nadat je terugkwam van het Fire House, waar je een bord roereieren gegeten had. "Hallo John, ken je mij nog van zes weken geleden? Laten we gaan hardlopen. En wel nu." Wel een beetje toevallig, vind je ook niet? Dat ze jou net belt op de dag van je vertrek? De dag dat Sam Whitaker vermoord werd?'

'Ja,' zei hij met vlakke stem, 'dat is inderdaad wel toevallig.'

'Heb je met haar gepraat, tijdens het hardlopen?'

'Waarover?'

'Over wat dan ook.'

'Ja, dat zal wel. Ik weet het niet meer.'

'Hebben jullie het gehad over die hypotheek?'
'Ik heb gevraagd wat voor schikking er getroffen was.'
'En?'
'Dat wou ze niet zeggen.'
'Hoe wist jij van die fout, John?'
'Dat had jij gezegd.'
Mulcahy knikte. Dat was waar. Hij vroeg of ze het nog over Whitaker gehad hadden.
'Volgens mij hebben we niet over hem gepraat,' zei Shepard. 'Echt waar, we zijn alleen maar gaan hardlopen, Ed.'
'Kom op, John, er is meer. Leg eens uit hoe het zat met Libby Russell.'
'Ed, ik heb je alles verteld wat zinvol was. We moeten hier door-heen, oké? Laten we het nog een keer hebben over mijn getui-genis. En laten we onze blik gericht houden op de verdediging. Die verdomde hypotheekfout, die fout die zijn kantoor een gi-gantische schikking gekost heeft, die is op zijn eigen computer gemaakt. Hij heeft zichzelf om het leven gebracht en ik ben er niet bij geweest. Zo moeilijk is dat niet.'
'Sliep je met haar, John?'
'Ik heb je alles verteld wat ter zake doet. Ik zie je morgen.'
Het was al laat toen Mulcahy in zijn eentje op de metro uit Cam-bridge stond te wachten in het station Charles Street. De trein zou komen binnendenderen over de brug, de Peper-en-Zoutbrug. Het duurde een hele tijd voor hij er was en terwijl hij op het perron stond, dacht Mulcahy na over wat hij gehoord had. Een gevangene in Charles Street heeft niet al te veel te doen. Het komt maar zelden voor dat hij een gesprek afbreekt.

De volgende ochtend was het koeler. Kate zat een halfuur in Bromfield Street te wachten, maar Mulcahy was afgeleid door de gebeurtenissen en was rechtstreeks naar de rechtbank gegaan. Enkele minuten voor de ochtendzitting zagen Mulcahy en She-pard elkaar weer in het kamertje achter 8b. Geen van beiden had goed geslapen.
Mulcahy voelde zich ongemakkelijk. Hij trok met de punt van zijn schoen strepen op het stoffige linoleum. Zijn ogen waren rood.
'Weet je dit zeker?' vroeg hij.
'En jij? Wordt het een vrijspraak?' Shepards duistere blik boor-de zich in die van zijn advocaat, maar zijn ogen lachten weer.

Toen hij naar hem keek besefte Mulcahy dat dat werkeloze zitten in de rechtszaal hem kapot maakte. Luisteren naar Paul O'-Hanlon maakte hem kapot. Shepard wilde hem uitdagen.

'Ik weet het niet,' zei Mulcahy.

'Nou, dan ga ik ervoor,' zei Shepard en hij sloeg zijn armen over elkaar heen alsof hij dacht dat het allemaal zo simpel ging.

'Oké, John, maar luister heel goed. Ik maak me zorgen over dat gedoe met Russell. Je hoeft niets te verbergen, maar je hoeft ook niets aan te dragen. Denk eraan wat ik je gisteravond gezegd heb. Ik heb geen flauw idee wat hij over jou weet. Dat hoeven ze ons niet te vertellen. Als je ook maar iets zegt wat hij in twijfel kan trekken, wat hij kan weerleggen, dan gelooft de jury je niet meer. Dat kan van alles zijn, werkelijk van alles. En of dat nou erg is of niet, als de jury denkt dat je gelogen hebt, hang je.'

'En als ik getuig en hij me niet aftikt bij het kruisverhoor?' Mulcahy vertrok zijn gezicht bij die uitdrukking. Was dit weer een van Shepards spelletjes? Zijn onderhandelingen? Zijn verhálen?

'Ik weet het niet,' zei hij.

'En als ik niet getuig?'

'Ik weet het niet.'

'Aan jou heb ik ook niet veel.'

'John, ik heb nog eens nagedacht over dat hardlopen. Is zij bij jou binnen geweest?'

'Bij mij binnen?'

'Ja. Vóór het hardlopen, na het hardlopen, wanneer dan ook: is ze bij jou binnen geweest?'

'Nee,' zei hij. 'Ik had op straat met haar afgesproken en ik heb haar bij mijn voordeur achtergelaten toen we terugkwamen.'

Mulcahy knikte. 'En toen je terugkwam, miste je toen iets?'

Ze keken allebei op. Er klonk geluid achter de deur van de zaal. Shepard schudde zijn hoofd. 'Je bedoelt haren, een jasje? Kiezels? Ik...'

'Wat dacht je van een stuk zeep?'

'Hmmm,' zei Shepard. 'God, alles zat in dozen. Ik weet het niet meer.'

Het was tijd om naar binnen te gaan. 'Ik ben hier niet zo zeker van,' zei Mulcahy.

'Laat me je één ding vragen, Ed,' zei John. 'Als ik de waarheid vertel, ik bedoel, gewoon de waarheid, kan dat dan kwaad?'

'Dat hangt ervan af wat de waarheid is, John.'

Ze keken elkaar een tijdlang zwijgend aan en misschien was dat het moment dat ze beiden beseften dat ze allebei echt en helemaal alleen waren. Mulcahy hoorde zijn schoenen over het linoleum schrapen en werd zich ervan bewust dat hij naar de vloer keek.

'Aha,' zei Shepard. 'Aha.' Hij knikte langzaam. 'Ik zal niet zwijgend ten onder gaan. Ik ga getuigen.'

Ze schudden elkaar de hand. Mulcahy vond het vreemd aanvoelen.

In 8b zat de publieke tribune vol. Shepard en Mulcahy keken onrustig om zich heen in afwachting van de opening van de ochtendzitting. Geruchten gingen snel. O'Hanlon, waarschijnlijk. Maar het was tenminste koeler, die ochtend. De ventilatoren waren uit.

'Bent u zover, meneer Mulcahy?'

Mulcahy keek op en zag de leesbril van rechter Grosso zijn kant uit kijken. Mulcahy knikte, kwam overeind en leunde voorover naar zijn cliënt en fluisterde: 'John, denk eraan. Dit is geen vergaderzaal. Dit is geen deal. Je hebt het hier niet voor het zeggen. Ga niet... maak er geen vertoning van, oké?'

Shepard zei: 'Ga je me nou nog oproepen of hoe zit het?'

'Doe precies wat ik aangeef. Ik begin niet over Russell.'

'Oké,' zei Shepard.

'Weet je nog wat je ooit tegen me gezegd hebt?' vroeg Mulcahy.

'Wat dan?'

'De profeet Mica.'

Shepard glimlachte en knikte en ging op pad om de jury te vertellen dat hij onschuldig was.

Met gefronste wenkbrauwen keek Mulcahy hoe hij de zaal door liep. De juryleden leken iets achteruit te deinzen terwijl hij voor hen langsliep. Na een hoofdknik van de rechter begon het, en Mulcahy ondervroeg hem. Hij nam Eds laatste dagen in Boston door, zijn rit naar het westen. Bijna anderhalf uur later was het voorbij. Vanachter zijn tafel keek O'Hanlon hongerig toe. Kruisverhoor van een intelligente verdachte bij een zaak die veel bekijks trok. Zoiets maak je niet vaak mee.

Toen hij alles zo'n beetje gehad had, voelde Mulcahy zich niet op zijn gemak. Shepard had zich te nauwgezet aan de instructies gehouden. Hij was zo plichtsgetrouw geweest, zo gereserveerd in wat hij zei, dat zijn overweldigende persoonlijkheid niet goed naar voren gekomen was. Iedereen had die vragen op die manier kunnen beantwoorden. Maar in ieder geval leek hij niet op een moordenaar.

Net voordat hij klaar was, stelde Mulcahy de vraag: 'Meneer Shepard, welk merk zeep gebruikt u?'

'Lifebuoy.'

'Dat merk gebruikte u in mei 1992 ook?'

'Ja.'

'Als iemand in mei 1992 uw huis binnengegaan was, wat voor zeep hadden ze daar dan gevonden?'

'Nou,' zei Shepard, 'àls ze er al zeep hadden gevonden, zou dat Lifebuoy geweest zijn.'

Hij zei het met een bescheiden glimlach en de ruwe zeebonk glimlachte terug. Mulcahy kwam naar de getuigenbank met de zak waarin het bewijsstuk zat. 'Ik laat u bewijsstuk 21 zien,' zei hij. 'Herkent u dit?'

Hij opende de zak en Shepard rook eraan. 'Het is een stuk zeep.'

'Uw zeep?'

'Dat weet ik niet,' luidde het antwoord. 'Maar die geur herken ik. Dat is Lifebuoy.'

Mulcahy keerde terug naar het podium. 'Meneer Shepard,' zei hij, 'hebt u Samuel Whitaker vermoord?'

Shepards ogen lichtten op. 'Nee. Nee, dat heb ik niet.'

'Hebt u iets te maken gehad met zijn overlijden?'

'Niets,' zei hij. 'Absoluut niets.'

'Geen vragen meer, edelachtbare,' zei Mulcahy. Hij keerde terug naar zijn tafel, ging zitten en hield zijn adem in.

Als het goed aangepakt wordt, is een kruisverhoor een mooi stuk theater en heel irritant voor een getuige met enige intelligentie. Het proces is tegen hem. De getuige mag alleen iets zeggen als hem iets gevraagd wordt en moet zich beperken tot het lijstje van degene die de vragen stelt. Bij een goed kruisverhoor getuigt de getuige amper en mag hij alléen af en toe zijn in- of ontstemming laten horen wanneer de jurist de jury toespreekt. Voor Shepard was dat een hopeloze gang van zaken. Zijn wijze van communiceren was gebaseerd op het feit dat hij de touwtjes in handen had.

O'Hanlon begon langzaam. Voorzichtig liep hij om zijn prooi heen en gaf hier en daar een steek of een duwtje om hem te testen. Stap voor stap maakte hij het motief duidelijk. Hij schetste de lange weg naar het partnership, de vele uren, de verwachtingen, het langverwachte moment. Hij stelde vast hoe na de mannen elkaar gestaan hadden: hoeveel deals Shepard niet voor Whitaker gedaan had. En toen ondervroeg hij Shepard over zijn snelle ontslag, onmiddellijk na de Idlewild-closing, en hoe hij drie weken later de stad uit gegaan was. Hij pleegde zijn ondervraging met grote vaardigheid en liet Shepard nooit meer zeggen dan: ja, hij was op die en die dag de stad uit gereden en ja, hij had op die en die datum ontslag genomen. Hij was bij het verhoor door de verdediging een goede getuige geweest, maar na een ochtend met O'Hanlon leek hij weer iets meer zichzelf te worden, defensief. De jury keek met open mond toe.

's Middags begon O'Hanlon zijn aanval toe te spitsen op Idlewild. 'Die hypotheek voor Idlewild,' zei hij, 'was dat een document waarmee u te maken had bij de onderhandelingen?'

'Ja.'

'Hebt u de heer Ruggerio horen vertellen dat hij het bedrag niet had ingevuld in de hypotheekakte?'

Dit kan geen kwaad, dacht Mulcahy, hier waren we op voorbereid.

'Ja,' antwoordde Shepard.

'U was ook verantwoordelijk voor dat document, nietwaar?'

'Ja.'

'In feite was u degene die het bedrag van achthonderdveertigduizend dollar hebt ingevuld, nietwaar?'

'Ik herinner me niet dat ik dat gedaan heb.'

'Het document werd rondgestuurd met een memo van u erop, nietwaar, meneer Shepard?'

'Ja, daar zat een memo van mij bij. Dat...'

'Dank u wel, meneer Shepard, mijn vraag is beantwoord. Bent u het kantoor van Samuel Whitaker niet binnengegaan om die laatste wijziging aan te brengen?'

'Nee.'

'Op 31 maart hebt u twee stel wijzigingen doorgevoerd, vanuit uw eigen kantoor, nietwaar?'

'Ja.'

'Dat lijdt geen enkele twijfel, of wel?'

'Geen twijfel.'

'En Sam Whitaker was die avond niet aanwezig, nietwaar?'

'Dat weet ik niet. Ik heb hem niet gezien.'

'U hebt niet met hem getelefoneerd?'

'Nee.'

'U hebt hem die hele avond niet gezien, is dat correct?'

'Ik heb hem niet gezien.'

'En toch is er op zijn terminal een document geopend om 3.32 uur die ochtend,' zei O'Hanlon.

'Dat schijnt zo te zijn, ja. Nadat ik naar huis gegaan was.'

'Nadat u naar eigen zeggen naar huis gegaan was,' zei de aanklager.

'Nee, nadat ik naar huis gegaan was,' probeerde Shepard te vervolgen. 'Ik bedoel namelijk...'

'Laat maar, meneer Shepard,' zei O'Hanlon. 'Er is u geen vraag gesteld. Hebt u ooit gezien dat de heer Whitaker op zijn computer werkte?'

'Ik zou het niet weten.'

'Hebt u hem ooit iets zien typen?'

'Nee, dat heb ik nooit gezien.'

'Dat getal in de hypotheekakte verscheen pas in de allerlaatste concept-versie... De versie die slechts enkele uren voor aanvang van de closing werd rondgedeeld, nietwaar?'

'Voor zover ik weet is dat correct.'

'Er was bijna geen tijd meer om de fout te ontdekken, nietwaar, meneer Shepard?'

'Dat lijkt me correct.'

Dit had Mulcahy verwacht. Maar de sfeer stond hem niet aan. Shepard keek alsof hij zich aangevallen voelde. Hij leunde achterover in zijn bank en zijn handen dwaalden regelmatig af naar zijn gezicht. De jury keek aandachtig toe. Voor het eerst in een week was het koel, bijna aangenaam in de rechtszaal. De ventilatoren zwegen.

'En die concept-versie, waarin het bedrag voor het eerst voorkwam, die had geen zichtbare correcties, nietwaar?'

De jury knikte. Zij wisten alles over correcties en correctietekens. De geschiedenis van de verschillende versies was hun zorgvuldig uitgelegd terwijl het OM zijn zaak presenteerde.

'Nee,' zei Shepard, 'die waren er niet.'

'Met correctietekens zou de fout aan het licht gekomen zijn, nietwaar, meneer Shepard?'

'Die fout zou aan het licht gekomen zijn als we drie uur langer de tijd gehad hadden, meneer O'Hanlon.'

Dat was Shepards eerste punt in deze wedstrijd. Maar O'Hanlon was ook in vorm. Hij zeurde niet dat hij geen duidelijk antwoord gekregen had. Hij sloeg gewoon meteen terug. 'En de reden dat u nog maar drie uur had voor de closing was dat het bedrag niet was ingevuld in de eerste acht versies, maar weggelaten tot de ochtend van de closing zelf, nietwaar, meneer Shepard?'

Shepard zweeg. O'Hanlon wachtte niet. 'Hoeveel jaar werkt u al als jurist, meneer Shepard?' vroeg hij.

'Negen.'

'En hebt u ooit eerder een verkeerd hypotheekbedrag ingevuld?'

'Nee,' zei hij.

'Ditmaal hebt u het ook niet verkeerd ingevuld, nietwaar?'

'Protest,' zei Mulcahy.

'Toegewezen,' zei de rechter.

'Wat ik bedoel is, meneer Shepard, dat u dat bedrag daar opzettelijk hebt neergezet, nietwaar?'

'Nee.'

'U hebt opzettelijk iets wat eruit kon zien als een "typefout" gemaakt zodat uw voormalige werkgever in een zaak terechtkwam wegens nalatigheid en uw voormalige mentor Samuel Whitaker in verlegenheid gebracht werd, nietwaar?'

'Nee.'

'U hebt dat op de heer Whitakers computer gedaan zodat alles naar hem wees, nietwaar?'

'Nee, meneer O'Hanlon. Nee.'

'Die hele toestand was een voortbrengsel van uw wrokkige woede, de hypotheek, de moord...'

'Dat is niet correct, meneer O'Hanlon.'

De grote Ier liep terug naar zijn tafel. 'We weten dat dat niet correct was, meneer...'

'Verzoek om dit laatste uit de verslagen weg te laten, edelachtbare!' Mulcahy was overeind gesprongen.

'Dit wordt weggelaten. De jury zal geen acht slaan op het laatste commentaar van de heer O'Hanlon. En de heer O'Hanlon zal in het vervolg de regels eerbiedigen.' Rechter Grosso tuurde streng over zijn bril heen naar de tafel van de aanklager.

O'Hanlon scheen er geen aandacht aan te besteden. Hij had Shepard murw gekregen en Shepard had de ongemakkelijke gelaatsuitdrukking van iemand die voelt dat hij nog wat moet toevoegen aan het gezegde, maar op toestemming wacht. Die kreeg hij niet. O'Hanlon keek op vanachter zijn tafel.

'U hebt de heer Whitaker gebeld op de avond van 16 mei, nietwaar?'

'Nee.'

'U hebt hem gebeld vanuit de telefooncel op de hoek van Joy Street, nietwaar?'

'Dat is niet waar.'

O'Hanlon was gewoon bezig zijn theorie uiteen te zetten. De antwoorden maakten hem niets uit. 'U deed dat zodat nooit te achterhalen zou zijn dat u dat telefoontje gepleegd had, nietwaar?'

'Dat is niet waar, meneer O'Hanlon.'

'En toen heeft hij u om twee over halfacht die avond teruggebeld, nietwaar?'

'Nee, dat heeft hij niet.'

'Nou, u was toch thuis om twee over halfacht?'

'Ja.'

'Dat was kort voordat u voorgoed de stad uit ging, nietwaar?'

'Circa een halfuur, ja.'

'En een halfuur voordat u voorgoed de stad uit reed, hebt u... O, dat doet me ergens aan denken. Pardon, edelachtbare, ik trek mijn vraag in.' Hij glimlachte en begon opnieuw. 'U bent naar Colorado gereden vanuit Boston, nietwaar?'

'Ja.'

'Alleen.'

'Ja.'

'Daar hebt u drie dagen over gedaan?'

'Ja.'

'En, gewoon even, dat de jury het begrijpt, volgens uw getuigenis bent u aan die reis begonnen om halfnegen 's avonds, nietwaar?'

'Ik rijd graag 's avonds.'

'Daar ziet het wel naar uit, meneer Shepard, daar ziet het wel naar uit.' Hij zweeg en deed alsof hij in zijn aantekeningen zocht. Hij wilde dat de jury hierover nadacht. En toen keek hij op, met een overtuigende blik van aarzeling, en zei: 'Maar minder dan zes uur na uw vertrek hebt u een kamer genomen in een motel, om twee uur 's nachts, net buiten Elmira, New York. Dat klopt toch?'

'Ja, dat klopt,' antwoordde Shepard.

'Aha,' zei O'Hanlon en hij schudde zijn dikke hoofd. 'Nu, als we nog even terugkeren naar die telefoontjes: u bent dus gebeld om 19.32 uur, nietwaar?'

'Ja, de tijd weet ik niet meer, maar ik ben die avond voor mijn vertrek een paar keer gebeld.'

'En een van die bellers was de heer Whitaker.'

'Nee, meneer, die heeft mij niet gebeld.'

'Hebt u enige reden om de feitelijkheid van de telefoonlijsten in twijfel te trekken, waaruit blijkt dat er vanuit zijn huis gebeld is om...'

Mulcahy stond alweer, maar de rechter had zijn verzoek toegewezen voordat hij het uitgesproken had.

'Wel,' zei O'Hanlon en hij wuifde de bezwaren weg, 'ik weet zeker dat de jury zich de bewijzen van de telefoonlijsten zal herinneren.' Hij bekeek zijn prooi nog even en besloot de regels een klein beetje te overschrijden. O'Hanlon was uiteraard een man met een aanzienlijk ego.

'Dus wie heeft u dan wel gebeld?'

'Mijn moeder,' begon hij. 'Mijn moeder belde. En als ik me goed herinner kan er nog een telefoontje geweest zijn.'

Nu liep O'Hanlon op de getuigenbank af. Zijn intuïtie fluisterde hem iets in. Hij zette Shepard niet onder druk. Het was iets te vroeg voor fysieke dreiging. Maar hij wilde wat stiller praten.

'Van wie was dat andere telefoontje?'

'Verzekeringen.'

'Een verkoper van verzekeringen?'

'Volgens mij wel. Zo iemand die rond etenstijd opbelt om je iets te verkopen. U weet wel, hallo, u spreekt met die en die van dat en dat bedrijf.'

'Wat was dat voor bedrijf?'

'Dat weet ik niet meer.'

'Dus u geeft toe dat u gebeld bent, maar u weet niet meer wie dat was, dat stelt u?' vroeg O'Hanlon op geringschattende toon.

'Nee,' zei Shepard. 'Ik weet alleen nog dat het een vrouw was. Zuidelijk accent.'

Nu klonk de diepe Ierse stem zachtjes. 'Meneer Shepard,' zei de stem, 'u was boos op de heer Whitaker, nietwaar? U was overstuur?' Hij stelde de vraag op vriendelijke toon.

Shepard knikte bevestigend. 'Ja, dat was ik. Ik vond dat hij me had laten zitten, dat hij me had laten vallen om zijn eigen deal met de directie erdoor te krijgen. Ik vond dat hij me in de steek gelaten had.'

Nu stond O'Hanlon op het podium. Hij zweeg even en begon aan een reeks vragen die geen bewijs konden opleveren. Dat maakte hem niet uit. Hij wilde dat de jury zijn theorie hoorde. En hij hoopte dat er nog iets extra's uit zou komen.

'Dus u belde hem om een afspraak te maken voor die avond, nietwaar?'

'Niet waar.'

'U reed in uw Subaru 1984 naar Sheringham en u zag de heer Whitaker rond negen uur die avond, nietwaar?'

'Nee.'

'En u schoot de heer Whitaker dood in zijn studeerkamer, met zijn eigen marinepistool, door middel van één schot in het hoofd, nietwaar?'

'Nee, dat heb ik niet gedaan.'

'En daarna hebt u uw handen gewassen in het toilet naast de studeerkamer?'

'Nee, dat heb ik niet gedaan.'

'En daarna hebt u het huis verlaten en bent u via Dover Street naar Route 37 gereden, van Route 37 naar Coolidge, van Coolidge naar de kruising van Maple en 135?'

'Nee. Nee. Ik ben niet in Sheringham geweest. Ik ben daar niet geweest.'

'En u hebt getankt bij het benzinestation op de hoek, waar u de tank hebt laten volgooien en hebt betaald met een creditcard, nietwaar?'

'Nee, dat is niet waar.'

'U bent naar de snelweg gereden vanuit Natick en in westelijke richting op pad gegaan?'

'Nee, zoals ik uitgelegd heb, ben ik over de Mass Pike in Boston gereden, rond acht uur toen ik de stad uit ging.'

'En bij de volgende parkeerplaats hebt u uw jasje weggegooid, nietwaar?'

'Dat is een leugen,' zei Shepard. De aanklager begon hem op zijn zenuwen te werken.

'Meneer Shepard,' zei O'Hanlon, 'ik laat u nu bewijsstuk 8 zien, het jasje. Dat is toch uw jasje?'

John Shepard zweeg. Hij keek onderzoekend naar het jasje, met verontschuldigende blik. Daarna keek hij vragend naar Ed. Aan zoiets eenvoudigs had hij niet gedacht. Ze zouden moeten aannemen dat hij zou ontkennen dat dat zijn jasje was, en O'Hanlon zou de vraag dus niet stellen. Hij keek naar zijn handen.

Wat krijgen we nou? zat Ed Mulcahy aan de andere kant van de zaal te denken. Wat krijgen we...

En toen zei Shepard: 'Ik, ik weet het niet. Het ziet eruit als een jasje van mij.'

Toen werd het heel stil in de zaal. Niemand verroerde zich. Mulcahy's gezicht betrok. Hij voelde zich misselijk worden. Hou je gezicht in de plooi! dacht hij bij zichzelf. Niets laten zien! Maar hij voelde de ogen van de juryleden van de getuige naar hem schieten en weer terug.

De grote, breedsprakige aanklager viel ook stil. Hij was absoluut verbijsterd. Hij liep terug naar zijn tafel. 'Uw jasje?' herhaalde hij.

'Het lijkt er wel op.'

'Uw jasje in een vuilnisvat langs de snelweg?'

'Zoals ik al zei, het lijkt erop.'

'Uw jasje met het bloed van Samuel Whitaker erop!'

'Protest!'

'Toegewezen.'

Nu kwam Paul O'Hanlons moment. De jury keek hem verwachtingsvol aan terwijl hij een stapel papieren oppakte.

'Uw jasje, meneer Shepard. Aha. U zegt dat u die avond met uw moeder gesproken hebt?'

'Dat klopt.'

'Nou, hebt u uw lieve oude moedertje verteld dat uw jasje onder het bloed van Samuel Whitaker zat!?'

En daarna was het één grote warboel, want Paul O'Hanlon had zijn gevoelige plek gevonden. Grosso begon iets te zeggen op het moment dat Mulcahy 'Protest!' brulde. Maar O'Hanlon zag dat zijn schot doel geraakt had, zag hoe Shepard rood aanliep, en hij wist dat hij gescoord had. Hij denderde door en schreeuwde tegen de getuige: 'Nou?'

Shepard sprong overeind en de hele jury hoorde hem zeggen: 'Jij ongelofelijke klootzak!' De gerechtsdienaars schoten in actie. Ze renden de zaal door naar de getuigenbank en toen Shepard nogmaals zei, met zijn vinger op O'Hanlon wijzend: 'Jij smerige vetzak, laat mijn moeder...' dwongen twee gerechtsdienaars hem terug op zijn plaats, terwijl Grosso met zijn hamer op zijn tafel ramde. 'Orde! Orde!' schreeuwde hij. 'Gaat u zitten, meneer Shepard,' grauwde hij naar de getuige en daarna wendde hij zich tot de aanklager. 'Komt u hierheen, meneer O'Hanlon.'

O'Hanlon en Shepard keken naar elkaar met blikken als van worstelaars in de ring en Gleason schoof hem opzij. Even later vielen er twee gerechtsdienaars over Shepard heen. De juryleden krompen ineen en deinsden achteruit op hun banken, behalve de ruwe zeebonk, die van oor tot oor zat te grijnzen. Jezus, dacht

Stevie terwijl hij verbaasd vanachter in de zaal toekeek, 'wat een circus.' Hij deed zijn best om te horen hoe de rechter de juristen toesprak in amper verhuld gefluister, zodat Stevie een paar flarden opving: 'U dient zich te gedragen...' en dan nog wat onverstaanbaars. 'Nog één zo'n uitbarsting, heren, en...' Enzovoort. Het maakte allemaal deel uit van O'Hanlons show, uiteraard, een dramatische handtekening zodat de jury zich de scène zou herinneren. En hij was erin geslaagd Shepard te provoceren: geen van de juryleden zou er nog aan twijfelen dat dit een driftig man was.

Pas na twintig minuten was de orde in de zaal hersteld. Mulcahy stond op om zijn cliënt te rehabiliteren, maar hij kon het niet opbrengen. 'Het lijkt op mijn jasje!' Wat moest hij daarmee? Mulcahy verhief zijn stem en de vragen kwamen in rap tempo, defensief. Hij voelde dat de jury teleurgesteld naar hem keek. Ze wisten het niet meer. Hij zweeg en hoopte dat de zitting verdaagd zou worden. O'Hanlon wilde de getuige niet nog een keer horen, alsof hij wilde zeggen dat de getuige zo grondig vernederd was dat het geen zin had om verder te gaan.

Rechter Grosso stuurde de jury weg. Toen de gerechtsdienaar kwam, keek Shepard met nog steeds smeulende blik naar Mulcahy. De gerechtsdienaar tikte hem op zijn schouder. Hij stond langzaam op. Zijn blik was nog steeds op Mulcahy gevestigd, maar Mulcahy keek weg. 'Het is niet waar, man, het is niet waar,' zei hij toen de gerechtsdienaars hem de handboeien omdeden en hem wegleidden.

'Je hebt tegen me gelogen, John,' zei hij toen ze alleen in het kamertje zaten. Hij had maar tien minuten voordat het busje zou komen om Shepard terug te brengen naar de gevangenis.

'Weet ik,' zei Shepard. 'Maar als ik gezegd had dat het mijn jasje was, had je me dan laten getuigen?'

'Nee, dat is nou juist het punt! Als het godverdomme jouw jasje is en als je gaat getuigen, dan komt de jury daarachter. Zolang je niet getuigt, is er nog twijfel. En erger nog: je hebt me ermee overvallen. Wat kon ik nou nog doen toen ik je weer mocht horen? En dat briefje?'

'Dat was van mij. Stelletje sukkels. Dat is een nummer in Colorado. T.M.D. staat voor Tenth Mountain Division. Die lui had ik een tijdje tevoren gebeld voor een bergtocht.'

Ed zweeg. Hij voelde hoe hij naar adem zat te happen. 'Of je getuigt of niet, dat is jouw zaak. Ik had je niet kunnen tegenhouden. Ik zou geprobeerd hebben het je uit het hoofd te praten. Maar als ik de waarheid geweten had, had ik tenminste... dan hadden we kunnen proberen er iets aan te doen...'

Zijn stem stierf weg. Hij hoorde de agenten de trap op komen. En hij stelde hem één vraag, heel zachtjes: 'Waarom?'

Maar daar waren de agenten. Ze pakten Shepard beiden bij een arm en namen hem mee.

'Wacht even! Wacht even!' brulde Shepard en hij probeerde zich los te worstelen. 'Ed, laat me je één ding vragen. Alleen dat ene maar, godverdomme! Trek ik op 16 mei mijn zondagse jasje aan om veertig uur in de auto te gaan zitten?'

Ze sleurden hem weg.

Mulcahy liep in zijn eentje het gerechtsgebouw uit. Zijn voeten leidden hem naar Stevies kantoor, hoewel dat niet veel zin meer leek te hebben. Kate en Stevie zaten er al. Er werd niet veel gezegd. Stevie at niet eens. Wel had hij ergens koud bier gevonden en dat deelde hij uit.

Ed zat op de bank naar zijn nagels te staren. Buiten toeterde en raasde en scheurde het verkeer voorbij. 'Ik wou dat ik een dubbeltje kreeg voor iedere keer dat hij tegen me gelogen heeft,' zei hij.

Zonder iets te zeggen kwam ze op de leuning van de bank zitten cn legde haar hand op zijn arm.

'Die vent, die vreselijke klootzak, die vréselijke klootzak! Alsof het niet genoeg was dat hij me in de Rockies bijna de dood in gejaagd heeft! En dat hij me m'n baan gekost heeft! Nou zet hij me volkomen voor paal. "O ja, nou ik eraan denk, ik heb Libby Russell ook nog gezien acht uur voordat Sam Whitaker vermoord werd! Ja, misschien staat er wel een bericht op mijn antwoordapparaat! Een verzekeringsagent, dat was het! Jasje? Wat voor jasje? Niet mijn jasje. Oeps, bij nader inzien, ja, dat ziet eruit als mijn jasje!" Waar komt die vent vandaan en wat heb ik gedaan om hem te verdienen?'

Kates arm lag tegen zijn hand aan en ze onderbrak hem. 'Ed,' zei ze, 'cliënten liegen nu eenmaal tegen hun advocaten. Dat is vaste prik.' Ze zei het op vriendelijke toon.

Hij keek haar aan. 'Heb ik die leugens verdiend?'

Ze draaide zich om en liep de kamer door. 'De leugen die hij niet verteld heeft, is veel interessanter.'

'Hoezo?'

'Onder ede,' zei ze, 'geeft hij toe, over dat jasje... Denk je dat

ze dat met hem in verband hadden kunnen brengen?'
'Denk je dat hij het antwoord wist?'
Ze knikte. 'Misschien niet. Maar onder ede heeft hij de waarheid gezegd.'
'Stevie,' zei Mulcahy met een blik op de kalende detective die het hele gesprek in een ongewoon stilzwijgen had aangehoord, 'even de waarheid controleren. Heeft hij het gedaan?'
Stevie wendde zijn blik af.

Mulcahy voelde zich duizelig op weg naar de metro, licht in het hoofd terwijl hij op zijn trein stond te wachten. Toen het avond werd zat hij thuis, in boxershorts, op de bank, bier binnen handbereik.
Gitz was rustig binnengekomen. 'Slechte dag gehad?' vroeg hij terwijl hij naar Mulcahy keek. Hij knikte tegen zichzelf en zei: 'Ja, dus. Slechte dag gehad.' Hij ging naar zijn kamer.
Op de televisie in de woonkamer vertelde Frannie Dillard zijn verhaal en Mulcahy keek hoofdschuddend hoe de verslaggever berichtte over de uitbarsting van die dag.
Mulcahy had gefaald. Hij had een doodzonde begaan. Hij had voorgewend een strafpleiter te zijn terwijl hij dat niet was. Hij had geprobeerd de zaak te winnen terwijl het zijn taak was om niet te verliezen. Hij was onvoorbereid de rechtszaal ingelopen. Hij had nooit uitgezocht hoe dat zat met het jasje. Hij had een verhaal geloofd dat als een pudding in elkaar gezakt was toen het van dichtbij bekeken werd. Hij had de deur wagenwijd opengezet, het jasje voor het grijpen, en O'Hanlon had zijn kans waargenomen. Hij had zijn cliënt op een presenteerblaadje aangeboden voor de genadeklap. De knappe aanklager was maar doorgegaan over de details. Hij had zijn verdediging gevoerd zonder enig plan. En hij had de waarheid genegeerd die iedere competente jurist kent: zelfs datgene wat je kent en onderzocht hebt en waarover je je zorgen gemaakt hebt en wat je gecontroleerd hebt, zelfs dat is verdacht en onbetrouwbaar; maar wat je in goed vertrouwen aanneemt, daardoor word je verraden. Als een kind had hij die waarheid laten schieten. Dat had hem zijn nek gekost, en die van zijn cliënt.
En, dacht hij terwijl hij zijn fles leegdronk, ik ben nooit iets te weten gekomen over John Shepard. Ik was zijn publiek, zijn jongere broertje. Ik was zijn advocaat niet. Ik ben gewoon de zoveelste onnozele hals, de zoveelste zot die hij bruikbaar vond en

gebruikt heeft. En nu? Daar dacht Mulcahy over na. Hij was niets meer dan een vent in boxershorts, een jurist zonder baan, zonder partnership, zonder cliënten, hij had zelfs geen bankrekening. Hij had verdomme geen schoon overhemd meer om aan te trekken. Ik ben, dacht hij, een loser die vanwege een vage intuïtie zijn carrière verspeeld heeft.

Hij zat op de bank en staarde naar het raam terwijl het donker werd. Daar was Shepards opmerking, over het keukenraam drijvend, hoofdschuddend: 'Dat is een leugen, man, het is een leugen.' Met grote eerlijke ogen, die kloothommel. Het beeld liet hem niet los. Zelfs op dat moment was dat een blijk van zijn eigen gebrek aan inzicht. En daarna veranderde het beeld en zag hij, zoals zo vaak tevoren, die baard vol ijs opduiken uit de witte sneeuwvlagen en die gezaghebbende woorden. Mulcahy liep naar de kast en pakte een fles whisky, haalde uit de koelkast ijsblokjes met een laag rijp erop en schonk zichzelf een groot glas in.

Hij had Kate helemaal niet gehoord. Gitz moest haar binnengelaten hebben. Ze stond daar zwijgend terwijl hij zijn whisky inschonk.

'Hoi,' zei hij zwakjes.

'Hoi,' zei ze.

'Ook een glas?'

'Nee,' zei ze fronsend. Ze wilde iets zeggen maar hield zich in. Hij keek scherp naar haar en draaide zich om.

'Het spijt me,' zei ze. 'Ik vind het heel naar wat er vandaag met John gebeurd is. Wat kan ik doen?'

Hij zei niets. En toen: 'Je kleren uittrekken,' op bittere en spottende toon.

Ze staarde hem geschokt aan en hij kon haar blik niet beantwoorden. Hij keek omlaag naar de amberkleurige vloeistof. 'Dat is de eerste rotopmerking die ik je ooit heb horen maken,' zei ze, haar woorden zorgvuldig afwegend. Hij zag dat haar onderlip trilde. Ze draaide zich om en hij hoorde haar hakken over de vloer van de woonkamer tikken.

'Kate!'

Ze bleef staan. 'Ik heb geen belangstelling voor mannen vol zelfmedelijden,' zei ze.

Hij voelde zich vuurrood worden. 'Het spijt me,' zei hij.

'Ja, dat blijkt wel,' zei ze terwijl ze terugliep naar de keuken.

'Het spijt je heel erg. Voor jezelf. Daar zit je, met je neut voor je, klaar om te gaan zitten mokken omdat Paul O'Hanlon je vandaag te slim af was. Alweer.'

Hij keek op.

'O, ja, dat is het, helemaal,' zei ze. 'Jij en Paul O'Hanlon. Daar gaat het volgens jou om, nietwaar? Jij en Paul O'Hanlon. Waarom gaan jullie niet met z'n tweeën de kleedkamer in met een liniaal om te kijken wie de mannelijkste màn is, Ed? Dan heb je de beklaagde helemaal niet meer nodig. En het slachtoffer ook niet.'

'Kate...'

'Nee, Ed, volgens mij moet dit tegen je gezegd worden.' Ze ging verder. Doordat ze haar hoofd schudde vielen er lokken rood haar voor haar gezicht. 'Dit is een proces. Het gaat om een slachtoffer en een verdachte. Het gaat niet om jou en Paul O'Hanlon. De jury moet nadenken over schuld en onschuld. Niet over de beste acteur. En nu iets anders. Paul O'Hanlon is beter dan jij. Oké? Dat is gewoon zo. Feit. Wen er maar aan. Niet zo heel verbazingwekkend. Hij heeft dit soort dingen vaker gedaan dan jij, toch? En hij is goed! Kunnen we daar gewoon mee leven?'

Hij zat tegenover haar en keek met neergeslagen ogen naar de tafel, naar zijn nagels, naar alles en niets, en wachtte tot ze uitgesproken was.

Ze keek nog steeds kwaad naar hem. 'Maar je bent zelf, als je niet de hele tijd zo'n medelijden met jezelf zou hebben, ook niet bepaald slecht, weet je dat? En je hebt een cliënt. En er is werk te doen. Oké?'

Hij liet zijn hoofd hangen. 'Oké,' zei hij.

'Luister, jij moet aan de slag. Wíj moeten aan de slag. En we hebben niet veel tijd. Morgenochtend wordt je bankrekening weer vrijgegeven. En dan,' zei ze, terwijl er iets ironisch in haar stem kroop, 'dan is de beurt aan Sneeuwwitje.'

Hij knikte en zei: 'Oké', en ze gingen aan de essehouten tafel zitten met het dossier over Russell. Met hun hoofd vlak bij elkaar bestudeerden ze het profiel. Af en toe wierp hij een snelle blik op haar en vroeg zich af of ze zich ooit zou laten afleiden zolang er een dossier voor haar openlag.

'Weet je,' zei hij na een tijdje, 'toen ze hem terugbrachten naar Charles Street, stelde hij me een vraag. En volgens mij heeft hij gelijk.'

'Welke vraag?'

'Zou John Shepard zijn pak aangetrokken hebben voordat hij op weg ging naar Colorado?'
Ze knikte. 'Ik heb nog ergens anders over zitten denken,' zei ze. 'Dat telefoontje.'
'Zijn moeder?'
'Nee, die telefonische verkoper.'
'Verkoopstèr, zei hij volgens mij.'
'Precies.'

30

Mulcahy had kunnen raden dat het vanaf dat punt bergafwaarts zou gaan. Grosso had hem even rust gegund en had de zitting verdaagd tot woensdagmiddag, zodat hij die ochtend kon wijden aan de beslaglegging op zijn tegoeden. Rechter Hughes had dienst in 11a en Ed en Kate keken toe hoe hij de zaken vóór hen behandelde. Hughes was een man van de wet: hij gaf blijk van een buitengewone rechtsgeleerdheid. Hij was volstrekt eerlijk en hij had zich voorbereid. Hij had de bescheiden doorgenomen en was verder een snelle beslisser. Maar hij was kil en niemand wist ooit wat hij werkelijk dacht.
Tegen het einde van de ochtend was Mulcahy aan de beurt. Een jonge vrouw stond achter in de zaal op en vroeg om aanhouding. De heer Parisi bleek een proces te hebben bij het kantongerecht van het Lowell-district.
'Edelachtbare,' zei Kate, 'mijn cliënt heeft ook een proces. In 8b. En zijn bankrekening is geblokkeerd. Hij zit letterlijk zonder middelen. Deze zaak kan niet aangehouden worden.'
'Hoe lang duurt dat proces van de heer Parisi?' vroeg Hughes aan de assistente.
'Minstens een week, edelachtbare.'
'Nee,' zei Hughes. 'Vrijdagmiddag twee uur. Als hij niet aanwezig kan zijn, kan hij beëdigde verklaringen indienen. En, mevrouw Maher, mag ik u uitnodigen de wet te lezen.'
Fronsend gebaarde Hughes dat de commies-griffier de volgende zaak kon afroepen. Ed en Kate keken elkaar onzeker aan toen ze naar buiten liepen. Wat betekende die laatste opmerking in godsnaam? Nu duurde het nog twee dagen voordat Ed Mulcahy ook maar een kans kreeg om weer aan zijn bankrekening te kunnen. En het zag er niet goed uit.

Na de lunch werd Libby Russell opgeroepen. Shepard, die al vroeg de zaal in gebracht was, had haar niet zien binnenkomen. Hij had van niets geweten totdat hij haar naam hoorde noemen. 'Wat nou?' fluisterde hij.

'We hebben haar nodig, John.'

'Nee. Ik wil het niet hebben,' fluisterde hij met fonkelende ogen.

'Te laat, John,' fluisterde Ed. 'Hou je gezicht in de plooi, alsjeblieft, de jury zit te kijken.'

Met een prachtig lichtgeel pakje aan, een koninklijke gang en haar haar strak naar achteren gekamd, stapte ze onaangedaan van de publieke tribune af in de richting van het getuigenbankje. Elegant liep ze de zaal door, knikte beleefd tegen de jury en nam plaats. Grosso keek verbaasd toe. De mannelijke juryleden keken belangstellend. De gezichtsuitdrukkingen bij de vrouwen waren moeilijker te doorgronden. Toen ze gezegd had wie ze was, besloot Mulcahy geen tijd te verdoen.

'Hebt u ooit iemand ontmoet die Vincent Testa heet?'

Elizabeth Russell keek haar ondervrager aan. 'Die naam herinner ik me niet.'

'Vinny Testa heeft een heleboel namen, nietwaar?'

'Protest!' Mulcahy glimlachte in zichzelf en gokte dat O'Hanlon wakker was.

'Toegewezen.'

Mulcahy probeerde het opnieuw. 'Hebt u ooit iemand ontmoet die onder andere Vincent Testa heet?'

'Dat kan ik me niet herinneren.'

'Mevrouw Russell, u bent aanklager geweest voordat u in dienst trad bij een particulier bedrijf?'

'Ja.'

'Werkte u toen bij de georganiseerde-misdaadbestrijding?'

'Ja, dat is zo.'

'U hebt een aantal zaken gedaan tegen leden van georganiseerde-misdaadclans in New England?'

'Ja.'

'Maakte uw kantoor gebruik van informanten, undercovers?'

'Waarvoor?'

'Waarvoor, mevrouw Russell?'

'Ja. We maakten gebruik van informanten.'

'Bij een groot aantal zaken maakte u gebruik van afluisterapparatuur?'

'Soms, ja.'

312

'En wanneer u toestemming kreeg om die apparatuur te plaatsen, dan vertrouwde de overheid die de toestemming verleende daarbij toch op de verklaringen van de informanten?'

'Protest, edelachtbare, dit is volslagen irrele...'

'Afgewezen, meneer O'Hanlon. Geeft u antwoord, mevrouw Russell.'

'Ja, dat klopt.'

'Hebt u wel eens persoonlijk met de informanten gesproken?'

'Ja.'

Mulcahy liep naar de getuigenbank. 'Hebt u de staat vertegenwoordigd in de zaak *Verenigde Staten* versus *Cerrone?*'

Haar gezicht betrok een fractie van een seconde. 'Ja.'

'Was Vinny Testa, of iemand die zichzelf Vincent Testa noemde, een van de informanten in die zaak?'

Russell had haar evenwicht hervonden. Ze wendde zich tot rechter Grosso en zei op vlakke toon: 'Edelachtbare, als voormalig assistent-aanklager voor de Verenigde Staten ben ik van mening dat het openbaar ministerie vooraf had moeten worden ingelicht en gehoord had moeten worden als er vragen gesteld worden over deze informanten.'

Rechter Grosso knikte en keek naar de juristen. 'Hier komen,' zei hij. 'Heren,' zei hij toen ze voor hem stonden, 'naar mijn mening heeft de getuige gelijk. Ik weet niet veel over de bepalingen aangaande die informanten, maar, meneer Mulcahy, wilt u het OM op de hoogte stellen van uw ondervraging en te kennen geven dat ik om negen uur morgenochtend conclusies verwacht van de belanghebbende partijen. Ik zal u horen om tien uur. De jury en de getuige worden geëxcuseerd tot elf uur.'

'Edelachtbare,' probeerde Mulcahy, 'als ik heel even...'

'Nee, meneer Mulcahy,' zei rechter Grosso. 'De zitting wordt verdaagd.'

Twee uur later zat Mulcahy te midden van boeken vol verslagen en toelichtingen aan een tafel in de bibliotheek. Het zou erom spannen of Mulcahy de getuige kon dwingen te praten over een informant ten behoeve van Shepards verdediging. De zaken die hij in de boeken vond, gingen allemaal over de bekendmaking van de identiteit van een informant tijdens de rechtszaak zelf. Maar in een nieuwe zaak was het belang ervan moeilijker aan te tonen. Hij kon niets vinden dat direct op deze zaak sloeg, geen eenduidige uitspraak van het hof van Massachusetts waardoor rechter Grosso gemakkelijker tot een beslissing zou komen. Hij moest dus redeneren via analogie, de ene steen op de andere leggend in de hoop dat het bouwsel zou blijven staan.

'De bibliotheek gaat over vijf minuten dicht,' zei iemand. Een vrouw glimlachte naar Mulcahy, van de andere kant van de leeszaal. Hij keek om zich heen en besefte dat er niemand meer zat, behalve de bibliothecaresse, die bezig was de hoge ramen met een lange stok dicht te doen. De rechtenstudenten en de juristen waren naar huis. Hij schreef nog een paar citaten op en maakte nog wat aantekeningen, stopte zijn notitieblok in zijn tas en ging op weg naar de lift. Even later had hij een telefoon gevonden. Nogmaals legde hij het probleem uit. Nogmaals bood hij zijn verontschuldigingen aan.

En nogmaals schonk Kate zichzelf een kop koffie in en maakte zich op voor een lange nacht achter de computer.

Donderdagochtend kwamen ze de zaal in als een kersvers bataljon versterkingen, enthousiast en gewapend met memo's en moties. Mulcahy zag ze terwijl hij de zaal inliep en geloofde zijn ogen niet. Ze zaten op de eerste rij. Jezus. Twee kerels van Fletcher Daye, drie van het OM, onder wie Hoskins, het hoofd van de afdeling Strafzaken, en Russell. De mannen allemaal in geperste blauwe pakken met kraakwitte overhemden, de vrouwen stuk voor stuk aantrekkelijk gekleed. Plus een vennoot voor strafzaken van Freer, een ellendeling, ene Andrew Van Kampen. Wat deed die hier? Mulcahy zuchtte. Kate was niet naar Stevie gekomen. Ze was niet in de zaal. Iemand gaf hem zijn kopieën: zeven, acht centimeter moties van de staat zelf, van het OM en van de getuige. Heel fijn. Stapels papier van de tegenpartij en hij had niet eens een conclusie.

Niet alleen had hij geen conclusie, hij wist zelfs niet eens wat zijn argument zou zijn. Hoskins kwam bij hem staan en pompte zijn hand op en neer. Hij overlaadde hem met allerlei gebeuzel zodat hij zijn materiaal niet kon doornemen. Hij voelde zich moe. Moe en geïrriteerd.

Kate kwam de zaal binnen voordat Mulcahy zich kon losscheuren van Hoskins. Zwijgend stond ze in de deuropening. Mulcahy keerde zich om en toen, op dat moment, drong het tot hem door, en tot haar, en uiteraard tot Andrew Van Kampen. Met een onbewogen blik trok ze zich terug en liep de deur door, de hal in. Nu keek Van Kampen naar Mulcahy, maar die retourneerde de

314

blik niet. Mulcahy volgde haar de gang in.

Samen stonden ze voor de lift. Golven rood haar sprongen alle kanten op. Ze zag er vreselijk uit. Ze had weer het grootste deel van de nacht op gezeten.

'Het spijt me, Kate, Jezus, Kate, wat spijt me dat. Ik heb er niet bij nagedacht...'

'Laat maar,' zei ze, 'laat maar.'

'Kate...'

'Hier is je conclusie. En hier zijn de zaken. *Stingley* en *Orosco* zijn de beste. *Leblanc* ziet er niet goed uit.' Ze zei het zonder emotie.

'Kate, luister...'

'Het is wel goed. Ze moesten het toch een keer ontdekken. Lees die zaken, Ed. Ik moet ervandoor. Lees ze. De zitting is over tien minuten.'

Er viel verder niets te zeggen. Ze liep langzaam naar de lift. Blozend en op haar lip bijtend stond ze, naar het leek absurd lang, te wachten tot de lift kwam. Toen de deur uiteindelijk openging, lag er een traan op haar wang.

Van Kampen stond in de deuropening toen hij terugkeerde naar de zaal. 'Wat was zij...'

'Hier,' zei Mulcahy en gaf hem een kopie van de stukken van de verdediging. 'En Andy?'

'Wat?'

'Val dood.'

Maar Van Kampen liep naar een telefooncel en even later was de zitting begonnen.

'Tenzij de betrokkene door middel van duidelijke en overtuigende bewijzen aantoont dat er een dringende noodzaak is aan bewijsstukken die rechtstreeks betrekking hebben op een verdediging in deze zaak...'

Hoskins stond zachtjes van links naar rechts te zwaaien en de frasen rolden van zijn tong, de een na de ander.

Jezus, dacht Mulcahy. Die Russell heeft wel wat in de melk te brokkelen.

Ze hadden het hoofd van de divisie strafzaken meegenomen. Ze hadden hun conclusies werkelijk uitstekend voorbereid. Daar hield Grosso van, dat was waar het OM om bekend stond. In zijn rechtszaal gezeten, met een stel eersteklas conclusies voor zijn neus die diezelfde nacht gemaakt waren. Grosso staarde over zijn bril heen en richtte zijn volledige aandacht op de advocaat.

Toen Hoskins uiteindelijk stil viel, kwam Mulcahy langzaam overeind. Hij was nog steeds *Orosco* aan het snellezen toen de rechter naar hem keek. Hij kwam ongemakkelijk overeind, moe en ongeconcentreerd. Zijn stem klonk hem kleintjes in de oren, klein en ver weg. Als van grote afstand hoorde hij stukjes argumenten, zinnen, ideeën. Maar zijn woorden kwamen er ongestructureerd uit, als een kudde uit hun weide ontsnapte koeien die log alle kanten op zwalkt. Hij kon ze niet verzamelen en één kant op jagen. Hij hoorde zichzelf praten over het recht van de beklaagde op een eerlijke procesvoering. En even later argumenteerde hij over de aard van de standaard van bewijsvoering. En daarna scheen hij het over iets anders te hebben. Grosso zat te fronsen.

Mulcahy keek de rechter aan. Grosso zou tegen hem zijn.

Het proces van overtuigen is iets eigenaardigs. De principes van de argumentatie worden maar gedeeltelijk en zuiver willekeurig gevolgd. Een rechterlijke uitspraak is, net als alle menselijke beslissingen, meestal geen rationeel gevolg van een reeks logische vooronderstellingen. Vaak is het intuïtie, een axioma, een stelling, waarbij argumenten als voorwendsel worden gebruikt. Er is een moment waarop de beslissing valt. En wanneer dat moment voorbij is, dienen de argumenten van de advocaat er alleen nog toe het willige gehoor munitie te verschaffen om de keuze te verantwoorden.

Grosso zou tegen hem stemmen. Mulcahy zweeg ostentatief en het werd stil in de zaal. Er kuchte iemand. Het was hem bitter duidelijk geworden. Rechter Grosso genoot van deze zitting omdat hij zich, al was het maar voor één ochtend, een federale rechter kon voelen. Het enige wat hij wilde en wat hij niet gekregen had terwijl hij het in feite verdiende, was een aanstelling als federaal rechter. En het werd nu heel spannend vanwege een punt dat Elizabeth Russell betrof, die deel uitmaakte van de benoemingscommissie voor de rechterlijke macht van de Orde van Advocaten. Samen met Hoskins. En Van Kampen. Geen wonder dat die hier zat.

'Meneer Mulcahy?' klonk Grosso's stem.

'Pardon, edelachtbare.' Mulcahy keek omhoog. Het was alweer een hete ochtend. Spoedig zouden ze de ventilatoren moeten aanzetten. 'Edelachtbare,' zei hij, 'het komt hierop neer. Mijn cliënt staat terecht wegens moord. En ik heb dit bewijs nodig. Dat is alles, in feite is dat alles.'

De oudere man keek hem indringend aan. Met zijn laatste opmerking had Mulcahy bijna het pleit gewonnen. In de loop van de week was de rechter onder de indruk geraakt van de vastberadenheid van de jonge advocaat, maar zijn besluit stond vast en dus stak hij van wal. Grosso formuleerde het allemaal heel geordend, honingzoet, doorspekt met verwijzingen naar het te betonen respect voor de rechterlijke discretie, met opmerkingen over het gedrag en de geloofwaardigheid van getuigen. De motie van het om zou worden toegestaan, samen met de gezamenlijke motie voor cassatie. De hoorzitting was een farce geweest, een holle vertoning. Hij had zijn beslissing gebaseerd op de papieren.

Plotseling was Ed Mulcahy moe, en boos. 'Ik verzoek om heroverweging,' zei hij op vlakke toon.

'Afgewezen, meneer...'

'Ik verzoek om aanhouding en voorlopige voorziening...' onderbrak hij.

'Afgewezen!'

'Ik verzoek de zaak te seponeren,' zei hij.

'Wàt?' vroeg de rechter.

'Seponeren, edelachtbare. Ik wil graag seponeren.'

'Afgewezen, meneer Mulcahy,' snauwde de rechter. Die laatste opmerking zat hem werkelijk dwars.

De twee mannen keken elkaar aan, nogmaals, en alle warmte was verdwenen uit de stem van de oudere man. 'Zullen we verder gaan met het proces, meneer Mulcahy?'

'Zeker, edelachtbare,' zei hij, zijn stem weer in bedwang.

Mulcahy keek op zijn horloge toen Elizabeth Russell weer in de getuigenbank zat. Nog een uur voor de middagpauze.

Hij moest die tijd zien door te komen. Hij was nog niet klaar voor Idlewild. 'Wanneer,' zei hij terwijl hij door zijn aantekeningen bladerde, 'hebt u de heer Whitaker voor het eerst ontmoet, mevrouw Russell?'

Ze leek verbaasd over de vraag en dacht na over haar antwoord, overwoog het grondig, grondiger, dacht hij, dan zo'n eenvoudige vraag nodig maakte. 'Dat weet ik niet meer precies,' zei ze.

'Hoe lang hebt u hem gekend?'

'Ik geloof dat ik hem bij een of ander comité heb leren kennen, een paar jaar geleden. Hij was voorzitter van een comité over ethiek in de rechtspraktijk en ik was lid van het comité. Volgens mij heb ik hem toen leren kennen.'

'Hoe lang geleden was dat?'

'Dat weet ik niet meer,' zei ze. 'Vier jaar of zo? Zoiets, meneer Mulcahy.'

'In die tijd werkte u dus nog bij het OM?'

'Ja, volgens mij wel.'

Hij vroeg haar naar verdere contacten in de loop der jaren. Ze waren elkaar herhaalde malen tegen het lijf gelopen. Whitaker was actief binnen de vereniging van oud-studenten van Harvard. Ze had hem bij verschillende gelegenheden ontmoet. Meer recentelijk hadden ze samen in de benoemingscommissie gezeten. Ze kwamen elkaar tegen bij seminars, gelegenheden van de Orde van Advocaten, bij reünies van de oud-studenten. Af en toe een telefoontje. Liefdadigheidsaangelegenheden.

Uiteindelijk werd het één uur en kon de jury de zaal verlaten. Grosso repte zich de zaal uit en Russells kamp stond als één man op, glimlachend terwijl ze de voorste bank uit schoven.

'Meneer Hoskins,' zei Mulcahy met zijn rug naar hem toe terwijl hij omlaag keek naar een opengeslagen dossier op zijn tafel, 'zodra we ons terugtrekken zal ik in hogere instantie herstel vragen onder hoofdstuk 231 artikel 118.'

'Gaat u uw gang, maar volgens mij bedoelt u twee-elf-drie.'

Mulcahy voelde zich knalrood worden. Zijn onwetendheid bleek maar weer eens. In het burgerrecht kan een advocaat op grond van hoofdstuk 231 in beroep gaan, zodat er meteen uitspraak gedaan kon worden over belangrijke zaken, nog voordat het proces beëindigd was. Maar bij een strafzaak, een moordzaak, lag die route anders, onder hoofdstuk 211 en bij een andere instantie, te weten de hoogste instantie van beroep in de staat Massachusetts: het hooggerechtshof.

'Laat het ons weten als u gehoord wordt,' zei Hoskins met iets van een zelfgenoegzame grijns. 'Paul,' zei hij, 'misschien kan de heer Gleason meelopen met de raadsman zodat hij zijn beroep op de juiste plek indient?'

'Hoskins, je bent werkelijk heel amusant. Waarom ga je het toneel niet op?' zei Mulcahy toen ze met O'Hanlon langs hem liepen.

Met zijn smoezelige exemplaar van de reglementen en een notitieblok haalde Mulcahy de stenografe op en ging op weg naar de lift. O'Hanlons knechtje Gleason stond bij de lift te wachten. Samen gingen ze op weg naar de dertiende verdieping.

In het kantoor van de griffier kreeg Mulcahy te horen dat er

geen sprake kon zijn van een onmiddellijke zitting. Rechter Johnson was de rechter voor spoedzaken, vertelde ze hem. 'Schitterend,' dacht hij. Gleason stond erbij toen hij zijn verzoek op een blaadje krabbelde en het indiende met de overweging van het hof. Daarna krabbelde Gleason een bezwaar en maakte het vast aan zijn zeven centimeter papier.
Om halftwee vertrokken ze.

Rechter Grosso kwam laat terug na zijn lunch, en pas na half-drie begon het proces weer. Mulcahy hervatte zijn vragen over Russells relatie met Whitaker. Hij probeerde nog steeds tijd te winnen en keek af en toe naar de deur van de rechtszaal. Deze ondervraging bleek echter meer op te leveren dan hij gedacht had. Had zij hem thuis gebeld? Ja, voor zover ze zich herinnerde, wel. Had hij haar ooit thuis gebeld? Misschien wel. Was ze ooit bij hem thuis geweest? Dat wist ze niet meer. Had ze wel eens met hem geluncht? Ja. Uiteraard klopte dat allemaal perfect met de professionele band die ze met hem had. Mulcahy zwoegde verder.
Om halfvier ging de deur open en Mulcahy, die zich instinctief omdraaide, herkende een van de gerechtsdienaars achter in de zaal. Rechter Grosso kennelijk ook.
'Excuseert u mij, mevrouw Russell,' zei hij. Hij gebaarde naar de vrouw achter in de zaal dat ze haar briefje aan de commies-griffier kon geven. Kelly overhandigde het aan de rechter en daarna gebaarde Grosso dat O'Hanlon en Mulcahy naar voren moesten komen. Hij liet hun de verordening zien. Het was een fotokopie van zijn handgeschreven motie. Er stond:

GEWEIGERD/JOHNSON

Op dat moment op die warme septembermiddag vroeg Mulcahy de rechter om een onderbreking. David Grosso was een goed mens: de korte woedeaanval van die ochtend was even snel verdwenen als hij opgekomen was. Mulcahy had enig respijt verdiend en nu was hij blij dat hij dat geven kon. Er was iets in deze advocaat waarvoor David Grosso bewondering had, iets koppigs en puurs. En toen Mulcahy opkeek, hoefde hij niet te zeggen dat dit proces hem verraste. Hij hoefde niet te zeggen dat de ondervraging nu gemakkelijker zou verlopen dan die ochtend. Hij hoefde niet te zeggen dat hij alleen maar moe was. De rechter voelde dat allemaal aan.

'Heren, we houden er voor vandaag mee op,' zei hij.

Om kwart over drie liep het laatste jurylid de zaal uit. Shepard werd afgevoerd. Mulcahy bleef nog even aan zijn tafel zitten. En even later had hij de zaal verlaten en stond hij in de lift, niet naar beneden, de straat op, maar omhoog, naar de veertiende verdieping, waar ze zijn zaak getorpedeerd hadden met één enkel woord. Hij had geen plan. Er was niets wat hij nog tegen hen zeggen kon. Hij ging gewoon.

Het griffiekantoor voor het hooggerechtshof ligt op de veertiende verdieping, maar voor hetzelfde geld zouden het veertien kilometers kunnen zijn die het kantoor scheiden van de strafzaken op de lagere verdiepingen. Er hing geen tuig rond in de gangen. Juristen in pakken van negenhonderd dollar woonden waardige hoorzittingen bij. Boodschappenjongens komen om vier uur 's middags binnen met dossiers. En dat is het zo'n beetje. Het is een vredig, goedlopend bestaan, misschien is het juist die vrede en die ordening van het beroepsrecht waardoor rechters van het hof van appèl gewone advocaten zo vaak berispen vanwege nalatigheid met betrekking tot details in het heetst van de strijd.

'Ik heb deze motie ingediend,' zei Ed Mulcahy tegen een ongeïnteresseerde jonge vrouw die, als alle leden van de administratieve macht, niets vervelender vond dan een menselijk wezen, een uur voor sluitingstijd.

'Ja,' zei ze, 'ja. Die is geweigerd.'

'Ik wil gehoord worden.'

'Het spijt me, meneer, uw verzoek is afgewezen.'

'Ik wil gehoord worden. Zegt u maar tegen hem dat ik gehoord wil worden.' Verschillende hoofden hadden zich omgedraaid.

'Meneer, ik ben bang dat u moet opstappen. Deze motie is...'

'Mevrouw,' zei hij, 'ik wil dat u tegen rechter Johnson zegt dat ik gehoord wil worden. Mijn cliënt staat terecht op beschuldiging van moord. Moord! Ik wil dat u hem dat vertelt!'

'Dat hoeft ze me niet te vertellen,' klonk een diepe basstem. 'Ik kan u zelf heel goed horen schreeuwen, raadsman.' Het was een warme, diepe stem, een stem vol gezag, een stem die hij vagelijk herkende, hoewel hij de man nooit gezien had. Hij had alleen maar verhalen over hem gehoord. Hij keek opzij en in de deuropening van de ingang van de rechterskamer stond Raymond P. Johnson, rechter aan het hooggerechtshof van de staat.

Hij was nog steeds een imponerende gestalte. Hij was tamelijk fors geworden, maar hij was bijna één meter negentig lang en zag er niet dik uit. Hij had een felle blik en zag er vals uit, met zijn witte ogen die glommen als ivoor in zijn zwarte gezicht, zijn brede schedel bijna kaal met nog wat kortgeknipt haar.

'Edelachtbare,' zei Mulcahy, minder heftig nu, 'mijn naam is Mulcahy, edelachtbare. Ik heb die twee-elf-drie ingediend voor de zaak *De Staat* versus *Shepard*. Ik wil heel graag gehoord worden over deze beslissing.'

De rechter staarde hem zwijgend aan. Mulcahy ging verder, terwijl zijn geest als een razende werkte. Dit was een gesprek zonder dat de tegenpartij er kennis van had, met een rechter van het hooggerechtshof! Dat was absoluut, volslagen en onverantwoordelijk onwettig. Het was gestoord! Maar dat maakte hem niets meer uit.

'Ik voer de verdediging in een moordzaak en ik heb die getuigenissen nodig, ik bedoel, het gaat rechtstreeks over schuld of onschuld...'

'Het hof heeft besloten.'

'Ik, ik denk niet, met alle respect, edelachtbare, maar ik denk niet dat u mij een kans gegeven heeft.' Dat laatste sprak hij heel snel uit.

'U kunt maar beter uitkijken, jongeman,' zei rechter Johnson. Het was heel lang geleden dat iemand zo brutaal tegen hem geweest was. Dat was in de jaren zestig geweest, toen hij zich als een van de slechts twee of drie zwarte juristen een weg gebaand had door het rechtssysteem. Toen had hij de onbeleefdheid en de kleinzieligheid van de Ierse en Italiaanse rechtbankclans moeten weerstaan. Rechter Johnson was sindsdien terechtgekomen bij het hooggerechtshof, waar hij beschikkingen gaf, opinies schreef, advocaten genadeloos op hun kop gaf en griffiers rondcommandeerde. Het was heel lang geleden dat hij zich in alle bochten had staan wringen tegenover een onwillige rechter.

'Edelachtbare,' zei Mulcahy, zich ervan bewust dat hij zich nu ieder moment schuldig kon maken aan minachting van het hof, 'u bent een geweldig strafpleiter geweest, een van de grootsten, dus alstublieft, denkt u nog even aan die tijd. Ik heb deze zaak tien dagen geleden gekregen en ik doe het helemaal alleen. Ik heb niet eens een secretaresse. Ik zit hier tegen O'Hanlon, drie ondergeschikten van hem, een half dozijn detectives en als ik deze motie indien, gooien ze er nog eens vijf man van het OM tegenaan. En dit is een bijzonder belangrijk stuk bewijs voor mijn cliënt. Ik wil geen uitspraak van een jaar geleden ongedaan moeten maken. Ik zou het graag nu meteen willen proberen... ik... het spijt me dat ik u zo aangesproken heb, edelachtbare. Mijn excuses.'

De oude zwarte jurist staarde naar Mulcahy. 'Denk je dat je hier iets mee opschiet, knul? Denk je dat jou onrecht aangedaan is?' Het woord 'onrecht' kwam er sissend uit, als stoom uit een radiator, en hij keek de jongere man aan met een blik waarvan de betekenis onmiskenbaar was. Wat kon een blanke jurist in 1992 – een jochie nog maar! – Raymond Johnson vertellen over rechtvaardigheid? De ogen van de oudere man werden samengeknepen.

'Oké,' zei de rechter. 'Ik zit in mijn kamer. Lauren!' brulde hij. Een jonge vrouw kwam aanhollen. 'Geef me de conclusies over...' hij wendde zich tot Mulcahy, '... wat voor zaak is het, in hemelsnaam?'

'*Shepard*, edelachtbare,' antwoordde hij. '*De Staat* versus *Shepard*.'

'Geef me de conclusies over Shepard. Raadsman,' ging hij verder, terwijl hij zich weer omdraaide naar Mulcahy, 'ik ga nu naar mijn kamer. Ik ga die conclusies nog eens lezen. En als ik ze uit heb, beslis ik of ik u nogmaals hoor dan wel of ik u laat berispen. Het een of het ander.'

Mulcahy knikte. 'Dank u wel, edelachtbare.'

'Bedank me niet, knul. Misschien sta je voor je het weet bij de raad van toezicht van de Orde van Advocaten. Of verdorie, misschien wel voor deze rechtbank.' De oudere man draaide zich om en liep door het kantoor naar de deur van zijn kamer. In het vertrek was het muisstil, alle ogen waren gevestigd op rechter Johnson. Toen hij bij de deur aankwam, zei hij: 'Knul. Eén ding moet je weten. Ik heb vijftien jaar bij dit Hof gezeten. Ze dragen me in een kist naar buiten en vieren feest wanneer dat gebeurt. En ik ben nog nooit tegen Dave Grosso ingegaan!' Hij opende de deur en sloeg hem achter zich dicht.

Er gingen minuten voorbij, een halfuur. Het kantoor was allang gesloten en Mulcahy zat op de bank bij de lift. Toen hij het personeel dat vertrok vroeg wat er gaande was, haalden ze hun schouders op. Hij had geen idee of iedereen naar huis gegaan was via een lift aan de achterkant of zo, maar als dat zo was, wist hij ook niet wat hij moest doen. Dus bleef hij zitten.

Er verstreek drie kwartier. Vijftig minuten. Hij nam zijn besluit.

Hij zou weggaan als het een uur was. Hij keek hoe de seconde-wijzer voortploeterde. Om zes uur drukte hij op de liftknop en keek nog steeds naar de deur van het kantoor terwijl hij op de lift wachtte. Nog steeds hoopte hij. Maar de deur bleef herme-tisch gesloten en de liftdeur ging achter hem dicht.

En daarom trof Lauren niemand aan toen ze de deur ontgren-delde en om kwart over zes naar buiten kwam met één enkel wit A4'tje. Er was niemand om het in ontvangst te nemen.

Die avond zat Mulcahy in zijn appartement, verdoofd, helemaal doorgedraaid na de gebeurtenissen van die dag. Hij kon zich niet concentreren op de bewijzen, op de getuigen of zelfs maar op zijn appèl. Zijn gedachten keerden steeds maar weer terug naar die lokken opstandig haar, die blauwe ogen, aan Kate, die hij verraden had net als iedereen die te lang te dicht bij hem kwam. Hij wist dat er werk te doen was, maar hij kon zich er niet toe zetten. Shepard was op de achtergrond verdwenen, Vinny Testa, rechter Grosso, O'Hanlon; ze leken allemaal even zinloos en klein.

De bel ging. Het was haar stem die door de intercom klonk en toen hij de deur opendeed stond ze daar, op de drempel, haar gewicht nerveus van het ene op het andere been verplaatsend. Ze bloosde. Hij keek haar een tijdje zwijgend aan en ook zij zei niets. Ze durfde hem niet rechtstreeks aan te kijken. En toen vie-len ze in elkaars armen. Hij hield haar dicht tegen zich aan en zij snikte zachtjes en klemde zich aan hem vast zonder naar hem op te kijken. De spieren van haar rug voelden gespannen aan onder zijn rechterhand en zijn linkerhand streelde zachtjes over haar haar. Zo bleven ze minutenlang staan in de deuropening en toen keken ze elkaar aan, als minnaars.

Ze gingen op de bank zitten en hij hield haar zachtjes vast. Ze huilde een beetje en lachte een beetje en vertelde hem dat ze haar die dag ontslagen hadden. Ze hadden haar naar kantoor laten komen en daar zaten ze met hun vieren, vier op een rijtje, zo-dat zij tussen hen in zat en ze niet alle vier tegelijk kon aankij-ken. Ze zeiden dat er gegronde redenen voor ontslag waren en Kincaid had haar de les gelezen over haar niet-deontologische manier van doen en ze had daar rustig moeten zitten terwijl er een brok in haar keel groeide en de anderen toekeken. Daarna waren ze met haar meegelopen en hadden ze Shrinsky, dat klei-ne ettertje, met haar meegestuurd alsof ze meenden dat het niet vertrouwd was om haar haar spullen te laten inpakken zonder dat ze een schrijfmachine of zo zou meenemen. Hij had daar in haar kantoor gestaan terwijl ze haar Rolodex en die paar boeken van haar in een doos gepakt had.

Ze hadden snel gehandeld, uiteraard, maar niet zo snel doorgedacht als zij, want op het moment dat zij de rechtszaal verliet had ze geweten dat ze ontslagen zou worden. Dat wist ze terwijl ze met de lift naar beneden ging en toen ze over Pemberton Square liep en Cambridge Street overstak en de massa's juristen en bankiers op de hoek van State en Congress passeerde. En terwijl ze Congress opliep, was ze al aan het plannen. Vijftien minuten nadat ze op kantoor was teruggekomen, had ze haar computer opgeschoond en alle zaakbestanden verwijderd en de nuttige bestanden uitgeprint. Die had ze in een map gedaan. Toen ze die map later in de doos wilde doen, had Shrinsky haar gevraagd wat dat was. Ze had gezegd dat dat hem niets aanging en hij zei dat dat niet zomaar ging. Ze keek naar hem en zei dat als hij er een vinger naar uitstak, ze het op een gillen zou zetten zo lang en zo hard als ze kon, en dat ze tegen de bewakingsdienst zou gillen en om de politie vragen. Dat zei ze tegen Shrinsky op een toon alsof ze hem vertelde dat ze naar de wc ging en hij krabbelde terug.

Mulcahy zei niets terwijl hij naar haar luisterde. Toen Kate klaar was met haar verhaal, zweeg ze een tijdje. Daarna zei hij: 'God. Het spijt me zo... dat jij hierbij betrokken geraakt bent... dat spijt me zo, Kate.'

'Weet je,' zei zij, 'ik ben meteen na school gaan studeren en meteen na mijn afstuderen bij Freer Motley gaan werken en ik kwam waar ik zijn wilde door precies te doen wat de leraar wilde. Dat was Kate, voor in de klas met haar hand in de lucht en het juiste antwoord op het puntje van haar tong. Of Kate in de bibliotheek om te studeren voor tentamens. Of Kate achter de computer om een conclusie te schrijven. En ik heb gouden sterren gekregen en niets dan tienen en salarisverhogingen en prachtige getuigschriften. Mijn hele leven is één groot rapport.'

Ze ging verder. 'En alles in mijn hele leven was daaraan ondergeschikt: ieder menselijk wezen. Nooit was een vakantie belangrijker dan een opdracht. Maar er was meer. Familie kon me ook niet echt veel schelen. En mijn huwelijk, althans, mijn verloving...' Haar stem stierf weg.

Op dat moment ratelden de sleutels in het slot en kwam Gitz binnen. 'Hoi, Eddie,' zei hij, 'Kate.'

Ze zeiden hem gedag en hij begon te kletsen op weg naar de koelkast.

'Eddie, heb jij een biertje voor me?'

'Gitz, mijn bankrekening is geblokkeerd, weet je nog?'

'O, ja, nou ja, je had wat kunnen pikken of zo. Jezus, wat betekent dat voor de huur?'

De rode krullen doken op in de buurt van de keukendrempel.

'Ik ben bang dat het overal iets voor betekent.'

'Hmmm,' zei hij. 'Hmmm. Hé, Eddie, had je die ouwe bok vanavond moeten zien.'

'Wie?'

'Elko, man, Elko. Zes hits, tot in de negende inning blijven werpen, en Cleveland verslagen. Hij is er weer, zeg ik je. Hij kan het weer. Dat borrelde en bruiste vanavond, jezus. Het gaat de goede kant op, Eddie. De goede kant op!' Zijn stem stierf weg toen hij naar zijn kamer liep.

Ze wachtten tot ze hoorden dat zijn deur dichtging. 'Ben jij verloofd geweest?' fluisterde Mulcahy en even werd zijn greep op haar arm losser. Maar haar greep op de zijne niet.

'Ja. Althans, in technische zin ben ik dat nog steeds. Het is de langste verloving ter wereld. Ik ben verloofd met nooit. We gaan trouwen als het bijzonder goed uitkomt en als er niets tussenbeide komt.'

Na een tijdje vroeg hij: 'Waarom zit je nu dan hier?'

'Het kwam niet goed uit om daarheen te gaan.'

Op de ochtend van vrijdag 23 september was Stevie nog vóór Mulcahy op kantoor. Hij zag er wakker uit. 'Hoe gaat het, hoe gaat het, raadsman?' riep hij terwijl Mulcahy de trap op zwoegde.

'Hoi, Stevie,' zei hij vermoeid. 'Wat is er aan de hand?'

'Ik heb gisteravond mevrouw Lee gesproken. Dat komt wel goed, Eddie, dat komt wel goed met haar. En weet je wat? O'Hanlon heeft haar niet gebeld.'

'Die gaat van z'n levensdagen niet getuigen,' zei Mulcahy verdrietig, terwijl hij het raam uit staarde.

'Hoe bedoel je?'

'Grosso heeft ons Testa afgepakt en dat is bevestigd. We krijgen Testa. En meer doet ze niet.' Hij draaide zich plotseling om en keek naar Stevie. 'Het hof, onder leiding van de oneindige geleerdheid van de zevenentwintig juristen die ze er gisteren bij gesleept hebben, heeft besloten dat deze jury niet hoeft te weten dat Vinny Testa een mafiaboef is die er wat bij geschnabbeld heeft als informant voor Libby Russell.'

'Eddie, Testa is de beste smeerlapperij die we hebben, en Lee is de beste getuige. Ga dan in beroep of zo.'

'Dat heb ik al gedaan.'

'Nou, doe het dan nog een keer, jezus nog aan toe.'

Toen hij vrijdagochtend de rechtszaal binnenkwam, lag het daar. Eén enkel blaadje papier en een kopie op alle andere tafels. Een enkel blad papier met het briefhoofd van het hooggerechtshof.

Dit hof zal de argumenten horen van het verzoekschrift van de verdediging om de eerder uitgevaardigde beschikking in heroverweging te nemen tijdens een zitting om halftien hedenochtend.

Zo stond het er. En voor het eerst in dagen begon Ed Mulcahy te glimlachen.

'Meneer Mulcahy,' begon rechter Johnson een paar minuten later. 'Ik begrijp dat u een verzoek tot heroverweging hebt?'

'Jawel, edelachtbare,' zei Mulcahy.

'Gaat uw gang.'

Ditmaal kwamen de woorden probleemloos. Hij voelde een gemak dat hij in tijden niet ervaren had. Of de informant werd opgeroepen om te getuigen in de zaak waarin hij zijn informatie had gegeven, deed niet ter zake, zei hij. Ongeacht de vraag of het die zaak was of een andere, de staat had hetzelfde belang in bescherming van de bron, terwijl de verdachte in een strafzaak eenzelfde belang had bij een complete verdediging. De kwestie was, eenvoudigweg, een vraag van behoefte.

Hier, ging hij verder, ging het om indirecte bewijzen. Als hij de jury omstandigheden kon laten zien die even overtuigend in een andere richting wezen, zou er een gerede twijfel aan schuld ontstaan.

En dat bracht hem op Vincent Testa en de getuige. Elizabeth Russell was federaal aanklager geweest. Ze had ook belang gehad bij een bijzonder kostbare onderhandeling met Shepards voormalige werkgever. Testa kon gekoppeld worden aan het appartement waarin Shepard woonde en was eventueel verantwoordelijk voor de diefstal van een creditcard waarmee volgens

326

het OM benzine getankt was in Natick op de avond van Sam Whitakers overlijden.

'Het is een gecompliceerde zaak,' besloot hij. 'En het gaat om indirecte bewijzen. Op zich bewijst het niets. Maar wel wordt de stelling van het OM ontkracht en verder wordt aangetoond dat dat ook gecompliceerd is en indirect. En verkeerd.'

'Edelachtbare, wij verzoeken om het bewijs.'

Rechter Johnson knikte. Een paar minuten lang maakte hij aantekeningen voordat hij de tegenpartij hoorde.

31

Vrijdag halverwege de ochtend. Het leek een hele tijd geleden sinds hij haar voor het laatst in de getuigenbank tegenover zich had gezien. Ook ditmaal was ze weer perfect gekleed. Ze droeg een grijs mantelpak en haar haar was net als de vorige keren strak naar achteren gekamd. Toch zag ze er iets minder zelfverzekerd uit.

'Goedemorgen, mevrouw Russell,' begon Mulcahy.

'Goedemorgen,' antwoordde ze koeltjes.

En daar gingen ze weer, al waren de regels nu iets anders. Zij zou de vragen over Testa nu moeten beantwoorden. Dat was het gemakkelijke deel; de rest werd lastig, het moeilijkste kruisverhoor van zijn hele leven. Er wordt wel gezegd dat er twintig strafzaken nodig zijn voordat iemand een competente strafpleiter is. Niet goed, nee, competent. Hij had geen twintig strafzaken achter de rug; niet eens tien.

Ja, ze kende Testa. Ja, zij was de aanklager geweest bij de zaak van de Staat tegen Cerrone, en ja, Testa had als informant dienst gedaan bij die zaak. Ze zei dat ze hem de afgelopen drie jaar niet gezien had. Hoe goed ze zich ook had voorbereid, er was een defensief toontje in haar stem gekropen terwijl Mulcahy de bewijsmiddelen langzaam opbouwde.

De jury vond het interessant, maar er hing een tastbaar gevoel van onzekerheid in de zaal. Niemand wist wat het betekende. En niemand zou dat weten tot vlak voor het einde. Maar je moet hopen dat juryleden zoiets zullen onthouden en de stukjes tijdens het beraad aan elkaar zullen plakken.

Toen er die ochtend gepauzeerd werd, boog Shepard naar Mulcahy toe. 'Nou, je hebt het, ouwe reus.'

'Dat heb ik vanochtend gekregen, van boven,' fluisterde hij terug. 'Dat is de wet. De rest, ik weet het niet...' Hij had haar op geen enkele manier in de hand, geen verklaring, verdorie, hij wist zelfs niets. Het ging niet aan om bij een kruisverhoor zo te werk te gaan. Dat kon wel eens heel verkeerd aflopen. Maar hij had geen keuze.

Even later werd de zitting hervat.

'Mevrouw Russell,' begon Mulcahy, 'u hebt de Idlewild-groep vertegenwoordigd bij de overname van Idlewild?'

'Bij die transactie heb ik verscheidene bedrijven en personen vertegenwoordigd, meneer Mulcahy, waaronder een vennootschap dat handelt onder de naam Idlewild Holdings Limited Partnership.'

'En aan het hoofd van die groep stond de heer Sidney Weiner?'

'Samen met enkele anderen, ja.'

'Was hij degene die het grootste belang had, zowel direct als indirect, in de verkrijgende vennootschappen?'

'Ja.'

'Heeft de heer Weiner u aangenomen?'

'Ja.'

'Nou, mevrouw Russell,' ging Mulcahy verder, 'u werkte als assistent van de openbaar aanklager en u was opgeleid als strafpleiter. Hoe kwam het dat u het verzoek kreeg om een bedrijf te vertegenwoordigen bij een overdracht met zulke gecompliceerde financieringsvoorwaarden?'

'Nadat ik overgestapt ben naar de particuliere sector, ben ik ander werk gaan doen,' zei ze. 'Ik begon bedrijven als cliënt te krijgen en raakte meer en meer betrokken bij het werk van die bedrijven. Ze vroegen me algemeen advies. Bij een transactie van dit kaliber werd ik uiteraard bijgestaan door een groot aantal specialisten.' Russell had agressieve marketing tot een nieuwe hoogte verheven. Er waren nauwelijks bijeenkomsten van de Orde van Advocaten, seminars of andere toestanden die ze niet bijwoonde. Ze flirtte onverdroten met de pers en had zich ontwikkeld tot een vaak en met graagte geciteerde bron wanneer een artikel aangevuld moest worden met het commentaar van een jurist. En het had gewerkt. Bedrijven dachten dat ze 'erbij hoorde'. Haar telefoon stond roodgloeiend.

Met Idlewild had ze een bijna legendarische slag geslagen: een gigantische bedrijfsoverdracht met de bijbehorende financiering. Die klus had bijna zevenhonderdvijftigduizend dollar aan honorarium opgeleverd, terwijl degene die de transactie leidde, geen bedrijfsjurist was.

Mulcahy liep met een van de bewijsstukken naar de getuige toe. 'Dit is nummer 39 van de verdediging ter identificatie. Herkent u dit?'

Het was een brief. Ze herkende hem. Het was de bom-brief.

Hij vroeg of zij die brief geschreven had.

'Ja,' zei ze. 'Zoals u wel zult weten stellen advocaten vaak conceptbrieven op voor hun cliënten.'

'Uiteraard,' zei hij. 'Bij deze brief was een cheque bijgesloten waarmee het hypotheekbedrag moest worden afbetaald.'

'Die cheque dekte inderdaad het hypotheekbedrag, meneer Mulcahy.'

Hij glimlachte. 'Wel, mevrouw Russell, zullen we dan even aan de jury uitleggen waar we het over hebben? Hoeveel geld heeft Depositors' Fidelity aan uw cliënten geleend bij de Idlewild-closing?'

'Dat was geloof ik achthonderdveertig miljoen dollar.'

'En in ruil daarvoor gaven uw cliënten, naast andere onderpanden, ook een hypotheek op de Idlewild Tower?'

'Dat is correct.'

'En dat is een groot kantorengebouw aan Fifth Avenue in New York?'

'Ja.'

'En na de closing hebben hierover onderhandelingen plaatsgevonden tussen DeFi, pardon, Depositors' Fidelity, en uw cliënten, nadat bewijsstuk 39 verzonden was, nietwaar?'

'Inderdaad.'

'En DeFi stelde zich op het standpunt dat de tekst van de hypotheekakte een typefout bevatte: dat het hypotheekbedrag achthonderdveertig miljoen dollar had moeten zijn, en niet achthonderdveertigduizend, nietwaar?'

'Ja.'

'En in dat geschil is uiteindelijk een schikking getroffen?'

'Ja, dat is zo.'

'Was dat een voor uw cliënt gunstige schikking?'

'Dat zou ik wel zeggen.'

'Uw cliënt heeft een hypotheek genomen op die toren, maar voor een bedrag van minder dan achthonderdveertig miljoen dollar, nietwaar?'

'Ik vrees dat de voorwaarden van de schikking onder de geheimhoudingsclausules van de overeenkomst vallen.'

'Welnu, mevrouw Russell, een van die voorwaarden betrof het opnemen van een nieuwe hypotheek, en dat is een openbaar document, nietwaar?'

'Ja.'

'En wat voor hypotheekbedrag wordt daar genoemd?'

'Zeshonderd miljoen, geloof ik.'

'Dus als gevolg van de schikking is het hypotheekbedrag voor uw cliënt verminderd, althans waar het Depositors' Fidelity betrof?'

'Vanuit het standpunt van de bank bekeken, ja. Ik neem aan dat dat klopt.'

'Mevrouw Russell,' zei Mulcahy, 'hebt u de aandacht van uw cliënt gevestigd op het feit dat de hypotheek achthonderdveertigduizend dollar bedroeg, in plaats van achthonderdveertig miljoen?'

Ze wendde zich tot de rechter. 'Edelachtbare,' zei ze, 'volgens mij is dit...'

'Vertrouwelijk,' maakte de rechter de zin voor haar af. 'Ja, mevrouw Russell, u hebt gelijk. Volgende vraag, meneer Mulcahy.'

Hij liet haar de brief nogmaals zien. 'Kort na dat gesprek hebt u bewijsstuk 39 opgesteld?'

'Ja,' zei ze.

'Edelachtbare, ik overleg bewijsstuk 39 als bewijs,' zei hij. De brief werd aangenomen.

Terwijl de commies-griffier bezig was de brief in te schrijven, herinnerde Ed Mulcahy zich zijn neef Hudnall Long en diens dartele kalf. Zijn tante Lucy was met iemand uit Virginia getrouwd en was jaren geleden verhuisd. E.J. Long had in het leger gezeten, hij was gestationeerd in Fort Devens, en die twee hadden elkaar op een dansavond ontmoet. Later was hij arts geworden, een man in goeden doen, die ook varkens en koeien fokte op zijn grote landerijen buiten Danville. Als jongens waren Tommy en Ed Mulcahy vaak uit logeren gestuurd bij tante Lucy en oom E.J. Tijdens een van die bezoeken, jaren geleden, was er een kalf weggelopen bij zijn moeder in het weiland achter de kerk. De drie jongens – Ed was toen een jaar of elf – werden erop uitgestuurd om het kalf uit de weide te halen en naar een ander stuk land te brengen.

Het weiland achter de kerk was een langgerekt stuk grond op de helling, ongeveer driekwart hectare groot, dat vanaf de weg omlaag en om de boerderij heen liep, en dan verder omlaag naar de rivierbedding. De jongens hadden die ochtend geen paarden of honden bij zich en het kalf was doodsbang doordat het zijn moeder miste. Ed zou nooit vergeten hoe Hudnall in dat weiland had lopen zwoegen om het kalf naar het hek aan de noordzijde te krijgen. Je kon niet te dichtbij komen, want dan ging het kalf ervandoor. Als je te ver weg bleef, kreeg je het dier niet in beweging. Hudnall gebruikte zijn neven als cowboys en met de juiste combinatie van nonchalance en ijver, terughoudendheid en gezag, van achteren en van opzij opjagen, hadden ze het kalf naar de noordzijde van het veld gekregen. Het had circa twintig minuten geduurd en uiteindelijk leek het kalf het hek te zien en bedacht het helemaal zelf dat het daardoorheen kon.

Het eerste hek was het moeilijkst. Daarna kregen ze het op de weg, met hekken aan weerszijden, en vervolgens terug in de weide, waar het kalf zijn moeder vond en de kudde de stal in gedreven werd.

Zo werkt een kruisverhoor: je moet een dartel kalf naar het hek aan de andere kant van het weiland drijven. En je moet ervoor zorgen dat het zelf beslist om door dat hek te gaan. Dan kun je het, als alles goed gaat, door een tweede hek drijven, enzovoort. Maar het eerste hek is het moeilijkst.

'Mevrouw Russell,' zei Mulcahy, 'er is iets wat ik niet begrijp. Het was een hypotheek met een looptijd van vijf jaar. Waarom is die in de eerste maand al afbetaald?'

Ze zweeg en beet heel even op haar lip. 'Wat de zakelijke motieven daarvoor waren, weet ik niet,' zei ze.

'Kom, mevrouw Russell, u hebt een schikking getroffen met de bank...?'

'Ja.'

'U hebt kwijtingen uitgewisseld, alles geregeld...?'

'Ja. Ja, dat geloof ik wel.'

Hij glimlachte. Soms stel je vragen om iets duidelijk te maken aan de getuige. Je mag me best zeggen dat het een typefout was, seinde hij. Je deal met de bank loopt geen gevaar.

'In de loop van de acht dagen voorafgaand aan de closing hebt u een heleboel onderhandelingen bijgewoond...?' vroeg hij.

'Ja.'

'Met verschillende mensen?'

'Ja.' Hij kon wel veertig mensen oproepen om te getuigen over de onderhandelingen waarbij zij aanwezig geweest was en waar-

331

bij het hypotheekbedrag nooit besproken was.

'Is het hypotheekbedrag tijdens die besprekingen ooit ter sprake gekomen?'

Ze snapte waar hij op doelde. 'Bij de besprekingen die ik bijgewoond heb, is het bij mijn weten niet genoemd.'

'Niemand heeft in uw aanwezigheid een hypotheekbedrag van achthonderdveertigduizend dollar genoemd, klopt dat?'

'Nee,' zei ze, 'voor zover ik me kan herinneren, niet.'

En nu een beetje stroop smeren. 'Er waren ook anderen bij die deal betrokken die gespecialiseerd waren in de onroerend-goed-aspecten...?'

'Ja,' zei ze. Ze doorzag zijn bedoeling. Er hadden veel juristen aan de deal gewerkt. Als een andere jurist dat aspect van de transactie voor zijn rekening had genomen, zou het zonder dat zij dat wist nog steeds dezelfde deal geweest zijn.

'Dus op het moment van de closing wist u dat het bedrag in de akte achthonderdveertigduizend was?'

'Daar ben ik niet zeker van,' zei ze aarzelend.

Ze was het eerste hek door. Wat hij verder nog hoopte te bereiken, stond of viel met dat ene antwoord: dat ze toegaf dat ze niet persoonlijk geweten had wat voor bedrag er in de akte stond. Nu moest het hek achter haar dicht en moest hij haar richting stal drijven. Nog een paar weilanden te gaan.

'Mevrouw Russell,' zei hij, 'hoe bent u dit stuk tekst tegengekomen?'

'Ik zat gewoon de documenten door te lezen,' zei ze.

'Er waren 296 documenten bij die closing, nietwaar?'

'Dat kan kloppen, ja.'

'En de deal was afgesloten, het geld was betaald, de hypotheken en dergelijke waren genoteerd en gearchiveerd, is dat juist?'

'Ja.'

'En even later nam u de taak op zich om 296 documenten nog een keer door te lezen?'

'Ik heb... heb niet àlle documenten doorgelezen, meneer Mulcahy. Ik heb niet alle adviezen en volmachten en zo gelezen. Ik heb alleen de belangrijkste documenten doorgenomen zodat ik er zeker van was dat alles klopte.'

'Hoeveel documenten waren dat?'

'Dat weet ik niet meer, meneer Mulcahy.' Ze begon al te antwoorden voordat hij helemaal klaar was met zijn vraag, enigszins gehaast, alsof er hekken stonden die ze voorheen niet gezien had, hekken die ontsnappingsroutes afsneden. 'De promesse, de overeenkomst van lening, de hypotheken... Er waren er nog enkele, zoals u ongetwijfeld weet... De toewijzingen van onderpand, de borgstelling, ik weet niet, acht of tien documenten.'

'Acht of tien documenten,' herhaalde hij. 'Goed, mevrouw Russell, acht of tien documenten. Zulke documenten zijn lang...?'

'Sommige wel.'

Hij hield aan. 'Sommige van die documenten beslaan meer dan honderd pagina's... de overeenkomst van lening, bijvoorbeeld...'

'Inderdaad.'

'Dus hoe lang hebt u erover gedaan om die acht of tien documenten door te lezen?'

'Meneer Mulcahy, daar heb ik geen idee van.'

'Tien minuten?' vroeg hij. Dat was een verraderlijk hek en ze bokte ervandaan.

'Nee, meneer Mulcahy, natuurlijk geen tien minuten. Veel langer. Een hele dag, misschien een halve, ik weet het niet meer.'

'Aha,' zei hij. 'Voor zover u zich kunt herinneren was het dus ergens tussen een halve en een hele dag?'

'Voor zover ik me kan herinneren, ja,' zei ze.

'En dat vond plaats kort voordat u de brief schreef?'

'Precies.'

'Op welke datum kan dat geweest zijn?' vroeg hij.

Nu pas zag ze het hek, ze zag het te laat, maar ze moest er nu wel doorheen.

'Dat weet ik niet meer.'

De volgende vraag was te verwachten. 'Op uw urenstaat zal dus staan wanneer u dit gedaan hebt?'

Beiden wisten ze dat juristen in een praktijk gedetailleerd een tijdverantwoording van hun werkzaamheden bijhouden.

Ze reageerde niet.

'Mevrouw Russell...?'

'Ik weet het niet. Misschien wel, als ik die tijd gefactureerd heb.'

'Als u die tijd gefactureerd hebt? Wilt u de jury wijsmaken dat u een halve dag lang een aantal documenten hebt zitten doornemen en dat u die tijd niet in rekening hebt gebracht...?'

'Ze hebben onze rekening betaald bij de closing,' zei ze, maar het klonk onzeker.

'Mevrouw Russell, zet u ook tijden op uw urenstaat die niet in rekening te brengen zijn...?'

'Wat bedoelt u?'

'Bijvoorbeeld als u een halve dag doorbrengt op een seminar, of als u een halve dag lang bezig bent met acquisitie, noteert u die tijd dan op uw urenstaat...?'

Ze keek hem koeltjes aan. 'Vaak wel,' zei ze.

'Dus deze halve of hele dag, voordat u de brief schreef, kan genoteerd zijn op uw urenstaat?'

'Dat is mogelijk.'

'Mevrouw Russell, ik verzoek u om tijdens de lunchpauze uw urenstaten door te nemen en de staat mee te nemen waarop de uren genoteerd staan die u gespendeerd hebt voordat u de fout ontdekte. Edelachtbare,' zei hij, en hij wendde zich tot de rechter, 'misschien is dit een goed moment voor de lunch.'

'Twee uur,' zei rechter Grosso en de zitting werd verdaagd.

Toen Russell de getuigenbank had verlaten en de zaal leeg begon te lopen, keek Mulcahy op en hij zag Kate achter in de zaal staan. 'Probeer een dagvaarding te krijgen voor het hoofd van de boekhouding van haar kantoor,' zei hij toen ze bij elkaar stonden. 'Er moet ergens een computeruitdraai zijn of iets waar die uren op verwerkt zijn. Ik heb dat spul niet echt nodig, maar maak er maar veel ophef van dat de boekhouder gedagvaard wordt. En laat het aan Russell weten, voor het geval ze het in het hoofd zou halen een nieuwe urenstaat te fabriceren.'

Kate keek op haar horloge. 'Ik moet om halfdrie naar Hughes.'

'Hughes?'

'Je bankrekening, weet je nog?' Ze glimlachte liefjes.

'Verdorie... Nou, tegen die tijd kun je hier wel terug zijn, niet?'

Ze zuchtte. 'Wat ik niet allemaal doe voor de liefde, meneer Mulcahy. Waarschijnlijk ga je me nu vertellen dat je een paar dollar nodig hebt voor je lunch.'

'Tja...'

Ze duwde een briefje van vijf in zijn jaszak. 'En geen hotdogs, begrepen?' Ze glimlachte en ging ervandoor.

Voor de liefde? dacht hij en hij voelde dat hij bloosde. Hij besloot een salade te nemen.

Om tien minuten voor twee bleek dat Kate haar werk met de gebruikelijke inzet gedaan had. Er was een compleet contingent belangrijke partners van Russells kantoor aangetreden. Herb Stein was er, die bietrood boven de kraag van zijn overhemd uitkeek en eruitzag alsof er ieder ogenblik een ader in zijn voorhoofd kon springen. Stein werd omringd door nog twee grimmig uit hun ogen kijkende juristen. Aan het einde van de bank zat een nerveuze kerel met een dossiermap vol witgroene computeruitdraaien. Dat zou de boekhouder wel zijn, dacht Ed. Mooi werk, Kate. Russell was woedend. Zodra hij de zaal binnenliep, viel ze over hem heen.

'Dit is schandalig, Ed. Je zit me op een kinderachtige manier te jennen en dat is tot daaraan toe, maar dit gaat werkelijk te ver. Dit materiaal is allemaal vertrouwelijk. Het doet niet ter zake. Het enige wat je hiermee wilt bereiken is dat je mij in m'n hemd zet. Ik zal dit niet vergeten.'

Mulcahy knikte langzaam. De zaal begon vol te lopen.

'Heb je die urenstaat gevonden?' vroeg hij.

Ze draaide zich om zonder te antwoorden.

O'Hanlon was gearriveerd en stond te smiespelen met Stein. De hele groep ging op zoek naar Kelly.

Een paar minuten later keerde rechter Grosso terug. De jury was nog niet binnengeroepen.

'Als ik het goed begrijp, hebben we een motie?' zei hij.

'Edelachtbare,' zei O'Hanlon, 'het OM heeft een motie aangaande de bescherming van vertrouwelijke gegevens. De getuige onderschrijft deze. Deze hele vertoning heeft de grenzen van het relevante overschreden. Het is een schandalige vertoning geworden. Ik heb me laten vertellen dat de heer Mulcahy niet alleen vóór de lunch aan mevrouw Russell gevraagd heeft een moeizame speurtocht te ondernemen naar allerlei vertrouwelijke gegevens, maar daarnaast heeft hij ook de boekhouder gedagvaard en een directielid van Fletcher Daye. Edelachtbare, dit gaat alle perken te buiten...'

Terwijl O'Hanlon een gerechtvaardigde woede stond op te bouwen, draaide Mulcahy zich om en keek of hij Kate achter in de zaal zag. 'Iemand van het bestuur?' mimede hij toen hij haar in het oog kreeg. Ze haalde haar schouders op, wees op haar horloge en verdween. Mulcahy keek weer naar voren en zag dat rechter Grosso hem bij zich riep. De rechter zag er niet al te vrolijk uit.

'Meneer Mulcahy?'

'Edelachtbare, we zijn bijna klaar met deze ondervraging. In feite rest er nog slechts één vraag. Wanneer heeft mevrouw Russell de fout ontdekt? Heeft ze de urenstaat gevonden waarop die tijd genoteerd staat? Dat is alles. Misschien kunnen we de an-

335

deren excuseren als we daarop een antwoord krijgen.'

Grosso zat nog steeds te fronsen. 'Heren,' zei hij, 'één vraag tegelijk. En meneer Mulcahy, op deze manier komen we niet ver.'

Prima, dacht Mulcahy. Toen hij naar zijn tafel terugkeerde om te wachten tot de jury binnenkwam, bedacht hij dat het misschien de moeite waard geweest was om al die eerdere ronden te verliezen.

'Hebt u die urenstaat gevonden, mevrouw Russell?' vroeg Mulcahy toen zij weer in de getuigenbank zat. Hij verwachtte een protest van O'Hanlon, maar dat kwam niet. Kennelijk waren er bepaalde uitspraken die hij alleen deed buiten gehoorsafstand van de jury. Vanachter uit de zaal klonk een aarzelend 'Edelachtbare...' en iemand van Russells team stond op.

'Afgewezen,' zei de rechter.

Russell antwoordde: 'Nee.'

'Nee, mevrouw Russell...? U hebt die urenstaat niet gevonden...?'

'Nee.'

'U hebt geen enkele notitie terug kunnen vinden van een halve of een hele dag waarop u de closing-documenten hebt doorgenomen?'

'Nee. Kennelijk heb ik die tijd niet in rekening gebracht.'

'Dus u hebt vastgesteld dat u die tijd niet genoteerd hebt, is dat juist?'

'Ja, dat is juist.'

'U hoeft uw bescheiden niet verder door te nemen om daar zeker van te zijn?' vroeg hij, gebarend naar haar collega's achter in de zaal.

'Nee,' zei ze.

'Prima,' zei Mulcahy. 'Edelachtbare, de verdediging excuseert de heren van Fletcher Daye die hier vanmiddag aanwezig zijn ten gevolge van een dagvaarding.'

Er klonk geschuifel achter in de zaal toen het Fletcher Daye-contingent opstond en wegliep.

'Tja,' zei Mulcahy tegen zijn getuige, 'misschien hebt u die tijd niet genoteerd omdat het minder dan een halve dag duurde, mevrouw Russell?'

'Misschien.'

'Misschien had u er zo weinig tijd voor nodig omdat u al wist dat de fout in de akte stond.'

'Dat is niet waar,' zei ze, nu op uitgesproken boze toon.

'Edelachtbare, nogmaals moet ik,' zei O'Hanlon, 'protest aante-

336

kenen en vragen wat deze slachtpartij te maken heeft met de zaak.'

Maar voordat de rechter kon reageren, glimlachte Mulcahy en zei dat hij verder ging.

Drie verdiepingen hoger zat Kate te pleiten in de zaak *Parisi versus Mulcahy*. Ze had lang genoeg in 8b gestaan om de ruzie over de dagvaardingen mee te maken en daarna was ze drie trappen opgelopen. Om vijf over halfdrie kwam ze aan, buiten adem, op hetzelfde moment dat de commies-griffier de zaak afriep. Het ironische van de aanhouding was dat Parisi nu weliswaar aanwezig was, maar dat haar eigen cliënt beneden stond te pleiten.

Ze stond voor de rechter en trachtte op adem te komen terwijl Hughes zwijgend zat te lezen.

'Edelachtbare...' zei ze voorzichtig.

Hij wuifde haar onmiddellijk weg en bleef in zijn bescheiden kijken. Ze zag hoe de pagina's van haar eigen dossiers en die van Parisi langzaam omgeslagen werden.

Uiteindelijk keek hij met kille blik op. Rechter Hughes was een knappe man, met fraaie, sterke gelaatstrekken onder zijn dunner wordende grijze haar, en hij zag er ontzagwekkend uit. Als hij sprak, en dat gebeurde niet vaak, kwamen de woorden afgebeten tussen zijn opeengeklemde kaken uit.

'Mevrouw Maher,' zei hij.

Ze hield haar pleidooi. Het was alsof ze tegen een muur sprak. Hughes zat er onaangedaan bij zonder ook maar één vraag te stellen. En zo verging het Parisi ook, hoewel ze Hughes een paar keer zijn gezicht zag vertrekken toen Parisi's betoog een paar keer vlak langs de wet scheerde. Het enige dat Hughes in de vijftien minuten van de hoorzitting zei, was 'Mevrouw Maher' en 'Meneer Parisi'. En toen ze uitgesproken waren, zei hij: 'Onder voorbehoud heeft u volgende week uw uitspraak.'

En zo, zonder dat ze iets meer wist dan toen ze 8b uitgelopen was, verliet ze rechter Hughes' zaal en ging naar de lift.

'Welnu, mevrouw Russell,' zei Mulcahy een uur later in 8b, 'bent u op 16 mei met John Shepard gaan hardlopen in de buurt van de Charles...?'

'Ik weet niet of dat op die datum was...' zei ze. 'Ik ben inderdaad een keer met hem gaan hardlopen.'

337

Shepard gebaarde. Mulcahy vroeg de rechter hem even te excuseren.

Hij boog zich over naar zijn cliënt en zag dat diens ogen fonkelden van woede. 'Wat ben je in godsnaam aan het doen?' siste Shepard.

'John, ik heb nu geen tijd om...'

'Hou daarmee op!'

'John, ik kan daar niet mee ophouden. Het is belangrijk. Ik leg je straks wel...'

'Hou op, godverdomme, ga nou niet...'

'Meneer Mulcahy?' Mulcahy keek op. Het was de rechter. Hij liet de jury niet graag wachten.

'Hou op!' siste Shepard nogmaals.

Mulcahy stapte voorzichtig terug naar het podium.

'U bent dus gaan hardlopen met de heer Shepard. Weet u nog dat dat zijn laatste dag in Boston was?'

'Ja,' zei ze. 'Dat zei hij.'

'En het was ook de dag waarop de heer Whitaker vermoord werd...?'

'Ik hoorde inderdaad de volgende dag dat hij vermoord was. Op de radio, geloof ik,' zei ze.

'U bent toen dus bij het appartement van de heer Shepard geweest...?'

'Ja.'

'En u hebt hem gebeld voordat u met hem afsprak?'

'Ja.'

'Vanuit een telefooncel?'

'Ja.'

'De cel op de hoek van Joy Street en Mount Vernon Street, boven aan de heuvel,' zei hij met een blik op een telefoonlijst.

Ze zweeg even. 'Dat zou kunnen,' zei ze uiteindelijk.

'Dezelfde telefooncel waarvan het OM beweert dat van daaruit de heer Shepard diezelfde avond de heer Whitaker gebeld heeft...?'

'Ik zou het niet weten.'

'Natuurlijk niet,' zei Mulcahy, eerder tegen zichzelf dan tegen haar. 'Hoe kunt u dat ook weten. Dan wil ik u het volgende vragen... U had met Shepard afgesproken voor zijn appartement en u bent samen ongeveer veertig minuten gaan hardlopen...?'

'Dat kan zo'n beetje kloppen.'

'Had u ooit eerder met hem hardgelopen?'

338

'Nee.'

'Hebt u daarna nog weleens met hem hardgelopen...?'

'Nee.'

'Hebt u hem daarna nog weleens gesproken...?'

Weer zweeg ze. 'Nee, ik geloof niet dat ik hem na die keer nog gesproken heb.'

'Hier lassen we een pauze in,' zei rechter Grosso. Een verwarde jury verliet die middag langzaam de rechtszaal.

'Ik wil jou even spreken,' zei Shepard toen ze hem naderhand in de rechtszaal de handboeien omdeden. De gerechtsdienaar rolde met zijn ogen. 'Over vijftien minuten wordt hij opgehaald, raadsman,' zei hij terwijl hij hen naar het gevangenenkamertje bracht.

Toen ze alleen waren, zei Shepard: 'Godverdomme, Ed! Waar ben je nou mee bezig? Wie is er hier de baas?'

Mulcahy zweeg.

'Waar wil je heen, Ed?'

Mulcahy staarde hem aan. 'Hoezo?'

'Ik dacht dat de verdediging zelfmoord was.'

'Vind jij dat aannemelijk?'

Shepard zweeg.

'Na dat jasje vind jij dat nog aannemelijk?'

Shepard zat hem aan te staren.

'John,' zei Mulcahy, 'je kunt maar beter vertellen wat je dwarszit.'

Shepard sprak zachtjes en keek omlaag naar zijn handen die in zijn schoot lagen. 'Luister... Tijdens die closing, toen had ik wat met haar. Oké, dat had je natuurlijk wel gedacht. En vertel me nu eens hoe ik sterker kom te staan als je me vastbindt aan de nachtpon van het wijf dat de bombrief geschreven heeft?'

'Ik zei dat ik de feiten wilde. Hoe komt het dat je dit toevallig even vergeten was?'

'Op een nacht zaten we te onderhandelen. We waren klaar. We deden de laatste wijzigingen. We gingen weg. En ze kwam achter me aan naar huis.'

'En jij...'

Shepard keek naar zijn advocaat alsof hij wilde zeggen: 'Wat zou jij doen?'

'En de nacht van de dertigste, was ze toen weer bij jou?'

'Inderdaad.'

'Jezus,' zei Mulcahy. 'Het is ook altijd wat met jou.'

'Goed, dan ben ik een zondaar. Maar waarom heb je verdomme niet gedaan wat ik zei? Waarom kon je het er niet bij laten?' Maar Mulcahy negeerde de vragen. 'Je moet iets weten, John. Als ik erachter kom dat jouw getuigenis gisteren niet klopte, dan moet ik me misschien terugtrekken. Wees voorzichtig met wat je me vertelt.'

'Wat betekent dat nou weer, verdomme?' zei Shepard met stemverheffing terwijl hij rood aanliep.

Er klonken voetstappen. De bewaker kwam terug.

'Denk daar maar eens over na!'

Mulcahy stond op.

Shepard stond op.

Ze waren allebei moe en gespannen. Strijdlustig stonden ze tegenover elkaar toen de bewaker terugkwam.

Toen ze zijn cliënt weggebracht hadden, wachtte Mulcahy nog een confrontatie. De zaal was namelijk niet geheel verlaten. Naast zijn tafel in de lege zaal stond Herb Stein ongeduldig op hem te wachten.

'Waar zit je met je kop, knul, waar zit je met je kop?'

Mulcahy probeerde hem te negeren. Hij liep naar zijn tafel om zijn dossiers te pakken en in dozen te stoppen. Maar Stein kwam achter hem aan.

'Alleen omdat je advocaat bent hoef je nog niet de reputatie de grond in te helpen van wie je dan ook maar voor de voeten komt,' zei de Fletcher Daye-vennoot. 'Wat denk je dat je die jonge vrouw aandoet?'

Mulcahy sloot zijn ogen. Hij voelde zijn wangen gloeien.

'Dit is een openbare gelegenheid, weet je,' ging Stein verder, 'en je bezoedelt haar goede naam zonder enig respect voor fatsoen. Het is een schande, een schande!'

De kleine man stampte de zaal uit. Mulcahy hield zijn ogen dicht en hij hoorde de voetstappen en de klap van de deur. Maar zij was nog niet weg. Toen hij zijn ogen weer opendeed, stond ze daar, Libby Russell, in haar bleekgrijze pakje, even mooi als altijd, maar ze zag er nu gekwetst uit, of dat nu echt was of gespeeld.

'Ed Mulcahy, het is wel duidelijk dat je geen idee hebt wat je aan het doen bent. Je weet niet waar deze zaak over gaat. Je weet niet met wie je te maken hebt. Volgens de pers word je niet eens betaald. Ik ben heel lang van memorie en ik heb een heleboel mensen achter me.'

'Zoals Vinny?' vroeg hij.

Ze draaide zich om en het energieke getik van haar hakken echode door de stille rechtszaal.

Toen de deur dichtsloeg, was hij alleen. Nu waren ze allemaal weg. En in het proces waren ze ook allemaal weg. Een soldaat heeft makkers, maar een generaal staat helemaal alleen. Zelfs zijn cliënt was uit de arena verdwenen en had hem als eenzame strijder achtergelaten, in zijn eentje verantwoordelijk voor eventuele slachtoffers en bijkomende schade. Als het voorbij was, zou hij zijn zaak verloren hebben, zijn baan kwijt zijn en zou hij de aanval geopend hebben op de rijken en de machtigen. Ze zouden zich plechtig afvragen waarom. Vennoten zouden op gedempte toon rond de koffieautomaat over hem praten. Niemand had ooit de aanval geopend op Libby Russell. Wanneer hij die beslissing moest verantwoorden, zou hij er helemaal alleen voor staan. Hij legde de laatste dossiers in de dozen en klapte de deksels dicht.

'We gaan sluiten,' zei een stem, de stilte doorbrekend.

Mulcahy keek op naar de oude gerechtsdienaar die met zijn sleutelbos in de opening van de deur van de gevangenenkamer stond.

'Tijd om naar huis te gaan,' zei Freddie met een vriendelijke glimlach. In Freddies wereld konden de processen komen en gaan, maar bus 27 naar L Street vertrok van Government Center om 17.19.

Ed stond op om zijn karretje te pakken. Ook hij vond dat het hoog tijd was om naar huis te gaan. Alleen was er geen speciale plek die aanvoelde als 'thuis'.

'Freddie,' zei Mulcahy toen hij de elastieken rond de dozen vastmaakte, 'hoe vind je dat ik het eraf breng?' Hij probeerde de vraag te brengen als een grap, maar de oude gerechtsdienaar voelde dat Mulcahy werkelijk een antwoord wilde. Iedere strafpleiter wil weten hoe hij het doet, en niet alleen om zijn ego te strelen. Bij een strafproces bestaat geen voortgangscontrole.

Maar Freddie had een hele hoop zaken gezien. Hij had schuldigen vrijuit zien gaan en hij had jury's het 'schuldig' zien uitspreken terwijl hij zelf zijn twijfels had.

'Moeilijke zaak, knul. Moeilijke zaak,' zei hij hoofdschuddend terwijl hij zijn jas aantrok en Mulcahy de zaal uit leidde.

Het was het einde van een lange procesdag, het einde van een lange procesweek. Op zo'n moment wordt alles onduidelijk, kun je geen details meer vasthouden en kun je de zaken niet meer op een rijtje zetten die je die avond zou moeten regelen, wil je dat je op het juiste moment kunt oogsten. In plaats daarvan blijf je maar malen over de ondervragingen en over wat al voorbij is. Met zijn hoofd vol mist ging Ed Mulcahy met zijn dossierkarretje op weg naar het metrostation.

Op dat moment plaatste Kate het laatste stukje aas voor George Creel: nog steeds was ze er niet zeker van dat hij haar memo's bekeek, maar toch was ze vastbesloten ermee door te gaan. Het was een nep-memo van Ed aan haarzelf. Als ze Creel ervan kon overtuigen dat, nu Testa's naam gevallen was, deze geen moeilijkheden zou riskeren door te proberen een eenzame man van middelbare leeftijd in een rolstoel het zwijgen op te leggen, had ze misschien een kans. Maar het moest voorzichtig aangepakt worden. Ze schreef:

MEMO
AAN: CAM
VAN: EXM
DATUM: 24/9/92
Dank zij Russells getuigenis vandaag hebben we het verband weten aan te tonen tussen Russell en Testa, zodat blijkt dat moord voor haar tot de mogelijkheden behoort. Testa's naam komt morgen weer in de krant. Alle pogingen om hem te vinden zijn tot nu toe zonder succes geweest. Bovendien heeft Stevie via onofficiële kanalen vernomen dat Testa betrokken was bij de aanslag op Creel. Stevie denkt dat er geen enkele kans is dat we hem vinden. Hij zal nu wel ondergedoken zijn.

Het probleem is nog steeds het motief. Zonder meer bewijzen zal de jury niet geloven dat zij betrokken zou zijn bij moord. We kunnen nog steeds niet bewijzen dat zij iets te maken had met de akte.

Dit is een kritiek punt voor ons. Ik stel voor dat we dit weekend alles in het werk stellen om dat verband te leggen. Uiterlijk dinsdag zijn we door onze getuigen heen.

E.X.M.

342

Met een onvoldaan gevoel sloeg ze de memo in haar computer op en verliet het kantoor.

32

Het kwam door de foto dat Emma Whitaker belde. In de *Globe* had ze de dagelijkse verslaggeving over het proces gevolgd. En ze had zich geërgerd, en was ook woedend geworden, dat de advocaat van de beklaagde de aandacht van de moord wilde afleiden door met modder te smijten naar haar vader. Dat was een schandaal, maar ja, in juristen als deel van de mensheid had ze allang geen vertrouwen meer. Wat de oorzaak ook was geweest van de verwijdering tussen Samuel en zijn dochter, ze bleef loyaal. Ze was tenslotte zijn kind.

Maar plotseling werd alles anders. Die vrijdagochtend liep ze als altijd op haar slippers het grindpad af om de krant op te halen. Ze sloeg hem op het aanrecht open, met een kop thee voor zich, en ging op zoek naar het verhaal, zoals ze de afgelopen tien dagen had gedaan. Het verhaal stond op de voorpagina van het katern met stadsnieuws.

Ze werd aangestaard door de foto die een bureauredacteur van de *Globe* in het fotoarchief had gevonden en in de zesde kolom onder de vouw had geplaatst. Het was het gezicht dat Emma gezien had. Het was de vrouw die op de begrafenis van haar vader was geweest toen ze haar moeder bijna had moeten wegsleuren om een heftige confrontatie te vermijden. En het was de vrouw die ze al die keren daarvoor had gezien.

Ze las het verhaal, maar haar ogen dwaalden telkens naar de foto. De vrouw was een vooraanstaand juriste en ze was ondervraagd over haar betrekkingen met de man die mogelijk betrokken was bij wat er met haar vader was gebeurd. Er werd hevig gestreden over de vraag of het correct was dat de advocaat van de verdachte haar had laten getuigen.

Ze bleef een hele tijd zitten. Haar gedachten waren verward. Ze voelde zich ongemakkelijk. En toen pakte ze de telefoon en belde Inlichtingen.

Om halfnegen stak Mulcahy zijn sleutel in het slot. Hij raapte de post van de grond op en gooide de oogst op de bank, bij de rest van de ongeopende post, liet zijn jasje op een stoelleuning

343

vallen, keek nog maar eens in de allang leeggeroofde koelkast of Gitz toevallig, dank zij een of ander magisch proces, het instituut Supermarkt ontdekt had (je wist maar nooit), en drukte op weg naar de slaapkamer op de afspeelknop van zijn antwoordapparaat.

Hij had net zijn jasje op het bed gegooid, toen hij een onbekende stem hoorde, een vrouwenstem. En heel duidelijk hoorde hij het woord 'Whitaker'.

Meteen stond hij weer in de keuken en drukte op alle verkeerde knoppen. Hij spoelde het bandje terug en kreeg een bericht van zijn broer, een verkoper – jezus – en toen: 'Hallo, mijn naam is Emma Whitaker. Als dit de Edward Mulcahy is die van doen heeft met het proces vanwege de moord op mijn vader, Samuel Whitaker, dan wil ik u graag spreken. Mijn nummer is...' Hij greep een potlood en schreef het nummer op. Even later draaide hij het. Hij kreeg een antwoordapparaat. Hij begon te denken. Waar was dat nummer? Hij belde een telefoniste.

'Chilmark,' zei ze.

Hij ijsbeerde heen en weer. Het was volkomen stil, afgezien van het gezoem van de klok boven het fornuis en het geroep van studenten op zoek naar vermaak, nu het weekend begon. Hij liep heen en weer. En toen ging de telefoon.

Even later belde hij zijn vader, bijna ademloos. 'Pa, kun je me nog een keer oppikken in Falmouth?'

'Morgen? Jezus, ik wilde net...'

'Niet morgen. Vanavond.'

'Nou, jezus nog an toe,' zei hij. Wanneer de kapitein je wel je zin wilde geven maar vond dat je eigenlijk iets te ver ging, zei hij dat: Nou, jezus-nog-an-toe.

Daarna belde hij Kate.

'Zin in een uitje?'

'Tuurlijk. Moet ik mijn badpak meenemen?'

'Nee. Je dagvaardingen.'

Veel later diezelfde avond reed de oude Chevrolet-pickup van de kapitein het grindpad van Pocasset Road 87 in Chilmark op. Hij reed door totdat hij bij de voordeur van een bescheiden huisje stond.

'Drie weken geleden wilde ze niet met je praten,' zei Mulcahy.

'Toen smeet ze de hoorn op de haak,' beaamde Kate.

Het licht bij de voordeur brandde. De deur werd geopend op

het moment dat Mulcahy en Kate uit de auto stapten. Een jonge vrouw, met kort blond haar en gekleed in een lange rok, op sandalen en met een warm jack aan, verscheen in de deuropening. Ze had lichtblauwe ogen en een hoog voorhoofd. Naast haar stond een lange, magere man met een geruit overhemd en een paardestaart.

'Mevrouw Whitaker,' zei Mulcahy, 'het spijt me dat we u zo overvallen. Op dit uur. Dank u. Dit is mijn collega, Kate Maher.'

Ze antwoordde niet maar glimlachte een beetje voordat ze het tweetal voorging naar de keuken. Ze gingen aan de tafel zitten. Op het fornuis stond een ketel water op. Emma zette bekers klaar en goot de thee op.

'U hebt vorige maand gebeld, is het niet?'

Kate knikte.

'Het spijt me dat ik... nou, het spijt me. Dat was een aardig briefje dat u aan mijn moeder geschreven hebt,' zei Emma Whitaker.

Briefje? dacht Mulcahy. Hij keek Kate vragend aan, maar zij was al aan het woord: 'Het moet verschrikkelijk voor haar geweest zijn. Ze was bijzonder hulpvaardig, uw moeder. Ik ben naar haar toe gegaan en ze was vastbesloten maar... zo vreselijk beleefd. Ik voelde me afschuwelijk.'

Mulcahy vroeg zich af wat hij nog meer niet wist. Maar Kate denderde door. 'Het was een vreselijke toestand. Uw vader... we hadden er allemaal verdriet van. Ik zal nooit die keer vergeten dat hij een lezing kwam geven tijdens een lunch bij het kantoor waar ik een vakantiebaantje had. Het ging over de jurist als raadsman. Ik was er helemaal van onder de indruk. Ik dacht dat ik nooit in staat zou zijn om zo te praten voor een zaal vol mensen. Wat een persoonlijkheid.'

'Zo was mijn vader,' zei Emma, 'een persoonlijkheid.'

'Toen mijn vader overleed,' zei Kate, 'voelde ik me net weer een kind. Het was een moeilijke man, maar toen hij dood was, voelde ik me helemaal losgeslagen... O, god, het spijt me.'

Ze liep om de tafel heen en legde haar hand op Emma's arm. Emma's ogen stonden mistig. 'Laat maar,' zei ze. 'Wat ik ook verwachtte, dit niet!'

Emma schonk thee in. 'Meneer Mulcahy,' zei ze. 'Ik weet alleen maar wat ik in de kranten lees over dit proces. Ik kan gewoonweg niet geloven dat ik in één kamer zit met de man die probeert de moordenaar van mijn vader vrij te krijgen. Goed, volgens u heeft hij het niet gedaan, dat weet ik. Maar, ja, ik zou u niet gebeld hebben als ik de krant van vanochtend niet gezien had.'

'De krant van vanochtend?'

'Ja, hier,' zei ze en ze schoof de *Globe* naar hem toe, met onder de vouw de foto van Libby Russell.

'In het artikel,' zei ze, 'staat dat u die vrouw ondervraagd hebt over een mafiafiguur en of zij die vent kende. Ik kon het niet helemaal volgen. Maar...'

'Ja?' Dat was Kate. Ze stelde de vraag heel zachtjes.

'Ik ken die vrouw.' Ze keken haar rustig aan, in afwachting van de rest. 'Volgens mij... kan dit onder ons blijven?'

Mulcahy dacht na over een reactie. Maar Kate zei: 'Emma... mag ik Emma zeggen?' En toen de vrouw knikte, zei ze: 'Dit blijft niet onder ons. Niets van wat jij ons vertelt kan onder ons blijven. Wij vertegenwoordigen een man die terecht staat voor zijn leven. Volgens ons is hij onschuldig. En we moeten alles gebruiken wat we tegenkomen om hem te helpen. Kun je dat begrijpen?'

Ze knikte.

'Als je dus vindt dat het niet bekend mag worden, kun je het beter niet tegen ons zeggen. Maar wij zijn er werkelijk van overtuigd dat dit een goed mens is, gevangen in een verschrikkelijke fout... Het proces is bijna voorbij en als jij iets weet waarmee wij hem kunnen helpen, hopen we dat je ons dat zult vertellen.'

Emma bleef een tijdje zwijgend zitten. 'Jullie zullen mijn vader – mijn vaders nagedachtenis – niet zomaar schaden, neem ik aan?'

'Nee,' zei Kate, 'dat zullen we niet doen.'

'Nou, ik verzoek jullie om hier discreet over te zijn. Maar die vrouw,' ze tilde de krant weer op en keek naar de foto. 'Die heb ik gezien. Volgens mij... volgens mij had ze... eh...' en ze bloosde, '... volgens mij had ze iets met mijn vader.'

Er viel een stilte. Mulcahy was met stomheid geslagen en hoorde niets anders dan het tikken van de klok aan de wand.

Kate hield het gesprek gaande. 'Denk je... denk je dat dat iets te maken kan hebben met onze zaak?'

'Dat weet ik niet. Volgens de krant denken jullie dat ze er op de een of andere manier bij betrokken kan zijn. Ik vond dat ik het jullie moest vertellen. Nu weet ik het niet meer. Ik had het niet moeten vertellen. Jim?' Dit laatste zei ze tegen de zwijgende man, die zijn schouders ophaalde.

'Mijn moeder zal hier vreselijk door gekwetst raken,' zei Emma tegen Kate.

'We zijn je heel dankbaar,' zei Mulcahy.

'Ik moet toegeven,' zei Kate, 'dat ik iets eigenaardigs zag bij de begrafenis van je vader. Libby Russell was er ook en even was er een heel beangstigend moment achter in de kerk, toen je moeder vol woede naar haar keek. En volgens mij kon dat maar één ding betekenen. Daarom ben ik naar haar toe gegaan. Ik ben onaangekondigd bij haar langsgegaan. Heb haar ermee overvallen. Niet zo laat op de avond als nu, maar toch. En uiteraard wilde ze er niet over praten. Maar ze weigerde met zo veel waardigheid. Ze hield vol, maar zo... zo elegant. Ik kan je niet vertellen hoe ellendig ik me voelde.'

Emma glimlachte naar haar. 'Zo is mijn moeder,' zei ze.

De nacht voelde kil aan. De krekels zwegen en de sterren schenen helder boven het eiland. De maan stond hoog aan de hemel. Er heerste een sfeer van verwachting, van de naderende herfst. Het enige geluid kwam van het gesuis van de gasvlam onder de waterketel. Emma schonk nog eens thee in. Jim wilde geen thee meer. Hij rekte zich uit, geeuwde en ging op weg naar bed.

'Emma,' vroeg Kate na een tijdje, 'zitten we hier ver van het strand af?'

En zo vroeg Mulcahy zich voor de tweede keer die avond af wat er in hemelsnaam gaande was toen hij door de voorruit van zijn vaders auto het donker in tuurde. Ze parkeerden de pickup en liepen door de hei naar de duinen toe. Toen ze op het strand aankwamen, hoorden ze vlakbij de golven op het zand van South Beach slaan. Er was een zilveren glans waar het schuim op het strand golfde. De maan was niet te zien en er kwamen wolken opzetten, zodat de sterren hier en daar verborgen raakten. Kate vroeg of Ed het niet erg zou vinden om een eindje vooruit te lopen. Hij knikte opgelucht. Dit was haar onderneming.

Hij ging zitten in het zand boven de hoogwaterlijn en luisterde naar het rollen en stampen van de golven, de ene na de andere. Het was te kil om in slaap te vallen, maar hij dommelde even in. Het regelmatige ritme van de branding werkte kalmerend en het voelde lekker aan om in je eentje op het strand te zitten, ver weg van Pemberton Square.

347

Hij werd wakker toen hij bij het licht van de sterren een half-uur later de twee figuurtjes zag terugkomen. En in het donker voelden Emma Whitaker en Ed Mulcahy, toen ze terugliepen naar de auto, een vreemde verwantschap, alsof ze per ongeluk ontdekt hadden dat ze door dezelfde verzorger verzorgd werden. Tijdens de rit terug naar Emma's huis was er een moment waarop Ed het gevoel had kunnen afschudden en iets had kunnen zeggen over de zaak, maar Kates hand op zijn arm weerhield hem. 'Nu even niet,' zei ze zachtjes.

En ze had nog steeds die serene glimlach op haar gezicht toen ze afscheid namen van Emma Whitaker. Toen ze samen in de auto zaten, keek hij haar vragend aan. Ze zei echter niet meer dan: 'Het komt wel goed. Ze heeft het er moeilijk mee, maar volgens mij komt het wel goed.' Mulcahy zuchtte. Het was te laat en te vreemd. Ze namen de afslag naar Oak Bluffs.

'Ik moet je waarschuwen,' zei Ed na een minuut of tien. 'Mijn vader snurkt.'

'En jij?' vroeg ze. Het was donker in de auto, maar hij dacht dat hij een glimp opving van iets ondeugends in haar blik.

Het huisje van de kapitein, dat amper groter was dan zijn vissersboot, lag verborgen achter stekelige sparren twee blokken van Town Forest vandaan, en was omringd door oude schepen en auto's. De oude man sliep op een zoldertje dat hij bereikte door vanuit de keuken een ladder op te klimmen. De enige slaapkamer in het huisje werd alleen door gasten gebruikt, en meestal lag het bed vol dozen met havendossiers, stapels oude vissers- en scheepsperiodieken en boeken. Hij had het kamertje opgeruimd voor zijn gasten en had de slaapkamer en de enige schone handdoek in huis toegewezen aan Kate. Zijn zoon kon op de bank slapen.

De kapitein had een douche in de tuin, die hij van april tot oktober gebruikte. Een maal per jaar, in oktober, verwijderde hij de schimmels uit de badkamer binnenshuis en ging hij het sanitair daar gebruiken. Maar die dag was nog een maand verwijderd van de septembernacht toen Ed en Kate kwamen logeren. Het was ver na tweeën toen de banden zachtjes over het schelpenpad van de oprit knersten en de twee juristen uit de pickup stapten. De maan keek tussen een opening in het wolkendek door. Ed en Kate slopen langs de houtstapel en de romp van de oude sloep. 'Daarin heb ik leren zeilen,' zei hij.

Op de deur zat een briefje geplakt waarop stond:

*Ik hoop dat je het fatsoen opbrengt om zelf op de bank te
gaan slapen en de dame het bed aan te bieden. Er zijn geen
schone handdoeken behalve degene die ik op het bed gelegd
heb. De buitendouche is het schoonst. Wie mee wil vissen,
moet om halfvijf opstaan of een briefje achterlaten. Ik ben
terug tegen acht uur.*
Kap

Ed duwde de deur open en stapte geruisloos naar binnen. Boven lag de kapitein te snurken, met nu en dan een smakkend geluid tussen het geronk door. Ben Mulcahy sliep maar een uur of vijf per nacht, maar dat waren dan ook vijf uren van volledige overgave. Ed trok het briefje van het venster en schreef als antwoord:

*Als je me wakker maakt om te gaan vissen, gooi ik al je
drank weg.*

Kate liep op haar tenen om de telefoon heen, de zitkamer binnen. 'Ed?' fluisterde ze.
'Hier,' fluisterde hij terug. In het donker verscheen haar silhouet. Haar gezicht en haar kastanjebruine haar werden van achteren belicht door het zwakke maanlicht dat door de gordijnen heen filterde. Ze raakte zijn hand aan en glipte langs hem de slaapkamer binnen. Ze trok de deur zachtjes achter zich dicht.
Even later ging de deur weer open. Ze liep schimmig langs hem met de handdoek, zo te zien alleen gekleed in een т-shirt. Ed lag op de bank en luisterde hoe de deur dichtgetrokken werd en de douche aanging. Hij stelde zich voor hoe de stoom boven de boomkruinen uitsteeg, het maanlicht op haar schouders. Toen ze even later binnenkwam, hoorde hij het gesnurk op de vide niet meer. Het leek alsof haar lichte voetstappen de hele kamer vulden met liefheid.
'Kate,' fluisterde hij. 'Vertel me één ding.'
'Ja?' fluisterde ze terug.
Ze kwam naar hem toe en hij stak vanaf de bank zijn hand uit en pakte in het donker haar hand.
'Wat?' vroeg ze weer.
'Heb je haar een dagvaarding gegeven?'
'Bah,' zei ze, 'jij bent vréselijk,' en ze liet zijn hand los. 'Vreselijk. Ik ga naar bed.'

349

'Ja of nee?'

'Nee,' zei ze. 'Zo iemand, zo iemand geef je geen, geen dàgvaarding!'

Hij kon alleen haar donkere vorm, afgetekend tegen de deuropening, zien. Ze liep terug naar hem. Toen was haar gezicht vlak bij het zijne en hij werd bedwelmd door haar geur, die overal om hem heen hing, maar afgezien van de flonkering in haar ogen was haar gezicht in het duister gehuld. Hij voelde de warmte van haar lippen bij de zijne.

'Sommige mensen,' fluisterde ze, 'vinden het prettiger om gevraagd te worden.'

En toen was ze verdwenen. De deur van de slaapkamer was weer dicht.

Wat later was hij zich vagelijk bewust van lawaai, maar toen hij uiteindelijk om acht uur wakker werd was het huis verlaten. De kapitein was uiteraard om halfvijf opgestaan om te gaan vissen en kennelijk was Kate mee.

De kapitein had die zaterdag dingen te doen in de haven en dus moesten Ed en Kate, toen hij was teruggekomen met twee tonijnen en een verhaal over Kate die een zeebaars aan de lijn gehad had, zelf van Falmouth naar de pont bij Oak Bluffs zien te komen. Het was een heldere, droge ochtend met niet meer dan een vriendelijk zeebriesje, maar het rook al naar herfst. De mensen op de pont droegen vrolijk gekleurde jacks. Pas toen de boot vertrokken was, hadden ze het weer over Emma Whitaker. Ze hadden zitplaatsen gevonden bij de reling, en toen de pont langs East Chop voer, begonnen ze over haar te praten.

'Kunnen we haar gebruiken?'

Kate fronste. 'Nee,' zei ze, 'we kunnen haar niet gebrúiken.'

'Je weet best wat ik bedoel. Wat weet ze?'

'Ze denkt dat haar vader een affaire had met Libby Russell,' zei Kate.

'Dat weet ik,' antwoordde hij. 'Daar was ik ook nog bij. Maar wat bedoelt ze, dat ze dat denkt?'

'Ze wil niet getuigen.'

'Hé, wacht even. Wat betekent het dat ze dat denkt?'

Langs de reling hielden twee zwarte kinderen stukken donut in hun uitgestrekte handen. Grote witte meeuwen, die nog geen drie meter naast de pont met hen meevlogen, hun kopjes alle kanten op draaiend, maakten duikvluchten om het voedsel weg te plukken of doken naar het water om stukken te onderscheppen die gevallen waren. De kinderen giechelden uitbundig.

Kate ging verder. 'Voornamelijk vanwege een avond dat ze onverwachts opdook bij de boerderij van haar vader en Russell daar met haar vader aantrof, en verder niemand. Haar moeder was naar Connecticut gegaan. Sam en Libby zaten te eten. Ze zag dat de kaarsen al brandden.'

'De kaarsen?'

'Ja, op de eettafel. Haar vader zette zelf nooit kaarsen op tafel.' Opnieuw schudde Ed zijn hoofd bij het horen van dit bewijsmateriaal en bij de gedachte hoe vreselijk dit afweek van de bewijzen die je in een rechtszaal kunt presenteren.

Maar Kate ratelde verder. Er waren andere gelegenheden geweest. Emma was haar vader met Russell tegengekomen bij een andere gelegenheid en had een derde keer Russell ontweken toen ze kwam aanlopen door het park. En ze had uiteraard achter in de St.-Thomaskerk gestaan en gezien hoe Anna Whitaker reageerde.

'Wat bedoel je dat ze niet wil getuigen?' vroeg Ed toen de kust van Falmouth in zicht kwam. 'Waarom heb je haar niet gedagvaard?'

'Dat heb ik je gezegd,' zei Kate. 'Het is nu eenmaal niet het type dat je dagvaardt!'

'Kate!'

'Ed,' sprak ze verder, 'in deze moet je me vertrouwen. We hebben gisteravond een halfuur over het strand gelopen. Of was het vanochtend?' Ze trok rimpels in haar neus en keek hem glimlachend aan. De zon kuste haar sproeten en haar haar was overal. 'Er zijn mensen die je nu eenmaal niet dwingt. Mensen die nooit op een eis zouden ingaan, maar die misschien wel reageren op een beleefd verzoek. Zo iemand is zij.'

Ze glimlachte weer. Ze had gelijk dat hij haar in deze zou moeten vertrouwen, want hij begreep haar niet.

'Dus,' vroeg hij, 'heb je het haar beleefd gevraagd?'

'Ja,' zei ze.

'Maar je zei dat ze niet zou getuigen.'

'Dat doet ze ook niet.'

En toen vertelde Kate wat Emma had toegezegd te zullen doen als dat nodig zou zijn.

Mulcahy schudde zijn hoofd. 'Kate,' zei hij, 'ik ben Clarence Durrow niet. Dat soort dingen kan ik niet doen. Ik weet het niet...' Daarna zwegen ze een tijdje. Ze stak haar arm uit en legde haar hand op de zijne. Ze liet haar vingers tussen zijn duim en wijsvinger glijden en streelde met haar duim de rug van zijn hand. Zijn vingers sloten zich rond de hare.

Na een tijdje zei hij: 'Kate, stel dat we haar niet in de getuigenbank zetten en dat Shepard schuldig bevonden wordt. Nalatigheid?'

'Misschien,' zei ze. 'Maar ik heb mijn woord gegeven.'

De rest van de oversteek zaten ze zwijgend naast elkaar.

33

Kate was in de auto in slaap gevallen, maar ze werd wakker zodra het verkeer vastliep ter hoogte van de gastanks van Dorchester, en ze begon op haar lip te bijten van ongeduld om terug te keren naar Bromfield Street en te kijken of ze beet had bij Creel.

Het was zaterdagmiddag. Nog een nacht, een dag en dan nog een nacht, en dan was het de laatste week, het einde van de bewijsvoering, het einde van de hun toegemeten tijd. Het moment waarop Ed zou moeten zeggen dat hij alles gedaan had wat hij kon en dat dit het einde van de verdediging was.

Ze keek naar hem en zag dat hij aan het stuur langzaam zat te tandenknarsen. Of het door het verkeer kwam of door de zaak, wist ze niet. De massa auto's kroop met horten en stoten naar de stad toe.

'Gaat het?' vroeg ze.

'Ja,' zei hij.

Het was heet in de auto. Ze draaide aan de knoppen van de airconditioning. 'Ed, er is toch niemand, hè?'

'Wat?'

'Geen vrouw. In jouw leven, bedoel ik.'

Hij keek naar haar om zeker te weten dat ze zei wat hij dacht dat ze zei en hij zag dat dat zo was. Hij keek weer voor zich en slaakte een zucht. De auto rolde een paar meter verder en bleef weer staan.

'Nee,' zei hij.

Er volgde zo'n pauze in het gesprek waarbij beide partijen zich afvragen wie er gaat zeggen wat voor de hand ligt; een stilte die nog ongemakkelijker gemaakt werd door het volslagen gebrek aan enige aannemelijke afleiding, daar in die verkeersopstopping op de snelweg.

'Dus...' zei ze uiteindelijk.

'En wanneer trouw jij?' onderbrak hij.

'Met Sint-Juttemis,' zei ze.

'Pardon?'

'Als de hemel naar beneden komt. Het is uit. Ik heb het uitge-maakt.'

Ze had haar verloving verbroken. Daar dacht hij een tijdje over na. Hij voelde zich rood worden onder haar blik. Mulcahy durf-de haar niet aan te kijken en hij hield zijn blik dus strak op de weg gericht, waar zo goed als niets gebeurde. En toen dwaalden zijn gedachten weer af naar de zaak, naar Emma Whitaker en mevrouw Lee, en Creel, en John Shepard die heen en weer aan het lopen was in een gevangeniscel, en naar de weinige uren die ze nog hadden en het vele werk dat ze nog moesten doen.

'Kate, ik kan niet fluiten als ik kauwgom in m'n mond heb.'

Ze legde haar hand op zijn schouder. 'Dat geeft niet,' zei ze. 'Als je maar kùnt fluiten, wanneer je kauwgom op is.'

Hij wist wat ze daarna ging zeggen, nog voordat ze het zei, en zij wist dat hij het wist, en dus zaten ze allebei te grinniken toen ze zei: 'Je kunt toch wel fluiten, hè?'

Er was niets in Bromfield Street, geen e-mail, geen telefonische boodschappen, niets. Op dat moment besloten Ed en Kate dat het nu tijd werd voor grovere maatregelen. Kate stuurde Creel een e-mail.

'Laat niet doorschemeren dat we allerlei hints gegeven hebben,' zei hij. 'Vraag gewoon of hij ons wil helpen.'

Ze knikte, dacht even na en tikte toen de volgende boodschap:

George, wil je alsjeblieft bellen of een bericht sturen. Nieuwe regels. Geen dagvaardingen, we doen wat jij wilt. Geen publiciteit. Maar als-jeblieft: help ons. Alsjeblieft. We hebben bijna geen tijd meer.

Het liep tegen vier uur 's middags toen ze het bericht verstuur-de. Ze wachtten. Ze zaten naast elkaar op de bank en vielen in slaap. Het was al donker toen Kate wakker werd met het kle-verige gevoel van het zout in haar haar en op haar gezicht, en met een stijve nek. Ze schudde Mulcahy wakker. Op het scherm was niets te zien. Ze waren zo rusteloos dat ze besloten op jacht te gaan naar iets te eten.

Rond negen uur keerden ze terug. Nog steeds geen antwoord.

353

Kate ging weer op de bank in het donkere kantoor liggen slapen. Om twee over halftwee die nacht kneep ze zich in haar arm. Ze keek om zich heen en zag Ed slapen aan het bureau, met zijn hoofd op zijn armen. Ongelovig staarde ze naar het scherm. 'God,' zei ze. Er stond:

U hebt post.

Zo opgewonden dat ze niet eens de slaap uit haar ogen wreef of het haar uit haar gezicht veegde, toverde Kate het bericht te voorschijn.

Als je deuren door wilt, moet je de juiste vraag stellen.

'Ed, wakker worden,' zei ze. 'Hij geeft antwoord.' Haar vingers vlogen over het toetsenbord terwijl ze haar antwoord typte. 'Wat is het gastenboek?' was het bericht dat ze hem stuurde.
Toen ze het verzonden had, keek ze naar zijn bericht. Waarom speelde hij zo met ze? Toen ze het nieuwe antwoord ophaalde, leunde hij over haar heen. Samen lazen ze:

Fout. Vraag te algemeen.

Ed stond op en legde zijn handen op haar schouders. Hij leunde over haar heen en keek door samengeknepen ogen naar het scherm. Even ontspande ze zich en gaf zich over aan het heerlijke gevoel van zijn vingertoppen. Ze was zo moe. Hij las het antwoord.
'Het is een spel, Kate. Hij bepaalt de regels. We moeten ons aan zijn regels houden. Maar hij speelt tenminste. Dat is al een hele verbetering.'
'Maar wat zijn zíjn regels?'
Hij staarde weer naar het scherm. 'Stel je hem maar voor als een soort computer. Hij doet alleen datgene waarvoor hij geprogrammeerd is. We moeten hem de juiste vraag stellen.'
Ze keek fronsend naar het scherm.
'Vraag hem wie de gasten zijn,' zei Mulcahy. Ze typte de vraag en verzond het bericht. Even later lazen ze:

Fout. Vraag te algemeen.

Mulcahy las het bericht hardop. Hij keek naar haar. Haar rode haar sprong alle kanten uit. Haar gezicht was opgeblazen en ze had donkere kringen onder haar ogen. Ze had een wanhopige behoefte aan meer slaap.

'Dit is allemaal voortgekomen uit het Idlewild-onderzoek. Misschien zijn de gasten dus gasten van de Idlewild-transactie?' zei hij.

'Fletcher Daye,' zei Kate. 'De gasten zijn van Fletcher Daye. Wat is het boek dus?'

'Vraag hem wie er getekend hebben.' Ze tikte de vraag in. Vijf minuten later kwam de berisping:

Fout. Vraag te algemeen.

Ze zuchtte. Wat leerde je nou tijdens je rechtenstudie, toch zeker dat je je slotpleidooi al geschreven moest hebben voordat het proces begon? Zoiets in ieder geval. Wat het ook was wat ze je leerden, in ieder geval niet dat je de feiten moest gewaarworden het weekend voordat het slotpleidooi gehouden werd, door een vraag-en-antwoordspelletje te spelen met een computerfreak.

'Te algemeen?' Hij zat hardop te peinzen. 'De vraag is te algemeen... Waarom? Waarom?' Hij liep naar het raam en keek naar de vage gele lichtkringen op het zwarte wegdek, de reflectie van de lantaarns. 'Omdat, omdat iederéén het boek tekent. Waar tekent iedereen?' Hij ijsbeerde door het kantoor terwijl hij als een razende nadacht. 'Vraag waar ze getekend hebben en hoe laat.'

Ze voldeed aan zijn verzoek en ze wachtten op antwoord. Het was bijna kwart over twee. Beneden denderde er een auto voorbij door de smalle straat. Daarna werd het weer rustig.

Even later lazen ze zijn antwoord:

Fout. Vraag te algemeen.

'Godverdomme, Creel!' zei Mulcahy. Maar de computer gaf geen antwoord en de woorden bleven hem pesterig aanstaren vanaf het scherm.

Hij begon weer te ijsberen. 'Oké. Oké. We moeten doen wat hij wil. We moeten doen wat hij wil, want hij is Creel en zo speelt hij de zaken nu eenmaal. Hij speelt. Dus wij ook.' Hij zuchtte. 'Waar tekent iedereen altijd?'

355

'Ed, ik weet het niet.' Ze schudde haar hoofd, sloot haar ogen en wreef over haar slapen.

Hij keerde terug naar het scherm en leunde zwijgend over haar heen. Hij staarde naar de razend makende rij berichten. 'Iedereen tekent overal, de hele tijd,' zei hij opnieuw. 'Waar tekent iedereen overal, de hele tijd?'

'Het heeft iets te maken met computers,' zei ze.

'Ja,' zei hij, 'maar niet iedereen heeft een computer.'

Zijn ogen dwaalden door het kantoor, van de troep op Stevies bureau naar de airconditioning, de brieven op de glazen plaat, de versleten groene archiefkast, en terug naar het kuiltje in haar nek. Daar bleven ze even hangen en vervolgens dwaalden ze weer af naar het scherm. Nu gingen ze omhoog door de lijst met berichten, het rijtje van 'Fout. Vraag te algemeen.' Uiteindelijk bleef zijn blik rusten op Creels eerste bericht. Hij las het bericht hardop. 'Als je de deur door wilt...'

En toen zei hij, heel zachtjes: 'Kate, het zijn de deuren.'

Ze keek niet-begrijpend.

Hij ging verder, met stijgende opwinding in zijn stem. 'Iedereen gaat deuren door, overal in het gebouw, de hele dag. Hij heeft het over de sensoren in de trappenhuizen en de liften!'

En toen leunde hij over haar heen en typte de laatste vraag.

Waar is het verslag van wie de deuren gepasseerd zijn?

Het antwoord was één enkele toetsaanslag: een uitroepteken.

'Jezus,' zei Mulcahy. 'Het zijn de deuren.' Kate tikte een alinea.

Het is halfdrie. Over circa dertig uur staken we de verdediging in de zaak-Shepard, zoals je ongetwijfeld weet. Hij is onschuldig. Misschien weet jij dat ook. Maar als jij ons niet helpt, wordt hij waarschijnlijk veroordeeld.

'Denk je dat hij daarin trapt?' vroeg hij.

'Wachten,' zei ze en daarna typte ze nog een alinea:

George, in Vietnam zijn een heleboel onschuldige mensen gewond geraakt doordat degenen die hadden kunnen helpen niet geholpen hebben. Help alsjeblieft.

Ze keek hem aan, de vraag in haar ogen.

'Een beetje grof geschut?' vroeg hij.

'Het is bijna drie uur. Ik ben niet op mijn subtielst,' zei ze.

'Doe maar,' zei hij. Ze drukte op de knop waarmee het bericht verzonden werd.

Vijf minuten later ging de telefoon.

'Dat was wel een beetje melodramatisch, vindt u zelf ook niet, meneer Ed?' zei een stem.

Ed liet zijn adem ontsnappen. Het was precies kwart voor drie.

'George, het is allemaal een beetje melodramatisch, vind jíj niet?'

George gaf geen antwoord. De telefoonlijn kraakte.

'Maar toch bedankt. Fijn dat je eindelijk belt,' ging Mulcahy verder.

'Laten we dit kort houden.'

'Ja,' zei Mulcahy. 'Natuurlijk. Dat is h

et dus? Is het gastenboek een of andere lijst met pasjes voor het gebouw, de brandtrappen, de liften?'

'Goed werk, meneer Ed. Het is de computerlijst waarin staat hoe vaak er gebruik gemaakt is van beveiligingspasjes en monitoren in de branddeuren en de liften van Freer Motley.'

'Bedoel je dat dat bijgehouden wordt?'

'In het verleden wel.'

'Wordt bijgehouden wie er op verschillende tijden de verschillende beveiligde deuren doorgegaan is?'

'Niet precies wie. Er was een lijst van welke pasjes gebruikt waren om de monitor te activeren. Dat is alles.'

'Heb jij die lijst?'

'Nee. Ik had een uitdraai bij mij thuis, maar ik heb begrepen dat mijn appartement geplunderd is door dezelfde kerels als die me wilden vermoorden.'

'Dat heb ik gehoord,' zei hij.

'O, ja, meneer Ed, dat zal wel heel onplezierig geweest zijn. Ik weet niet waar u en mevrouw Kate zich in begeven hebben, maar George is er bijna voor vermoord. Als een van die jongens die de hele dag bij het metrostation Maverick rondhangen me niet gewaarschuwd had voor een kerel in de buurt, dan was het ze gelukt.'

'Het spijt me.'

'Mij ook.'

'Valt hij te reconstrueren, die lijst bedoel ik?'

'Misschien. Dat hangt ervan af wat er gebeurd is met de bestanden op mijn vaste schijf bij Freer Motley.'

'Hij ligt dus bij Freer?'

'Hij moet bij Freer liggen, ben ik bang,' zei George.

'Je kunt niet, je kunt niet gewoon bellen, of zo?'

Hij hoorde Creel lachen. 'Meneer Ed, beste kerel, je kunt niet gewoon "bellen".'

'Maar jij hebt ons toch ook gebeld?'

Er klonk een stilte. 'Bravo,' zei hij. 'Ik ben onder de indruk. Maar ik vrees dat dat alleen is omdat jullie een laptop van Freer Motley gebruiken, een van mijn voormalige kinderen, die ik zo geprogrammeerd heb dat ik een bericht kan ontvangen en die mij telkens uitnodigt wanneer er een buitenlijn gebruikt wordt. Toen jullie dus e-mails begonnen te versturen naar Natlink en inbellen bij Westlaw, kon ik ermee uit de voeten. Maar ik ben bang dat de computerbeveiliging bij Freer Motley iets geavanceerder is dan die van de laptops. Ik heb het systeem tenslotte zelf ontworpen.'

Mulcahy slaakte een diepe zucht. Nu waren ze zo ver gekomen. En toen sloeg het pessimisme van de jurist toe, toen hij terugdacht aan Kates confrontatie met Creel.

'George, waarom moet ik dat gastenboek eigenlijk bekijken? Weet jij wat erin staat?'

'Ik dacht dat hij volgens jou onschuldig was, meneer Ed?'

'Is hij dat?'

'Dat kan ik niet zeggen. Maar ik heb het boek gezien. Ik vond het bijzonder interessant. En ik denk dat jullie het ook interessant zullen vinden.'

Mulcahy zweeg om Creels opmerking te laten bezinken. 'Kun je op een of andere manier in het gebouw komen? Is er een manier om de zaak na te gaan?'

'Meneer Ed, ik geloof dat u mij niet verstaan hebt. Dit akkefietje heeft me al bijna een keer mijn leven gekost. Dat was dan dus de vierde keer, als je die drie in Vietnam meetelt. Dat vind ik wel genoeg.'

'George, alsjeblieft.'

'Het spijt me.' Creel zweeg, maar hij hing niet op en het leek erop dat hij wel wilde helpen, als Mulcahy maar zelf een methode verzon. Hij moest, zoals altijd, de juiste vraag stellen. Daar zat hij aan de telefoon, midden in de nacht, te praten met een stem zonder gezicht, ergens. Creel wachtte. En toen wist hij het.

'George,' zei hij, 'als er nu eens iemand anders achter jouw computer ging zitten. Zou je hem of haar er dan doorheen kunnen praten?'

'Als die persoon de juiste vaardigheden bezat,' zei hij.

Hij haalde diep adem. 'Oké,' zei hij. 'Ik ga het proberen.' Hij keek naar de klok. 'Het is nu tien voor drie. Wil je alsjeblieft je rechtstreekse lijn bij Freer bellen om vijf over drie. Alsjeblieft! Als ik niet opneem, bel je me hier.'

'Meneer Ed, als ik iets mag zeggen. Volgens mij is mevrouw Kate handiger met computers dan u. Als ik de hele nacht moet doorwerken, doe ik dat liever met iemand die weet wat ze aan het doen is.'

'Oké,' zei Ed, 'oké.' En toen stelde hij, voordat hij ophing, zijn laatste vraag. 'Je wilde er niet bij betrokken raken, je bent bij nacht en ontij vertrokken en je wilde ons eerder niet helpen en toch heb je de voortgang van de hele zaak gevolgd, onze berichten en conclusies gelezen enzovoort. Waarom? Waarom heb je al die moeite gedaan? Het spijt me, maar ik ben gewoon nieuwsgierig.'

'Meneer Ed, ik heb het u al eens eerder gezegd,' zei Creel, 'ik blijf gewoon graag op de hoogte van wat er binnen het bedrijf gebeurt.'

Het kruispunt was zo verlaten als het graf. Ed en Kate liepen hand in hand langs de stille warenhuizen, sloegen verlaten straathoeken om. Niemand te zien. Er waren bijna geen lichten. Eén keer scheurde er een taxi voorbij, met knersende schokbrekers terwijl hij door de gaten in het wegdek hotste. Afgezien daarvan was alles rustig. Hij liet haar achter op de hoek van Summer en Hancock.

Kate hoorde haar eigen voetstappen over de stoep tikken, echo's in de stille straat en tegen de gevels van de duistere kantoorgebouwen. Ze keek achterom. Hij zwaaide. Hij was nog een vage gestalte op de hoek. En toen was ze alleen.

Nu naderde ze de toegangsdeur, aan de overkant van het plein. Binnen zag ze in een bleek schijnsel de beveiligingsagent zitten, aan de andere kant van de binnenplaats. Ze tuurde door de ruit en slaakte een zucht van opluchting toen ze een bekend zwart gezicht zag. Misschien zou het eerste deel van de missie gaan lukken.

Kate haalde diep adem en duwde tegen de draaideur. Ze liep de gang door en dwong zichzelf om niet te hard te lopen. De bewaker keek naar haar. Ze probeerde een uitdrukkingsloos gezicht te zetten.

'Avond,' zei hij toen hij haar herkend had.

'Hoe gaat het?' vroeg ze.

'Gaat wel, gaat wel. Ik heb u al een tijdje niet meer gezien.'

Ze rommelde in haar handtas. 'O, god,' zei ze.

'Wat?'

'Niet te geloven! Oh!'

'Wat is er?'

'Ik ben mijn pasje vergeten.' Ze schudde haar hoofd en keek weg alsof ze in tranen zou uitbarsten. 'Ik moet het hebben laten liggen...' Ze keek om zich heen. 'Nou moet ik helemaal terug naar Cambridge... Ik moet die conclusie af hebben tegen half acht!'

'Laat maar, mevrouw,' zei hij langzaam. 'Ik ken u toch.'

'O, reusachtig bedankt!' zei ze. 'Maar hoe kan ik dan... ik moet bij de tekstverwerkers zijn...'

'Hier,' zei hij en hij haalde een pasje uit zijn la. 'Hiermee komt u overal waar u zijn moet.' Hij gaf haar een stukje plastic.

'Bedankt!'

'Maar niet vergeten terug te brengen, hoor! En mevrouw, de chef hoeft hiervan niets te weten, als u begrijpt wat ik bedoel?'

'Nee, nee. Het blijft ons geheim!'

Ze zag niemand toen ze op de zeventiende verdieping de lift uit stapte en langs de pallets met kopieerpapier liep. In de gang was het stil. Het was er schemerig. Snel liep ze naar de afdeling tekstverwerking, waar het licht uit was. Achter de schotten vond ze Creels computer, helemaal alleen in een ongebruikt hoekje. Al Creels afval, zijn stapels uitdraaien, waren verwijderd. Zijn prikbord was weggehaald. Alleen een paar stickers zaten nog op de het scherm. Ze keek op haar horloge. Het was vijf minuten over drie.

De telefoon ging. 'Ik hoop dat u mevrouw Kate bij u hebt,' zei de stem.

'U spreekt met Kate, meneer Creel,' zei ze.

'Ah. Dat is mooi. Oké, eerst zetten we Gertie maar eens even aan, zou dat lukken, Kate? En terwijl ze aan het booten is... heb je een creditcard?'

Ze gaf hem het nummer en hij hing op en belde terug. Het klonk alsof hij op een openbare plek stond, een trein- of busstation misschien.

Hij gaf haar het wachtwoord. Het werkte niet.

'Geen probleem,' zei hij en gaf haar een ander wachtwoord. In een blauw veld verscheen een tabel met kleurige pictogrammen. 'Kies SPECIALE FUNCTIES.'

Ze klikte op het pictogram. Er verscheen een menu met bibliotheken.

'Hoeveel CREELPROJECTEN zijn er?'

Ze keek naar het scherm. 'Geen.'

'Wat een etterbakjes. Hmmm.' Hij dacht even na en gaf toen een reeks instructies. Kate deed wat hij zei en baande zich een weg door het computerdoolhof tot in de centrale computer. En toen, na een klik:

'Aha! Ik heb ze,' zei ze. 'Een lijst met CREELPROJECTEN.'

'Begin met het eerste. Roep ze een voor een op. Je zult verschillende dingen tegenkomen. Je bent op zoek naar het gastenboek.'

In de loop van de volgende vijftien minuten opende ze alle bestanden. Maar ze vond geen gastenboek.

'Je weet het heel zeker?' vroeg hij.

Het was er niet.

'Het moet verwijderd zijn,' zei hij. 'Dat is een probleem.'

Langzamerhand waren Kates oor en schouder pijn gaan doen doordat ze de telefoon steeds vastgeklemd had. Haar oogleden brandden. 'Alsjeblieft, George, we moeten iets verzinnen.'

'Nou, we kunnen proberen de bestanden te herstellen,' zei hij. 'Maar dat betekent dat je terug moet naar het systeem van Moore. Dat wordt lastig.'

'Moore?'

'De mensen van de beveiliging.'

'We proberen het gewoon,' zei ze.

De volgende anderhalf uur praatte George Kate door zijn computerschermen heen als een verkeersleider die een beginnende vlieger door een noodlanding heen praat. In een onschuldig ogend adressenbestand had hij een wachtwoord ondergebracht voor het beveiligingssysteem, en dat was niet verdwenen. Ze vonden het. Via Internet kregen ze toegang tot de computers. Het wachtwoord werkte nog wel, maar de bestanden hadden andere namen gekregen. Ze moesten vijftien bestanden doorzoeken voordat ze de gegevens vonden. Dat duurde nog eens drie kwartier. Het was halfvijf. Maar het herstellen van de gegevens was een gigantische uitdaging, zelfs voor Creel. Iemand had de gegevens op de schijf verplaatst, of andere gegevens op tussenliggende le-

361

ge plekken neergezet. Terwijl Kate de zinnen van een programmeertaal typte, dicteerde Creel een programma om de gegevens te herstellen, op zoek naar gegevens die hersteld waren in mei 1992. De eerste keer wilde het programma niet werken. Om zes uur konden ze opnieuw beginnen.

Het was nu licht buiten en Kate begon zich zorgen te maken. Het werd halfzeven. Tien over halfzeven. Om tien voor zeven werkte het programma en begonnen ze de gegevens te downloaden.

De zon was nu helemaal op. Kates oogleden bleven dichtvallen tijdens het wachten. Verbijsterd, als een zombie, wilde Kate net op PRINT drukken toen ze de sleutel in het slot hoorde. Tegenover haar terminal, aan de andere kant van het tussenschot, was iemand het vertrek binnengekomen. Ze hoorde papieren ritselen. En toen piepte haar computer.

'O, ik wist niet dat er iemand...' begon een mannenstem terwijl hij de hoek om kwam. Ze keek op en zag Albert Shanklin staan. Hij was de tekstverwerkingsafdeling binnengekomen, waarschijnlijk op zoek naar een hypotheekakte.

Ze slikte. 'O mijn god,' zei ze zachtjes bij zichzelf en ze wendde haar blik af.

'Wat doet u hier?' vroeg de Graaf. Eerst was hij alleen maar verbaasd. Maar toen verschenen er rimpels in zijn voorhoofd terwijl hij bedacht dat zij ontslagen was. Hij besefte dat hij misschien iets frauduleus op het spoor was, iets misdadigs misschien zelfs. 'Mevrouw Maher, wat doet u hier?' vroeg hij op barse toon.

'Mevrouw Kate, wat gebeurt er?' zei de stem in de telefoon.

'Ik, ik...' stamelde ze. Kate wist niet wie ze moest antwoorden, Shanklin of Creel. Shanklin liep het vertrek door.

'Meneer Shanklin, ik, ik was gewoon...' Haar stem stierf weg.

'Heb je geprint?' vroeg Creel. 'Heb je geprint?'

'Nee,' zei ze, ditmaal in de telefoon.

'Ik bel de politie,' zei Shanklin. 'Ga onmiddellijk dat computerprogramma uit...' Hij greep haar onderarm en trok haar handen van het toetsenbord af.

'Kate, luister even...' zei Creel.

'Hoe bent u hier binnengekomen? Geef me uw pasje, mevrouw Maher, en wel ogenblikkelijk...'

Het kwam allemaal door zijn vingers op haar arm: Kate slaakte een ijselijke gil. Shanklin verstijfde en liet haar los. De telefoon viel stil. 'Néééé!' gilde Kate weer. En terwijl ze gilde kwam er een bizar idee bij haar op. Ze dacht aan Shrinsky, die terugkrabbelde met dat dossier.

Ze haalde diep adem. 'Meneer Shanklin,' zei ze in de telefoon, 'hou daarmee op!'

'Wat? Waar hebt u het over?' Shanklin was werkelijk verbijsterd.

Ze legde haar hand over de hoorn. 'Meneer Shanklin, u bent nu alleen in de kamer met mij. Denk daar eens over na.' En toen weer in de telefoon: 'Hou daarmee op! Niet doen!'

'Over vijf minuten ben ik terug met de politie,' zei Shanklin terwijl hij zich het vertrek uit haastte.

'Wat was dat in godsnaam?' klonk Creels stem weer.

'Sorry, sorry. Luister, ik, o god, nu zit ik in de problemen. Luister George, opschieten, opschieten! Ik heb geen... Hij komt terug, met de bewaking of met de politie. Ik heb geen tijd om die toestand te printen.'

'Ligt daar een diskette?'

'Een diskette? O...' ze rommelde op de tafel, in de laden. 'O, verdorie, nee, ik zie er geen, ik kan er geen vinden!'

'Oké. Let goed op. Menu PRINTERSELECTIE. Niveau 3. Heb je dat?'

Ze klikte op OPDRACHTEN, maar het apparaat leek griezelig langzaam te reageren. 'Kom op, kom op!' zei ze.

'Hebben jullie een printer in Bromfield Street?'

'Ja!'

'Dan kun je het beter daarheen sturen, snap je? Als je op niveau 3 zit, krijg je een verzoek om een ander station te kiezen. Zie je het?'

'Ja, ik heb het.'

'Type nu een 9 en dan het nummer van je eigen modem. Dan TOEPASSING WACHTRIJ SELECTIES.'

'Verdomme. O, verdomme, ik krijg een foutmelding!'

'Hmmm. Te veel vensters open, neem ik aan,' zei hij. 'Luister. Geen paniek. Sluit je besturingsvenster. De pijl omlaag staat in de hoek. Ga eruit. Open nu opnieuw TOEPASSING WACHTRIJ SELECTIES.'

Haar vingers raakten de verkeerde toetsen terwijl ze zo snel mogelijk werkte. 'Snel, snel...' zei ze.

'Zie je daar de selectie voor e-mail?'

'Nee... ja, toch.'

363

'Mooi zo. Verstuur het bestand.'

'Wat doe ik?'

'Versturen.'

'Ik ben aan het versturen! Maar wat doe ik?'

'Je e-mailt het complete document. Staat je pictogram in de linker benedenhoek?'

'O, god, volgens mij hoor ik iets... Wat? Ja, ja... daar gaat hij.'

'Laat de computer aan staan, maar draai de knop aan de achterkant van het scherm op laag contrast, zodat het scherm zwart wordt. Misschien trappen ze erin. Doe maar een post-it over het lichtje. Maar zet hem niet uit,' zei hij.

'Oké,' zei ze, 'oké. God, opschieten, oké, ik ga. Bel me in Bromfield Street!'

Kate rende naar de nooduitgang. Achttien trappen later rende ze buiten adem de hal in.

Ze holde de hoek om en stond in het volle zicht van de balie aan de andere kant van de ingang. Haar schoenen tikten helder op de marmeren vloer. Het leken wel rotjes. Soms leek het wel alsof alle kantoorgebouwen die in de jaren tachtig als paddestoelen uit de grond gerezen waren, leden aan een overdosis nepmarmer. Het zat overal: op de vloeren, op de muren, in de liften. En hier dus ook.

Aan de overkant van de gang, bij de deur, zag ze de bewaker opkijken. Het was nog dezelfde, zijn dienst zat er nog niet op. Haar hart bonkte en ze vocht om op adem te komen. Haar dijen deden vreselijk pijn van het geren op de brandtrap. Nu zag ze zijn gelaatsuitdrukking. Hij keek ernstig. Hij stond op van zijn stoel.

'Mevrouw?' zei hij.

Ze streed om adem en ze streed tegen de impuls om hard weg te lopen.

'Mevrouw?' zei hij nogmaals toen ze dichterbij kwam. Ze stond bij zijn balie. Nog tien meter naar de voordeur.

'Het spijt me,' zei ze terwijl ze hem zijn pasje teruggaf. 'Ik moet...'

Hij onderbrak haar op strenge toon. 'Mevrouw, het spijt me, maar we hebben een melding van een insluiper bij Freer Motley.' Ze bleef zwijgend op haar lip staan bijten. 'Hebt u een verdacht individu gezien?'

Ze keek op naar de bewaker en ademde langzaam uit. 'Nee,' zei ze. 'Helemaal niemand. Het spijt me.'

In de verte hoorde ze de bel van een lift.

'Ik moet ervandoor,' zei ze.

'Bedankt, mevrouw,' zei hij. 'Een prettige ochtend verder.'

'U ook,' zei ze en ging snel op weg naar de draaideur. Toen ze de deur door was en de hoek om uit het zicht van de gang, rende ze zo snel ze kon naar Downtown Crossing.

Zondagnacht. De volgende ochtend zouden ze hun bewijsvoering afsluiten. Een uur, misschien twee, met Libby Russell. En dan het gastenboek. En nog één getuige. Kate en Ed zaten aan de keukentafel met de computeruitdraai voor zich. Een groot stuk wit tekenpapier lag tegen de koelkast aan. Op tafel lag een zwarte viltstift. Ze waren over hun vermoeidheid heen.

Het televisienieuws van elf uur stond aan. 'En in het proces tegen John Shepard wordt de verdediging naar verwachting begin deze week gestaakt,' hoorden ze Frannie Dillard zeggen. 'Advocaat Edward Mulcahy weigerde commentaar te geven, maar uit de dramatische getuigenissen van vorige week blijkt dat de verdediging anderen bij de zaak lijkt te willen betrekken, met name Elizabeth Russell, een vooraanstaand juriste...'

Het drong tot Ed door dat hij het hele weekend geen nieuws gezien had. Hij staarde naar de televisie.

'Russell, wier kruisverhoor maandagochtend zal worden voortgezet, wilde geen commentaar geven, maar haar baas Herbert Stein had meer dan voldoende te zeggen.'

Nu verscheen Stein, in een opname die vrijdagmiddag voor de rechtbank gemaakt moest zijn. 'Wat in deze rechtszaal gebeurt, is een schandaal,' zei hij. Hij liep rood aan en spuugde de woorden uit. 'Een amateur, een man die de afgelopen jaren niet één strafzaak gedaan heeft, probeert de jury in verwarring te brengen door mijn partner Elizabeth Russell in diskrediet te brengen,' zei hij. 'Mevrouw Russell zal dit niet gedogen. De ondervraging gaat alle perken te buiten en we zijn dan ook van plan de heer Mulcahy aan te klagen wegens smaad zodra dit proces voorbij is.'

'Stein, achteraan aansluiten, vent. Eerst Parisi,' zei Mulcahy tegen het scherm. 'Ik ben oordeelbestendig!'

Het nieuws ging verder met een ander item en Mulcahy zette de tv uit. 'Amateur, dat had hij goed gezien, zeg.'

'Dat had hij niet goed gezien.' Kate keek hem uitdagend aan. 'Je kijkt te veel tv.'

Ze hadden afspraken gemaakt met Emma en Stevie. Zij zou Kate 's morgens ontmoeten. Ze zouden in een koffieshop wachten tot een uur of tien en dan naar de gang van de achtste verdieping komen. Stevie zou een plaats vrijhouden op de voorste rij, recht tegenover de getuigenbank.

Mulcahy bestudeerde de uitdraai. Het was een lijst met drie kolommen. De middelste bestond uit getallen van zes cijfers, waarvan de meeste begonnen, net als de pasjes van Ed en Kate, met de cijfers 60. De rechterkolom bevatte vier cijfers. Maar de eerste twee reeksen in de rechterkolom begonnen steevast met een getal tussen de 18 en de 25. Na de eerste twee cijfers volgden nog twee cijfers, meestal 01, 02, 03 of 04.

Ze bekeken de laatste drie pagina's van de uitdraai, die voor 31 maart. Midden tussen de andere cijfers in vonden ze:

0331920327	702247	2002
0331920331	702247	1804
0331920343	702247	2601
0331920401	702247	0100

De linkerkolom en de rechterkolom waren duidelijk. De eerste bevatte datum en tijd. De laatste was de verdieping, met een of andere verwijzing naar een bepaalde beveiligde doorgang. 'Wie zou 702247 zijn? De meeste hiervan zijn 60-nummers.'

Kate zei: 'Nou, kijk hier eens naar. Om 03.27 uur komt er iemand binnen op de twintigste verdieping: die van Shepard. Die iemand gaat vervolgens naar de achttiende verdieping: die van Whitaker. Wie het ook is, hij komt aan om 03.31 uur. De hypotheekakte was op Whitakers computer geopend om... wat was het ook weer... 03.32 uur... ja...? En hij is een minuut of tien later gesloten, zoiets? Oké, dan verlaat meneer 702 dus de achttiende verdieping, neemt de trap naar de zesentwintigste en komt daar aan om 03.43 uur.'

'Waarom de zesentwintigste?' vroeg Mulcahy.

Ze haalde haar schouders op. De conferentieruimtes waren op de zesentwintigste verdieping.

'Goed,' zei hij. 'En Shepard dan? Wanneer zei hij dat hij die nacht was weggegaan?'

Ze keek in haar aantekeningen. 'Rond twee uur,' zei ze.

Ze bladerden door de verslagen van het proces. 'Hmmm,' zei hij terwijl hij wees op een verwijzing:

0331920152   604332   0100

'Nul één nul nul, dat moet de voordeur zijn,' zei ze.
Bingo. Ze staarden elkaar aan.
'Dus als Shepard om één uur weggaat...'
'Dan moet hij meneer 604332 zijn...' zei ze. 'En als hij meneer 604332 is...'
'Dan is hij dus niet meneer 702,' maakte Ed haar gedachtengang af. 'Wat was ook weer jouw pasnummer?' vroeg hij haar.
'Dat zou je aan Shrinsky moeten vragen,' zei ze, 'maar het begon met een zes.'
Maar Eds pasje was niet in beslag genomen. Mulcahy trok zijn versleten, bruine, imitatieleren portemonnee uit zijn broekzak en liet die op de tafel vallen. Hij keek naar de plastic beveiligingspas. Daar stond, onderaan, het zescijferige nummer. Samen lazen ze: 609912.
'Jezus Christus,' zei Mulcahy langzaam. 'Alle Freer-mensen hebben een nummer dat begint met 60. Wie zouden de 70-nummers zijn? Andere huurders?'
'Of gasten, misschien,' zei ze.
Hij knikte. 'Maar hoe brengen we dit ter sprake?'
Een halfuur lang pleegden ze overleg en toen hadden ze een plan. Het was geen elegant plan, maar het was het beste dat ze onder de gegeven omstandigheden konden doen.
Uiteindelijk was het tijd dat ze vertrok. Voordat ze wegging, hield hij haar dicht tegen zich aan. Zijn vingers streelden zachtjes achter in haar nek.
'Kate,' fluisterde hij, 'wat denk je, is het genoeg wat we hebben?'
Ze zweeg en legde haar gezicht op zijn schouder. Hij had het antwoord ook niet.

34

Op maandag 26 september werd het herfst in Boston. De hitte was verdwenen en er brak een heldere, winderige dag aan. Tegen het middaguur zouden de kleine zeilbootjes over het water gejaagd worden. Aan Beacon Hill arriveerde Stevie Carr kort nadat de gerechtsdienaar de deuren van zaal 8b geopend had. Met norse blik plukte hij aan zijn wrat. Hij keek zo boos om zich heen, dat geen van de nieuwkomers de plaatsen naast hem durfde in te nemen. De rest van de publieke tribune liep snel vol, lang voordat de jury binnengebracht werd. Het gerucht had zich verspreid onder de rechtbankverslaggevers: waarschijnlijk zou de verdediging vandaag gestaakt worden.

Kate en Stevie moesten die ochtend de getuigen coördineren en Mulcahy deed het zware werk. Rond halfnegen vocht hij zich de trappen naar Center Plaza op. Het was een hele strijd geweest. Met zijn ene hand trok hij het karretje met dossiers, met de andere probeerde hij de grote vellen papier in bedwang te houden. Bij een hevige windvlaag tolde hij om zijn as. De papieren vlogen de voorbijgangers om de oren of raakten tegen winkelpuien aan geplakt. Het karretje viel om en alles kwam op de grond terecht.

Nu stond hij recht tegenover zijn doel, aan de overkant van het plein, iets naar rechts, achter de donkere stroom pakken die op weg was naar het gerechtsgebouw en de omringende kantoren. Maar net toen hij zich in het gedrang begaf, rukte een windvlaag een groot vel papier de lucht in. Hij keerde zich om om het te pakken en de dozen vielen van zijn karretje. Er vielen ook enkele mappen op de straatstenen. Hij draaide zich om, zette een voet op een van de bladen en sprong daarna wanhopig achter de ronddwarrelende papieren aan. Die schoten los, zodat hij kruipend te midden van een woud van energiek voortstappende benen zijn papieren moest verzamelen.

Hij zat nog steeds op zijn knieën, hij had zijn spullen weer vergaard en de papieren in de dozen teruggestopt, toen hij recht voor zich een paar enkels ontwaarde met daarboven een stel benen. Een bijzonder aantrekkelijk stel slanke enkels, met daarboven al even indrukwekkende kuiten.

Toen hij opkeek, zag hij dat hij op zijn knieën voor Libby Russell lag. Koeltjes keek ze op hem neer en hij voelde zich vuurrood worden. Bij het opstaan struikelde hij, zodat een van de vellen papier weer viel.

'Oh,' zei hij. 'Goedemorgen, mevrouw Russell.'

'In hemelsnaam, Ed, we hebben samengewerkt. Zeg toch Libby.'

Hij zuchtte. 'Ik hou het liever bij mevrouw Russell.'

'Goed, prima, maar ga je dan tenminste even mee koffie drinken?' Ze glimlachte. Haar ogen waren van het allerlichtste blauw en toen hij haar glimlach zag, was hij blij dat het afgelopen vrijdag in de getuigenbank niet bij haar opgekomen was om naar hem te glimlachen.

Hij dacht even na. 'Nee, toch maar niet,' zei hij.

Ze schudde haar hoofd. 'Kan ik dan tenminste even met je praten?'

'Ja,' zei hij. 'Zeker.'

En dus hadden ze een gesprek, midden op Center Plaza, terwijl voorbijgangers in alle richtingen om hen heen voorbijsnelden. Ze had een lichtgrijs pakje aan en was een paar centimeter langer dan hij. Hij stond ongemakkelijk te balanceren met de vellen dik papier op zijn schoenen, leunend op zijn karretje.

'Ik zal het kort houden,' zei ze, en de glimlach was verdwenen. 'Dit is heel nadelig voor me. Het doet me veel kwaad. Mijn foto in alle kranten. Vanwege John Shepard. John Shepard klampt zich vast aan strohalmen. Dat is niet eerlijk.'

'Zijn foto staat ook in alle kranten,' zei Mulcahy langzaam. 'Dat vinden wij ook niet eerlijk.' Hij keek haar aan.

'Wat ga je me verder nog vragen?' zei ze op kille toon.

'Vragen,' zei hij. 'Ik ga je nog meer vragen stellen.'

'Slim, hoor.' Ze zuchtte. Ze ging verder: 'Nou, kennelijk ben je niet geïnteresseerd in wat eerlijk is en wat niet, maar misschien heb je belangstelling voor iets anders. Al die pogingen om te proberen te suggereren dat ik iets te maken zou hebben met Sam Whitakers dood... Waarom is dat? Omdat Testa mijn informant geweest is, alsof dat ergens iets mee te maken heeft?! Maar je moet één ding weten. Mijn relatie met jouw cliënt ging verder dan een professionele band. En dat gebeurde ten tijde van de Idlewild-closing.'

'Dus?' zei Mulcahy.

'Dat is het. Als je probeert een verband te leggen tussen mij en iets wat hier gebeurd is, dan heeft hij daar ook mee te maken. Als je verder gaat met je ondervraging, vertel ik de jury over onze relatie. Waar je me ook hebben wilt, Ed, ik neem jouw cliënt mee.'

'Aha,' zei hij. De vellen papier dreigden weer weg te waaien, maar ditmaal hield hij ze stevig vast.

'Zul je daarover nadenken voordat je me weer laat opdraven in de getuigenbank?' Ze leunde voorover, bijna als een schooljuf die een dwarse leerling de les las. Haar blik geneerde hem daar op dat plein, ten overstaan van al die voorbijgangers. Hij kon hun ogen voelen terwijl ze langsliepen, hij voelde hun nieuwsgierigheid en hij kon ze horen denken: 'Is dat niet Libby Russell, die gisteren nog op het nieuws was... met die andere advocaat?' Een paar mensen draaiden zich ongegeneerd om. Zij leek eraan gewend te zijn.

Mulcahy stond zwijgend na te denken. Hij had haar vandaag weer willen overbluffen. Hij had alleen niet geweten dat het pokeren al voor de rechtszaak zou beginnen.

'Ja,' zei hij wat later. 'Ik zal erover denken. Als jij belooft om ergens anders over na te denken.'

'Wat dan?'

Hij schudde langzaam het hoofd en keek over haar linkerschouder naar de trap voor het bijgebouw. Toen zei hij zachtjes: 'John is beschuldigd van moord. Jij niet. John wordt misschien veroordeeld. Als je een verband wilt leggen tussen jezelf en hem, kun je maar beter hopen dat ik die zaak win. Er zijn niet al te veel mensen die denken dat ik beter ben dan O'Hanlon, weet je. Vraag Stein maar. Onder anderen. O'Hanlon houdt niet op bij één veroordeling per moord. En voor zover ik weet is O'Hanlon niet op de hoogte van jouw affaire met Shepard. Van mij zal hij het niet horen, tenzij je me ertoe dwingt.'

Toen keerde hij zich om en keek haar weer aan. 'Maar als je het op tafel wilt gooien, hou ik je niet tegen.'

'Ik meen het. Ik ga niet in m'n eentje ten onder,' zei ze.

Haar haar waaide op in de wind. Hij wendde zich af, want hij wilde haar niet te lang in de ogen kijken. 'Zoals ik al zei,' ging hij verder, 'ik zal erover nadenken. Doe jij dat dan ook.' Hij hield het papier in evenwicht op zijn tenen en stak zijn hand uit. Maar zij negeerde hem, draaide zich om en liep energiek op het gerechtsgebouw af.

'Verdomme,' zei hij. Terwijl hij de spullen op zijn karretje recht sjorde, kon hij een bewonderende blik op haar slanke benen niet voorkomen. Ze draafde de trap op en verdween door de draaideur. Dus dat is pokeren, dacht hij. Maar wie van ons tweeën blufte er nu?

Shepard zag bleek. Hij zat achter de tralies in het akelige kleine hokje achter de rechtszaal. Zijn ogen waren rood. De arrogante blik was verdwenen. Ed vroeg zich af of Shepard misschien nog minder geslapen had dan hijzelf, het afgelopen weekend.

Mulcahy zei hem goedemorgen, maar hij antwoordde niet. 'Sorry dat ik dit weekend niet kon komen. We hebben iets, John, iets groots misschien, en ik moest...'

Shepard onderbrak hem. 'Ik wil haar niet meer in de getuigenbank,' zei hij. Hij keek naar zijn handen.

'Daar zijn jullie het dan over eens.'

'Wat?'

'Ja, woorden van die strekking voegde zij me daarnet ook toe.'

'En?'

'Nee,' zei Mulcahy. 'Ik ben nog niet klaar met haar.'

'Ik wil haar uit die getuigenbank. Dat is een bevel.'

'Nee,' zei Mulcahy nogmaals op vlakke toon.

'Wat moet ik daar nou op zeggen?'

Mulcahy's ogen vernauwden zich. 'Je bent ontslagen,' zei Mulcahy. 'Nu moet je zeggen: "Je bent ontslagen."'

'O, val dood, Ed.' Shepard schudde zijn hoofd en wendde zijn blik af. Hij sloot zijn ogen en slaakte een diepe zucht. 'Wat ga je met haar doen?'

'Hoezo?'

'Hoezo? Hoezo?! Omdat we het wel over míj hebben. Ìk ben hier de cliënt!'

'We gaan haar smaak wat betreft mannen onderzoeken.'

'Nee, dat gaan we niet.'

'O jawel, dat gaan we wel.'

'Mulcahy, je slaat er een slag naar, man. Het ging om zelfmoord, dat heb ik je toch gezegd. En jullie hebben er niks van weten te maken en nu sla je in het wilde weg om je heen, en je jaagt de jury tegen je in het harnas door met dat wijf door te gaan.'

Mulcahy gaf geen antwoord. Hij draaide zich om en wilde weglopen. 'Bewaar dat maar voor als je in beroep gaat,' zei hij. 'Dan heb je een geweldig argument voor ondoelmatige rechtsbijstand.'

'Ed, vertel me in godsnaam hoe ik er beter van word als dat bejaardenkoor daar hoort dat ik die meid genaaid heb? Wat word ik daar beter van?'

'Je moet er niet van uitgaan dat haar smaak in mannen alleen jou betrof, John. En waarom heb je eigenlijk vanaf het begin geprobeerd me bij haar weg te houden?'

'Omdat het nergens voor nodig is, een afleiding...'

'Dat is het niet, John. Wat is het wel?'

Hij keek naar de grond en zei toen, zachtjes: 'Luister, wij hadden wat, tijdens die closing. Oké? Dat heb ik je gezegd. Nu draaien we de hele zaak om en wordt het Libby's fraude in die hypotheekzaak en als je bewijst dat het allemaal gebeurde op de nacht dat ik bij haar was, wat zullen de mensen dan denken?'

Ed knikte. '"Niets produktiefs," zei jij geloof ik. Het doet er niet toe. Dat begrijp ik allemaal. Dat begrijp ik nú. Maar het was beter geweest als ik dat allemaal geweten had voordat we begonnen.'

'Oké, oké. Vergeef mij, Vader, want ik heb verdomme gezondigd.' Hij zuchtte. 'Luister, Ed, besef je wel wat je zegt? Jij beweert dat zij een moord gepleegd heeft!'

Mulcahy knikte. 'John, luister. Dit hele proces gaat erom dat zij zegt dat jij een moord gepleegd hebt. Dat zei ze op 16 mei. We hebben veel werk verzet, afgelopen weekend. We weten wat we doen. Dit gaat lukken.'

Er rammelden sleutels in het slot. Freddie stond achter hen. 'Hij komt eraan,' zei de kleine gerechtsdienaar.

'We komen, hou hem even aan het lijntje,' antwoordde Shepard.

'Sorry,' zei Freddie.

'Kom op!'

Maar Freddie schudde zijn hoofd en ze brachten Shepard naar de rechtszaal.

'Ja?' zei Shepard.

'Later,' zei Mulcahy. Er was geen tijd meer om Russells bedreiging te herhalen. Waarschijnlijk viel het onder nalatigheid als hij verder ging zonder dat te vertellen. Maar wat deed zo'n kleinigheid er op dit punt nog toe? Hij was meer geïnteresseerd in Stevie. Toen ze uit de gevangenenkamer kwamen, zag Mulcahy dat Stevie zich volgens instructie geïnstalleerd had op de voorste rij. Maar tot zijn ergernis zag hij dat Kate en Emma nog niet gearriveerd waren.

De jury werd binnengebracht en even later kwam Grosso energiek aangestapt. 'Verder nog iets met mevrouw Russell?' vroeg hij.

'Ja, edelachtbare.'

'Goed. Gaat uw gang,' zei hij, met iets van ongeduld in zijn stem.

'Pardon, edelachtbare.' Dat was Shepard. Hij stond overeind. 'Pardon, maar mag ik even met mijn raadsman overleggen voordat we verder gaan?'

De rechter keek verbaasd op. Zestien paar ogen flitsten naar de tafel van de verdediging en terug naar de rechter. Grosso zei: 'Jazeker, meneer Shepard.'

Ze staken de hoofden bijeen en Mulcahy vond het niet bepaald erg dat de jury zijn ongeduld kon zien. 'Wat is er!' fluisterde hij.

'Luister, klootzak, luister wat ik zeg. Als jij zegt dat dit gaat lukken, doe het dan. Ik voel er niet veel voor, maar jij bent de baas.

Ik heb jou aangenomen en daar blijf ik bij. Als het misgaat, gaat het mis. Voor mij alleen. Jij hebt je werk gedaan.'
'Waarom zeg je dat?'
'Omdat ik niet wil dat je je zorgen maakt. Ik sta achter je. Als je haar wilt pakken, pak haar dan!'
Mulcahy glimlachte weer. 'Oké, John, ik probeer het. En John?'
'Ja?'
'Bedankt.'
Mulcahy keerde terug naar de getuigenbank. Daar zat ze, koninklijk, en nog steeds beeldschoon. Had ze gebluft? Dat zou hij spoedig weten, op z'n laatst tegen de lunch. Hij keek nog eens naar Shepard terwijl hij zijn ondervraging hervatte. Shepard had weer wat kleur op zijn gezicht. Ze keken elkaar aan en Shepard glimlachte. Het was tijd om het af te maken.
'Mevrouw Russell, hebt u een persoonlijke relatie gehad met de overledene, de heer Whitaker?' Mulcahy had besloten niet voorzichtig te werk te gaan.
'Een relatie?' vroeg ze.
'Een affaire, zo u wilt.'
'Dat is belachelijk,' zei ze.
'Misschien is dat belachelijk. Maar de vraag luidt: Is het waar?'
'Edelachtbare,' zei O'Hanlon, 'ik zou graag weten of de raadsman een zekere grond heeft om deze vraag te stellen.'
Even later stonden ze weer voor de rechter. Mulcahy keek door de leesbril heen in het afkeurende gelaat van rechter Grosso. Rechters worden prikkelbaar tegen het einde van een proces. Ze wilden de zaken afronden. Ze willen niet iets nieuws. 'Meneer Mulcahy,' vroeg hij, 'hebt u een getuige die kan bevestigen dat deze getuige een affaire gehad heeft met de overledene en dat dat enig verband houdt met de zaak? Zo niet, dan zal ik u niet toestaan haar reputatie door het slijk te halen. En de zijne.'
Mulcahy mat zijn woorden af en antwoordde langzaam. 'Die getuige heb ik,' zei hij.
'Dat is u geraden, meneer Mulcahy.'
'Jawel, edelachtbare.'
Op dat moment zwenkte de deur van de rechtszaal open en verscheen Kate, gevolgd door Emma Whitaker. Stevie stond op en gebaarde naar de plaatsen die hij had vrijgehouden en er ontstond enig oproer toen ze zich langs de toeschouwers wrongen op weg naar hun plek. Toen de juristen naar hun tafels terugliepen, bekeek Mulcahy het geheel. Stevie had Emma Whitaker

373

op de voorste rij gezet, midden in Libby Russells blikveld.
Emma Whitaker zag er die dag in de rechtszaal schitterend uit.
En dat kwam niet alleen door haar blonde haar en haar lichte
ogen. Haar gelaatstrekken deden sterk denken aan die van haar
vader.
'Mag ik een momentje?' vroeg Mulcahy.
De rechter knikte en Mulcahy stapte naar de tribune en boog
zich over naar Emma en Kate. 'Ik heb Hawley zijn dagvaarding
gegeven,' zei Kate. 'Ik kan maar beter teruggaan om hem op te
halen.' Mulcahy knikte terwijl zij opstond om weg te gaan. Hij
praatte nog even met Emma Whitaker, vroeg haar fluisterend of
de reis vanaf het eiland goed verlopen was en bedankte haar
voor haar komst. Toen hij dacht dat Russell lang genoeg had
kunnen toekijken, keerde hij terug naar de lessenaar.
'Mevrouw Russell, vorige week zei u dat u niet meer wist of u
ooit bij de heer Whitaker thuis geweest was. Maar het is toch
een feit dat u op een vrijdagavond in februari bij Samuel Whitaker thuis gedineerd hebt?'
Haar ogen dwaalden af naar Emma Whitaker. 'Dat zou kun-
nen,' zei ze.
'U was toen alleen in huis met hem, om te eten?'
'Dat geloof ik wel,' zei ze.
'En de dochter van de heer Whitaker, Emma, arriveerde onver-
wachts, weet u dat nog?'
'Ik herinner me dat zij een keer binnenkwam toen ik met de heer
Whitaker zat te eten. Ik weet niet of hij haar al dan niet ver-
wachtte op dat moment.'
'U herkent mevrouw Whitaker hier vandaag in de zaal, de da-
me met de blauwe trui op de publieke tribune.'
'Ja,' zei ze.
'Had u een affaire met de heer Whitaker?'
'Wat bedoelt u daarmee?'
'Hebt u seksuele betrekkingen met hem onderhouden?'
Ze nam hem met koele blik op en keek van hem naar de doch-
ter op de tribune. Niets in haar manier van doen verried de snel-
heid waarmee ze de mogelijkheden berekende en verwierp.
'Mevrouw Russell?' onderbrak Mulcahy.
'Nee, meneer Mulcahy, ik heb geen seksuele betrekkingen met
hem gehad.'
Ze hadden nu beiden hun tanden ontbloot en er heerste stilte.
Ed Mulcahy zag iets wat de juryleden niet konden zien, iets wat

voortkomt uit de manier van denken van een jurist. Ze had haar eigen regels duidelijk gemaakt. Ze zou hem alleen geven wat ze geven kon, wat volgens haar schatting buiten haar om gecontroleerd kon worden. In deze tactiek zat een fatale zwakte, en die zag hij.

Hij stapte even weg van de lessenaar, zocht in een van zijn dozen en haalde er een notitieblok uit.

'Oké, mevrouw Russell,' zei hij terwijl hij door het blok bladerde, 'u zegt dat u niet met hem sliep. Hoe zou u uw relatie met hem dan willen omschrijven?'

'We waren bevriend.'

'Wanneer begon die vriendschap?'

'Dat weet ik niet.'

'Wanneer was u voor het eerst alleen met de heer Whitaker?'

'Dat weet ik niet meer.'

'Was dat in 1992?'

'Nee,' zei ze, 'eerder.'

'In 1991?'

'Waarschijnlijk,' zei ze.

'Hoe vaak bent u met hem alleen geweest?'

'Ik, ik weet het niet.'

'Meer dan tien keer?'

'Ja.'

'Meer dan vijftig keer?'

'Meer dan vijftig, meneer Mulcahy? Dat, dat weet ik niet meer.'

'U bent alleen bij hem thuis geweest?'

'Ja.'

'Terwijl zijn vrouw afwezig was.'

'Ja, terwijl zijn vrouw afwezig was.'

'Hebt u hem ooit thuis ontmoet wanneer zijn vrouw er wèl was?'

Ze zweeg even. 'Nee,' zei ze.

Op de tribune klonk geritsel. De dame met de broche keek naar de man met de dasspeld. Mulcahy ging verder.

'Hebt u hem ooit alleen in uw appartement ontvangen?'

'Mijn appartement?'

'Ja, dat is de vraag.'

'Dat weet ik niet meer.'

De magische woorden. De woorden waarop hij had zitten wachten. De woorden die juristen gebruiken waar anderen op een eenvoudiger manier zouden liegen. Nu bladerde hij even door zijn notitieblok.

'Mevrouw Russell,' zei hij, 'u woont in een appartement aan Back Bay...?'

'Ja.'

'En daar hebt u het hele jaar 1992 gewoond?'

'Ja.'

'En uw adres is Clarendon Street 212?'

'Ja.'

'Uw gebouw heeft een conciërge...?'

'Ja, dat is zo.'

Hij stapte van de lessenaar weg, zodat ze hem kon zien terwijl hij het bovenste blad van zijn notitieblok omdraaide en achter de vingers van zijn linkerhand klemde, en naar hem kon kijken toen hij het handschrift op de tweede pagina bestudeerde. Zijn vinger gleed naar het midden van het blad.

'Hebt u Samuel Whitaker ontvangen in uw appartement op de avond van vrijdag 12 februari 1992, rond acht uur 's avonds?'

Hij keek naar de getuigenbank. Ze keek terug. Ze staarde naar het blok in zijn hand. En toen keek ze hem aan. Maar zijn blik verried niets. Hij keek naar haar. Glimlachte hij? Ze was er niet zeker van.

Haar ogen gleden weer naar het blok in zijn hand. 'Dat herinner ik me niet,' zei ze.

'Komt dat misschien, mevrouw Russell, doordat u zich de datum op zich niet herinnert?'

'Ik weet het niet,' zei ze.

'Maar u hebt wel op een avond in februari 1992 afgesproken met de heer Whitaker in uw appartement, dat weet u toch nog wèl?'

Ze keek weer met harde blik naar haar tegenstander, maar diens gezicht verried niets. Haar verstand nam in sneltreinvaart de mogelijkheden door. Ze wachtte zo lang ze kon en probeerde hem te taxeren. Maar hij gaf geen krimp.

'Dat geloof ik wel,' zei ze.

Er klonk geschuifel en gemompel bij de jury. De deuren zwaaiden open toen iemand wegliep. Ze had iets toegegeven. De volgende duw zou eenvoudiger gaan. 'U hebt hem daar meer dan eens ontvangen...?'

'Ja.'

'Daar was verder niemand anders bij?'

'Nee.'

'Mevrouw Russell,' zei hij terwijl hij langzaam naar haar toeliep, 'wilt u uw eerdere getuigenis misschien herzien, over de vraag of u al dan niet een seksuele relatie met hem had? U staat onder ede.'

'Daar hoeft u me niet aan te herinneren, meneer Mulcahy. Ik had geen seksuele relatie met hem. We waren bevriend, goed bevriend, meer niet. We zijn geen minnaars geworden. En ik zou willen zeggen...'

'Mevrouw Russell,' probeerde hij te onderbreken, 'ik heb u...'

'... dat ik geen reden zie om de reputatie van die arme man bezoedeld te zien worden tijdens dit proces...'

'... niets gevraagd,' zei Mulcahy.

'Orde!' schreeuwde de rechter.

'... en daarom aarzelde ik om die ontmoetingen hier te onthullen, uit angst dat mensen zoals u zelf en de pers onze vriendschap verkeerd zouden interpreteren en zouden proberen sensatie te zoeken achter zijn tragische dood.' Die uitleg werd op gehaaste toon gegeven.

En daarmee had ze weer enig houvast. Het was niet veel, maar de jury aarzelde. Er was nu immers een 'verhaal', waarmee ze de verdediging konden afdoen als een aanslag op iemands karakter. Ze keek Mulcahy uitdagend aan.

'Mevrouw Russell, u was ook nog met de heer Whitaker bevriend in de laatste week van maart, tijdens de Idlewild-closing...?'

'Ja.'

Hij bestudeerde zijn notities nogmaals. 'Heb u hem privé ontmoet op... even kijken, excuseert u mij edelachtbare, op 25 maart, mevrouw Russell?'

Er zat iets verkeerd. Maar ze durfde niet op haar instinct te vertrouwen toen ze keek naar de razend makende kalmte van de advocaat die in zijn aantekeningen verdiept zat.

'Als die datum klopt,' zei ze.

'Nog één ding, mevrouw Russell. Ik geloof dat de secretaresse van de heer Whitaker heeft getuigd dat ze de vrijdag voor zijn overlijden opdracht kreeg een lunchafspraak met u te maken in de Bay Club. Ze zegt dat ze dat gedaan heeft. Hebt u die dag met hem geluncht?'

'Dat weet ik niet meer.'

'Uiteraard. Dat weet u niet meer.' Mulcahy keek naar Paul O'-Hanlon. 'Uw getuige,' zei hij.

Maar O'Hanlon had geen vragen. En toen Libby Russell uit de

getuigenbank stapte, zag ze dat Emma Whitaker de zaal reeds verlaten had. Ze hadden haar beetgehad, wist Libby, en hoe.

Midden op de ochtend waren ze aangeland bij de op één na laatste getuige. In de rechtszaal stond een wankele ezel met een groot vel papier waarop een schema getekend was: de plattegrond die Kate de vorige avond met potlood en liniaal van het kantoor aan Hancock Street 100 had gemaakt. De lijnen had ze later ingevuld met zwarte viltstift, met open ruimtes voor de verdiepingen achttien tot en met zesentwintig. Dit soort tekeningen kon niet gebruikt worden als bewijs, maar kon wel worden ingezet om de zaak voor de jury aanschouwelijker te maken.

Fred Hawley werkte nu vijf jaar als beheerder van het gebouw. Hij was de opzichter voor het dagpersoneel in het kantoor. Hij kende het beveiligingssysteem door en door en hij had de programmeur geholpen de laatste foutjes uit het systeem te halen toen het drie jaar tevoren geïnstalleerd was.

Hij was een beetje verbaasd geweest toen Kate Maher hem die ochtend om halfacht een dagvaarding overhandigd had. Hij had geen idee hoe ze een uitdraai van de pasjesinformatie gekregen had, maar hij controleerde de lijst met zijn eigen programma en het klopte. Toen hij later die ochtend naar Pemberton Square liep, drong tot hem door dat het een bijzonder interessante dag zou worden.

Op het moment dat ze de hoek van Congress omsloegen naar Center Plaza, zei hij: 'Volgens mij ben ik hierover al eens eerder benaderd.'

'Wat?' zei Kate.

'Ja, dat herinner ik me nu...' Terwijl ze zich naar de rechtbank haastten, vertelde hij haar wat er gebeurd was.

In de getuigenbank vertelde Hawley aan de jury dat iedere werknemer een pasje heeft met een elektromagnetische vingerafdruk, die gelezen en herkend wordt door de sensoren die bij de liftdeuren en de trappen op iedere verdieping van het gebouw zitten, en ook bij de balie aan de ingang. Wanneer de sensor een 'vingerafdruk' zag die toestemming had om naar binnen te gaan, werd er een ontgrendelingsmechanisme in werking gesteld, zodat de persoon in kwestie naar binnen kon. Wanneer een nieuwe werknemer een pasje kreeg, werd dat ingevoerd, zodat de nieuwkomer te herkennen was en dan werd het pasnummer opgeslagen.

Datzelfde, legde hij uit, gold voor bezoekerspasjes. Wat de meeste mensen niet wisten, was dat de hoofdcomputer die het hele systeem coördineerde, iedere keer opsloeg dat iemand door een deur ging, telkens wanneer het pasje gebruikt werd, sloeg de computer op of er iemand binnenkwam of vertrok. Wanneer de computer aan het eind van de maand zijn geheugen op een schijf zette, werd niet alleen de lijst van actieve en afgemelde pasjes vermeld, maar ook deze 'transport'-informatie.

Op de uitdraai stond hoe vaak een sensor de laatste drie dagen van maart gebruikt was door een erkend pasje.

Nu begon Hawley, met behulp van de computeruitdraai, het schema op de ezel in te kleuren door het poortnummer te plaatsen bij elk van de sensoren op de verdiepingen zesentwintig, twintig en achttien. Het schema bevatte reeds de aantekening waar het hoofd van de afdeling Personeelszaken de locaties ingekleurd had van Shepards kantoor, het vergadercentrum op de zesentwintigste verdieping en het kantoor van Samuel Whitaker. Al snel stonden er nog twaalf getallen van vijf cijfers bij: op iedere verdieping, de twee sensoren aan weerszijden van de brandtrappen en de twee aan weerszijden van de liftdeuren.

Mulcahy was bijna klaar voor de ultieme onthulling. Maar eerst vroeg hij de nummers van drie pasjes. Wat was op 31 maart Samuel Whitakers pasnummer? En wat was dat van John Shepard? Hawley las de nummers op.

En toen stelde Mulcahy zijn vraag. 'Van wie was pas nummer 702247?'

De kalende beveiligingsman keek op zijn lijst. 'Dat was een bezoekerspasje,' zei hij.'Dat was een van de vijf pasjes die zijn uitgegeven op 24 maart 1992 aan de juristen van Fletcher, Daye en Symmes.'

'En van wie in het bijzonder was dit pasje?'

'Dat staat er niet bij,' zei hij. 'Ze zijn alle vijf uitgegeven aan het advocatenkantoor vanwege een of andere grote vergadering of iets dergelijks, als ik het goed begrepen heb.'

'Edelachtbare,' zei Mulcahy, 'mag ik de heer Carr vragen om ons behulpzaam te zijn bij het vervolledigen van de tekening?'

Rechter Grosso glimlachte. 'De heer Carr zien wij altijd met plezier verschijnen,' zei hij. Stevie maakte een halve buiging voor hem toen hij naar voren liep.

'Welnu,' ging Mulcahy verder, 'om het voor de jury begrijpelij-

379

ker te maken, meneer Hawley, hebben we drie stickers gemaakt die als pasjes dienst doen. We hebben er een met WHITAKER voor de pas van de heer Whitaker, een met SHEPARD voor de pas van de heer Shepard, en een met FLETCHER voor het pasje dat was uitgegeven aan Fletcher Daye. Zou u zich willen baseren op bewijsstuk 56 en zou u ons willen vertellen wat de verplaatsingen van die drie pasjes geweest zijn, vanaf ongeveer etenstijd op 30 maart 1992.

En zo begonnen ze. Hawley liet een pasje verplaatsen en Stevie haalde het stickertje van het bord en plakte het hoger of lager op de nieuwe verdieping vast. De jury en de rechter keken gefascineerd toe. De ruwe zeebonk, mevrouw Watts, de man met de dasspeld: allemaal zaten ze voorovergeleund om te kunnen kijken. De vergrotingen zijn nooit groot genoeg wanneer je ermee in de rechtszaal verschijnt. De ezels staan nergens echt goed. Maar de jury was geïnteresseerd.

Om 19.00 uur was Whitakers pas de sensor op de begane grond gepasseerd. Kennelijk had hij het kantoor verlaten. Shepards pas was daarvoor al aangemeld op de achttiende. De pas van Fletcher zat op de zesentwintigste. Om 22.30 uur die avond was Shepards pas geregistreerd bij de liftdeur op de achttiende verdieping, het verst van zijn kantoor af, en vier minuten later was hij de lift het dichtst bij zijn kantoor in gegaan. Waarschijnlijk ging hij even naar de wc. Om 22.45 uur was de pas van Fletcher de balie op de begane grond gepasseerd. Nu was Shepard alleen op kantoor. Om 01.52 uur was Shepards pas geregistreerd bij de uitgang van het gebouw.

Op de jurybanken werd met hoofden geknikt. Ze herinnerden zich het bewijsmateriaal over de computerwijzigingen die om 03.32 uur in de hypotheekakte waren aangebracht. Mulcahy voelde een logische vraag in de lucht hangen en stelde deze, hoewel er eigenlijk iets anders op zijn agenda stond. 'Meneer Hawley,' zei hij, 'wanneer wordt de pas van Fletcher opnieuw waargenomen?'

Hawley ging verder: 'De Fletcher-pas nam om 03.27 uur de zuidelijke liftdeur op de twintigste verdieping.'

'Oké, meneer Hawley,' vervolgde Mulcahy. 'Het is 03.27 uur. De Whitaker-pas is het gebouw uit. De Shepard-pas is het gebouw uit. De Fletcher-pas is de lift ingegaan, de lift het dichtst bij Shepards kantoor. Wat gebeurt er nu?'

'Nou,' zei Hawley met een blik op zijn uitdraai, 'om 03.31 uur passeert de Fletcher-pas de deur van de noordelijke brandtrap op de achttiende verdieping.'

Mulcahy onderbrak hem. Was dat de deur die het dichtst bij Whitakers kantoor lag? Ja, dat was zo.

Stevie verplaatste de pas op de plattegrond. Omlaag, naar Whitakers verdieping.

'Wat gebeurde er toen?' vroeg Mulcahy.

'Om 03.43 uur passeert de Fletcher-pas de brandwerende deur op de zesentwintigste.'

'Kwam hij binnen of ging hij weg?'

'Hij kwam binnen. Kennelijk had de persoon de achttiende verdieping verlaten, en als je weggaat, wordt dat niet geregistreerd, tenzij je een beveiligde zone binnengaat. En daarna had hij de trap genomen naar de zesentwintigste verdieping, waar hij via de nooduitgang naar binnen ging.'

'Wat gebeurde er daarna met de pas?'

'Om 04.01 uur heeft hij het gebouw verlaten.'

'Dank u, meneer Hawley. O, wacht, ik heb toch nog één vraag. Bent u ooit eerder benaderd met een vraag over deze zaak?'

'Ja,' zei hij. 'Afgelopen voorjaar werd ik gebeld door een man die informeerde of er een computerlijst bestond van pasjes die het systeem activeerden. Ik zei dat dat zo was en dat zijn eigen computerafdeling daar wel aan kon komen, als ze daar slim genoeg waren.'

'Zei die persoon wie hij was?' vroeg Mulcahy.

'Protest!' zei O'Hanlon.

'Redenen?'

'Wetenschap uit tweede hand, edelachtbare.'

Het was allemaal zo goed gegaan, alsof hij in de lente door een versgemaaid weiland aan het huppelen was. Waar was O'Hanlon geweest op de computerrecords zelf? Mulcahy had gedacht dat daar het probleem zou liggen, maar O'Hanlon was blijven zwijgen – misschien had hij zich eerst willen oriënteren. Mulcahy was hem bijna vergeten, en nu struikelde hij alsnog, alsof iemand een draadje over zijn pad gespannen had. Wetenschap uit tweede hand! Het feit dat Kate dit toevallig gehoord had tijdens een gesprek op weg naar de rechtbank en het idee dat hij die kennis niet kon gebruiken! Hij moest hier iets mee doen. Even was het stil in de zaal. Hij moest zich weer even oriënteren. O'Hanlon begon de betreffende regels op te dreunen, maar Grosso wuifde hem weg. De rechter kende de regels echt wel. Iemand die niet ter zitting aanwezig was, de declarant, geeft zijn naam over de telefoon, een verklaring buiten rechte, en dan wordt die verklaring door de verdediging aangedragen als bewijs dat degene die belde was wie hij voorgaf te zijn: hij bood aan de waarheid van de bewering te staven. Dat klonk naar niet-toelaatbare wetenschap uit de tweede hand.

Rechter Grosso fronste zijn wenkbrauwen en keek over zijn bril heen. 'Meneer Mulcahy?'

Op dat moment voelde Mulcahy een stukje papier in zijn hand glijden. Hij keek en zag op de achterkant van een dagvaardingsformulier de woorden 804-b-4 staan. Hij draaide zich om en zag Kate teruglopen naar de balustrade voor de publieke tribune.

'Meneer Mulcahy?'

Hij wist dat 804 de voorschriften bevatten betreffende getuigen die niet beschikbaar waren. Maar sectie b-4 kende hij niet. Hij keek zijdelings naar zijn tafel. Zijn exemplaar van de voorschriften lag maar een paar passen van hem weg. 'Eh, edelachtbare, het is gewoon een verklaring aangaande de identiteit van de beller. Ik bedoel,' probeerde hij, 'ik zou voorstellen dat het onder de algemene uitzonderingen valt...'

'Pardon, edelachtbare, Catherine Maher, assistente van de heer Mulcahy,' onderbrak Kate. De rechter keek op. 'Volgens mij is dit een verklaring aangaande de geboorte van de declarant zelf, en derhalve binnen de beperkingen van 804-b-4.'

De rechter pakte zijn wetboek en keek. Zijn lippen waren getuit terwijl hij het voorschrift las. 'Dat geldt alleen voor niet-beschikbare getuigen,' zei hij even later.

'De declarant is niet beschikbaar volgens 804-b-4,' ging ze verder. Het was een beleefde manier om te zeggen dat de declarant overleden was, zonder dat de jury begreep waar het over ging.

'Aha,' zei rechter Grosso. 'Aha. Dat is een interessant argument, mevrouw, mevrouw...'

'Maher, edelachtbare.'

'Dat is een interessant argument, mevrouw Maher. Maar deze regel is van toepassing op de geboorte van een declarant, niet op zijn identiteit.'

'Dat is nu precies het standpunt van het OM, edelachtbare,' bracht O'Hanlon in. Hij had zijn boek op de betreffende pagina opengeslagen. 'Wij verzoeken...'

'Ik ken uw argument, geloof ik, meneer O'Hanlon.'

Kate ging verder. 'Wij stellen, edelachtbare, dat geboorte gelijk is aan identiteit. Het komt op hetzelfde neer.'

Rechter Grosso knikte. 'Ik zie het argument.' Fronsend keek hij weer naar Mulcahy. 'Ik moet zeggen, meneer Mulcahy, dat ik weinig heil zie in die uitzondering, want er is geen afgeleid bewijs van betrouwbaarheid. Het argument van mevrouw Maher is echter belangwekkender.' Hij fronste nogmaals. 'Ik meen me te herinneren dat die regel gebruikt wordt wanneer een testament aangevochten wordt, dat soort situaties. Ik vraag me af of we de regels zo niet een beetje naar onze hand zetten,' zei hij.

De rechter bleef nog een tijdje zitten fronsen naar zijn boek. De juristen, de getuige en de jury keken in stilte toe. Mulcahy zag dat hij met zijn duimen over de rug van zijn handen streek. Waarschijnlijk zou O'Hanlon winnen. Waarom Dave Grosso deed wat hij deed, is niemand ooit duidelijk geworden, hemzelf allerminst. Maar soms moet je de regels een beetje naar je hand zetten om recht te kunnen spreken.

'Het protest is afgewezen,' zei hij. 'De getuige mag de vraag beantwoorden.'

Fred Hawley keek naar mevrouw Watts op de eerste rij van de jurybanken. 'Hij zei dat hij Samuel Whitaker heette.'

'Uw getuige, meneer O'Hanlon.'

35

Waar het op neerkwam, was het volgende. Het kwam altijd neer op zo iemand: de secretaresse die de post opende, het meisje van de stomerij, of de buurvrouw van de begane grond. Alles kon veranderen door hun toedoen en er viel geen peil op te trekken wat zij zou doen. Een rechtszaak staat of valt met toevallige passanten. Of die kunnen zien, horen, zich iets kunnen herinneren, hun mond open willen doen, en weerstand kunnen bieden aan Paul O'Hanlon... Het is allemaal een kwestie van geluk.

Mevrouw Lee liep langzaam naar de getuigenbank. Het kleine Koreaans-Amerikaanse vrouwtje hield haar tas tegen zich aan geklemd en knikte beleefd tegen de rechter nadat ze was gaan zitten.

Ze bleef op ferme toon praten, zoals Mulcahy haar gezegd had. Dit vond de jury interessant. Iemand die op de begane grond leefde in hetzelfde gebouw als Shepard. Ze leunde beleefd naar voren.

'Mevrouw Lee,' zei Mulcahy, 'als u terugdenkt aan 16 mei van dit jaar, kunt u dan zeggen of u die dag thuis was?'

'Jawel, meneer, ik was thuis.'

'Rond lunchtijd?'

'Ja, meneer.'

'Wat zag u rond die tijd?'

'Nou, ik keek uit mijn keukenraam en ik zag een heel mooie vrouw in sportkleren over straat lopen. Toen zag ik meneer Shepard in zijn sportkleren. Ze gaven elkaar een hand. En ze begonnen de straat af te rennen.'

'Aha, mevrouw Lee. Die vrouw, kende u die?'

'Ik had haar nog niet eerder gezien, nee, meneer.'

'Hebt u haar sindsdien gezien?'

'Jawel, meneer, vanochtend.'

'Waar hebt u haar gezien, mevrouw Lee?'

'Hier,' zei ze en ze wees op de getuigenbank. 'Ze was vragen aan het beantwoorden.'

'Mevrouw Russell?'

'Ja, meneer, volgens mij heet ze zo. Mevrouw Russell.'

'Goed, mevrouw Lee, als we terugkeren naar 16 mei: wat zag u toen meneer Shepard en mevrouw Russell waren gaan hardlopen?'

'Meteen daarna hoorde ik de voordeur opengaan. De deur van het gebouw. Ik keek door mijn spionnetje. Ik zag een man naar boven gaan.'

'Had u die man ooit eerder gezien?'

'Nee, meneer.'

'Ook niet ergens anders in het gebouw?'

'Nee, meneer.'

'Had hij iets bij zich?'

'Ja, meneer, hij had een tas bij zich.'

'Een tas?'

'Een, hoe zeg je dat, een weekendtas? Zo'n tas van canvas. Weet u wat ik bedoel?'

'Ja. En wat zag u daarna?'

'Ik hoorde dat hij twee trappen op liep. Bang, bang, bang, bang. Wat een herrie maakte hij. Bang, bang, bang, bang. Snapt u? De trap klinkt erg hard bij ons.'

'Aha. En wat gebeurde er toen?'

'Daarna hoorde ik een paar minuten later een deur opengaan. Open en dicht. Niet meteen. Een paar minuten later.'

'Mevrouw Lee, was u ooit op de tweede verdieping geweest?'

'Jazeker, meneer, ik was bij meneer Shepard langsgeweest.'

'U was bij meneer Shepard op bezoek geweest?'

'Ja, natuurlijk. Meneer Shepard is een heel aardige jongeman. Hij heeft mijn kleinzoon meegenomen naar een wedstrijd van de Celtics.'

Fantastisch, dacht Mulcahy. 'Aha,' zei hij hardop. 'en hoeveel appartementen zijn er op de tweede verdieping?'

'Twee,' zei ze. 'Op alle verdiepingen zijn twee appartementen.'

'Twee, en een daarvan is dat van meneer Shepard?'

'Ja, meneer.'

'Goed, en toen, mevrouw Lee, wat gebeurde er toen?'

'Nou, na een paar minuten hoorde ik de deur, en voetstappen, en die man kwam terug. Met de tas.'

'Waar vandaan zag u hem?'

'Ik keek door het kijkgaatje in mijn deur. Daarna ging ik naar het raam en zag ik die man voorbijlopen. Door Joy Street.'

'Kon u zijn gezicht zien?'

'Ja, meneer, drie keer. Een maal door het kijkgaatje. Nog een keer door het kijkgaatje. Een maal buiten.'

Mulcahy bladerde door het fotoalbum dat op zijn tafel lag. Net als hij jaren geleden als aanklager gedaan had, droeg hij het naar het bureau van de griffier. 'Ik wil dit graag aangeven als nummer N van de verdediging, ter identificatie,' zei hij. De twintig foto's waren genummerd. Hij droeg het album naar de getuigenbank. Het was nu heel stil in de zaal. Alleen het geluid van zijn voetstappen klonk, knarsend over de tegelvloer. Mulcahy's maag draaide zich om. Zou ze het verkeerd doen? Alles is mogelijk in een rechtszaal.

'Mevrouw Lee,' zei hij, 'ik laat u iets zien wat bewijsnummer N voor identificatie is. Ziet u hierbij een foto van de man die u die dag zag voorbijlopen?'

'Jazeker,' zei ze en ze wees op de foto van Vincent Testa. Ze had geen moment geaarzeld.

Mulcahy ademde langzaam uit. De foto's werden overhandigd aan de voorzitter van de jury en ze wachtten totdat de juryleden het materiaal aan elkaar doorgegeven hadden. Ze keken allemaal nieuwsgierig.

O'Hanlon viel woedend over haar heen. Hij leek ieder gevoel

voor proportie uit het oog verloren te hebben. Hij was moe. Ze hadden hard gewerkt aan deze zaak, vreselijk hard, en nu wilde hij een veroordeling. En om dan nu nog eens in de wielen gereden te worden, door zo iets! Door die plant van een getuige, die buurvrouw die zodanig gekieteld was dat ze Vinny Testa erbij zou halen!

Hij probeerde haar plat te walsen, haar uit haar evenwicht te brengen. Hij schreeuwde tegen haar, fluisterde tegen haar, vleide haar. Hij liet haar alle hoeken van de zaal zien. Ze had die man maar een paar seconden gezien en ze wist nog hoe hij eruitzag? Ja, dat wist ze nog. Ze had van de verdediging gehoord wie ze moest kiezen! Dat had ze niet! Meneer Carr had de foto gebracht en ze had hem eruit gepikt, net als in de rechtszaal. Ze had dit nooit tegen de politie gezegd! De politie was nooit komen vragen. Hij was zo boos dat hij blunderde: ze had zijn kantoor nooit gebeld!

'Maar meneer O'Hanlon,' zei ze. 'Ik wist helemaal niet dat u een kantoor hebt. En u belt mij ook nooit.'

En bij ieder antwoord glimlachte ze beleefd en noemde hem meneer.

Mulcahy legde zijn potlood neer. Eindelijk, dacht hij, een getuige voor de verdediging die bij de jury even goed valt als mevrouw DeSantis. We moesten wachten tot het einde van het proces. Het had geen zin meer om aantekeningen te maken. Ze zou weinig hulp nodig hebben als hij haar weer kon ondervragen. Maar voordat O'Hanlon het, tot het uiterste getergd, opgaf, probeerde hij nog één punt te scoren.

'U zegt dat u die man nooit in het appartement gezien had, mevrouw Lee?'

'Nee, meneer, nog nooit.'

'Maar, u kent niet iedereen in het hele gebouw, of wel soms?'

'Nee, meneer, niet iedereen.'

'Dus u weet niet of die man misschien bij iemand op bezoek ging, of wel, mevrouw Lee.'

Mevrouw Lee zweeg even. 'Nee, meneer, dat weet ik niet,' zei ze.

'Geen vragen meer,' zei O'Hanlon, en hij ging zitten.

'Hebt u nog vragen, meneer Mulcahy?' vroeg rechter Grosso.

'Heel even, edelachtbare,' zei hij terwijl hij opstond. 'In feite heb ik slechts één vraag. Mevrouw Lee, toen u die man naar de tweede verdieping had horen gaan en voordat u de deur hoorde open-

gaan, hebt u hem toen horen kloppen?'
Ze boog haar hoofd en dacht zorgvuldig na over de vraag. 'Nee,
meneer,' zei ze, 'ik heb hem niet horen kloppen.'
En toen Paul O'Hanlon geen vragen meer wilde stellen, verliet
mevrouw Lee de getuigenbank.
Uiteindelijk keek Ed Mulcahy de rechter aan en zei: 'Edelachtbare, wij staken de verdediging.'

Toen ze die middag pizza zaten te eten, de laatste middag op
Stevies kantoor, zaten ze als schoolkinderen te giechelen van pure opluchting voordat ze de laatste taak op zich namen. De volgende ochtend moest Ed zijn pleidooi houden voor de jury.
Het werd zelfs nog beter voor Ed Mulcahy. De uitspraak van
rechter Hughes was met de ochtendpost aangekomen. Hij had
weer de beschikking over zijn bankrekening. Het hof had de beslaglegging opgeheven. Maar aangezien Kate de bepaling in de
wet ontdekt had met betrekking tot dergelijke sancties bij zaken
wegens smaad, had hij ook een sanctie tegen Parisi. Dat was ongetwijfeld de achtergrond van de cryptische opmerking van de
rechter. Het was net iets voor hem; hij kon niet gewoon de beslaglegging opheffen vanwege de wet, maar hij moest het de juristen nog moeilijk maken omdat zij die bepaling niet kenden.
Ze moesten een verklaring inzake rechtsbijstandskosten indienen:
Kates honorarium.
'Hoeveel zou ik in rekening moeten brengen?' vroeg Kate.
'Geen idee,' zei Ed. 'Maar vraag maar flink veel, want dat wordt
het eerste en het laatste honorarium dat in deze zaak gaat worden uitgekeerd.'
Stevie had zijn mond vol. Hij knikte instemmend. 'Haal hem het
vel maar over zijn oren,' zei hij.
'God,' zei Ed terwijl hij zich over zijn slapen wreef, 'is het niet
fantastisch als al het materiaal uiteindelijk binnen is? Denk je
dat we het pleidooi en de aanklacht morgen rond krijgen?'
Stevie knikte. 'O'Hanlon gaat er een vertoning van maken. Maar
Grosso begint vroeg en jullie zijn klaar tegen de lunch. 's Middags doet hij dan de aanklacht, dus tegen halfvier zal hij klaar
zijn. Hoe lang is jouw pleidooi?'
Ed schudde zijn hoofd. 'Dat weet ik morgenochtend om negen
uur,' zei hij.
'Dus, Eddie,' zei Stevie even later terwijl zijn dikke lippen zich
rond een stuk pizza plooiden, 'ik word geacht hier de detective

te zijn. Hoe kom je aan die datums?'
'Datums?'
'Die datums op je notitieblok, de datums dat Libby Whitaker naaide.'
'Er stond niets op mijn blok.'
'Had je helemaal niets?' onderbrak Kate. Ze keek Stevie ongelovig aan.
'Goed, hè?' zei Stevie en hij nam nog een hap terwijl hij zijn wenkbrauwen hief. 'Wat een pokerface! Niks op zijn blok!' Stevie glimlachte. 'Hij is best wel goed voor zo'n klein dik ventje, nietwaar?' En toen wendde hij zich tot Ed. 'Hé, Perry Mason,' zei hij, 'dat soort geintjes moet je niet te vaak uithalen, hoor je? Jezus.'
'Dat beloof ik,' zei Mulcahy.
'Jezus,' zei hij weer. 'En als ze nou eens nee gezegd had?'
'Dat zou ze niet gedaan hebben.'
'O, zou ze dat niet gedaan hebben. De grote goeroe heeft gesproken. Mogen wij ook het licht zien? Waarom zou ze dat niet doen?'
'Omdat ze jurist is. Ze hoorde vragen over specifieke datums, zag mij dingen oplezen van wat eruitzag als aantekeningen, en wist dat ik Emma Whitaker als getuige kon laten aantreden. En dus berekende ze haar kansen, ervan uitgaand dat ik haar erin wilde luizen en dat ik een getuige had. De conciërge. Iemand. Een ander zou waarschijnlijk nee gezegd hebben. Maar met een jurist kon ik het erop wagen, leek me.'
'Niet slecht voor zo'n klein dik ventje,' zei Stevie hoofdschuddend. 'Neem een stuk pizza.'

Het was al laat toen Gitz binnenkwam en Mulcahy in de keuken aantrof. 'Morgen de grote dag?' vroeg Gitz.
'Inderdaad.'
'Je zult het fantastisch doen,' zei Gitz. 'Het komt wel goed. Ik heb met Timmy gepraat. Hij zei dat je een reus was, vandaag. Een reus.'
Mulcahy grijnsde. 'Eén hartslag later kan ik weer een dwerg zijn,' zei hij. 'Hoe is het met Denise?'
'Denise?' Hij schudde het hoofd. 'Diep ongelukkig zonder mij. Kan zich er niet toe zetten om te bellen. Overmand door dierlijke lusten. Bezeten, gewoonweg. Maar angstig, bang. Zit zichzelf op te vreten van pure hartstocht.'

Mulcahy grinnikte.

'Wil je de waarheid? Ze moest me niet,' zei Gitz. 'Weet je, Ed, dat was mijn laatste kans. Ik had toch werkelijk gedacht dat zo'n meisje niet zou weglopen. Ik heb het gehad. Net als Elko. Alleen heb ik geen zes miljoen gekregen. Weggeblazen.'

'Vreselijk zonde,' zei Mulcahy.

'Ik heb wel zitten denken: als jij niet een heel klein beetje meer belangstelling toont voor Kate, kan ik het misschien eens proberen? Wat denk jij? Is ze een Celtics-fan?'

Mulcahy schudde zijn hoofd.

'Dat wordt niets met die Celtics?' vroeg Gitz.

'Dat wordt niets met die Celtics. Dat wordt niets met Kate. Of ik zie me gedwongen om jou om zeep te helpen en dan moet ik mezelf verdedigen en dan verdien ik wéér niets.'

'Oké, het was maar een vraag. Geef ze van katoen,' zei Gitz en toen ging hij ervandoor en sloeg de deur van zijn slaapkamer dicht.

Mulcahy was weer alleen. De volgende ochtend moest hij zijn pleidooi houden voor de jury. Voor mevrouw Watts, voor de strenge huismoeder met haar geruite rok en haar broche aan een ketting, voor de oude kerel op de hoek met de brillekoker die zo vaak tijdens de bewijsvoering achterovergeleund gezeten had met zijn ogen dicht, voor de man met het blauwe pak en de kale plek. Voor mevrouw DeVito. Voor de ruwe zeebonk. Voor de man met de dasspeld. Voor alle anderen. Zestien mensen die hij nog nooit gesproken had, die hij alleen kende via de vragenlijsten voor de jury, alleen via handschrift en pure speculatie. Die zouden moeten beslissen over Shepards lot, en over het zijne. Hij zou ze een maal toespreken, en dan in stilte zitten luisteren hoe O'Hanlon het laatste woord kreeg. En hij zou luisteren hoe de rechter de jury instrueerde, en daarna zou hij kijken hoe ze geruisloos de zaal uitliepen. En dan zou het wachten beginnen.

Werd hij beoordeeld, of zijn cliënt? Het verschil was niet meer helemaal duidelijk voor Mulcahy. Hij had niets meer te verliezen, behalve de uitkomst van dit proces.

Hij kon niet slapen en lag te luisteren hoe het geluid van de auto's beneden op straat aanzwol en wegstierf. In de stiltes lag hij op de volgende auto te wachten, terwijl hij de seconden telde.

Het kwam allemaal neer op dat ene moment in 8b wanneer de voorzitter van de jury het woord nam.

Wat zou hij de volgende dag doen, en de dag daarna, als Shepard veroordeeld werd? Zou hij naar het kantongerecht gaan en zijn best doen om losse klussen te krijgen? Zijn eigen vooruitzichten waren hopeloos, dus hij probeerde zich Shepard voor te stellen die op dit moment in een cel lag te luisteren naar het gegil en het gerammel en het gezeur en ongetwijfeld ook het gesnurk en gepiep en gebulder. Uiteindelijk stond hij op en schuifelde de keuken in, waar hij zichzelf een glas water inschonk en in het stille duister naast zijn stapel archiefdozen ging zitten. Een stem binnen in hem zei dat hij de profielen nog eens moest doornemen, naar de getuigendossiers moest kijken, iets overlezen, een stuk papier in zijn handen houden. Maar daarvoor was de zaak nu te ver gevorderd. Iedere zaak bereikt dat punt. De stapels papier, de bergen bewijsmateriaal, de zaken en de ruzies zijn uitgevochten, en nu komt het alleen nog op het pleidooi aan. Het gaat om de kunst van het overtuigen, en het vermogen van de waarheid.

Hij keek op de klok – half drie – en liep door de gang terug naar zijn slaapkamer. Maar die nacht kon hij de slaap niet vatten. Om de een of andere reden moest hij maar steeds aan mevrouw Shepard denken. Hij vroeg zich af waar zij nu was. Arme vrouw, bekocht door Parisi, gedwongen de eindeloze reeks procesdagen mee te maken, helemaal alleen.

Hij knipte het licht weer aan en nadat hij door zijn boekenkast gezocht had, ging hij weer in bed liggen met een boek dat hij in geen tijden opengeslagen had. Een oud boek. Een goed, oud boek met een testament aan goede, oude wijsheden.

36

'Leden van de jury, het is zover.' Mulcahy keek om zich heen. De rechtszaal was vol. Gitz zat op de tribune en stak discreet zijn duim op. Op de voorste rij zat een stel verslaggevers, pennen in de aanslag. Kate glimlachte breed naar hem vanaf de eerste rij. Aan haar ene kant zat mevrouw Shepard. En aan de andere kant... de kapitein! De kapitein was gekomen! Die kwam bijna nooit van zijn eiland af. Mulcahy glimlachte terug. Hij keek naar Shepard, maar Shepard blikte recht vooruit, zoals Mulcahy hem gezegd had. De akoestiek in zaal 8b was verschrikkelijk, maar nu drong zijn stem door tot in iedere uithoek van de zaal. Hij draaide zich om en keek naar de jury, die aandachtig zat te kijken. Het was tien uur en de verdediging kwam als eerste aan het woord.

'We hebben u al het bewijsmateriaal voorgelegd,' ging hij verder, 'en het is bijna zover dat u de antwoorden moet gaan geven in deze zaak. Of zeggen dat er geen antwoorden zijn. Want die antwoorden zijn de verdediging niet duidelijk geworden. En ik neem aan dat ze de aanklager ook niet duidelijk geworden zijn. Wanneer u klaar bent, kunt u misschien niet meer zeggen dan dat deze zaak een raadsel blijft. Kan iemand van u zeggen dat hij niet tenminste een gerede twijfel heeft aan de schuld van de beklaagde? Dat hij zeker weet, met innerlijke overtuiging, dat Shepard deze daad gepleegd heeft?'

Hij zweeg even, waarna hij op stillere toon verder ging. 'Ik wil u aan één ding herinneren wanneer u gaat beslissen over het lot van de heer Shepard in deze zaak.' En hij liep naar zijn tafel waar hij een canvas tas oppakte, die hij naar de tafel van de commies-griffier droeg. Hij begon de zes zakken met bewijsstukken te verzamelen die hij voor aanvang van zijn pleidooi zorgvuldig klaargelegd had. Hij stopte ze in de canvas tas, alsof hij boodschappen inlaadde, en hield ieder stuk in zijn hand voordat hij het in de tas liet vallen. 'Dit,' zei hij op neutrale toon over zijn schouder, 'is het bewijs van de aanklager. Zes artikelen. Een jasje van een pak. Een stukje zeep. Een bon met de afdruk van een creditcard. Een pakketje met haren,' en hij liet de zakjes een voor een in de tas vallen, 'een met vezels,' en hij liet een ander zakje in de tas verdwijnen, en na een korte pauze, waarin hij naar de jury keek, 'een met grind.' Hij liet de laatste zak in de tas verdwijnen.

'Dat is alles. O, ik weet wel, er zijn verhalen geweest over ruzies op kantoor, en er was een kereltje dat ons wilde vertellen over een opmerking in een lift, maar dat leidde nergens toe. Nee, dit is het materiaal van de aanklager, dit wat ik hier heb. En ik wil graag dat u zich herinnert,' zei hij terwijl hij de tas moeiteloos optilde en aan de jury voorhield, 'dat alles waarop de aanklager zich baseert, in één tas past.'

Ze leunden naar voren en keken naar de tas. 'De hele zaak past in één tas en kan gemakkelijk vervoerd worden.' Hij glimlachte en zette de tas op zijn tafel neer. 'Van Boston... naar Sheringham, bijvoorbeeld. Dadelijk zullen we die artikelen afzonderlijk bespreken.

Meneer O'Hanlon,' hervatte hij na een slok water, 'is een vaardig aanklager. Aan het begin van het proces hebben we gezien hoe hij een massa materiaal aandroeg, rangschikte en presenteerde alsof hij alle stukken had en alsof die als een puzzel in elkaar pasten, zodat er geen twijfel kon bestaan aan het plaatje dat die stukken samen vormden.

Als u, nadat u die stukken bekeken hebt, er vast van overtuigd bent dat ze maar op één manier in elkaar passen, dat ze maar één beeld opleveren, dan moet u misschien overgaan tot een veroordeling en verlaat u deze zaal met een rein geweten. Maar als die stukken slechts losjes in elkaar passen of als er delen ontbreken, en als de stukken net zo goed een ander beeld kunnen opleveren, dan zal niemand van u met innerlijke overtuiging kunnen zeggen dat het beeld van de heer O'Hanlon het juiste beeld is. En in dat geval is het uw plicht om tot vrijspraak te komen. Als u alleen antwoorden hebt, dan kunt u misschien – misschíen – tot een veroordeling komen. Maar als u vragen blijft behouden, dan moet u vrijspreken. Dat is uw plicht.

Vergeet niet,' zei hij, stil, zo stil dat de juryleden hun best moesten doen om hem te horen en ze hem op de publieke tribune amper verstaan konden, 'vergeet niet hoe belangrijk u bent. U bent de enigen die kunnen beslissen wat er met een menselijk wezen gaat gebeuren.' Het was nu volkomen stil in de zaal. 'De aanklager zal proberen u ervan te overtuigen dat zijn beeld het juiste beeld is. Dat is zijn werk. Maar de aanklager hoeft nooit te beslissen of iemand schuldig is aan moord. Dat hoeft hij niet op zijn geweten te hebben. Dat komt op uw geweten.

De antwoorden in deze zaak zijn zo raadselachtig. Aan het begin van het proces meenden we nog dat Samuel Whitaker misschien de hand aan zichzelf geslagen had. Daar waren veel bewijzen voor aan te dragen. Zijn huwelijk liep ten einde. Hij was uit een machtige positie binnen zijn bedrijf verdreven door veel jongere mannen. In zijn schrijfmachine werd een afscheidsbriefje gevonden. Zijn pistool, waarmee het fatale schot gelost was, werd in zijn hand aangetroffen toen de hulp, mevrouw Biali, hem de volgende ochtend vond.

En toen kwam, in de loop van het proces, ander materiaal aan het licht. Bewijzen van een andere aard. Bewijzen voor moord. Maar een moord waarbij John Shepard niet betrokken was.'

Hij liep terug naar de tafel en pakte de canvas tas weer op. 'Laten we beginnen met de zeep,' zei hij.

'Een stuk Lifebuoy-zeep, met daarop een gedeeltelijke vingerafdruk van John Shepard, wordt in de wc een paar meter van de overledene vandaan gevonden.

Dat lijkt een slecht teken, die zeep. Het lijkt te passen in de puzzel van de heer O'Hanlon. Totdat je er beter naar gaat kijken. Dit is niet het enige stuk zeep in huis. Verspreid over alle badkamers en keukens worden er nog eens vijftien of twintig gevonden. Heel veel stukken zeep. Maar dit stuk is het enige stuk Lifebuoy-zeep.

Denk nu even aan zo'n onnozel huishoudelijk detail. Degene die de zeep voor het hele huis kocht, nam pakketten Ivory-zeep, pakjes speciale zeep voor de badkamer bij de slaapkamer, pakketten Lava-zeep. Maar slechts één stuk Lifebuoy-zeep. Wanneer mensen dit soort dingen kopen voor een huis dat zo groot is als dat van de Whitakers, kopen ze dan één enkel stukje zeep van een bepaald merk?

Het is een detail, maar soms zijn de details het verwarrendst. Men kan zich afvragen hoe dat stuk zeep daar precies gekomen is.

En, dames en heren juryleden, er zijn nog meer vragen te stellen over dat stuk zeep. De heer O'Hanlon suggereert dat de heer Shepard deze vreselijke wandaad pleegde en daarna zijn handen ging wassen. Waarom? Om bloed weg te spoelen, misschien? Dat kan, maar denkt u even na. Iemand heeft zojuist een luidruchtig handwapen afgevuurd. Blijft hij dan op de plaats van het misdrijf om zijn handen te wassen?

En waar is het bloed? Worden er bloeddruppels gevonden in het fonteintje? Op de kraan? Op de deur, de deurkruk, de vloer, waar dan ook? Op de zeep?

Niets.' Mulcahy schudde zijn hoofd. 'Heel eigenaardig, dat stuk zeep.

Maar één ding weten we. We weten waar we zeker een stuk Lifebuoy-zeep kunnen vinden met John Shepards duimafdruk erop. In zijn appartement aan Joy Street.

Laat ons nu eens kijken naar de bon en de creditcard.' Hij deed het zakje met het stukje zeep terug in de tas en haalde het volgende bewijsstuk eruit. '$ 5,38, weet u nog?

Laten we even stilstaan bij de theorie van het OM. Die werkt als volgt. John Shepard heeft zojuist iemand vermoord. In zijn Subaru heeft hij zowat veertig liter benzine, genoeg om naar de snelweg te rijden en dan nog eens vierhonderd kilometer. Dus wat doet hij?' Hij zweeg.

'Hij stopt bij een benzinestation nog geen tien kilometer van de plek van het delict en hij vult zijn tank.'

Daar liet hij hen even over nadenken voordat hij vervolgde: 'Nu is John Shepard afgestudeerd in de rechten, aan Harvard. Hij is niet stom. En toch stopt hij bij een benzinestation vlak bij de plek van een moord en gebruikt zijn creditcard voor een bedrag van nog geen zes dollar zodat er een schriftelijk bewijs is van zijn aanwezigheid daar. Zo luidt de theorie van de heer O'Hanlon.

Maar, voordat we die bon ter zijde leggen, moeten we er misschien even kritisch naar kijken. Is dit een bewijs dat Shepard daar was? Nee. De handtekening is onleesbaar. En de regel voor het kenteken, bovenaan, is niet ingevuld.'

Mulcahy gaf de bon aan de voorzitter en wachtte, terwijl hij zich zelf nog een glas water inschonk. De juryleden keken even naar de bon en gaven hem door.

'Dus wat weten we in feite?' hervatte hij. 'Dat John Shepard bij de Sunoco in Lamartino geweest is? Nee. Dat zijn auto daar geweest is? Nee. Nee, dames en heren, het enige wat het OM met dit bewijsstuk kan bewijzen, is dat Shepards creditcard daar geweest is. De creditcard past, net als de zeep, gemakkelijk in de tas en kan net als de zeep gevonden zijn in het appartement van de heer Shepard.

En die vezels dan? En die haren? Vezels uit zijn jasje. Haar van zijn hoofd. Maar ook die passen in een zak, en die zak past in de tas. Waar het om gaat is: hoe kwamen ze in de boerderij?'

De juryleden zaten nu te fronsen. Dat had hij verwacht. 'Misschien denkt u nu, oké, al die dingen zijn misschien expres overgebracht. Mooi. Waarom? Wie doet zo iets? Waarom?

Dat is een belangrijke vraag. Daar kom ik nog op terug. Eerst moet ik het even hebben over het jasje. Het jasje waarvan de heer Shepard toegeeft dat het op een jasje van hem lijkt. Gevonden in een afvalbak langs de snelweg, bevlekt met bloed van het type dat Sam Whitaker ook had.

Denkt u nog even aan het bewijs van dat bloed. Het komt op het jasje terecht. Maar nergens anders. De revers vertoont een vlek. Maar het bloed dat de revers van een jasje doordrenkt moet toch ook op een overhemd zitten. Maar een overhemd is er niet gevonden. Waarom is dat bebloede overhemd niet gelijk met het jasje weggegooid?'

Mulcahy liep naar de tas en toonde het jasje aan de jury, zodat ze wisten hoe groot de bloedvlek was.

'Wat gebeurt er vervolgens? De heer Shepard verlaat het toneel met een bebloed jasje. Druppelt er bloed van het jasje op de vloer van de hal, de gang, de voordeur, de poort, de oprit? Nee. De politie vindt geen druppel bloed. De auto dan? De heer Shepard gaat in zijn auto zitten, volgens het OM, met verse bloedvlekken op zijn jasje. De politie van de staat Colorado onderzoekt die auto later zeer nauwkeurig. Geen druppel bloed te bekennen. Geen spatje.

Wat betekent dat? Het jasje zal hoogstwaarschijnlijk op de plek van de moord aanwezig geweest zijn. Misschien is het het bloed van de heer Whitaker dat erop zit. Maar er is geen werkelijk bewijs van hoe dat erop gekomen is en hoe het jasje uit het huis verdwenen is en geen enkele aanwijzing dat het ooit in de auto van de heer Shepard vervoerd is.

Stelt u zich ook de volgende vraag, want u hebt John Shepard gezien. Hij gaat in het voorjaar dwars door het hele land rijden. Is hij het type dat daarvoor een pak aantrekt?'

Mevrouw DeVito knikte. De man met de dasspeld ook, en dat was wel het soort man dat een pak aangetrokken kon hebben. Maar hij wist dat Shepard dat niet was.

'Dat met die kiezels was heel knap verzonnen. Maar die steentjes kunnen verzameld zijn op de oprit van de heer Whitaker en naar Boston zijn gebracht. Misschien zijn ze in het profiel van de banden gewurmd en onder de pedalen geplaatst. Door iemand, wie dan ook, die bij hem thuis geweest was.

Er waren inderdaad bewijzen dat er iemand bij hem thuis geweest was. Maar dat was niet John Shepard.'

Hij zweeg weer en zag dat de ruwe zeebonk zat te fronsen – de ruwe zeebonk, die zo vaak op zijn hand geweest was. Hij sprak verder. 'Wat we hebben, zijn zes verplaatsbare artikelen, die elk afzonderlijk naar de plaats van het delict gebracht kunnen zijn door iemand anders dan de heer Shepard. Wat het OM niet heeft, is iemand die de heer Shepard zelf op de plek van de moord plaatst.

Nu keren we terug naar de vraag die u waarschijnlijk bezighoudt. Waarom? Wie doet er nu zo iets? Daarover wil ik u een theorie voorleggen. Die kan ik niet bewijzen, maar ze is gebaseerd op de getuigenissen die u gezien en gehoord hebt. En wanneer ik klaar ben, zou ik graag willen dat u zich afvraagt of de theorie die ik u voorleg minder aannemelijk, minder geloofwaardig is dan die van de aanklager. Als u vindt dat mijn theorie even geloofwaardig klinkt, stel ik dat niemand van u kan zeggen dat de mening van het OM bewezen is ten nadele van de heer Shepard.' Hij pauzeerde hier even en keek Shepard aan. Die glimlachte naar hem. Mulcahy keek weer naar de jury.

'Samuel Whitaker, een man die in zijn beroep het hoogste bereikt had, zoals we in dit proces gehoord hebben, was niet gelukkig toen hij overleed. Twee relaties die hem, meer dan wat dan ook, dierbaar waren, liepen stuk: zijn huwelijk en zijn werk. Het huwelijk was kil en afstandelijk geworden. In zijn werk was de macht hem ontglipt.

De heer Whitaker heeft een relatie met Elizabeth Russell, zoals we gisteren pas hoorden. Uiteraard ontkent zij dat die van seksuele aard was. We zullen het nooit weten. Maar zij geeft wel toe dat er een hechte vriendschap bestond: dat ze vaak samen waren, alleen, en dat ze soms samen in haar appartement waren. Een jonge, aantrekkelijke, ambitieuze vrouw. Een oudere man, wanhopig op zoek naar... naar wat... naar een manier om zichzelf te bewijzen? Dat zullen we nooit weten.

Mevrouw Russell staat aan het hoofd van een team juristen die bijna letterlijk woonden op het kantoor van Freer Motley tijdens de laatste week van maart 1992. Ze krijgt een van de vijf bezoekerspasjes die worden uitgereikt aan de juristen van Fletcher Daye. Een van die vijf pasjes wordt gebruikt op de brandtrap, op 31 maart om 03.31 uur. Iemand gaat die nooduitgang uit en komt even later, als een venster in de tijd, weer te voorschijn. Die twee momenten liggen precies aan weerszijden van het moment waarop de Idlewild-hypotheek voor het laatst op een computerscherm wordt opgeroepen. Denkt u daaraan wanneer u zich terugtrekt. Ik denk dat u zult merken dat die fout in de akte geen toeval was. Dat was een weloverwogen daad. En de fout is aangebracht door een van de Fletcher Daye-juristen.

Was Libby Russell het?

Was het Libby Russell die het hypotheekdocument veranderd heeft? Denk aan haar getuigenis. Zij vond de fout. Maar nergens stond dat zij daar tijd aan besteed had. Vond ze de fout omdat ze wist waar die stond? Omdat ze hem er zelf in gezet had?

Dit zou zeker een enorm voordeel zijn voor haar cliënt... een voordeel waarvan die cliënt snel gebruik maakte. En waar directe winst naar de cliënt gaat, stroomt indirecte winst naar de advocaten.'

Hij draaide zich van de jury weg en liep naar zijn tafel. Wanneer je wilt dat iemand je gelooft, moet je hem de tijd en de ruimte geven daarover na te denken.

'Nu luidt mijn stelling dat er één man was die uitgevonden had wat noch de aanklager, noch de verdediging kon begrijpen. Die man is vandaag niet bij ons. Sam Whitaker. Hij was uit zijn belangrijke positie gestoten, en jongere juristen hadden zijn sleutelpositie bij de bank overgenomen. Hij begint te dolen. Hij heeft een affaire, zoals gezegd, met Libby Russell.

Hij hoort iets over haar. Hij kent haar vrij goed. Wanneer de fout ontdekt wordt, volgt hij het interne onderzoek. Hij vermoedt dat er computerlijsten beschikbaar zijn en hij belt met de beveiligingsdienst. Op de lijst staat dat er iemand van Fletcher Daye op het kritieke moment op kantoor was. In één avond reconstrueert Sam Whitaker alles wat ons het grootste deel van dit proces ontgaan is. Niet voor niets heeft hij twintig jaar in de leiding van Freer, Motley en Stone gezeten.

Misschien vertelt hij aan Libby Russell wat hij ontdekt heeft. Hij zegt dat ze moet bekennen. Denk aan wat mevrouw DeSantis u vertelde. Die lunch op de vrijdag voor zijn dood, dat was een afspraak met Libby Russell.

En als hij haar, zoals de bewijzen wel suggereren, die vrijdag confronteerde met zijn vermoedens, stond zij plotseling voor een moeilijke keuze. Aan de ene kant bankfraude, uit het ambt gezet worden, de schande, gevangenisstraf. Aan de andere kant, tja, het was een zaak waarmee haar cliënt aanzienlijk financieel voordeel had behaald. Zijzelf misschien ook wel. En dat allemaal totdat Sam Whitaker de stukken aan elkaar gelegd had.

Op 16 mei haalt ze John Shepard op bij zijn huis. Ze staat erop dat hij een uur lang met haar meegaat om hard te lopen langs de rivier. Diezelfde dag ziet mevrouw Lee Vincent Testa de trap oplopen, langs haar appartement op de begane grond, in de flat aan Joy Street. Testa keert een paar minuten later terug. Hij heeft een tas bij zich.

Wie is Vincent Testa? Hij woont daar niet. Mevrouw Lee heeft hem nog nooit eerder gezien. Hij heeft connecties met de georganiseerde misdaad. Ooit was hij Libby Russells informant, toen ze nog aanklager was.

Heeft Libby Russell Testa gebruikt om bewijsmateriaal op te halen bij John Shepard thuis, zodra zij hem de deur uit had? Om haren van het kussen te plukken, een jasje dat niet gemist zou worden uit een kast te halen, een stuk zeep, een creditcard uit zijn portemonnee?

Heeft Vincent Testa Libby Russells minnaar vermoord?

Dames en heren, vergeet u niet dat er geen sluitende bewijzen zijn voor de telefoontjes. Volgens de lijsten is er op de avond van de moord om 19.32 uur vanuit het huis van de Whitakers gebeld naar Shepards appartement. De heer Shepard bevestigt dat hij gebeld is, door een verkoper.'

Hij zweeg even en keek naar de man met de dasspeld, die al zat te knikken. Mevrouw Watts ook.

'En die verkoper, dat was een vrouw. Met een accent. Weet u nog?

Was het Libby Russell die Whitakers telefoon gebruikte? Was zij die avond daar? Had ze het dienstpistool gevonden en had ze het aan haar handlanger gegeven? Is zó de moordenaar het huis binnengekomen en heeft hij Samuel Whitaker overvallen?'

Nu zweeg Mulcahy. Bijna dertig seconden wachtte hij, en dat is een eeuwigheid in de rechtszaal, voordat hij het woord weer nam.

'Dames en heren van de jury, ik verzoek u één ding te onthouden. Ik sta hier niet om u te vragen om Libby Russell te veroordelen voor wat dan ook. Ik zeg niet dat ik haar schuld kan bewijzen, verder dan een gerede twijfel. Maar dit zeg ik u wel: Het is in deze staat de wet dat John Shepard er in dit proces recht op heeft dat u ervan uitgaat dat hij even onschuldig is als alle andere aanwezigen in de zaal. Even onschuldig als ik, als de heer O'Hanlon of als Libby Russell.

En diezelfde wet houdt in dat Shepard niet meer of minder schuldig of onschuldig is dan iemand als Libby Russell.

En als u de stelling die ik u voorleg, in overweging neemt en deze even consistent bevindt met het bewijsmateriaal als de stelling van de aanklager, dan zult u merken dat er gerede twijfel is aan de schuld van John Shepard.'

Het was op dat moment moeilijk voor anderen om te zien wat er gebeurde, want Mulcahy stond bij de bank, een tiental centimeters er vandaan, en niemand behalve de zestien juryleden – de rechter niet, de rechtbankverslaggever niet, Paul O'Hanlon niet en de publieke tribune niet, niemand behalve de juryleden kon zijn ogen zien. Maar de juryleden zagen die blik wel, en dat was misschien wel een van de belangrijkste momenten voor de verdediging.

Dat waren de laatste woorden van zijn pleidooi. Terwijl hij zijn verhaal verder afrondde, voelde hij een gigantisch gewicht van zijn schouders vallen. De zaal was stil. Voordat hij ging zitten, zei hij nog een paar woorden. Zijn gezicht liep rood aan en zijn kaken stonden strak. 'Dames en heren. John Shepard heeft iedere dag sinds 12 juni doorgebracht in de gevangenis aan Charles Street. Iedere dag. Uw oordeel moet zijn vrijheid inluiden. Laat deze man naar huis terugkeren.'

Even later zat Mulcahy weer op zijn plaats. Hij voelde Shepards hand op zijn arm en legde zijn eigen hand eroverheen en hield hem stevig vast.

Mulcahy zat de rest van de dag in de rechtszaal, aan zijn tafel. Hij hoorde hoe O'Hanlon zijn verhaal hield en hoe rechter Grosso zijn instructies gaf. Hij ging zelfs naar de rechter voor de plichtmatige protesten tegen de aanklacht. Maar in zijn geest was hij al heel ver weg, nog voordat de jury de zaal verlaten had om te gaan overleggen.

37

Het teken was de scherpe klop van mevrouw Watts knokkels op de deur van de jurykamer en de binnenkomst van de mannen in hun witte overhemden die Ed Mulcahy kwamen ophalen in de hall buiten 8b en daarna doorgingen naar het kantoor van de officier van justitie. Uitgeput en eenzaam zocht Mulcahy steun bij de tafel van de verdediging, maar het was niet meer dan de steun die een enkele spot zou kunnen geven in een donkere zaal, want toen de zaal begon vol te stromen voelde hij de ogen in zijn rug.

Mevrouw Shepard ging zitten, haar bijbel in de hand, en korte tijd later kwamen Kate en Stevie. Anderen volgden. Paul O'-Hanlon bleef bij de verdediging staan en stak zijn hand uit naar Mulcahy.

'Prima gepleit,' zei hij.

'Bijna net zo goed als jij,' antwoordde Mulcahy. Ze schudden elkaar de hand.

'Dank je,' zei O'Hanlon en hij voegde er peinzend aan toe: 'Maar dat weet ik zo net nog niet.' Hij liep naar voren en ging zitten aan zijn tafel.

Bij de deur links verschenen twee gerechtsdienaars. Tussen hen in stond Shepard, met samengeknepen ogen en opeengeklemde kaken. Toen hij de zaal doorliep naar Mulcahy toe, draaide hij zich even om naar zijn moeder die op de voorste rij zat. Heel even keken ze elkaar aan. Toen wendde hij zich af en ging zitten. De gerechtsdienaars trokken zich terug maar letten scherper op.

'Het Hof!' De gerechtsdienaar klopte op de wand naast de gangdeur ten teken dat de zaal moest opstaan. Rechter Grosso kwam binnen en ging zitten.

'Gaat u zitten.'

En toen was het zover.

'Wilt u opstaan voor de jury!'

Om precies drie minuten voor twee kwamen ze voor het laatst 8b binnen. Nu kwam het draaaierige gevoel in de maag, het uitstel, dat schier eindeloos leek, terwijl het ene na het andere jurylid weloverwogen de zaal overstak en naar de jurybanken liep. De angst om wie dan ook van hen aan te kijken, de kaleidoscoop van gedachten zonder enig verband, van niet-gestelde vragen en niet-gehoorde getuigen, niet-gepresenteerde argumenten.

'Gaat u zitten. Willen de juryleden en de verdachte blijven staan, alstublieft.'

Mulcahy, naast Shepard, had geen enkele coherente gedachte meer over. Hij begon weg te glijden. Hij stond lichtelijk zwaaiend achter zijn tafel terwijl de klok aan de wand verder tikte. Twee minuten voor twee.

'Mevrouw de voorzitter, is de jury tot een uitspraak gekomen?'

'Jawel, edelachtbare.' De stem van mevrouw Watts was voor het eerst in de hele zaak te horen. Ze sprak duidelijk: een goede, sterke stem. Op de voorste rij van de tribune pakte Kate Stevies hand.

De liturgie ging verder en nu kwam het verzoek om het briefje met de uitspraak. Het werd doorgegeven als een reliek, dat alle juryleden langsging: één enkel blaadje wit papier, waarop alle argumenten van de hele zaak beklonken waren, alle getuigenissen en bewijzen, in één woord samengebald. Of twee.

Kelly hield het papier voor zich. 'De rechtbank voor strafzaken van de staat Massachusetts, strafzaak tweeënnegentig streep twintig-zeven-vijftig, *de Staat* versus *John Vincent Shepard*, aanklacht nummer vier-zeven-zes...'

Hij ging door, terwijl iedereen het geluid opnam maar niet de betekenis van de woorden, want op dit punt hadden alleen klanken nog betekenis, alleen de nasale consonant en de sibilant N

400

en s. Mevrouw Watts stond klaar om Kelly's vraag te beantwoorden, ze wachtte tot die vraag gesteld werd in de taal van de voorvaderen.

'Mevrouw de voorzitter, hoe luidt uw uitspraak betreffende aanklacht nummer vier-zeven-zes-zes-één, waarbij de beklaagde beschuldigd wordt van moord? Is de beklaagde schuldig of niet schuldig?'

Later zou een verslaggever Mulcahy vragen hoe het voelde toen de uitspraak kwam. Zijn antwoord luidde slechts dat het moment vóór de uitspraak het ergste moment van zijn hele leven geweest was en dat hij zich van daarna niets herinnerde, een opmerking die de verslaggever verbijsterde maar die hij toch braaf opschreef. Hoorde Mulcahy mevrouw Watts 'schuldig' zeggen? Later kon hij zich niet meer herinneren of hij dat gehoord had. Op het moment dat mevrouw Watts' lippen het woord vormden, hoorden anderen, onder wie Kate, hoe Mulcahy diep en diep zuchtte. Ze zagen hoe hij de tafel vastgreep om zijn evenwicht te bewaren. En op datzelfde moment slaakte mevrouw Shepard een kreet. Mulcahy's reactie was zuiver lichamelijk, een onwillekeurig loslaten van de spanning.

Maar hij reageerde niet op de sisklank. Hij reageerde op de enkele, vol vertrouwen uitgesproken klank die zijn oor een moment tevoren had opgevangen, toen mevrouw Watts het vorige woord had gezegd, de eenvoudige lettergreep die begon met een nasale medeklinker, de letter n.

'Zo luidt uw uitspraak, mevrouw de voorzitter?'

Zijn geest gleed weg terwijl zij antwoord gaf.

'Zo luidt uw eenstemmige uitspraak, leden van de jury?'

Niet schuldig. Zo luidde de eenstemmig uitspraak.

SLOT

Slechts heel veraf hoorde hij de rechter die de jury bedankte en de aanwezigen verzocht op te staan en hen te excuseren, en die de beklaagde vrijsprak. Hij hoorde nauwelijks iets van dat alles, totdat iemand met een hamer sloeg en Shepard hem omhelsde. En toen kwam alles in een stroomversnelling, een chaos, alles was licht en lawaai. Er spoelde een vloedgolf over de balustrade heen en Shepard werd weggerukt. Shepard zag zijn moeder, die huilde, en de anderen dromden eromheen en zeiden: 'Meneer Shepard! Pardon...' Meer gezichten bij Mulcahy's elleboog en handen op zijn schouder: een televisieverslaggever, een microfoon, nog een microfoon, een geschreeuwde vraag. Iemand vroeg hoe hij zich nu voelde en iemand anders vroeg wat hij nu ging doen en wat John Shepard nu ging doen en weer een andere stem te midden van al het gekrakeel zei: 'Meneer Mulcahy! Meneer Mulcahy!' En andere stemmen en lichamen drukten tegen Shepard aan en zeiden: 'Meneer Shepard, meneer Shepard, kunt u ons zeggen...' Er waren onbekende gezichten en bekende gezichten en gezichten die in beeld kwamen, de een na de ander.
Stevie baande zich een weg door de menigte. 'Eddie, Eddie,' herhaalde hij steeds maar weer. 'Het is je gelukt, Eddie, je hebt het voor mekaar!' Hij greep zijn hand en sloeg hem op zijn rug.
Nu was Stevie opzij geduwd en was Mulcahy gevorderd tot in de gang, waar de televisie opnames maakte en nieuwsreporters hem stonden op te wachten. Heel even was Gitz er. 'Ed! Ed! Ik heb Timmy hier!' Maar hij verdween en er was weer een vraag van iemand over hoe hij zich voelde en hij praatte tegen de armen die cassetterecorders in zijn richting staken. 'Was het waar dat hij ontslagen was omdat hij deze zaak had aangenomen?' Hij had geen commentaar.
'Hoe voelt u zich?' werd hem steeds maar weer gevraagd.
'Hoe het voelt? Het voelt, het voelt... Waar is Kate?'
'Meneer Mulcahy? Pardon? Mag ik u vragen...' Meer herrie en de menigte drong de andere kant op, naar John Shepard.
Maar hij had haar aan de overkant van de gang gezien bij de lift. Hij baande zich een weg door de menigte en vond haar en ze omhelsden elkaar. Ze hield hem stevig vast. Een cameraman

kwam aangerend om de omhelzing vast te leggen en iemand zei: 'Wie is dat, hoe spel je dat?' Maar Mulcahy merkte niets van dat alles. En Kate ook niet. Zijn lippen waren dicht bij haar oor en haar hoofd lag op zijn borst en misschien werd er iets gezegd, daar in de gang van de achtste verdieping van het bijgebouw bij het nieuwe gerechtshof, maar in het lawaai kon niemand anders het horen.

Enige tijd later, toen iedereen weg was, de zendinstallaties weg waren en de wagens van de media van het parkeerterrein voor het bijgebouw verdwenen waren, liepen de drie door de voordeur en stonden ze duizelig op de zonovergoten straatstenen van het Center Plaza, in de septemberzon: ze hoefden nergens heen en ze hadden dat gevoel dat kinderen hebben aan het begin van de schoolvakantie. Drie kinderen, op van plezier. Shepard had zijn moeder in een taxi gezet en beloofd dat hij over twee uur naar haar hotel in Cambridge zou komen.

'God,' zei Shepard, 'Allemachtig, om buiten te zijn. Om weer buiten te staan, Jezus Christus.'

En toen zei hij: 'We moeten weg uit dit beton.' Ze liepen via Beacon Street naar Tremont, tegen de late lunchmenigte in lopend die vanuit het park kwam. Ze liepen over de begraafplaats en langs de kerk van Park Street en langs het metro-station en toen waren ze in het gemeentepark van Boston, waar ze een groen stukje gras vonden. Ze gingen onder een esdoorn zitten die net schitterend rood begon te worden als eerste aankondiging van de herfst. 'Jezus Christus,' zei Shepard weer voor zich uit en hij schudde het hoofd en streelde met zijn handen in een koesterend gebaar over het gras.

'Ik hou van jullie allebei,' zei Shepard. 'Met jullie tweeën waren jullie die klootzakken te slim af. Ik ben zo...' Zijn stem brak en hij wendde zich af.

Ze zwegen een tijdje. Kate zei op een gegeven moment dat ze iets te eten ging halen. Toen ze terug was en ze een hotdog zaten te eten, zei Shepard tegen zijn advocaat: 'Wat ga je nu doen?'

Mulcahy zei: 'Ik weet het niet. En jij?'

'Ik weet alleen maar wat ik niet ga doen,' zei Shepard.

'Het enige wat ik kan doen,' zei Mulcahy, 'dat is het enige waar ik geschikt voor ben.'

Het bleef een tijdje stil. Kate staarde Ed aan en zei rustig: 'Ik heb momenteel geen baan, dus zat ik me af te vragen of jij nog een assistente nodig hebt?'

Hij keek naar haar en zei: 'Nee. Nee, Kate. In de nabije toekomst zal ik geen assistent kunnen betalen.' Hij zweeg en nam een hap van zijn hotdog, kauwde langzaam en keek de andere kant op. Toen zei hij terloops: 'Maar ik zou wel eens een partner nodig kunnen hebben.' En hij grijnsde terwijl de zon door de esdoorns op zijn uitgestoken hand straalde. Waarop zij zei, in tegenstelling tot alles wat zo gemakkelijk in haar had kunnen opkomen: 'Gek!' Ze omhelsde hem zo stevig dat hij opzij viel in het gras, en allemaal moesten ze lachen. 'Deal!' zei ze, maar toen keek ze plotseling op alsof ze begon te twijfelen.

'Alleen, ik doe geen dagvaardingen meer.'

Ze glimlachten alle drie.

Ze bleven een tijdje zwijgend zitten totdat Mulcahy zei: 'Nu hebben we alleen nog een paar zaken nodig.'

'Maar je hebt toch een zaak,' zei Shepard.

Mulcahy begreep hem niet en keek hem vragend aan.

'Ed, je bent een geweldige strafpleiter, maar Jezus! Geen gevoel voor een deal. Wie heeft de meest fluweelzachte aanpak in de hele stad? Wie schudde Elizabeth Russell af zonder een kik? En wie zit er nog op een berg geld?'

'Ja?' zei hij. Het was een vraag.

Shepard vervolgde: 'Nou, ik meen me te herinneren dat jij bij je vorige baan een schop onder die zielige reet van je gekregen hebt, nietwaar? Waardoor de eiser op onheuse wijze een hele zak vol geld heeft moeten derven. Zeg maar drie zakken vol. En bovendien zal de eiser met de rechtschapen lieden van de jury de verdomde smerige was van dit kantoor een maand of twee buiten hangen, met op de juiste momenten een pauze, zodat de dames en heren van de pers alle namen correct kunnen spellen. En misschien schrijft er wel iemand een stuk over de ineenstorting van het hele witteboorden-kaartenhuis: Whitaker, Idlewild, Russell. Verdomme Ed, dat lijkt me nou een zinvolle zaak.'

Mulcahy grinnikte. 'Wil jij me vertegenwoordigen?'

'Spaar me,' zei hij. En ze zaten weer een tijdje te zwijgen terwijl ze hun cola dronken. Shepard ging op zijn rug liggen en genoot van de warme zon op zijn gezicht. Hij kneep zijn ogen stijf dicht, maar hij voelde toch wel dat ze allebei naar hem zaten te kijken.

En toen zei Mulcahy: 'John, denk jij wat ik denk?'

'Spaar me,' zei hij. 'Ik denk zeer beslist niet die onzin die jij denkt, dus haal je alsjeblieft niets in je hoofd.' Hij tuurde naar

405

hen door samengeknepen ogen en zei: 'En jij ook niet, Pippi Langkous.'

Ze bleven nog een tijdje zitten, maar Kate merkte dat er nog iets afgemaakt moest worden, iets wat Mulcahy met hem alleen wilde doen, dus stond ze op en verzon een smoes om weg te gaan. 'Zie ik je later nog?' zei Mulcahy. 'Is dat goed?'

'Ja,' zei ze, 'dat zou ik heel leuk vinden.' Ze stond op, Shepard ook, en ze omhelsden elkaar langdurig.

'Ik weet niet wat ik moet zeggen, Kate,' zei Shepard. 'Je hebt het voor elkaar. Je hebt het voor elkaar gekregen en dat heeft je je baan gekost en alles. Ik sta voor de rest van mijn leven bij je in het krijt.'

'Laat maar. Pas goed op jezelf.' Ze schudde haar hoofd toen ze de tranen voelde opkomen. Ze omhelsden elkaar nog een keer stevig. Hij tilde haar van de grond. En toen zwaaide ze en ging op weg naar het metrostation.

'Laten we een eindje wandelen,' zei Mulcahy toen ze weg was. Ze slenterden het park door tot aan de sportvelden. Even liepen ze zwijgend naast elkaar. Shepard keek vol plezier naar de vogels en bleef bij ieder nieuw geluid stilstaan om naar de takken te kijken. Drie maanden lang had hij hooguit duiven gezien en dan nog sporadisch.

'Hoe dicht zat ik erbij, John?' vroeg Mulcahy na verloop van tijd.

'Wat bedoel je?'

'Ik had maar dertien dagen voordat het proces begon, weet je nog, en ik heb de hele tijd achter de zaken aan gehold. Maar ik geloof niet dat ik het ooit helemaal in de hand had, zelfs niet toen we de verdediging gestaakt hadden en de jury in beraad was.'

Shepard keek hem onzeker aan. Mulcahy liep wat verder voordat hij zei: 'We hebben geboft dat O'Hanlon niet veel van computers weet.'

'Wat bedoel je?'

'Wat dacht je van wachtwoorden, John?'

'Ik volg je niet.'

'We hadden Libby's pas in het gebouw en we zaten met haar aan Whitakers computer. Maar hoe kwam het dat ze het wachtwoord kende?'

'Dat heb ik me ook afgevraagd. Dat zal ze wel van Whitaker losgepeuterd hebben.'

406

'Misschien. Alleen, Whitaker had nooit in zijn systeem ingelogd. Ze hebben het ding in 1991 geïnstalleerd en hij heeft het nooit ook maar aangezet. Hij heeft dus nooit een eigen wachtwoord gekozen.'
'Misschien wist ze dat wel. Als ze toch zulke goede vrienden waren en zo.'
'Denk je dat?' vroeg Mulcahy.
Shepard glimlachte. 'En de naam des Heren zal bekendgemaakt worden,' zei hij zachtjes.
'Voor het originele wachtwoord,' zei Mulcahy, 'had ze hulp nodig van iemand die dat kende, iemand van binnen het bedrijf, iemand die op de hoogte was van het computersysteem.'
'Zo iemand als ik, is dat wat je wilt zeggen?'
'Tja...'
Shepard zweeg. 'Het is maar goed voor ons,' ging Mulcahy verder, 'dat O'Hanlon niet de tijd had om uitgebreid naar Hawleys uitdraaien te kijken, en dat hij sowieso niet veel van computers weet. Maar als dat wel het geval geweest was, had hij misschien een vraag gehad. De lijsten zouden hebben aangetoond dat jij kort voor twee uur het gebouw verlaten had. De getuigen zeiden dat ze jou de volgende ochtend vroeg in de vergaderzaal aantroffen. En ik geloof dat een of andere getuige de jury eraan herinnerde dat het kantoor pas om acht uur opengaat.'
'Oké, Ed, wat is de vraag?'
'De vraag is, hoe komt het dat nergens op Hawleys lijst staat hoe laat je weer binnengekomen bent?'
Hun voetstappen knersten op het gravel tussen de sportvelden in. Een ploegje was aan het oefenen. Shepard grinnikte en schudde zijn hoofd. 'Nou, dàt is me een vraag.'
'Verbazingwekkende dingen, computers, houden alles bij. Maar niet dat jij die ochtend terugkwam.'
Ze liepen zwijgend verder, kwamen bij de oversteekplaats en liepen de publieke tuin in, omringd door een menigte toeristen. Ze waren bij de zebra aangekomen en keken omhoog naar de dichte boomkruinen van het park, met daarachter, nog net zichtbaar, het mansardedak van het Ritz. Ze staken Charles Street over naar de ingang van het park, omringd door horden toeristen en passanten. Shepard bleef voor het smeedijzeren hek staan en keek naar het bronzen embleem, gevat in een rond schild. 'Boston,' zei hij. '"Gesticht in 1630". En nu is het 1992 en Shepard zit hier nog steeds. Hoe ging dat gezegde ook weer verder, Ed? Als

braaf katholiek jochie kun jij dat toch lezen, niet?'
Mulcahy keek naar de inscriptie in het brons. 'Sicut patribus sit
deus nobis,' las hij. 'Volgens mij betekent dat "Moge God met
ons zijn als met onze vaderen."'
Shepard knikte. 'Dat is God geraden,' zei hij.
Ze liepen langs Haffenreffer Walk, langs de verwrongen stam
van een eeuwenoude, gigantische beuk, langs rozenborders, de
laatste winterharde impatiens, de pas-aangeplante chrysanten,
totdat ze bij de smeedijzeren brug waren aangekomen.
'Hoe luidt uw theorie, raadsman?'
'Ik weet het niet zeker,' zei Mulcahy, 'maar als ik de aanklager
was, zou ik me afvragen of jij misschien het gebouw binnengekomen was met iemand anders pasje. Met dat van Libby Russell bijvoorbeeld.'
Ze waren bij de brug over de vijver. Mulcahy keek over het water. 'Weet je,' zei hij, 'één ding snap ik niet. Vergeet al die computertoestanden even. Wat ik niet snap is de réden voor dat eerste deel.'
'De reden voor het eerste deel?'
'Als ze hierbij betrokken was en als Whitaker daarachter gekomen was, kan ik denk ik wel snappen hoe ze voor de keuze gesteld werd tussen ondergang en, tja, een manier om dat te voorkomen. Dat tweede deel snap ik. Maar het eerste deel niet. Als
je Libby Russell bent, met een dijk van een baan bij Fletcher
Daye, en Sneeuwwitje en zo, en alles gaat van een leien dakje,
waarom, waarom raak je dan betrokken bij zo iets? Waarom
pleeg je fraude? Je hebt zojuist een gigantische overdracht geregeld. Waar is dat nou voor nodig?'
Ze liepen een stuk verder. 'Kan dit onder ons blijven?' vroeg de
grote man.
'Waarschijnlijk. Maar je kunt niet voorzichtig genoeg zijn, John.
Het proces is voorbij. En ik heb bij de bank gewerkt. Als je mij,
in een hypothetisch geval, om raad zou vragen, had ik een probleem. Dat is dus niet helder. Niets is helder, momenteel.'
Nu was het Mulcahy's beurt om te luisteren.
'Nou, ik heb haar wat beter leren kennen, zoals ik je verteld heb.
Weet je, haar vader dronk, net als de mijne. Sloeg haar moeder
regelmatig in elkaar, zei ze. Hij plunderde de rekening van een
of andere rijke oude dame in Cleveland, en werd betrapt. Ze
raakten zowat alles kwijt. De ene dag zat ze nog op paardrijles
bij een chique manege, de volgende dag stond ze kruideniers-

waren in te pakken in een gat in de provincie. Op haar dertiende. Ze wist wat het was als de bodem onder je voeten wordt weggeslagen. Dat gevoel kende ze nog en haar hele leven was erop gericht om te voorkomen dat dat ooit nog zou gebeuren. En ik zal je wat zeggen, de avond voor die closing was zij geen vrouw die vond dat ze het gemaakt had. Zelfs op dat moment nog niet. Ze keek nog steeds over haar schouder, ze verwachtte nog steeds ellende, dat haar cliënten zouden verdwijnen, dat de politie zou komen en beslag zou leggen op haar Lexus en haar huis verzegelen. Ze was vastbesloten dat dat haar nooit meer zou gebeuren.

Ik zeg je Ed, als je ooit door een dronken ouder afgeranseld bent en als je ooit gezien hebt hoe het geld met bakken tegelijk werd uitgegeven aan drankgelagen, dan leer je een aantal lessen. Je leert voor jezelf te zorgen en... en voor niemand anders. En je leert dat niets in het leven zeker is.'

Ze waren aangekomen aan de overkant van de grote vijver en stonden onder een van de gigantische wilgen. Plotseling vloog er een troep vogels op aan de oostelijke oever, en ze keken hoe een sjofel geklede man met een smerig groen windjack en een vlekkerig petje met het opschrift DALLAS COWBOYS en een rode plastic draagtas naar de waterkant toe slenterde. Met zijn vuile handen begon hij stukjes brood uit de zak op te diepen die hij naar de gakkende troep eenden en duiven toegooide.

'En Hij zal de Zijnen voeden,' zei Shepard, zachtjes, terwijl ze bleven staan kijken naar de eigenaardige verschijning. 'Ed,' ging hij verder, 'je zit in het verkeerde sprookje. Ze was helemaal nooit Sneeuwwitje. Ze was Assepoester. Assepoester die zat te wachten tot de klok twaalf uur sloeg, tot de Lexus zou veranderen in een boodschappenwagen, tot ze weer in het stof moest bijten, en die dus vastbesloten was om op het bal te blijven.

Dat had ik allemaal moeten zien voordat het proces begon, Ed,' zei hij. 'Sorry. Misschien was het gemakkelijker gegaan als ik niet zo bang was geweest om jou bij haar in de buurt te laten. Zie je, Ed, ik vroeg me af hoe dat bij haar zat. Ik wist dat ze vreemd in elkaar zat. Want met al dat schattige gedoe, die witte tanden en die hand op je arm en die grote ogen, was ze een uitgekookte tante. Ik wist, althans na die bombrief, dat het geen toeval was, laten we het zo zeggen. En ik vroeg me ook af waarom we die dag moesten gaan hardlopen. Ik ben niet de zorgeloze ziel waarvoor je me houdt. Maar ik dacht, als je bij Libby

terechtkomt, dan hebben we onszelf in het vizier, snap je?'
Hij zweeg even. 'Ze moet een deal gemaakt hebben met Weiner.
Zij heeft de fout aangebracht en toen een deal met hem gemaakt.'
'Wat, tegen commissie bedoel je?'
'Misschien. Ze zal het wel een beetje aangekleed hebben. Je kent
dat wel, werken vanuit een aanbetaling, zijn juridische zaken een
beetje blokkeren. Dat soort dingen. Als ik Paul O'Hanlon geweest was, had ik Sid Weiner in mijn kantoor laten opdraven,
of voor de jury, een van beide.'
Ed knikte. 'Nu weet ik nog steeds niet hoe je die ochtend op
kantoor kwam,' zei hij.
'Het heeft geen zin om oude koeien uit de sloot te halen,' zei
John, 'temeer daar die fossielen tot vrijspraak gekomen zijn.
Maar voordat je al te hard over me oordeelt, gaan we nog even
terug naar die computers, Ed. Stel dat de sensoren zeggen welke pas ervoorbij gekomen is. Dat zegt nog niet welke persoon
die pas op zak had. Maar het zegt ook niet hoeveel mensen er
naar binnen gegaan zijn.
Libby Russell werd wat minder voorzichtig. "Je moet vooruit
denken, John," zei ze tegen me. En zoveel vragen over computers? Meer dan ik verantwoord vond, zelfs als ze wèl deel uitmaakte van Fletchers technologische commissie voor de keuze
van een computersysteem, zoals ze zei. Wat volgens mij onzin
was. Misschien had ik wel een gevoel, heel misschien, wat de
achterliggende gedachte was. Misschien was er wel een vent die
dacht dat Freer in die tijd wat slapjes aan het worden was en
die Freer in de gelegenheid wilde stellen om weer eens wat pech
mee te maken, en die misschien zelfs Sam Whitaker in die gelegenheid wilde stellen. Want, zoals je weet, tegenslag staalt het
karakter en die klootzak kon wel weer een dosis gebruiken.
En misschien was ik ook wel wat nonchalant. Misschien was ik
wel een verdomd klein beetje geprikkeld. Misschien had ik er één
te veel op en heb ik te veel gezegd over die godverdomde computers – ik weet het werkelijk niet meer.'
Mulcahy onderbrak hem. 'John, laat me je één ding vragen. Heb
jij ooit gehoord van de zaak-Swartout?'
Hij keek oprecht niet-begrijpend.
'Kom op. Die zaak moet je kennen.'
'Sorry, maat,' zei hij met een knipoog. 'Ik heb het niet zo op al
dat gestudeer. Nooit van die klootzak gehoord. Hoezo?'
Mulcahy zuchtte. 'Niets. Gewoon een schoolvoorbeeld van dit

soort contractzaken, van toen ik nog studeerde.'

'Waarom vraag je het Libby zelf niet?'

'Hoe bedoel je?'

'Zij zat in mijn groep bij verbintenissenrecht, toen ik studeerde. Ze zat helemaal voor in de zaal, met haar neus in de boeken. Het grootste deel van het college zat ik naar haar bh-bandjes te staren. Waarschijnlijk had ik die ochtend met haar samen naar kantoor kunnen gaan. Ik weet het werkelijk niet meer. En ik geef toe, ik ben echt wel zo iemand die zou kunnen zeggen: Val dood, als ze me hier geen partner maken, dan lezen ze hun eigen stukken maar. Ik weet nog dat ik naar mijn eigen verdieping ging en tot de volgende ochtend in mijn kantoor bleef zitten.'

Mulcahy knikte. 'Ik begin het te snappen. Jij bent voorzichtig. Om een of andere reden geloof jij ook in de eed. Misschien heb je haar nooit iets toegezegd. Misschien kom je samen met haar binnen en scheiden zich daar jullie wegen. Ik heb me een tijdje afgevraagd waarom op de lijst stond dat zij eerst naar jouw verdieping ging. Maar hoe dan ook, misschien kon je op die manier niet weten of ze het deed of niet. Ze zegt niets. En later die ochtend lees je de documenten niet meer door. Als ze daar ooit iets over zouden vragen, zou het eerlijke antwoord luiden dat je het misschien zelf gedaan had, maar dat je dat niet meer weet. Je weet niet hoe de fout daar gekomen is.

Maar die ochtend herinnerde je je dat je Sam Whitaker op de mailinglijst moest zetten. Die moest je helemaal opnieuw maken, maar dat deed je. En die middag was je laatste opmerking tegen die twee geloof ik dat die hele toestand hun probleem was, niet-waar. Volgens mij was ik toch getuige, alles goed beschouwd.'

Shepard lachte. Ze liepen nog wat verder. Shepard zei: 'Ed, jij bent een geweldig jurist, weet je dat? Een fantastische verbeeldingskracht, man. Net zo'n verbeeldingskracht als de mijne, dat vind ik er zo mooi aan.'

Toen veranderde hij plotseling van toon. 'Soms lopen de dingen gewoon uit de hand,' zei hij.

Mulcahy ging door alsof hij niets gehoord had. 'Whitaker komt achter het gastenboek en hij belt haar. Die vrijdagavond vermoedde hij dat Libby de fout had aangebracht. Dus hij stelde haar die vraag en hij moet de naam van George Creel genoemd hebben toen hij vertelde hoe hij het wist. Daarvoor was die lunch in de Bay Club bedoeld. En Libby werkt snel. Dat weekend probeerde haar trawant om Creel te vermoorden. De volgende dinsdag trof ze Sir Sam in z'n eentje in de boerderij. En luisde ze jou erin.'

'Hmmm,' luidde Shepards enige commentaar.

'Ik zal je eens wat zeggen, John,' ging Mulcahy verder. 'Ik tast nog steeds in het duister omtrent die hypotheek. Ik heb op z'n zachtst gezegd de indruk dat jij de neiging hebt om mensen in situaties te manoeuvreren die ze niet aankunnen. Dat heb je met mij gedaan. Misschien heb je dat met Libby Russell ook gedaan.'

'Nee,' zei Shepard. 'Ik stel mensen voor uitdagingen. Jij hebt het gered. Beide keren. Zij, tja, zij is nergens in beland waar ze niet allang naar op weg was. Laten we maar niet al te filosofisch worden. De deal is gemaakt.'

Dus zaten ze bij de voetbrug in de zon en keken hoe de zwanen lui onder de wilgen door dreven en hoe kinderen pinda's in het water gooiden voor de eendjes. Shepard ging op zijn rug liggen en voelde hoe de warmte door hem heen stroomde. Hij voelde het gras onder zijn rug en hij deed zijn ogen dicht. Het warme gras voelde lekker aan en de rust werkte kalmerend, ondanks de geluiden van het verkeer op de heuvel en in de stad om hen heen.

'Er is nog één ding dat ik je wil zeggen, John,' zei Mulcahy.

'Jezus, Ed, hou er toch over op.'

'Nog één ding. Dat jasje.'

Shepard zuchtte. 'Wat valt er te weten over dat jasje?' vroeg hij.

'Daar hebben we het al over gehad.'

'Niet over alles. Niet over wat dat jasje jou zei. En wanneer. In augustus wist je al dat het jouw jasje was, toen je het zag.'

'Weet ik, weet ik. Ik heb tegen je gelogen. Dat spijt me. Ik...'

'Nee, John, daar gaat het niet om. Dat bedoel ik niet. John, in augustus wist je al dat ze jouw jasje gevonden hadden in een vuilnisbak langs de snelweg en dat jij het daar niet in gestopt had. Je wist dus dat het er door iemand in gestopt moest zijn. En in gedachten liep je de hele toestand nog eens na, je speelde de hele film terug, je wist dat je erin geluisd werd. Je wist dat Russell erbij betrokken was. Of je vermoedde het in ieder geval. Maar je zei niets tegen mij.'

Shepard fronste zijn wenkbrauwen en keek weg, over de vijver.

'Waarom niet, John?'

'Je slaat me te hoog aan, man. Kijk, je hebt die zaak gewonnen, blijf er nou niet tot in het oneindige mee bezig.'

Maar Mulcahy luisterde niet. 'Nee, John. Ik weet waarom je

niets zei. Er is maar één zinnige verklaring. Je wist dat het gevaarlijk was. Op de verkeerde momenten had je te dicht bij Libby in de buurt gezeten. Je wilde – hoe zei je dat zelf? – je wilde niet in je eigen vizier staan. Een jurist die zich met de waarheid bezig ging houden, moest van goeden huize komen. Je kon er niet op vertrouwen dat hij Libby's betrokkenheid aan kon tonen zonder dat jij erbij betrokken zou raken.'

Shepard had zijn ogen dichtgedaan, want hij wist wat er ging komen. Mulcahy sprak zachtjes verder: 'Je dacht niet dat jouw advocaat daartoe in staat zou zijn.'

Ze bleven in stilte zitten. Shepard beaamde noch ontkende de aantijging. Mulcahy ging verder. 'Ik ploeterde maar door. Je kon wel op mij vertrouwen met de eenvoudige zelfmoord die Libby voor het oog der wereld op touw gezet had. De kansen op gerede twijfel lagen beter dan de kansen dat ik de aanklager zou verslaan als ik me ging bezighouden met de waarheid.'

Na een tijdje keek Shepard naar hem en zei eenvoudigweg: 'Ed, ik zou jou niet belazeren.' Daarna wendde hij zijn blik af.

Het was tijd om op te stappen. Ze kwamen overeind. Shepard boog zich voorover en ze omhelsden elkaar. 'Ed,' zei hij, 'nu sta ik bij jou in het krijt.'

'De hypotheek?' vroeg Mulcahy.

John Shepard glimlachte. 'Afgelost,' zei hij. 'Afbetaald. De volledige som.'

Ze bleven nog even staan, zonder te weten wat ze moesten zeggen. Mulcahy zei: 'Je hebt ooit tegen me gezegd dat er geen bijbeltekst was waarop jij geen antwoord zou weten.'

'Probeer maar. Ik heb de tijd gehad om erop te studeren.'

'Spreekt tot het hart van Jeruzalem, roept het toe dat zijn lijdenstijd volbracht is.'

Shepard kneep zijn bruine ogen samen, maar hij glimlachte. 'De profeet Jesaja,' zei hij. Hij keerde zich om, onzeker of hij zou blijven of weggaan. 'Ed,' zei hij, 'ik sta niet vaak met mijn mond vol tanden, maar... nou ja, je moet weten dat ik je dit nooit, nooit zal kunnen vergelden en dat ik dit nooit en te nimmer zal vergeten. En...'

Maar hij kon niets anders uitbrengen. Hij liep het pad op, twee stappen, en draaide zich toen om met die cynische glimlach van hem. 'Ik neem aan dat de lijdenstijd nu inderdaad volbracht is. Maar jij hebt dat vers gekozen vanwege het vervolg, nietwaar?'

En hij draaide zich om en beende weg door het park.

Want uiteindelijk bleek het dus de hypotheek te zijn. In een laatste handeling van bravoure had John Shepard, de drijvende kracht achter de Idlewild-deal, zich op 31 maart in zijn stoel achterover laten zakken en de teugels losgelaten. Gewoon losgelaten, zijn armen over elkaar geslagen en gelachen over de chaos die toen ontstond, over de paniek bij de passagiers in zijn koets, die pas te laat zouden ontdekken dat het span ervandoor was. De overgang tussen het loslaten van de teugels en het daadwerkelijk op gang brengen van de ramp was misschien maar een heel klein stapje, een slim stapje, maar te geraffineerd voor Ed Mulcahy.

Ed Mulcahy oordeelde over hem. Objectief, zonder emotie, liefhebbend zelfs, maar hij oordeelde over hem. Die dingen kwamen op Shepards conto.

Het was nu bijna oktober. Shepard had boete gedaan. Hij had betaald met een lang, heet verblijf in een ijzeren kooi. Hij had betaald met een carrière en dat was voldoende. Ed had de profeet inderdaad gekozen vanwege het volgende vers. 'Roept het toe,' zegt Jesaja, 'dat zijn lijdenstijd volbracht is, en dat zijn ongerechtigheid geboet is.'

Oordeel en vergiffenis: Mulcahy voelde een kalme vrede over zich komen terwijl hij achterom keek naar de voetbrug. Hij was nu vrij om te gaan, vrij van de hypotheek, vrij van herinnering, vrij van zijn afhankelijkheid van de goedkeuring van een andere man. Hij had hem beoordeeld en hem zijn ongerechtigheid vergeven. En wat hij toen wist, wat hij een uur tevoren nog niet geweten had, was dat de vergiffenis van de een, de verlossing van de ander inhield. Hij keek naar de menigte en zag hoe de lange gestalte verdween, opging in de massa totdat hij niet meer te zien was. En toen verscheen er een glimlach op zijn gezicht en keerde hij het park de rug toe.

Want John Shepard was verdwenen.